南宁师范大学人才引进科研启动项目"广西壮语南部方言参考语法"（项目编号：602021239322）的研究成果

壮语金龙岱话参考语法

李胜兰 ◎ 著

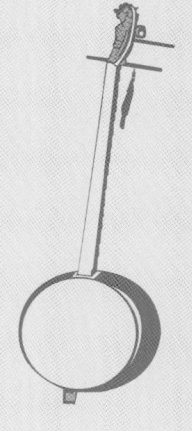

中国社会科学出版社

图书在版编目（CIP）数据

壮语金龙岱话参考语法 / 李胜兰著. —北京：中国社会科学出版社，2022.11
ISBN 978-7-5227-0963-5

Ⅰ.①壮… Ⅱ.①李… Ⅲ.①壮语–语法–方言研究–广西 Ⅳ.①H218.7

中国版本图书馆 CIP 数据核字（2022）第 195499 号

出 版 人	赵剑英	
责任编辑	高 婷　郭如玥	
责任校对	刘 娟	
责任印制	郝美娜	

出　　版	中国社会科学出版社	
社　　址	北京鼓楼西大街甲 158 号	
邮　　编	100720	
网　　址	http://www.csspw.cn	
发 行 部	010-84083685	
门 市 部	010-84029450	
经　　销	新华书店及其他书店	

印刷装订	北京君升印刷有限公司
版　　次	2022 年 11 月第 1 版
印　　次	2022 年 11 月第 1 次印刷

开　　本	710×1000　1/16
印　　张	18.25
字　　数	335 千字
定　　价	108.00 元

凡购买中国社会科学出版社图书，如有质量问题请与本社营销中心联系调换
电话：010-84083683
版权所有　侵权必究

摘　要

　　本书以汉藏语系壮侗语族壮傣语支的广西壮语南部方言左江土语金龙岱话为研究对象，在笔者充分田野调查的基础上，利用翔实、丰富的语料，采用国内外参考语法的描写分析法，综合运用现代语言学理论，对壮语金龙岱话的语法结构和特点进行了较为全面、系统的描写与分析。

　　本书的研究意义主要表现在：一是加深对壮语南部方言中岱话的认识和了解，为今后壮语语法的深入研究提供有价值的参照；二是可以深入研究发掘壮语的演变情况，为语言接触理论及语言演变机制的研究提供新的材料，特别是可以从中发现影响语言发展的主要驱动因素，了解促使语言变化的作用机制；三是可以从语言文化的角度为国家进行语言规划、制定相关政策提供重要的参考作用和理论依据。

　　全书共分为八章，章节结构和主要内容如下：

　　绪论。介绍本书的选题缘起、研究对象、内容、理论研究方法和研究意义，综述本研究领域的研究现状，说明本书的语料来源，并简要介绍金龙镇历史沿革与语言使用情况。

　　第一章　壮语金龙岱话语音系统。包括声母、韵母、声调、音节结构与语流音变五个部分。描写金龙岱话的声、韵和调的构成、数量与特点，对音节结构的类型加以总结；对一些音变现象进行了简要总结和分析。

　　第二章　壮语金龙岱话的词汇。本章分析金龙岱话词汇的基本特征；对金龙岱话构词的三种方式、借词的来源与借贷途径进行了比较详细的分析与论述。

　　第三章　壮语金龙岱话的词类。根据语言学界常用的分类方法，金龙岱话的词类包括名词、数词、量词、动词、形容词、副词、代词、连词、介词、助词、叹词十一个部分。本章详细描写与分析各类词，介绍各类词的语法特征。名词重点关注其性和数；动词重点关注其时、体、态；形容词注重其构成的独特之处；代词具体介绍其分类与语法作用。

　　第四章　壮语金龙岱话的短语结构。分联合短语、主谓短语、动宾短语、偏正短语、述补短语、同位短语、兼语短语和连动短语八种短语结构，重点分析短语结构成分的前项与后项的结构关系。

第五章　壮语金龙岱话的句子成分。壮语金龙岱话的句子成分沿用传统语法划分方法，分主语、谓语、宾语、定语、状语与补语六种成分，探讨各句子成分的构成单位并进行归纳总结。

第六章　壮语金龙岱话的句型。分为简单句和复句。简单句包括动词性谓语句、形容词性谓语句、名词性谓语句和非主谓句。阐述语序在壮语金龙岱话中的表现和类型学意义，并将复句分为联合复句、偏正复句、多重复句和紧缩复句，再对偏正复句的转折关系、假设关系、条件关系、因果关系和目的关系进行了详细分析。

第七章　壮语金龙岱话的句式专题研究。本章主要分析了被动句、判断句、比较句、存现与领有句，并从结构特征和句法特点等角度对金龙岱话的几种句式进行了探讨。

第八章　壮语金龙岱话的句类。根据语气类型，把壮语金龙岱话的句类分为陈述、疑问、祈使、感叹四种类型，并详细考察其形式、语义和语气等特征。

本书研究的创新体现在以下三个方面：一是研究内容的创新，对壮语南部方言金龙岱话全面、系统的描写与分析；二是研究方法的创新，综合运用多种语言学方法和理论；三是语料的创新，均为笔者通过田野调查采集的第一手语言材料。

全书的末尾附有语法例句（附录一）、词汇（附录二）和长篇语料（附录三）。

关键词：壮语金龙岱话；参考语法；词类；短语结构；句子成分；句型；句类

序

  李胜兰是我在广西民族大学文学院带的2010级中国少数民族语言文学专业的硕士研究生，其在硕士阶段就展现出对学术务实求真的研究精神。最近，她送书稿给我，嘱我写序，作为导师，我很高兴看到她的进步。

  壮族是中国人口最多的少数民族，主要分为布壮、布岱、布侬等支系。布岱支系主要聚居在广西壮族自治区龙州县金龙镇。据调查，金龙布岱人的族源结构主要有两部分，一部分是来自越南的岱族（土人），另一部分来自于越南的布侬人和从龙州附近迁到金龙的布侬人，经过"岱化"而逐渐融合于布岱。1950年，布岱人曾自报为傣族，1954年经过民族识别，布岱人于1958年1月正式被界定为壮族，成为壮族的一个支系。

  岱族是越南人口最多的少数民族，主要聚居在高平、谅山等省，实际上和中国壮族自称为布岱的支系是亲缘关系。两国之所以使用不同的民族称谓，主要是因为两国民族成分划分的标准不同。越南岱族所讲的岱语，在我国称为壮语岱话，因主要分布在龙州县金龙镇，本书称为壮语金龙岱话。壮语金龙岱话属于汉藏语系壮侗语族的壮语南部方言左江土语，SVO型语言。

  《壮语金龙岱话参考语法》是李胜兰在博士毕业论文的基础上修改加工完成的。本书运用参考语法的描写框架，以壮语金龙岱话为研究对象，对其语法结构和特点进行了较为全面、系统、深入的描写和分析，先是介绍了金龙镇的历史状况、人口分布、民俗文化、语言文字使用情况，然后对壮语金龙岱话的声母、韵母、声调、语流音变进行了梳理，对词语的构成、基本特征及其语义，各种词类、短语、句子成分进行了描写，对专有句式进行了研究，对句类进行了分析，对复句进行了讨论。全书中心突出，层次分明，材料翔实，结构严谨，逻辑性强，有一定的前沿性和创新性。本书刊布了翔实的田野调查语料，可为壮语南北两大方言的比较研究提供有价值的语言材料，对保护我国语言多样性资源也具有一定的意义，同时也能对壮语南部方言龙州金龙岱话的进一步深入研究及整个壮语语法研究提供帮助。本人认为，该成果是近年来学术界对南部壮语方言金龙岱话研究方面难得的成果之一。

2017年起，李胜兰加入了"广西语言资源保护工程"（简称：语保工程），连续四年，1400多个日夜，她分别调查了广西金龙壮语、那坡彝语、隆林仡佬语、彬桥壮语四地的民族语言。本书是她在2017年度广西哲学社会科学研究项目"广西少数民族语言保护项目·龙州金龙壮语"所收集的大量第一手材料的基础上完成的。

参考语法的特点是参与式，即语言调查者深入该语言使用的人群和社区中，与语言的使用人群生活在一起，熟悉和掌握这种语言，然后再进行调查，这样就可以更加全面、准确地反映出该语言的面貌。为了编写这本书，李胜兰在广泛学习国内外参考语法相关理论及研究成果的同时，曾4次深入龙州县金龙镇板池屯（板池屯又名"美女村"）累计长达近5个月与村民同吃同交流地进行田野调查。金龙镇地处龙州县西北部，距县城约55千米。板池屯距金龙镇约4千米，且交通不便。对于一个非广西籍的汉族女生来说，个中艰苦可以想见，这种对学术执着追求的精神及写作书稿时的坚毅性格令人感佩。

民族语言就如同一块块化石，在当今语言频繁接触与普通话推广的影响下，很可能随着时间的流逝而逐渐风化。我很高兴能看到像李胜兰这样的青年博士对民族语言进行详细描写并加以研究，助力国家少数民族语言资源保护的同时，也为其他学者进行壮语研究提供了一些有价值的参考。

学无止境，任重而道远。望李胜兰继续努力学习，在学术道路上不断探索创新，勇攀语言科学的高峰。

是为序。

韦茂繁
2022年1月

（韦茂繁，文学博士，二级教授，广西民族大学博士研究生、博士后导师。曾任广西经济管理干部学院〈2018年更名为广西职业师范学院〉党委书记、广西民族大学副校长、广西语言协会会长、中国民族语言学会副会长等职务。）

目 录

绪论 ·· 1
  一 导言 ·· 1
  二 壮语金龙岱话研究概述 ·· 4
  三 金龙镇概述及壮语金龙岱话的使用情况 ··· 6
  四 周边语言对壮语金龙岱话的影响 ··· 9
第一章 壮语金龙岱话语音系统 ·· 11
  第一节 声母及例词 ·· 11
  第二节 韵母及例词 ·· 13
  第三节 声调及例词 ·· 18
  第四节 音节结构与语流音变 ·· 19
    一 音节构成 ··· 19
    二 音变 ··· 20
第二章 壮语金龙岱话的词汇 ·· 21
  第一节 词的构成 ·· 21
    一 单纯词 ·· 21
    二 合成词 ·· 22
  第二节 词义的关系 ·· 28
    一 同义词 ·· 28
    二 近义词 ·· 28
    三 反义词 ·· 29
    四 多义词 ·· 29
    五 同音词 ·· 30
  第三节 词的借用 ·· 30
    一 借词来源 ··· 30
    二 借用方式 ··· 31
    三 借词对金龙岱话的影响 ··· 31
第三章 壮语金龙岱话的词类 ·· 33
  第一节 名词 ··· 33

一　名词的分类……………………………………33
　　　二　名词的特点……………………………………35
　　　三　名词的句法功能………………………………40
　第二节　数词……………………………………………42
　　　一　基数词…………………………………………42
　　　二　序数词…………………………………………44
　　　三　倍数……………………………………………47
　　　四　分数……………………………………………48
　　　五　概数……………………………………………48
　　　六　数词的语法特征………………………………50
　第三节　量词……………………………………………52
　　　一　名量词…………………………………………52
　　　二　动量词…………………………………………59
　　　三　量词的语法特征………………………………60
　　　四　量词的句法功能………………………………62
　第四节　动词……………………………………………63
　　　一　动词的分类……………………………………63
　　　二　动词的体………………………………………66
　　　三　动词的"态"……………………………………71
　　　四　动词的重叠……………………………………73
　　　五　动词的名物化…………………………………74
　　　六　动词的语法特征………………………………75
　　　七　动词的句法功能………………………………77
　第五节　形容词…………………………………………78
　　　一　形容词的种类…………………………………78
　　　二　形容词的重叠…………………………………80
　　　三　形容词的名物化………………………………82
　　　四　形容词的使动态………………………………83
　　　五　形容词的否定式………………………………85
　　　六　形容词的句法功能……………………………86
　第六节　副词……………………………………………88
　　　一　副词的类别……………………………………88
　　　二　副词的句法功能………………………………92
　第七节　代词……………………………………………94
　第八节　连词……………………………………………104

一　连词的类别 …………………………………………… 104
　　　二　连词的语法特征 ……………………………………… 109
　第九节　介词 ……………………………………………………… 110
　　　一　介词的分类 …………………………………………… 110
　　　二　介词的用法 …………………………………………… 110
　第十节　助词 ……………………………………………………… 113
　第十一节　叹词 …………………………………………………… 119
　　　一　表示呼唤、打招呼 …………………………………… 119
　　　二　表示回应 ……………………………………………… 119
　　　三　表示赞叹和惊讶语气 ………………………………… 120
　　　四　表示疑问 ……………………………………………… 120
　　　五　表示意外、惊讶 ……………………………………… 120
　　　六　表示痛楚和哀叹 ……………………………………… 120
　　　七　表示感叹 ……………………………………………… 121
第四章　壮语金龙岱话的短语结构 ……………………………………… 122
　第一节　联合短语 ………………………………………………… 122
　第二节　主谓短语 ………………………………………………… 125
　第三节　动宾短语 ………………………………………………… 126
　　　一　充当动宾短语的成分 ………………………………… 126
　　　二　动词宾语的语义类别 ………………………………… 128
　第四节　偏正短语 ………………………………………………… 129
　　　一　定中短语 ……………………………………………… 130
　　　二　状中短语 ……………………………………………… 133
　第五节　述补短语 ………………………………………………… 134
　　　一　动补短语 ……………………………………………… 134
　　　二　形补短语 ……………………………………………… 136
　第六节　同位短语 ………………………………………………… 137
　　　一　名词＋名词 …………………………………………… 137
　　　二　名词＋代词 …………………………………………… 138
　　　三　名词＋数量短语 ……………………………………… 138
　　　四　名词短语＋数量短语 ………………………………… 138
　　　五　代词＋名词 …………………………………………… 138
　　　六　代词＋代词 …………………………………………… 138
　　　七　代词＋指量短语 ……………………………………… 138
　　　八　代词＋数量短语 ……………………………………… 139

　　　　　九　数词+代词 ………………………………………… 139
　　第七节　兼语短语 ……………………………………………… 139
　　第八节　连动短语 ……………………………………………… 140
第五章　壮语金龙岱话的句子成分 ………………………………… 142
　　第一节　主语 …………………………………………………… 142
　　　　一　主语的构成 …………………………………………… 142
　　　　二　主语的语义类型 ……………………………………… 147
　　第二节　谓语 …………………………………………………… 149
　　　　一　谓语的构成 …………………………………………… 149
　　　　二　谓语的语义类型 ……………………………………… 151
　　第三节　宾语 …………………………………………………… 153
　　　　一　宾语的构成 …………………………………………… 153
　　　　二　宾语的语义类型 ……………………………………… 156
　　第四节　定语 …………………………………………………… 159
　　　　一　定语的构成 …………………………………………… 159
　　　　二　定语的语义类型 ……………………………………… 164
　　　　三　多重定语的语序 ……………………………………… 165
　　第五节　状语 …………………………………………………… 166
　　　　一　状语的构成 …………………………………………… 166
　　　　二　状语的语义类型 ……………………………………… 171
　　　　三　多重状语的语序 ……………………………………… 172
　　第六节　补语 …………………………………………………… 173
　　　　一　补语的构成 …………………………………………… 173
　　　　二　补语的语义类型 ……………………………………… 175
第六章　壮语金龙岱话的句型 ……………………………………… 179
　　第一节　简单句 ………………………………………………… 179
　　　　一　主谓句 ………………………………………………… 179
　　　　二　非主谓句 ……………………………………………… 187
　　第二节　复句 …………………………………………………… 190
　　　　一　联合复句 ……………………………………………… 190
　　　　二　偏正复句 ……………………………………………… 196
　　　　三　多重复句 ……………………………………………… 201
　　　　四　紧缩复句 ……………………………………………… 202
第七章　壮语金龙岱话的句式专题研究 …………………………… 203
　　第一节　被动句 ………………………………………………… 203

一　被动句的分类 …………………………………… 203
　　　二　被动句转化为主动句 …………………………… 204
　第二节　判断句 ………………………………………………… 205
　　　一　判断句的形式分类 ……………………………… 205
　　　二　判断句的语义类型 ……………………………… 206
　　　三　判断句的语用特征 ……………………………… 208
　第三节　比较句 ………………………………………………… 209
　　　一　差比句 …………………………………………… 210
　　　二　等比句 …………………………………………… 218
　　　三　极比句 …………………………………………… 221
　第四节　存现与领有句 ………………………………………… 222
　　　一　存现句 …………………………………………… 222
　　　二　领有句 …………………………………………… 225

第八章　壮语金龙岱话的句类 ………………………………… 226
　第一节　陈述句 ………………………………………………… 226
　　　一　表判断的陈述句 ………………………………… 226
　　　二　表评述的陈述句 ………………………………… 226
　　　三　表叙述的陈述句 ………………………………… 227
　第二节　疑问句 ………………………………………………… 227
　　　一　疑问句的形式分类 ……………………………… 227
　　　二　疑问句的语义分类 ……………………………… 229
　　　三　疑问句的非疑问用法 …………………………… 232
　第三节　祈使句 ………………………………………………… 233
　　　一　祈使句的形式分类 ……………………………… 233
　　　二　祈使句的语义类型 ……………………………… 234
　第四节　感叹句 ………………………………………………… 235
　　　一　感叹句的形式分类 ……………………………… 235
　　　二　感叹句的语义分类 ……………………………… 236

附录 ……………………………………………………………… 237
　附录一　语法例句 ……………………………………………… 237
　附录二　壮语金龙岱话词汇表 ………………………………… 250
　附录三　长篇语料 ……………………………………………… 269

参考文献 ………………………………………………………… 275
后记 ……………………………………………………………… 278

绪　论

一　导言

（一）选题缘起

参考语法研究一直备受语言学界的青睐，目前国内外还没有关于广西龙州壮语参考语法的研究专著，与北部壮语相比，学术界对南部壮语的研究力度还有待加强。龙州金龙岱话属于广西壮语南部方言左江土语。利用现代语言学理论和国内外参考语法的研究方法来研究金龙岱话的语法现象，一是能加深对壮语南部方言中岱话的认识和了解，并能为今后壮语语法的深入研究提供有价值的参照，二是可以深入研究和发掘壮语的演变情况，为语言接触理论及语言演变机制的研究提供新的材料。这就是本书的选题缘由。

（二）研究背景、内容与研究意义

1. 研究背景

历史上，壮族先民曾经广泛生活在现在的中国华南地区和越南北部地区。根据厦门大学庄为玑教授的研究，壮族及其支系作为一个民族共同体，最晚形成于宋代，是从古代"百越"中的西瓯、骆越部落分化发展而成。根据梁敏等的研究，从地理和历史等证据显示，西瓯、骆越自古以来就生活在广东西部、广西、云南东部、贵州南部及越南北部这一片相互毗连的地区，是当地的土著。经过几千年的变迁，西瓯部落后来逐渐演化成操壮语北部方言、布依语、临高语的先民；骆越部落则发展成操壮语南部方言的壮族以及其他侗台民族，还包括先后往南往西迁徙的泰（泰国主体民族）、老（老挝主体民族）、岱、侬等民族。壮语与越南的岱语、侬语有很高的相似性。尤其是壮语的南部方言，与这些境外的壮侗语族语言非常接近，甚至比壮语南部方言和北部方言的关系还要接近一些。[①]语言学的众多研究成果，印证了以上观点。

后来，直至1078—1084年宋朝与交趾李朝划定两国边境后，壮族先民

[①] 梁敏、张均如、欧阳觉亚等：《壮语方言研究》，四川民族出版社1999年版。

才开始在不同地域，沿着不同的道路向前发展。当然，中越边境丛林密布、山水相连，即使在划定边境以后，相互之间依然有着频繁的交流往来。随着时间的推移，特别是随着现代国家的建立，同源民族在中国和越南分别被认定为不同的民族。越南学者黄南认为，壮、岱同为百越人的一支分化发展而成。1084年，交趾脱离中国的统治，成为一个独立国家后，初步划定了中国与交趾的疆界，在政治、经济、文化上，越南的岱、侬族受京（越）族的影响越来越深，中国的壮族受汉族的影响越来越大。由地域的分割，受到不同的外部影响，便逐步分化形成不同的民族①。

在中国的壮族，人口接近1700万人，是中国人口最多的少数民族。主要分布在广西和云南，在中越接壤的7个县市中，壮族都是当地的主体民族，其中靖西、那坡、龙州、大新、宁明、凭祥6个县市，壮族人口占到总人口的90%以上。②在越南的壮族，则被识别为5个民族，即岱族、侬族、布标族、拉基族、山斋族。③其中，岱族和侬族人口最多，占到这5个民族总人口的94%。岱族约有119万人，主要分布在与中国广西交界的越南谅山和高平两省，全国有近一半岱族人在此聚居。岱族和侬族语言相通，习俗、服饰、生活方式都基本相同，两族界限难分。④

李方桂先生在《台语比较手册》中，将台语分为三个方言组，即北支方言组（包括布依语和壮语北部方言）、中支方言组（壮语南部方言、岱语、侬语）和西南支方言组（傣语、泰语、老挝语、掸语）。本书研究的对象就是广西壮语南部方言左江土语中的金龙岱话，正如前文介绍的，中国的壮族与越南的岱族是同源民族、跨境民族，所以壮语金龙岱话与越南岱语在语音、语法、词汇等各方面都有很大的相似性。这种相似性随着地域的隔阂、联系的减少在逐步减弱。

2. 内容与研究意义

本书以广西壮语南部方言左江土语金龙岱话为研究对象，通过笔者充分田野调查获得翔实、丰富的语料，以参考语法（reference grammar）的语言描写与研究原则为理论指导，综合运用现代语言学基础理论（basic linguistic grammar），在借鉴西方"参考语法"写作模式的基础上，形成中西结合的语法研究理论原则，对壮语金龙岱话的语法结构和特点进行较为

---

① ［越南］黄南：《议岱、侬族的关系》，载《关于确定越南北方各少数民族的成分问题》，河内社会科学出版社1975年版，第148—149页。
② 参见吴小奕《跨境壮语研究》，博士学位论文，华中科技大学，2005年，第1页。
③ 范宏贵：《中越两国的跨境民族概述》，《民族研究》1999年第6期。
④ 范宏贵：《越南民族与民族问题》，广西民族出版社1999年版，第65页。

全面、深入和系统的共时描写与分析。

在民族语言不断萎缩的大环境下,壮语的记录与保存非常必要。作为中国最大的少数民族所使用的语言,目前仅出版北部壮语参考语法,显得非常单薄,南部壮语与泰语具有更多的相似点,与越南的岱语也具有很大的一致性,因而对其进行描写不仅有必要,而且非常有意义:

一是加深对壮语南部方言中岱话的认识和了解,为今后壮语语法的深入研究提供有价值的参照。

二是可以深入研究发掘壮语的演变情况,为语言接触理论及语言演变机制的研究提供新的材料,特别是可以从中发现影响语言发展的主要驱动因素,了解促使语言变化的作用机制。

三是可以进一步展示中国壮族和越南岱族的亲缘关系,促进民间的友好交流,可以从语言文化的角度为国家进行语言规划、制定相关政策提供重要的参考作用和理论依据。

(三)理论指导与研究方法

1. 理论指导

"参考语法"对田野调查和真实语料的收集与整理非常严格,要求研究者深入语言地区,以"观察者"和"参与者"的身份进行语料的收集与整理。本书从语言的实际出发,运用现代语言学基本理论,遵循当前参考语法编写所倡导的描写分析具有"全面性""系统性""细致性"和"原创性"的四条原则和要求[①]为理论指导,在借鉴西方"参考语法"写作模式的基础上,吸收中国传统语法的描写方法与写作框架,形成了中西结合的语法研究理论原则,通过实地田野调查获得第一手语言材料,建立语言材料数据库,在此基础上完成本研究。

2. 研究方法

本书主要采用的研究方法有田野调查法、归纳法和描写法。通过多次田野调查,深入龙州县金龙镇,通过积极与当地土著居民开展互动活动,了解语言与文化生活,收集到了丰富的语言材料,为壮语金龙岱话研究奠定了扎实的基础。在调查所得材料的基础上,笔者对其进行全面、系统、深入的描写、分析,对一些共同的语言现象进行归纳和总结。

(四)语料来源

壮语金龙岱话的语料来源,主要有以下几个方面:

(1)本书金龙岱话的材料来源均为本人深入龙州县金龙镇的田野调查

---

① 戴庆厦、蒋颖:《"参考语法"编写的几个问题》,《云南师范大学学报》(哲学社会科学版)2007年第1期。

所得。本人围绕所选研究方向，在龙州县金龙镇开展语言调查，由本人使用潘悟云先生的民族语言调查软件及云龙国际音标进行记音。通过调查，本人收录到壮语金龙岱话近八千个字、词及一千多句语法例句的语言材料，包括民间故事、歌谣等话语材料，并有对应的视频及录音供对照参考，为本书的写作提供了详细的材料支撑，打下了坚实的基础。

（2）岱语的部分例词来源于韦树关教授整理的《越南岱侬泰语词汇集》以及《越南岱侬越语词典》，这部分例词都是采用国际音标转写的岱语例词。

（3）除通过田野调查归纳出金龙岱话的音系，获得可用于比较研究的语言材料外，我们也充分利用已发表的壮语调查或研究成果作为调查材料的参照和补充。这些材料都列在附录的参考文献中，文中引用时以注释的方式加以说明。

本书的发音合作人简介如下：

（1）农财华，壮族，男，1960 年 7 月出生，农民，高中文化，自幼居住在龙州县金龙镇板梯屯，曾任村支书、金龙镇人大代表，母语为壮语，能说普通话、白话。

（2）李绍伟，壮族，男，1956 年 9 月出生，农民，初中文化，出生于"天琴世家"，为龙州天琴第 10 代传人，自幼居住在龙州县金龙镇板池屯（即"美女村"），母语为壮话，能说普通话，会说一点白话。

（3）农群，壮族，男，1966 年 1 月出生，农民，初中文化，自幼居住在龙州县金龙镇板梯屯，任金龙镇布岱民间文化中心会长，母语为壮语，能说普通话、白话。

二　壮语金龙岱话研究概述

（一）岱语的研究现状

国外岱语方面：西方人 19 世纪开始对东南亚和中南半岛诸国的侗台语族语言进行调查研究，已经注意到了岱语。如法国萨维纳神父记录了侬语和黎语等，并编写了《岱—法词典》。尽管这个时期记录的语言材料总的来说比较粗疏，有的文章或著作中甚至没有标记声调，但作为资料和情况介绍，对研究还是很有价值的。近四十年来西方学者也编写了一些越南北部的壮侗语言词典。由越南出版的《越南北方少数民族》一书的语言部分对岱侬语作了简略的介绍。[①]越南社会科学出版社先后出版了黄文麻、陆文宝编著的《岱侬—越词典》《越—岱侬词典》。越南学者 Triều An & Vương Toàn

---

[①] 越南社会科学委员会民族学研究所：《越南北方少数民族》（语言部分），河内社会科学出版社 1978 年版。

编写的《岱—越词典》为本书提供了很多越南岱语语料。《越南岱侬泰族简介》中语言部分的介绍、黄文麻的论文《岱侬族的语言与文字问题》代表了越南学者对岱侬语的认识和研究成果。

国内岱语方面：李锦芳在《论中越跨境语言》一文中介绍了中越跨境语言基本分布格局及成因、调查研究情况，分析跨境语言的差异及成因。韦树关的《越南中越跨境壮侗语族语言的变异》（1999）指出，越南岱语与中国壮语南部方言中的如德靖土语、左江土语等基本相通。这些跨境语言与我国壮侗语言相比，从语言功能到语言结构都发生了变异，并初步分析了变异产生的原因，对跨境壮语语言结构变异的基本情况作了简略探讨。韦树关在他的另一篇文章《壮语与越南岱侬语词汇差异的成因》（2000）中提出，国境的分隔使壮语与岱侬语之间在语音、词汇、语法等各方面都出现了一些差异，尤其在词汇方面。他分析了造成壮语与越南岱侬语词汇差异的四个直接原因。蒲春春的博士毕业论文《越南谅山侬语参考语法》（2011）对越南谅山市昭侬支系侬语的语法结构及特点进行了较为全面、系统、深入的共时描写与分析，内容涵盖语音、词汇、词类及句类等内容。

（二）壮语语法研究成果

壮语的语法研究比较充分。专著方面：李方桂先生对壮语的研究起到了引领作用，其《龙州土语》（1940）和《武鸣僮语》（1953）为壮语的早期作品，为民族语言研究重要的参考文献，奠定了民族语言研究的调查研究方法，及至其集大成之作《台语比较手册》，则在其所调查20多种语言材料的基础上，对原始台语进行了构拟，其中壮语的材料是文中重要的原始语料。韦庆稳《壮语语法研究》（1985）是一部纯语法性质的专著，从构词法和词类、短语、句类与复句等方面对壮语语法进行了全方位的描写。覃国生编著《壮语概论》（1998）对壮语的语音特征、词汇面貌、语法、方言特征、修辞及古文字进行了系统的研究。覃晓航《壮语特殊语法现象研究》（1995）从特殊词类现象和特殊句法现象对马山壮语进行了考察；其《壮语词汇学》（2004英文版）重点讲述了壮语的词汇特征，并对壮语的词汇进行了逐一解释。韦树关的《略谈壮语构形法》（1997）试图把壮语构词法和壮语构形法区别开来，并介绍壮语中常见的构形法。张均如等《壮语方言研究》（1999）从壮语语音、壮语方音分布、壮语与同语族诸语言在词汇方面的关系、语法、壮文等方面进行了研究，其突出成就表现在壮语36个方言代表点音系和词汇表，语法的研究较为薄弱。吴小奕的博士论文《跨境壮语研究》从跨境壮语语音、词汇、语法、文字和跨境壮语使用状况等方面对跨境壮语进行了全面系统的研究。李旭练《都安壮语形容词相对比较句研究》（1998）对红水河土语都安壮语形容词性相对比较句进行了描写研究，认为其与现代汉语差别较大，但与古代汉语存在一致性；李洪彦、蓝庆元、孔江平等《壮语龙州话声调的声学分析》（2006）利用现代技术手段分析了各声调的声学参数特征。韦景云、何霜等著《燕齐壮语参考语法》（2011）一书，对武鸣壮语的语法进行了全面细致的描写分析。韦茂繁的著作《下坳壮语参考语法》（2013），对北部方言都安下坳壮语进行了全面细致的描写与分析。

目前，国内外对龙州壮语的研究不多，没有龙州壮语语法方面的研究专著。国内的一些专著（比如：梁敏、张均如的《侗台语族概论》，韦庆稳、覃国生的《壮语简志》等），虽然涉及了南部壮语语法，但没有进行深入描写。由此可见，与北部壮语研究相比，学术界对南部壮语的研究还不够。南部壮语语法比北部壮语更复杂多样，也更能体现侗台语的原始特点。因此，做好南部壮语语法研究，不仅对研究语言演变、语言接触等很重要，也能为当代语言类型学研究提供帮助。

三　金龙镇概述及壮语金龙岱话的使用情况

本部分主要概述壮族的社会文化及壮语金龙岱话的使用情况，包括金龙的历史沿革与迁移、金龙镇布岱人的人口分布、民俗文化、语言和文字使用情况等，使读者初步了解金龙，为将来更深入地探究金龙壮族人的语言和文化提供参考。

（一）金龙镇历史沿革与迁移

广西壮族自治区崇左市龙州县金龙镇地处龙州县西北部，距县城55千米，东、南两面分别与逐卜乡、武德乡相邻，西与越南社会主义共和国为界，有35千米的边界线，北靠大新县宝圩乡。[①]

金龙镇史称金龙峒，民国时期改为乡，1992年改为金龙镇。金龙镇古为骆越地，秦象郡的一部分，汉初南越尉赵佗自立为南越武王，属南越国。汉武帝削平南越，立交趾郡，属交趾，后改交州。[②]清嘉庆末年始被越南侵并。[③]光绪十八年（1892）中法划定广西中越边界之时，金龙峒的人民请愿归于中国，经过广西提督苏元春几经交涉，金龙峒七隘得以归还中国，而

[①] 参见周建新、严月华《现代国家话语下的族群认同变迁——以广西龙州县金龙镇板外屯壮族傣人侬人为例》，《广西民族研究》2012年第1期。

[②] 张建军：《布傣人的丧葬礼仪及其文化意义与功能》，《广西民族大学学报》（哲学社会科学版）2007年第3期。

[③] 张有隽主编：《边境上的族群——中越边民群体的人类学考察》，广西民族出版社1999年版，第7页。

另外的里板、龙保、板孔三村则划归越南。①

中法战争后，中法两国政府1885年开始谈判，到1900年完成立碑，金龙峒正式回归中国，其间经历了六十多年外国统治历史。另外，据《龙津县金龙峒傣人情况调查》分析，"金龙峒原为中国属地，乃太平府安平土州之一峒。光绪二十一年即归龙州辖地"②。金龙镇群山绵延起伏，是中国西南边疆的前沿，扼守中国西南内陆与北部湾、华南的连接通道的要冲，其地理位置具有重要的战略意义。

（二）金龙镇布岱人的人口分布

壮族是中国人口最多的少数民族，其支系众多，主要的支系有布壮、布岱、布侬、布土等，每个支系都有自己特定的称谓和分布地域。位于中越边境的龙州县金龙镇，是布岱的主要聚居地。全镇总户数为6289户，总人口约2.3万人（2017年）。③布岱（po^4tai^2）支系是中国壮族和越南岱族众多支系中的一支。1950年，布岱人曾自报为傣族，1954年经过民族识别，布岱人于1958年1月正式被界定为壮族，④成为壮族的一个支系。在越南称为布岱的支系，实际上和中国壮族自称为布岱的支系是一样的。⑤两国之所以使用不同的民族称谓，主要是因为两国民族成分划分的标准不同。

据调查，发现金龙镇有四个行政村（高山村、横罗村、贵平村和板梯村）分布在国境线上，与越南相连接，其中贵平村的板烟屯、板探屯以及横罗村的下其逐屯距国界仅300米。与越南沿边境的村落鸡犬相闻，人员往来也不需要特别的手续。沿边境分布的布岱人村落基本上是纯布岱人居住，离边境稍远的一些村屯则是布岱、布侬杂居，但除了金龙街外，没有与汉族相处于同一村屯的情况。金龙布岱人的族源可以追溯至中国古代的"百越"，历史上与广西、广东西部、湖南南部、云南东部、贵州南部，以及越南北部一起，构成了族群、政治、文化上的一体化概念，在语言、文化方面有着紧密的联系。布岱人往金龙地区迁移，是波澜壮阔的侗台语民

---

① 黄铮、萧德浩主编：《中越边界历史资料选编》（上、下），社会科学文献出版社1993年版，第857—868页。

② 广西壮族自治区编辑组：《龙津县金龙峒傣人情况调查·广西壮族社会历史调查（第七册）》，广西民族出版社1987年版，第31页。

③ 国家统计局农村社会经济调查司编：《中国县域统计年鉴·2018（乡镇卷）》，中国统计出版社2019年版，第420页。

④ 广西壮族自治区民族事务委员会：《广西民族工作资料选集民族识别文件资料汇编》（1951—2001）（内部编印），2001年，第364页。

⑤ 周建新：《中越中老跨国民族及其族群关系研究》，民族出版社2002年版，第80页。

族大迁徙浪潮中的一朵浪花。①

金龙布岱人的族源结构主要有两部分，一部分是来自越南的岱族（土人），另一部分来自越南的布侬人和从龙州附近迁到金龙的布侬人，经过"岱化"而逐渐融合于布岱。秦汉至隋唐时期，金龙地区和越南北部、广西西南部一样，一直是中国郡县制度下的行政区域，中华文化对这个地区产生了广泛而深刻的影响。金龙布岱人在历史上的"越属"和"法属"期间又有不同的历史记忆。不同历史经历的叠加，使他们的多层次的认同增加了复杂的因素。

（三）金龙镇民俗文化

聚居于中越边境一隅的龙州县金龙镇"布岱人"，所处自然环境相对闭塞，与外界的交往较少，其经济、文化容易得到"自成一体"的发展。

金龙镇风俗独特，民间文娱资源丰富。每年的特定时期，歌圩"侬峒"成为当地的特色节日。每年农历正月初八到十四，地处中越边境的广西龙州县金龙镇就迎来隆重而热闹的侬峒节。节日当天，男女老少穿着节日的盛装，从四面八方聚集到圩场。据专家考证，龙州侬峒节所表现的农耕文化在世界上是独一无二的，参加侬峒节的多为壮族布岱族群。他们是秦汉时期生活在中国南部与越南北部的骆越后裔，居住在中越边界。②越方一侧的布岱今为岱族，中方一侧的布岱今属壮族的一个分支。金龙布岱具有悠久的历史和灿烂的文化。其特殊性除了历史沿革、跨境、与壮族同根同源外，世代相传的语言、服饰、礼俗、节俗及民间宗教信仰等文化与越南的岱族等相同或相近。

潘艳勤的《壮族布岱人"弄桥"仪式及其文化意义和功能》（广西民族大学 2004 年硕士论文）对金龙布岱人的传统仪式"弄桥"作了较为全面的描述，并进一步阐释了布岱人"弄桥"仪式背后的文化意义。张有隽主编的《边境上的族群》是一本以金龙布岱人为研究对象的论文集，分别对金龙布岱人的社会、历史、文化、经济生活等方面作了调查和描述。③

（四）金龙镇语言和文字使用情况

崇左市龙州县语言种类极其丰富。县城主要盛行白话（即汉语粤方言），在乡镇及其他偏远地区则通行壮话、白话、平话、客家话。壮语是壮族人

---

① 潘汩：《民族国家语境下的认同建构——金龙镇布岱人族群认同意识研究》，硕士学位论文，广西民族大学，2007 年，第 22 页。

② 农林、农瑞群、严造新：《侬峒节 世界上独一无二的农耕文化展示》，《中国民族》2015 年第 6 期。

③ 参见张有隽主编《边境上的族群——中越边民群体的人类学考察》，广西民族出版社 1999 年版。

们在劳动和生产生活中进行交际和思维的主要工具，是龙州县 90%以上居民所使用的主要交际工具。此外，还有 5%的居民操汉语的粤方言、客家话和平话，在龙州工作的人员中也有其他少数民族成分的，但他们在工作和社交中一般用汉语交流，有时也可以用壮语交流。

龙州县通行的壮语，是壮语南北两部方言中的南部方言，它与北部方言最明显差别主要表现在语音方面不同，因为有送气音声母：唇清塞音 ph、舌尖清塞音 th、舌根清塞音 kh、腭化的送气唇清塞音 phj。在金龙镇，还有送气的舌面前擦清音 tɕh。壮语北部方言的语音系统中，却没有送气的辅音，南部方言送气音声母的字，在北部方言都变成不送气音声母。因此，壮语北部方言人在汉语交际时，往往出现"夹壮"，也就是我们通常说的"北壮"现象。而金龙镇的人在用汉语交际时就没有"北壮"现象，原因是讲壮语南部方言的人，能够读准汉字中的送气声母。随着社会发展及国家的大力推行普通话，当前金龙镇乃至龙州县内日常交流时均出现 3 种语言（即本地壮话、粤语、普通话）并用的情况。年青一代的语言交流基本使用普通话，这也是社会发展不可抵挡的趋势。

在金龙镇，古壮字也保存得不错。古壮字，也就是指壮族先民创造出来的方块壮字，分为北壮古壮字和南壮古壮字两类。金龙镇还是南壮古壮字的宝库，在这里的民间流传着不少用古壮字书写的识字工具书、宗教经书、山歌唱本、民间故事传说、家谱等特定领域流行，目前在龙州县能熟悉并运用古壮字的仅有几人。[①]虽然方块壮字文本在龙州县金龙镇民间的流传呈现出衰落趋势，但据目前的情况看，还能艰难地传承下去。壮族的方块壮字和越南岱族喃字是跨境壮族在汉语文环境影响下发展出来的文字体系，体现了跨境壮族人民的创造力。

四 周边语言对壮语金龙岱话的影响

广西的壮族与越南岱族同属汉藏语系壮侗语族壮傣语支。金龙壮族与越南边境的岱族长期往来密切，随着语言接触的频繁和加剧，受汉语普通话、粤方言、越南语的影响，使得金龙岱话的表达形式更加多样化，也呈现出明显的"区域特征"。

越南的岱族有仿照汉字构成的汉越词，与汉字一起夹杂使用，一般多用于记录山歌。越南岱语原有的文字叫"岱文"，古岱文是利用或者借用汉

---

① 参见广西民族报《精通古壮字，掌握 4 门民间技艺！中越边境文化奇才马贵益》，https://baijiahao.baidu.com/s?id=1663952606643850337&wfr=spider&for=pc，2020 年 4 月 14 日。

字的某些字母和部首来记录岱语的一种文字。①越南岱语中出现舌面前不圆唇元音"e"和"ɛ"、舌面圆唇元音"o"和"ɔ"这两组元音的对立存在，受越南岱语影响，龙州金龙岱话也出现这两组元音的对立存在。

金龙岱话中民族固有词和借词并存，通常情况下，新事物、新名词及抽象名词、形容词、连词等很多都借用汉语粤方言和越南语；句法中也有不少句式借用了汉语方言的句式。年轻人说金龙岱话时，语言中出现很多汉语粤方言和越南语借词。有时，本地人在使用壮语交谈的过程中，也会夹带汉语西南官话的词语，一般都是人名、新词、术语或壮语没有相应表达法的词。比如：$ɬai^{33}wai^{31}$"小韦"、$ta^{24}jo^{31}ɬɯŋ^{53}$"大学生"、$jiŋ^{33}ji^{55}$"英语"、$ten^{24}naːu^{55}$"电脑"、$ten^{24}ɕi^{24}$"电视"等。

白话对金龙地区的影响从清代中叶开始。当时海禁大开，广东商人大批进入广西，深入桂中南、桂西沿邕江、右江、左江水路两岸的城镇经商。他们凭着经济上的优势和感召力，不断影响同化周边的壮族，以至于最后在这些以壮族为主的地区发展形成了不少以城镇为中心的小片粤语区或方言岛。②白话因此取代壮语成为镇上通行的主要语言，在日常交际、集市交易、工作事务中发挥着最主要的作用。

---

① 谢永新、刘光创：《广西壮族与越南岱族侬族的族源文化初探》，《广西师范学院学报》（哲学社会科学版）2014年第2期。

② 李锦芳：《粤语西渐及与壮侗语接触的过程》，《三月三（民族语文论坛专辑）》（增刊）1999年。

第一章 壮语金龙岱话语音系统

广西壮语南部方言左江土语的使用范围主要分布在广西的大新、天等、宁明、龙州、凭祥等县市，本土语的多自称为"khən^{31}tho^{24}"，即"本地人"或"土人"。而龙州位于中越边境地区，在左江土语区中比较具有代表性。壮语金龙岱话的音系整理如下。

第一节 声母及例词

壮语金龙岱话声母总共 32 个，包括 24 个单辅音声母、5 个腭化音声母和 3 个唇化音声母。声母的主要特点有以下几个：①塞音声母分清浊（p、ʔb；t、ʔd），也分送气与不送气（p、ph；t、th）。②塞擦音声母只有清音（ts、tsh；tɕ、tɕh），没有浊音。③双唇音声母分腭化和非腭化（pj、p；phj、ph；mj、m；lj、l；khj、kh）。④舌根音存在唇化与非唇化的对立（kw、k；khw、kh；hw、h）。壮语金龙岱话声母具体整理如下（见表 1-1）：

表 1-1　　　　　　　　声母表

p	ph	ʔb	m	f	w		pj	phj	mj
t	th	ʔd	n	ɬ	l				lj
ts	tsh								
tɕ	tɕh		ȵ	ɕ	j				
k	kh		ŋ				khj	kw	khw
ʔ				h					hw

声母说明：

（1）汉语借词"是"辅音有时读[ɬ]，有时读[tɕh]。

（2）民族词中，辅音[ɕ]、[tɕh]不易分辨，读[ɕ]时听起来很像[tɕh]。例如，"山"tɕha^{53}一词，也像读为 ɕa^{53}。

（3）鼻音[m]在某些词中读起来伴有轻微吐气，接近于清化音[mh]。例如，"猪蹄"kha^{55}mu^{53}、"猪肝"tap^{33}mu^{53}，但由于这样的音比较少，就归到[m]音中。

（4）声母 mj 只用于记录现代汉语借词，未找到民族固有词。比如："面儿" mjen^{33}，"面粉" mjen^{33}fan^{35}，"面条" mjen^{33}theu^{31}。

（5）塞擦音声母 ts、tsh、tɕ、tɕh 只有清音，没有浊音。

（6）声母 pj、khj、hw 的例词均只找到一个。

声母例词（见表 1-2）：

表 1-2　　　　　　　　声母例词表

声母	例词 1	例词 2	例词 3
p	pik^{55} 翅膀	pet^{33} 八	pa:k^{33} 嘴巴
ph	phi^{53} 鬼	phən^{53} 磨	phɔ^{31} 奶奶
ʔb	ʔba:ŋ^{53} 薄	ʔbin^{53} 飞	ʔba:u^{33} 哥哥
m	mi^{31} 有	mu^{53} 猪	miŋ^{31} 名字
f	fai^{31} 火	fu:m^{31} 趴	fi:k^{35} 事情
w	wa:i^{31} 水牛	wa:n^{53} 甜	wa:k^{35} 砍
t	tam^{33} 矮	tap^{55} 肝	tiu^{53} 扔
th	tha:n^{35} 炭	thɛ:u^{31} 跳	thau^{35} 暖和
ʔd	ʔda:ŋ^{53} 身体	ʔdai^{53} 好	ʔdɯ:t^{33} 热
n	nɔn^{31} 睡	na^{24} 脸	nəŋ^{33} 一
ɬ	ɬa:m^{53} 三	ɬa:u^{31} 洗	ɬu:ŋ^{33} 光
l	lu:k^{33} 山谷	la:u^{53} 怕	la:i^{53} 很
ts	tsui^{55} 最	tsa:i^{33} 再	tsa:i^{33} 爪子
tsh	tshɯɯ^{33} 是	tshən^{35} 梭子	tshən^{35} 养（鱼）
tɕ	tɕa^{31} 鱼	tɕa:u^{33} 灶	tɕu^{35} 小叔子
tɕh	tɕhoŋ^{53} 葱	tɕhe^{53} 车	tɕhən^{53} 筛（米）
ȵ	ȵuŋ^{31} 蚊子	ȵa^{24} 草	ȵə^{24} 渣滓
ɕ	ɕak^{55} 菜	ɕui^{33} 税	ɕim^{31} 尝
j	ja:u^{35} 叫	jo:k^{33} 花	ja:i^{53} 锄（草）
k	kai^{55} 鸡	kin^{53} 吃	kiŋ^{33} 敬（酒）
kh	kha^{53} 腿	kha:i^{53} 卖	khau^{24} 进（屋）

续表

声母	例词 1	例词 2	例词 3
ŋ	ŋən³¹ 银子	ŋu³¹ 蛇	ŋaːt³⁵ 磕（头）
ʔ	ʔai³¹ 咳嗽	ʔau⁵³ 要	ʔɯ²⁴ 答应
h	haːn³³ 鹅	haːi⁵³ 死	hɯ²⁴ 允许
pj	pjen³⁵（随）便		
phj	phjɛːu³⁵ 豹子	phjeŋ⁵³ 平（地）	nɛu³³phjin³³ 尿布
mj	mjen³³ 面儿	mjen³³fan³⁵ 面粉	mjen³³theu³¹ 面条
lj	ljiːn³¹ 镰刀	ljen³³ 链子	ljiu³³ 玩儿
khj	khjaːu³⁵ 巧		
kw	kwa³³ 过	kwaːŋ³⁵ 宽	kwai³³ 归
khw	khwaː⁵³ 旋	khwaːi³⁵ 快	khwɛ³¹ 瘸
hw	hwai⁵⁵（后）悔	无	

第二节 韵母及例词

壮语金龙岱话总共有 104 个韵母，包括 10 个单元音韵母、12 个复元音韵母、42 个鼻韵母以及塞韵母有 40 个。金龙岱话韵母的主要特点表现为：①韵母比较丰富，除了单元音韵母外，还有复元音韵母、鼻韵母、塞韵母。②部分元音存在长短对立现象。③有 e、ɛ 和 ɔ、o 的对应。分布如下（见表 1-3）：

表 1-3　　　　　　　　　　韵母表

	-i	-ɯ	-u	-m	-n	-ŋ	-p	-t	-k
a	aːi		aːu	aːm	aːn	aːŋ	aːp	aːt	aːk
	ai	aɯ	au	am	an	aŋ	ap	at	ak
e			eu	em	en	eŋ	ep	et	ek
ɛ			ɛu	ɛm	ɛn	ɛŋ	ɛp	ɛt	ɛk
i				iːm	iːn	iːŋ	iːp	iːt	iːk
			iu	im	in	iŋ	ip	it	ik
ɯ	ɯi			ɯːm	ɯːn	ɯːŋ	ɯːp	ɯːt	ɯːk

续表

			ɯm	ɯn	ɯŋ	ɯp	ɯt	ɯk
o			o:m	o:n	o:ŋ	o:p	o:t	o:k
	oi		om	on	oŋ	op		ok
ɔ				ɔm	ɔn	ɔŋ	ɔp	ɔt	ɔk
u	ui		u:m	u:n	u:ŋ	u:p	u:t	u:k
			um	un	uŋ	up	ut	uk
ə		əɯ	əm	ən	əŋ		ət	ək
ɿ								

韵母说明：

（1）单元音作韵母都念长元音，长音符号（ː）省去不标。

（2）有[ə][ɯ]两个元音并存。

（3）ɯm 有时也读 əm，比如：lɯm³¹/ləm³¹ "风"，tɯm³³/təm³³ "崩"。ɯm 有时也读 om，比如：thɯm³³/thom³³ "砸"，thɯm³³/thom³³ "弹（棉花）"，thɯm³⁵/thom³⁵ "涝"。

（4）韵母 ɿ 只用于记录汉语借词。比如：tɕhoi³³tsɿ³⁵jau³¹ "菜籽油"，ljen³¹tsɿ³⁵ "莲子"。

（5）ɯːp、uːp 的例词均只找到一个。

韵母例词（见表 1-4）：

表 1-4　　　　　　　　　韵母例词表

韵母	例词 1	例词 2	例词 3
a	ma¹¹ 马	na³¹ 水田	ʔda³³ 骂
aːi	waːi³³ 坏	laːi⁵³ 多	phaːi¹¹ 山坳
ai	ʔdai⁵³ 好	thai⁵³ 犁	mai¹¹ 树
aɯ	ɬaɯ⁵³ 干净	maɯ³⁵ 新	thaɯ³¹ 碰
aːu	ɬaːu³¹ 洗	kaːu⁵³ 糕	waːu³³ 缺
au	kau³³ 旧	ȵau³⁵ 骗	ŋau¹¹ 藕
aːm	haːm⁵³ 抬	naːm⁵³ 刺	
am	nam¹¹ 水	tam⁵³ 春	kam⁵³ 拿
aːn	laːn⁵³ 孙子	waːn⁵³ 甜	faːn³¹ 爬

续表

韵母	例词 1	例词 2	例词 3
an	ɬan^{53} 发抖	n̦an^{24} 捻	ʔdan^{53} 傻
a:ŋ	ʔba:ŋ^{53} 薄	ʔda:ŋ^{53} 身体	kha:ŋ^{53} 撑（伞）
aŋ	naŋ^{53} 皮	phaŋ^{53} 埋	ɬaŋ^{31} 窝
a:p	la:p^{33} 蜡烛	ha:p^{35} 挑（担）	ɬa:p^{35} 蟑螂
ap	lap^{55} 眯	ʔdap^{55} 熄	ha:p^{35} 闭（嘴）
a:t	ŋa:t^{35} 芽儿	wa:t^{33} 挖	pa:t^{33} 青蛙（长腿的）
at	mat^{35} 跳蚤	pat^{33} 扣子	nat^{55} 喜欢
a:k	pa:k^{33} 嘴	ma:k^{33} 果	wa:k^{33} 画
ak	fak^{11} 孵	nak^{55} 重	çak^{55} 菜
e	ŋe^{55} 个	fe^{33} 种子	we^{24} 脏
eu	kheu^{33} 轿子	ɬeu^{31} 沿	ljeu^{11} 全
em	kem^{24} 减	jem^{24} 演（戏）	khem^{31} 咸
en	len^{33} 跑	men^{33} 爬	thjen^{53} 懂
eŋ	teŋ^{53} 钉子	keŋ^{53} 岭	pheŋ^{33} 放
ep	kep^{55} 夹	thep^{55} 赶	wep^{55} 休息
et	pet^{55} 鸭	wet^{55} 抠	ket^{55} 结（果子）
ek	lek^{55} 铁	pek^{55} 箍（木桶）	phek^{55} 缝儿
ɛ	tɕhɛ^{53} 车	kɛ^{24} 解	mɛ^{33} 母的
ɛu	mɛu^{31} 猫	phɛu^{31} 瓢	nɛu^{24} 尿
ɛm	nɛm^{53} 贴	thɛm^{11} 晒席	thɛm^{33} 垫
ɛn	khɛn^{53} 胳膊	khwɛn^{55} 挂	tɕhɛn^{31} 钱
ɛŋ	lɛŋ^{11} 旱	phɛŋ^{31} 贵	ʔdɛŋ^{53} 红
ɛp	çak^{55}kɛp^{55} 韭菜		
ɛt	pɛt^{33} 八		
ɛk	mɛk^{55} 脉搏	tɕhɛk^{33} 本子	
i	pi^{53} 年	ɬi^{31} 长	fi^{11} 蜻蜓

续表

韵母	例词 1	例词 2	例词 3
iu	ɬiu²⁴ 欠	ɬiu³³ 凿子	ʔdiu²⁴ 忌妒
i:m	ji:m⁵³ 阉	khi:m³¹ 钳子	tɕi:m³³ 霸占
im	kim⁵³ 金子	ʔim³³ 饱	khim³¹ 火钳
i:n	lji:n³¹ 镰刀	ɬi:n²⁴ 尖	ȵi:n³¹ 筋
in	kin⁵³ 吃	lin¹¹ 舌头	pin³⁵ 挽（袖子）
i:ŋ	kwi:ŋ³³ 手茧	tɕi:ŋ²⁴ 打扮	
iŋ	ɕiŋ³¹ 城	khiŋ⁵³ 姜	thiŋ³³ 听
i:p	ʔdi:p³⁵ 爱	hi:p³⁵ 夹	
ip	ɬip⁵⁵ 十	ʔdip⁵⁵ 活	ʔip⁵⁵ 捡
i:t	phi:t³⁵ 洒	ɕi:t³⁵ 亏本	tɕi:t³³ 馋
it	ʔbit⁵⁵ 摘	phit⁵⁵ 洒	ʔdit⁵⁵ 淋
i:k	khi:k³⁵ 劈	fi:k³⁵ 事情	khɛu⁵³ɬak¹¹ɬi:k³⁵ 狐臭
ik	khik⁵⁵ 呛	tɕik⁵⁵ 尺子	pik⁵⁵ 翅膀
ɯ	mɯ³¹ 手	lɯ³¹ 驴	fɯ³⁵ 擤
ɯi	khɯi⁵³ 女婿	khɯi³³ 柜子	
ɯ:m	ŋɯ:m³¹ 山洞	lɯ:m³³ 摔	jɯ:m⁵³ 借
ɯm	ʔdɯm⁵³ 闻	lɯm³¹ 忘记	
ɯ:n	ɬɯ:n³¹ 房子	nɯ:n³³ 烂	ʔdɯ:n³¹ 蚯蚓
ɯn	mɯn⁵⁵ 灰尘	nɯn³³ 咽	mɯn³¹ 麻
ɯ:ŋ	tɕɯ:ŋ³¹ 床	ɬɯ:ŋ³³ 相片	kɯ:ŋ³⁵ 雨伞
ɯŋ	ȵɯŋ⁵⁵ 向	tɕɯŋ⁵³ 扶	khɯŋ⁵³ 鱼篓
ɯ:p	kɯ:p³³ 牛虻		
ɯp	ʔɯp⁵⁵ 腌	ʔdɯp⁵⁵ （里）面	
ɯ:t	lɯ:t³⁵ 拆	kɯ:t³⁵ 挪	lɯ:t³⁵ 血
ɯt	tɯt⁵⁵ 凸	pɯt⁵⁵ 肺	ɬɯt⁵⁵ 蚊帐
ɯ:k	ɕɯ:k³³ 绳子	lɯ:k³³ 选	phɯ:k³³ 芋头

续表

韵母	例词1	例词2	例词3
ɯk	ʔdɯk^{55} 深	thɯk^{11} 公的	tɯk^{55} 打（球）
o	ʔdo^{24} 躲	kho^{24} 谜语	no^{31} 藏
oi	khoi^{24} 我	toi^{33} 对	thoi^{55} 消退
o:m	tho:m^{24} 涨	ko:m^{24} 低（头）	ho:m^{55} 盖（被子）
om	tom^{53} 土	khom^{53} 苦	thom^{53} 池塘
o:n	po:n^{24} 喂（奶）	tɕho:n^{24} 凑	tho:n^{31} 刺猬
on	fon^{55} 石灰	tɕon^{24} 松鼠	non^{53} 虫子
o:ŋ	ɕo:ŋ^{31}ta:n^{33} 床单	po:ŋ^{31} 棚子	ɲo:ŋ^{11} 漱（口）
oŋ	tɕhoŋ^{53} 葱	ɬoŋ^{55} 送	ʔoŋ^{53} 爷爷
o:p	ʔbo:p^{33} 耙	kho:p^{33} 盒	po:p^{33} 水泡
op	kop^{55} 青蛙	kop^{55} 把（屎）	tɕop^{55} 蘑菇
o:t	mo:t^{35} 霉	kho:t^{33} 破	tho:t^{35} 脱
o:k	mo:k^{33} 雾	jo:k^{33} 花	lo:k^{33} 蜕（皮）
ok	nok^{11} 鸟儿	hok^{55} 六	tok^{55} 落
ɔ	lɔ^{31} 骡	kɔ^{33} 棵	phɔ^{33} 男性
ɔm	hɔm^{53} 香	ɲɔm^{33} 看	
ɔn	nɔn^{31} 睡	ɬɔn^{53} 教	ʔɔn^{33} 年轻
ɔŋ	ɬɔŋ^{53} 二	ɕɔŋ^{31} 桌子	nɔŋ^{11} 脓
ɔp	kɔp^{33} 捧		
ɔt	ʔbɔt^{33} 瞎		
ɔk	ʔɔk^{33} 出	thɔk^{33} 读	ʔbɔk^{33} 斗（米）
u	ŋu^{31} 蛇	mu^{53} 猪	lu^{55}（刀）钝
ui	mui^{53} 霜	kui^{53} 笋箨	ɕui^{31} 锤子
u:m	fu:m^{31} 趴	ɕak^{55}ɬu:m^{31} 苋菜	kiu^{35}ɕu:m^{33} 发髻
um	lum^{31} 风	thum^{24} 涝	mum^{33} 胡子
u:n	lu:n^{33} 乱	ɬu:n^{55} 算	fu:n^{31} 柴火

续表

韵母	例词 1	例词 2	例词 3
un	khun^{53} 喂	ʔun^{35} 熬	khun^{31} 和（泥）
u:ŋ	ʔdu:ŋ^{35} 蛹	fu:ŋ^{53} 方	lu:ŋ^{53} 大
uŋ	kuŋ^{53} 弓	n̥uŋ^{31} 蚊子	nuŋ^{33} 穿
u:p	thu:p^{35} 捶	khu:p^{35} 咬	
up	lup^{33} 抚摸	fup^{55} 席子	tɕup^{55} 斗笠
u:t	fu:t^{33} 开	tu:t^{33} 鼓（起肚子）	lu:t^{55} 流产
ut	ʔdut^{35} 吸吮	put^{55} 肺	khut^{33} 弯
u:k	lu:k^{33} 山谷	tu:k^{33} 啄	ku:k^{33} 锄头
uk	ɬuk^{55} 熟	muk^{33} 鼻涕	ʔduk^{55} 骨头
ə	kə^{53} 盐	nə^{24} 渣滓	ʔə^{31}tɕhɛ^{55} 而且
əu	jəu^{35} （保）佑	kəu^{53} 我	jəu^{35} （保）佑
əm	jəm^{53} 借	phəm^{31} 扑	nəm^{31} 奶
ən	ŋən^{33} 认	mən^{31} 圆	khən^{31} 人
əŋ	tɕhəŋ^{53} 筛子	nəŋ^{33} 一	phəŋ^{31} 烘
ət	tət^{55} 屁	mət^{11} 蚂蚁	ʔdət^{55} 吸（气）
ək	hək^{55} 腮	ʔək^{33} 胸脯	mək^{33} 墨
ɿ	jen^{31}tsɿ^{35}pit^{31} 圆珠笔	tɕhoi^{31}tsɿ^{35}jau^{31} 菜油	ljen^{31}tsɿ^{35} 莲子

第三节　声调及例词

声调及例词表（见表 1-5）。

表 1-5　　　　　　　声调及例词表

	调类	调值	例词		
舒声调	第 1 调	53	ma^{53} 狗	khau^{53} 藤	ʔdai^{53} 好
	第 2 调	31	ma^{31} 来	khau^{31} 求	hiŋ^{31} 赢
	第 3 调	24	kha^{24} 杀	khau^{24} 饭	ʔdai^{24} 能

续表

调类		调值	例词		
舒声调	第 4 调	11	ma¹¹ 马	na:m¹¹ 麖	li¹¹ 理睬
	第 5 调	55	ŋe⁵⁵ 个	kai⁵⁵ 鸡	łoŋ⁵⁵ 送
	第 6 调	33	me³³ 母的	khau³³ 块	n̯am³³ 踏
促声调	第 7 调	55	luk⁵⁵ 拔（火罐）	pet⁵⁵ 鸭	fup⁵⁵ 席子
	第 8 调	11	mak¹¹ 墨	khut¹¹ 稠	n̯ap¹¹ 缝（衣服）
	第 9 调	33	pa:k³³ 嘴巴	jo:k³³ 花	ku:k³³ 锄头
	第 10 调	35	ŋa:t³⁵ 磕（头）	tha:k³⁵ 晾	ɕu:p³⁵ 抽（烟）

声调说明：

（1）第 1 调，调值为[53]，属高降调，但这个调一部分词汇受辅音的送气特征影响，变成调值[453]。

（2）第 4 调，调值为[11]，属低平调。当两个[11]调词连读，第二个调值[11]有时变读为[31]。

（3）第 6 调，调值为[33]，属中平调。调值[33]的变读接近[53]，或与语流中的起伏有关。

（4）促声调高音组里，长音读[35]，短音读[55]，短音接送气音时，也会变读接近[35]；促声调低音组里，长音读[33]，短音读[11]。

第四节　音节结构与语流音变

一　音节构成

壮语金龙岱话的音节结构一般可以分析为"声母+韵母+声调"。声母由辅音充当，韵母由元音充当，也可以由元音加辅音充当。我们用"C"代表辅音，"V"代表元音，"T"代表声调。金龙岱话共有 6 种结构，各类音节结构介绍如下（见表 1-6）：

表 1-6　　　　　　　　音节结构及例词表

序号	结构类型	例词		
1	CVT	na³¹ 水田	ma⁵³ 狗	wa¹¹ 瓦
2	CVCT	ha:n³³ 鹅	fak¹¹ 孵	pet⁵⁵ 鸭

续表

序号	结构类型	例词		
3	CVVT	hau^{53} 叫	wa:i^{31} 水牛	la:i^{53} 多
4	CCVT	kwe^{53} 瓜	kwa^{33} 过	
5	CCVCT	khwa:ŋ^{53} 横	khwa:ŋ^{31} 淘气	kwa:ŋ^{35} 麦
6	CCVVT	khja:u^{35} 巧	kwa:i^{33} 责怪	khwa:i^{55} 快

二 音变

音变是指处于共时状态的语言单位在不同的条件下或连读过程中产生的音变现象。

（一）条件变体

（1）第 1 调，调值[53]，属高降调，但这个调一部分词汇受辅音的送气特征影响，变成[453]调。例如：phən^{53} "雨" 变读为 phən^{453}，khum^{53} "水坑儿" 变读为 khum^{453}，phi^{53}pa:k^{33} "嘴唇" 变读为 phi^{453}pa:k^{33}等。

（2）第 5 调，调值[55]，属高平调。它有时变读[35]（这些词对应其他地方壮语同样也是属第 5 调）。从调查的例词数量上看，[55]居多，因此[35]被视为变读。例如：ɬɯ^{31}khum^{35} "窟窿" 本读为 ɬɯ^{31}khum^{55}；ɬai^{55}kai^{35} "鸡蛋" 本读为 ɬai^{55}kai^{55}；fɯ^{35} "擤（鼻涕）" 本读为 fɯ^{55}；khən^{31}kɛ^{35} "老人" 本读为 khən^{31}kɛ^{55}等。

（3）促声调高音组里，长音读[35]，短音读[55]，短音接送气音时，也会变读接近[35]。例如：hit^{55}tɕau^{24} "做饭" 变读为 hit^{35}tɕau^{24}；khau^{24}phak^{55} "入殓" 变读为 khau^{24}phak^{35}；kham^{33}tɕhuk^{55} "明晚" 变读为 kham^{33}tɕhuk^{35}等。

（二）语流音变

（1）第 4 调，调值为[11]，属低平调。当两个[11]调词连读，第二个[11]有时变读[31]。例如，fi^{11}ləm^{31} "风筝" 等。

（2）数词 "三" 的变调单独 "三" 发 ɬa:m^{53}，但当后面接高平调或高降调时，变读为 ɬa:m^{55}，例如，ɬa:m^{55}ɬip^{55} "三十"、ɬa:m^{55}pi^{53}tuk^{33}kɔn^{35} "三年以前" 等。

第二章 壮语金龙岱话的词汇

第一节 词的构成

词由语素构成。从构成词的语素数量多少来看，壮语金龙岱话的词可以分为单纯词和合成词。两大类型又可以再细分为不同的次类。

一 单纯词

单纯词是指由一个语素构成的词，整个词只能表示一个意思，不能拆开。其中，单音节词占绝大多数，也有双音节和多音节的。

（一）单音节单纯词

单音节单纯词大多数是基本词汇，只有一个音节构成。例如：

fa¹¹ 天	tha³³ 江	pi⁵³ 年	ɬit⁵⁵ 雪
phən⁵³ 雨	ʔdɯːt³³ 热	mu⁵³ 猪	tin³⁵ 短
ɬaːm⁵³ 三	nau⁵⁵ 恨	hai²⁴ 哭	ɬi³¹ 长
ɬuŋ⁵³ 高	kha²⁴ 杀	ʔdeŋ⁵³ 红	laːi⁵³ 多
ko⁵³ 棵	ŋe⁵⁵ 个	ɕik⁵⁵ 尺	ɕiŋ³⁵ 请
mai¹¹ 树	tɕhoŋ⁵³ 葱	ŋu³¹ 蛇	

（二）多音节单纯词

多音节单纯词指的是由两个或两个以上的音节构成的单纯词。不管有几个音节，单个音节不表示意义，几个音节组合起来才能表示意义。壮语金龙岱话的多音节词以双音节为主，有的双音节词会出现双声、叠韵或叠音的结构关系。可分为以下几类：

1. 连绵词

连绵词是指由两个音节连缀成义且不能拆开来用的单纯词，可分成双声、叠韵和其他连绵词。

（1）双声连绵词

双声连绵词指两个音节的声母相同的连绵词。例如：

ʔdaːu⁵³ʔdi³³ 星星　　phaŋ¹¹phu³³ 癞蛤蟆　　ɬim³³ɬɯːn³¹ 走廊

ɬoŋ³³ɬɯːn³¹ 胡同　　　ʔduk⁵⁵ʔdi²⁴ 肚脐

（2）叠韵连绵词

叠韵连绵词是指两个音节的韵母相同的连绵词。例如：

fu³¹lu³¹ 葫芦　　　tɕiŋ⁵³miŋ³¹ 清明　　　laːp¹¹ɬaːp³³ 垃圾

（3）其他连绵词

两个音节的声母和韵母都不相同的连绵词。例如：

joŋ³¹n̩.i³³ 容易　　　naːu¹¹n̩.it³³ 热闹　　　ɕi³¹ken⁵⁵ 时间

kap¹¹tɕhaːu⁵³ 蜘蛛　　　fi¹¹hau²⁴ 蝴蝶

2. 叠音词

叠音词指两个音节的声韵调或声韵相同的单纯词。例如：

weŋ⁵⁵weŋ⁵⁵ 知了　　　khwɛ³¹khwɛ³¹ 弯曲　　　phɯt³¹phɯt³¹ 急促

二　合成词

　　合成词是指由两个或两个以上的语素构成的词。班弨在《壮语描写词汇学》把合成词定义为"由两个或者两个以上语素构成的词"。朱德熙（2017：32）称为"由两个或两个以上词根组合的词为合成词"；张均如、梁敏（1999：357）称为"由两个或两个有意义的成分组成的词为合成词"。韦景云、何霜等（2011：53）称为"两个或两个以上有实际意义的音节组成的词为合成词"（"所谓的实际意义"指的是一个音节具有词汇意义或语法意义）。无论是语素、词根，还是音节、组成部分，其实都是说的词根语素。

　　根据构成成分性质的不同，合成词可分为两种。我们根据刘丹青编著的《语法调查研究手册》（2008）将合成词分为复合式合成词和附加式合成词。

（一）复合式合成词

　　复合式合成词是指由两个或两个以上能体现词汇意义的词根按一定的语法规则构成的合成词，简称复合词。复合词的意义不是各语素意义的简单相加，新词的意义一般有所引申、改变，有些本义已全部或部分消失。包括以下几种类型：

1. 联合式

　　由两个意义相同、相近、相关或相反的词根并列组合而成的词。主要有名词性、形容词性和动词性这三种联合式合成词。壮语金龙岱话联合式合成词有以下几种情况：

（1）由两个意义相同或相近的词根语素联合构成的词。例如：

phau⁵⁵ɬaːu³¹ 漂洗　　　na²⁴mjen³³ 面子　　　ɬɯ²⁴khwa⁵⁵ 衣服
　漂　洗　　　　　　　脸　面　　　　　　　衣服 裤子

tho:ŋ³³tɕa:ŋ⁵³ 中间
中　　间

（2）由两个意义相对或相反的词根语素联合构成的词。例如：

pho³³mɛ³³ 夫妻　　　　　kha:i⁵³łɯ²⁴ 买卖　　　　phi⁵⁵nɔŋ¹¹ 兄弟
丈夫 妻子　　　　　　　　卖　买　　　　　　　　兄　弟
kho²⁴mi³¹ 贫富　　　　　　hoi³¹pai⁵³ 回去　　　　la:i⁵³nɔ:i¹¹ 多少
穷　富　　　　　　　　　　回　去　　　　　　　　多　少

2. 偏正式

　　由中心语素和从属语素构成，中心语素是主体，从属语素是修饰、补充说明主体的。张均如、梁敏（1999：357）称为"偏正式"，认为"一个成分是主体，其余成分是从属，从属成分是修饰、补充主体的，主体是正，从属是偏，分为前正后偏式和前偏后正偏式"。① 壮语金龙岱话，我们选择用"偏正式"这一名称，它不仅说明了两个构词词根语素关系的问题，也能更好地融合两个构词词根语素的语序问题。可分为前正后偏式和前偏后正式两种。

（1）前正后偏式

　　此形式是壮语金龙岱话构词的常见方式，主体在前，从属在后。从词素的类别来分析，又可以分以下几种类型：

A. 以名词为正。例如：

名词+名词=名词

khi³⁵hu⁵³ 耳屎　　　　　　　　　lo³³lek⁵⁵ 铁路
屎　耳　　　　　　　　　　　　　路　铁
luk³³ʔba:u³³ 男孩　　　　　　　　luk³³ła:u³³ 女孩
儿　男性　　　　　　　　　　　　儿　女性

名词+动词=名词

pi⁵³kwa³³ 去年　　　　　　　　　luk³³ha:k³³ 学生
年　过　　　　　　　　　　　　　儿　学
 phɔ³³ɲau³³ 骗子　　　　　　　　kai⁵⁵ton⁵³ 阉鸡
男性　骗　　　　　　　　　　　　鸡　阉

名词+形容词=名词

khən³¹kɛ³³ 老人　　　　　　　　　khən³¹khwɛ³¹ 瘸子
人　老　　　　　　　　　　　　　人　瘸
ɕak⁵⁵łom³⁵ 酸菜　　　　　　　　　lum³¹la:i⁵⁵ 狂风
菜　酸　　　　　　　　　　　　　风　多

---

① 张均如、梁敏等：《壮语方言研究》，四川民族出版社 1999 年版，第 357 页。

thu³³khɛu⁵³ 绿豆
豆　绿色

thuɯŋ⁵³ʔdeŋ⁵³ 红糖
糖　红色

名词+动宾结构=名词

nok¹¹ʔduk³³mai¹¹ 啄木鸟
鸟　啄　树

nam¹¹ɬa:u³¹na²⁴ 洗脸水
水　　洗脸

名词词素（正）+其他（偏）=名词

wan³¹nai³⁵ 今天
天　这

ʔbɯ:n³¹ɬa:m⁵³ 三月
月　　三

B. 以类名为正，专名为偏。在这种结构中的"专名"大多是不能单独应用或者是单用时意义不够明确，需要附在类名之后意义才明确。例如：

mai¹¹树	mai¹¹ɬoŋ⁵³	松树	mai¹¹pha:k⁵⁵	柏树
	mai¹¹ɕa:m⁵⁵	杉树	mai¹¹tha:u³¹	桃树
nok¹¹鸟	nok¹¹ʔɛn⁵⁵	燕子	nok¹¹kɛu⁵⁵	鹦鹉
	nok¹¹ku³³	布谷鸟	nok¹¹fek³⁵	鹧鸪
tɕa⁵³鱼	tɕa⁵³nai¹¹	鲤鱼	tɕa⁵³lai⁵³	鳝鱼
	tɕa⁵³nu³³	泥鳅	tɕa⁵³təu³⁵tɕhen³¹	鲫鱼
jo:k³³花	jo:k³³mui³¹	梅花	jo:k³³ŋau¹¹	荷花
	jo:k³³tha:u³¹	桃花	jo:k³³kwɛ⁵³	丝瓜花
ma:k³³果子	ma:k³³tha:u³¹	桃子	ma:k³³man¹¹	李子
	ma:k³³pha:u³¹	柚子	ma:k³³tɕi³⁵	柿子
mɛŋ³¹虫子	mɛŋ³¹thuɯŋ⁵³	蜜蜂	mɛŋ³¹fun³¹	苍蝇
	mɛŋ³¹khɛŋ³¹	臭大姐	mɛŋ³¹tɕhep³⁵	蛔虫
ɲa²⁴草	ɲa²⁴ŋa:i³³	艾草	ɲa²⁴kut⁵⁵	蕨草
	ɲa²⁴ʔɛn⁵³	巴芒草	ɲa²⁴ha:ŋ⁵³ma⁵³	狗尾草
ɕak⁵⁵菜	ɕak⁵⁵ka:t³⁵	芥菜	ɕak⁵⁵phek³³	白菜
	ɕak⁵⁵kɛp³³	韭菜	ɕak⁵⁵tau³³ŋa³¹	豆芽菜
tɕa:ŋ⁵³匠	tɕa:ŋ⁵³thɔk³³	篾匠	tɕa:ŋ⁵³hin⁵³	石匠
	tɕa:ŋ⁵³lek⁵⁵	铁匠	tɕa:ŋ⁵³ŋən³¹	银匠

C. 以动词为正。例如：

ʔdi:p³³phɛŋ³¹ 珍爱
爱　贵

hai²⁴ka:i²⁴ 大哭
哭　大

D. 以形容词为正。例如：

ʔdai⁵³ɬa:u⁵³（形容女性）漂亮
好　女性

ʔdai⁵³ʔba:u³³（形容男性）英俊
好　男性

E. 以量词为正，以其他成分（名词、动词）为偏，构成的词都是名词。例如：

第二章 壮语金龙岱话的词汇

tu⁵³ 只、头（表示动物类）　　tu⁵³thaːŋ³³ 蟒蛇　　tu⁵³ɬaːn³³ 蠓
　　　　　　　　　　　　　　tu⁵⁵kau⁵⁵ 蝼蛄
mak¹¹（表示工具）　　　　　　mak¹¹ɬiu⁵⁵ 凿子　　mak¹¹ɕai³¹ 锥子
kɔ³³ 棵（表示植物类）　　　　kɔ³³kaːi³³ 庄稼　　kɔ³³khau²⁴ 水稻
　　　　　　　　　　　　　　kɔ³³mai¹¹thaːu³¹ 桃树

（2）前偏后正式

通过归纳壮语金龙岱话的构词发现，有部分修饰式合成词的修饰词根语素在中心词前，而作为主体的中心词根语素在后。例如：

puːn³³lu³³ 半路　　　　　　　ɕan⁵³tɕa⁵³ 亲家
　半　路　　　　　　　　　　亲　家
mi⁵⁵ɬuk³³ 陌生　　　　　　　tau³³fu³³fa⁵⁵ 豆腐脑
　不　熟悉　　　　　　　　　豆腐　花
waːi³³kuːk³³ 外国　　　　　　ɕaːŋ⁵⁵jat¹¹ 生日
　外　国家　　　　　　　　　生　日子
lau²⁴phiːt³⁵ 酒鬼　　　　　　haːi³¹thɛm³³ 鞋垫
　酒　坛子　　　　　　　　　鞋　垫

3. 述宾式

由一个动词性语素后加谓词性语素（动词、形容词）构成，后者对前者进行补充说明。例如：

ɬiu⁵³nam¹¹ 游泳　　　　　　ɬɛŋ⁵³luk³³ 分娩
　游　水　　　　　　　　　　生　小孩
ȵu³³ʔbɯːn⁵³ 坐月子　　　　　wa³³ku⁵⁵ 笑话
　在　月　　　　　　　　　　说　笑
tɕhəŋ²⁴wən³³ 抢婚　　　　　　pat⁵⁵thi³³ 扫地
　夺　婚　　　　　　　　　　扫　地
faːt³³ɬiŋ²⁴ 生气　　　　　　 wa³³lu³¹ 说媒
　发　气　　　　　　　　　　话　媒
noŋ³¹haːk³³ 放学　　　　　　tɕaːŋ²⁴ku³⁵hin³³ 讲故事
　下　学　　　　　　　　　　讲　　故事
fi⁵⁵ʔbau³⁵ 理发　　　　　　 ɕa³⁵pa²⁴hi⁵³ 变魔术
　剃　头　　　　　　　　　　耍　把戏
tiu⁵³na²⁴ 丢脸　　　　　　　ɬu¹¹na²⁴ 认识
　扔　脸　　　　　　　　　　懂　脸
ʔok³³ɬɛŋ³¹ 努力
　出　力

4. 补充式

由中心成分的谓词性词素和在其后面充当补充成分的名词性或者谓词性词素构成，即：动词在前作中心词，补语在后修饰或补充说明动词。比如：

nɔn³¹ɬiŋ³⁵ 睡醒　　　　　　　nɔm³³han⁵³ 看见
　睡　醒　　　　　　　　　　　看　见
khau²⁴pai⁵³ 进去　　　　　　　ʔoŋ³⁵pai⁵³ 推开
　进　去　　　　　　　　　　　推　走
khu:p³⁵hoi³¹ 反咬　　　　　　hɔm⁵³thɯŋ³³thɯŋ³³ 香喷喷
　咬　回　　　　　　　　　　　香　　喷喷

5. 主谓式

此类合成词的结构主要由名词性词素和谓词性词素构成，前一词根表示被陈述的事物，后一词根是陈述前一词根的，合成的词在意义上一般都有所改变或引申。比如：

ha:i⁵³fa¹¹tam³¹ 月晕　　　　　mɯ³¹ʔda:i⁵³ 空手
　月亮　暗　　　　　　　　　　手　光
fa¹¹ʔdaŋ⁵³ 打雷　　　　　　　pa:k³³ka:n⁵³ 口渴
　天　打　　　　　　　　　　　嘴巴　渴
pa:k³³wa:n⁵³ 嘴甜　　　　　　thi⁵⁵tsan⁵⁵ 地震
　嘴巴　甜　　　　　　　　　　地　动

（二）附加式合成词

附加式合成词是指由一个实词语素和一个虚词语素组合而成的合成词，实词语素也叫词根，虚词语素也被称作词缀。有些词缀语素是由名词、动词等虚化而来，所以原来具有实际意义，但作为词根语素的辅助成分时，就失去了原有的意义。词缀在附加式合成词构词中通常起着两方面的作用：一是作为词性和用法的标记，二是具有附加的语法意义。我们根据词缀语素跟词根语素的前后位置，把壮语金龙岱话的附加式合成词分为前缀式附加式合成词和后缀式附加式合成词。

1. 前缀式附加式合成词

词缀语素在词根语素之前构成的附加式合成词，即词缀+词根。

（1）kɔ⁵³本义是"棵"，作为前缀表示植物类，后接植物名词。例如：

kɔ⁵³khau²⁴水稻　　　kɔ⁵³ka:i⁵³庄稼　　　kɔ⁵³mai⁸⁵树

（2）tu⁵³本义是"只"，作为前缀表示动物类，后接动物名词。例如：

tu⁵³nok¹¹ 鸟　　　　tu⁵³tha:ŋ³³蟒蛇　　　tu⁵³ɬa:n³³ 蠔

（3）phɔ³³本义是"父亲"，作为前缀表示"男性"的一类人。例如：

phɔ³³fa:t⁵⁵ 男巫师　　　phɔ³³poi³⁵ 算命先生　　　phɔ³³ʔba:u³³ 青年男子
phɔ³³ma:i³⁵ 鳏夫　　　　phɔ³³thau³¹ 头人（寨老）　phɔ³³lɯ³¹ 船夫
phɔ³³luk⁵⁵ 强盗　　　　phɔ³³tɕa⁵³ 渔夫　　　　phɔ³³tha:n³³ 亲家公
（4）mɛ³³本义是"母亲"，作为前缀表示"女性"的一类人。比如：
mɛ³³fa:t⁵⁵ 女巫婆　　　mɛ³³ɬa:u⁵³ 青年女子　　mɛ³³ma:i³⁵ 寡妇
mɛ³³tɕin³¹khən³¹ 女情人　mɛ³³tha:n³³ 亲家母　　mɛ³³kɔn³⁵ 前妻
mɛ³³还有"大"的含义，比如：nip³³mɯ³¹mɛ³³"大拇指"、nip³³kha⁵³mɛ³³
"大脚趾"等。
（5）luk³³本义是"儿子"，作为前缀表示"辈分小"的一类人。比如：
luk³³ʔɛŋ⁵³ 小孩　　　　luk³³ha:k³³ 学生　　　　luk³³la:n⁵³ 子孙
luk³³thok³³ 独子　　　　luk³³ɕa²⁴ 孤儿
（6）khən³¹本义是"人"，作为前缀可表示为某一类人，可译为"……
的人"。比如：
khən³¹khek³⁵ 客人　　　khən³¹ɬeŋ⁵³ji³³ 商人　　khən³¹khwɛ³¹ 瘸子
　　人　客　　　　　　　人　生意　　　　　　人　瘸
khən³¹ʔbɔt³³ 瞎子　　　khən³¹wan¹¹ 哑巴　　　khən³¹ʔba:k²⁴ 疯子
　　人　瞎子　　　　　　人　哑　　　　　　　人　疯
（7）thai³³是汉语方言借词，本义是"第"，tɕhu⁵³本义是"初"，作为前
缀与基数词结合成为序数词。比如：
thai³³ʔit⁵⁵ 第一　　　　thai³³ȵi³³ 第二　　　　thai³³ɬa:m⁵³ 第三
　　第　一　　　　　　　第　二　　　　　　　第　三
thai³³ɬip⁵⁵ 第十　　　　thai³³ɬip⁵⁵ʔit⁵⁵ 第十一　tɕhu⁵³ʔit⁵⁵ 初一
　　第　十　　　　　　　第　十　一　　　　　　初　一
tɕhu⁵³ha²⁴ 初五　　　　tɕhu⁵³ɬip⁵⁵ 初十　　　　tɕhu⁵³ȵi³³ 初二
　　初　五　　　　　　　初　十　　　　　　　　初　二
（8）tha³¹表示"一段时间"。比如：tha³¹wan³¹白天、tha³³kham³³夜晚等。
（9）thɔ³¹附在动词前表示"相互作用"。比如：
thɔ³¹thiŋ³³ 打架　　　　thɔ³¹han⁵³ 相遇　　　　thɔ³¹tɕeŋ⁵³ 争抢
　　互相　打　　　　　　互相　见　　　　　　　互相　抢
thɔ³¹tep³³ 追逐　　　　thɔ³¹ʔda⁵³ 吵架
　　互相　追　　　　　　互相　骂
2. 后缀式附加式合成词
词缀语素在词根语素之后构成的附加式合成词，即词根+词缀。例如：
（1）ʔɛŋ⁵³本义是"小"，作为后缀表示小，比如：

ʔbɛ²⁴ʔɛŋ⁵³ 羔羊   mɔ³¹ʔɛŋ⁵³ 黄牛犊   wa:i³¹ʔɛŋ⁵³ 水牛犊
 羊   小   黄牛 小   水牛 小
kai⁵⁵ʔɛŋ⁵³ 小鸡   mai¹¹luŋ³¹ʔɛŋ⁵³ 小叶榕   ma¹²ʔɛŋ⁵³ 马驹
 鸡   小   榕树   小   马 小
mɯ⁵³ʔɛŋ⁵³ 水沟儿（较小的水道）
 沟   小

（2）kɛ³³本义是"老"，放在人或动物名词后作为后缀表示大，比如：
khən³¹kɛ³³ 老人   ma⁵³kɛ³³ 大狗   khau⁵³kɛ³³ 老藤
 人   老   狗 老   藤 老

（3）金龙岱话中有些后缀没有实词来源，置于动词或形容词后，使词义更加形象生动。例如：
wa:n³³thim³¹thim³¹ 甜丝丝   ʔdeŋ⁵⁵ɬɯŋ³¹ɬɯŋ³¹ 红通通
 甜   后缀   红   后缀
khɛu⁵³jup³³jup³³ 绿油油   kho⁵³ka:k³³ka:k³³ 笑嘻嘻
 绿   后缀   笑   后缀

第二节 词义的关系

一 同义词

同义词是指由两个或两个以上读音不同而意义和用法相同的词。例如：
ɬu¹¹——tɕa:k⁵⁵——thjen⁵³ 懂、会   khoi³⁵——kəu⁵³ 我
ka:i²⁴——luŋ⁵³ 大   ɬai³³——ʔeŋ⁵³ 小
ȵam³³——tham³³ 踩   po³³——khau³¹ 球
kɛ³³——ʔa:u³³ 姑父   luŋ³¹——kou³³ 舅舅

同义词有时是因为同一意义的民族词和借词并存并用造成的，有些是因为表达情感、表现雅俗或尊卑之分等造出不同的词语来表达同一事物。例如：
khoi³⁵我（一般称呼，平辈间使用）——kəu⁵³（长辈对晚辈使用）
ha:i⁵³死（统称）——kwa³³ɬi⁵³过世（婉称）
ʔdai²³ʔba:u³³漂亮（形容男性）——ʔdai³³ɬa:u³³（形容年轻女性）

二 近义词

近义词是指两个或两个以上语音形式不同、意义相同或相近的词语。壮语金龙岱话具有一定数量的近义词，各词义之间或相同，或具有细微差

别，名词、动词、形容词、副词都有，有的分工还比较细。例如：

洗：ɬa:u³¹（洗脸）、ɬak³³（洗衣服）

傻、笨：ʔdan⁵³、ŋuŋ⁵⁵、pən³¹

聪明、机灵：kwa:i⁵³、tɕeŋ⁵⁵

漂亮、好看：ʔdai⁵³ɬa:u⁵³（形容女性）、ʔdai⁵³ʔba:u³³（形容男性）
　　　　　　ʔdai⁵³nɔm³³

臭、难闻：khɛu⁵³、na:n³¹ʔdɯm⁵³

香、好闻：ʔdai⁵³ʔdɯm⁵³、hɔm⁵³

和、一起：çau⁵⁵、thɔ³¹kan³³、ʔdu:i²⁴kan⁵³、ʔit⁵⁵tɕai³¹

全部、总共、都：ham³¹pa³³laŋ³¹、çɯ³³thu:n²⁴、ʔit⁵⁵khuŋ³³、tu⁵⁵

三　反义词

意义相反或相对的一组词叫反义词。动词、形容词和方位名词居多。例如：

than³³thiŋ³¹上面——than³³tau³⁵下面　　　ɬa:i¹¹左——tha⁵³右

na²⁴前——laŋ⁵³后　　　　　　　　　　ʔdau³¹里——nɔk³³外

khau²⁴pai⁵³进去——ʔɔk³³ma³¹出来　　　hai²⁴哭——kho⁵³笑

jɯ:m⁵³借——paŋ⁵³还　　　　　　　　　nak⁵⁵重——nau³⁵轻

la:i⁵³多——nɔ:i¹¹少　　　　　　　　　na⁵³厚——ʔba:ŋ⁵³薄

khut¹¹稠——liu⁵³稀　　　　　　　　　ʔdɯ:t³³热——ʔda:ŋ³⁵冷

tɕan⁵³真——tɕa³⁵假　　　　　　　　　mau³⁵新——kau³³旧

四　多义词

一个词有两个或两个以上的意义，这些意义内部有某种联系的就构成多词义。例如：

la:i⁵³：多；很

mai¹¹：树；竹子；木头

ɲa:k³³：伸；举

ʔdai⁵³：好；漂亮、美；鲜；和气

khɔ²⁴：穷；难；谜语

khau²⁴：米；饭

mau³⁵：新；新鲜

mau³¹：晕；醉；困

ʔɔk³³：出；冒

kuŋ⁵³：弓；空；空心

五 同音词

语音相同而意义上没有联系的一组词称为同音词。例如：

khau²⁴ 米——khau²⁴ 进　　　ʔdai⁵³ 好——ʔdai⁵³ 楼梯

ɬɯ⁵³ 输——ɬɯ⁵³ 老虎　　　lɯ³¹ 驴——lɯ³¹ 船

第三节 词的借用

金龙位于中越边境，壮语金龙岱话在发展过程中，不可避免地要与邻近民族进行语言接触，尤其与当地汉语接触密切，出现了大量汉语借词。通过实地调研，我们发现日常生活的基本词汇中，汉语粤方言已经深入壮语金龙岱话，使用频率非常高。

一 借词来源

壮语金龙岱话中的借词主要借自汉语或从越南语转借的汉语借词、越南语等，其中汉语借词最多。根据借入的时间，可分为老借词和新借词。老借词借入的时间较早，具有中古或更早汉语语音特征；新借词借入的时间较晚，为近代或现代借入，语音上与西南官话接近。例如：

1. 汉语借词

li⁵⁵pa:i³⁵ 星期天　　　thi³³fu:ŋ⁵³ 地方　　　mu³¹ta:n⁵³ 牡丹

phiŋ³¹kɔ⁵⁵ 苹果　　　ma³⁵thuŋ⁵⁵ 马桶　　　ka:n³⁵khwa:i⁵⁵ 赶快

其中，汉语粤方言借词有：

ɬɛŋ⁵³ʔi³³ 生意　　　tau³³fu³³ 豆腐　　　ɬai⁵⁵fu³³ 师傅

fi³³ki³³ 飞机　　　lan³¹lau³¹ 轮流　　　kən³³pu:n³³ 根本

ʔit⁵⁵thiŋ³³ 一定　　　pit³³ɬi³³ 必须　　　tɕhi³¹fu:ŋ³¹ 厨房

汉语官话方言借词有：

je³¹tɕhiŋ³¹ 热情　　　jo³¹tha:ŋ³¹ 学堂　　　ta²⁴jo³¹ɬɯ⁵³ 大学生

2. 从越南语转借的汉语借词

fi:k³⁵ 事情——越 việc [vi:k¹¹]，汉译："役"

ɕɛk³³/tɕhek³³ 书——越 sách [ʂat³⁵]，汉译："册"

ʔda:ŋ⁵³ 正在——越 đang [ʔda:ŋ⁵⁵]，汉译："当"

fuŋ⁵⁵tuk¹¹ 风俗——越 phong tục [fɔŋ⁵⁵ tuk¹¹]

laŋ³¹ʔda:u³¹ 领导——越 lĩnh đạo [liŋ³¹⁵ ʔda:u¹¹]

ka:n²⁴ʔbo³¹ 干部——越 cán bộ [ka:n³⁵ ʔbo¹¹]

3. 越南语借词
foŋ⁵³ki:n²⁴ 封建

二 借用方式

金龙岱话借词的借用方式主要有全词借入、借词释义和半借半译三种。

1. 全词借入

A. 古汉语借词

ta:i³³thau³¹ji³¹ 鳙鱼	tɕhu⁵³ʔit⁵⁵ 初一	thu³³ 豆
po⁵⁵tɕhoi³³ 菠菜	ŋau¹¹ 藕	ma¹¹ 马
ka⁵⁵ki³¹ 家具	tɕhu:ŋ³¹ 床	taŋ³³ 凳子
ha:i³¹ 鞋	ɬin⁵⁵ 信	jin⁵³ 香烟
thɯɯ⁵³phe:k¹¹ 白糖	hoŋ¹¹lo¹¹pak¹¹ 胡萝卜	

B. 现代汉语借词

mjen³³pa:u⁵³ 面包	jau³¹thiu³¹ 油条	ho³¹ɕa:ŋ³⁵ 和尚
ni³¹ku³³ 尼姑	pa:u⁵⁵jəu³⁵ 保佑	tɕhi³¹ɬɯ³³ 厨师
lau³¹moŋ³¹ 流氓	jo³¹tha:ŋ³¹ 学堂	thu³¹wa³⁵ 图画
ma⁵⁵liŋ³¹ɕi³¹ 马铃薯	joŋ¹¹tɕhoŋ⁵³ 洋葱	tsa:i³⁵ken³⁵ 再见

2. 借词释义

thu³³khɛu⁵³绿豆	kwa⁵³ʔdɛŋ⁵³南瓜（扁圆形或梨形，成熟时赤褐色）	
豆 绿	瓜 红	
toi³³mi⁵⁵n̩u³³对不起	ki³³ʔdai²⁴记得	thai³³ɬɯ⁵³书包
对 不 住	记 得	袋 书
noŋ³¹ha:k³³放学	khɯɯn²⁴ha:k³³上学	ɕen³¹khem³³硬币
下 学	上 学	钱 硬
ma:k³³phi³¹pha³¹枇杷		
果 枇杷		

3. 半借半译

| tɕhɛn³¹tɕhe⁵³ 路费 | ŋən⁵³koŋ⁵³ 工钱 |
| 钱 车 | 银 工 |

三 借词对金龙岱话的影响

借词充实了金龙岱话的语音系统和词汇系统，丰富了语言的表达能力，一定程度上也改变了金龙岱话的结构特点。

1. 丰富了金龙岱话的语音系统和词汇系统

随着经济的发展，各种新概念、新生事物、新现象不断产生，大批新词术语不断地进入，丰富了金龙岱话的语音系统和词汇系统。比如：

ta²⁴jo³¹ɬɯŋ⁵³ 大学生　　　　　jiŋ³³ji⁵⁵ 英语

ten²⁴naːu⁵⁵ 电脑　　　　　　ten²⁴ɕi²⁴ 电视

ʔi⁵³ɬɛŋ⁵³ 医生　　　　　　　tɕan⁵³tɕaːŋ²⁴ 镇长

2. 推动金龙岱话词汇使用精细化和准确化

（1）精细化

汉语借词使金龙壮族人对客观事物的分类更精细。比如：

金龙岱话先借入了一个词汇 thɯŋ⁵³ "糖"，后面随着生活水平的提高，又借用了许多与"糖"有关的汉语借词，如 thɯŋ⁵³ʔdɛŋ⁵³ "红糖"、thɯŋ⁵³pheːk¹¹ "白糖"、thɯŋ⁵³piŋ⁵⁵ "冰糖"、khau²⁴toˑ⁵³thɯŋ⁵³ "米花糖"等。

（2）准确化

有时，金龙岱话在表达一些汉语复合词时没有相应的词汇，只有表示大致意义的短语，这样的短语通常表义比较模糊，不够准确到位。比如：汉语复合词中的"农民"，金龙岱话用 khən³¹tɕai⁵³kɔ³³kaːi³³ "种庄稼的人"来表达，现在一般人都直接使用汉语借词 noŋ³¹min³¹ "农民"来表达，概念清晰准确。

第三章 壮语金龙岱话的词类

词汇是语言的基本建筑材料，人们的语言能力往往与掌握的词汇量的多寡有密切的关系。一种语言中的词汇量往往无法穷尽，但它往往由各种类别的词组成，我们把这种决定词语性质的类别叫作词类。

壮语金龙岱话属于分析型的语言，没有词形变化，因而形态不能作为划分词类的依据。根据词的意义、构词特点和语法功能，可把金龙岱话词汇分为名词、数词、量词、动词、形容词、副词、代词、连词、介词、助词、叹词十一类。名词、动词、形容词、数词和量词属于开放性词类；代词、副词、连词、介词、助词和叹词属于封闭式词类。

第一节 名 词

名词（noun）是词类的一种，属于实词，表示人、事物、地点和概念的名称。壮语金龙岱话中的名词是词汇系统中数量最多、内容最丰富的词类，可分为普通名词（common noun）、专有名词（proper noun）、处所/方位名词（locative noun）和时间名词（temporal noun）四大类别。名词主要充任句法结构中的主语、谓语、宾语、定语和状语。

一 名词的分类

（一）普通名词

普通名词用于表示各种事物和观念的名称，涉及天文、地理、矿产、动植物、身体部位、亲属称谓、建筑交通、服饰、日常用品、医学、文化、风俗、食物等诸多义类。例如：

1. 表示天文、地理、自然事物

ha:i^{55}wan^{31} 太阳　　　　ʔda:u^{53}ʔdi^{33} 星星　　　　tha^{33} 江

tɕha^{53} 山　　　　　　na^{31} 水田　　　　　　pha^{24}ʔdam^{53} 乌云

2. 表示矿产名称

lek^{55} 铁　　　　　　ɬim^{31} 硝　　　　　　lau^{11}woŋ^{31} 硫黄

ɕui^{35}ŋan^{31} 汞　　　　ɬe:k^{33} 锡　　　　　mui^{31} 煤

3. 表示动物、植物
ma¹¹ 马   wa:i³¹ 牛   mu⁵³ 猪
mai¹¹li³¹ 梨树   ɲa²⁴ŋa:i³³ 艾草   ɕo:m³⁵ 蓝靛草

4. 表示农作物
ʔbap⁵⁵ 玉米   pha:i³⁵ 棉花   jau³¹ɕoi³⁵ 油菜
ɕak³³pa:u³¹ 大白菜   thu³³tɕaŋ³⁵ 黄豆   la:u³³fak¹¹ 萝卜

5. 表示身体部位和生理特征
ʔdaŋ⁵³ 鼻子   tap⁵⁵ 肝   ma:k³³ɬim⁵³ 心脏
muk³³ 鼻涕   la:i³¹ 口水   khi³⁵hu⁵³ 耳屎

6. 表示亲属及人的称谓
phɔ³³thau³⁵ 父亲   phɔ³³ 丈夫   luk³³ʔba:u³³ 儿子
phu¹¹tha:u¹¹ 道士   koŋ⁵⁵kwan³⁵ 单身汉   la:u¹¹ɬai⁵³ 老师

7. 表示建筑交通
ʔdai⁵³ 楼梯   ɬɯ:n³¹kha¹¹ 茅屋（茅草等盖的）   ɕiŋ³¹ 墙壁
lɯ³¹ 船   tɕhɛ⁵³wa:i³¹ 牛车

8. 表示服饰
ha:i³¹ 鞋子   ɬɯ²⁴put⁵⁵ 棉衣   khim³¹mɯ³¹ 手镯
khən⁵³ 头巾   ɬoi³⁵hu⁵³ 耳环   pha:i³⁵ 布

9. 表示生活用具和武器
thu⁵⁵ 筷子   khi:m³¹ 钳子   ɲu¹¹pat⁵⁵ 扫帚
ta:u⁵³ 刀   ki:m³³ 剑   kuŋ⁵³ 弓

10. 表示生产工具
thai⁵³ 犁   ku:k³³ 锄头   kha:n³¹ 扁担
ʔɛk³⁵wa:i³¹ 牛轭   phɯ⁵³lek³³ 铁耙   neu³¹wa:i³¹ 牛鼻环

11. 表示文化、风俗
pɔ³³fan³¹ 坟墓   ku:n⁵⁵jam⁵⁵ 观音   thon¹¹phi⁵³ 出殡
kham³³ʔdap⁵⁵ 除夕   ʔoŋ⁵³ɬai³³na³¹ 土地爷   na:m³³ʔbat¹¹ 念经

12. 表示疾病和医学
fa:t³⁵ʔdɯ:t³³ 发烧   ma:u³³ʔde:t³³ 中暑   ʔai⁵³ 咳嗽
kip⁵⁵pha:ŋ³⁵ 痱子   pa²⁴mak¹¹ 诊脉   tɕam⁵⁵khau²⁴ 针灸

13. 表示食物
ɕi³¹ 糍粑   ka:u⁵³ 糕   mi³⁵ 醋
mɛk³³kwa⁵³ 荞麦   mo:k³³ 粽子   khau²⁴meŋ³³ 高粱

14. 表示抽象及其他
khwan⁵³ 魂魄   fat¹¹ 佛   khwi³³lai¹¹ 祭拜

tha:u³³li¹¹ 道理　　　ʔdi⁵³ 胆量　　　　　phi³¹hi³⁵ 脾气

（二）专有名词

专有名词主要包括表示人名、民族、国家和特定地点等称谓的名词。例如：

1. 表示行政区划分和民族称谓

ku:k³³tɕa³³ 国家　　　ɬiŋ⁵⁵ 省　　　　　ʔba:n²⁴ 村

tai³¹tɕu³¹ 壮族（金龙镇壮族自称）

2. 表示人名、地名和国名

li³³kin⁵⁵ 李军　　　pə³¹kiŋ³³ 北京　　　ʔba:n²⁴ɕi³³ 板池屯

kwa:ŋ⁵⁵ɬi³³ 广西　　kwəi³⁵tɕəu³³ 贵州　　luŋ³¹tɕu⁵⁵ 龙州

（三）方位名词

方位名词用于表示位置和方向。例如：

than³³thiŋ³¹ 上面　　than³³tau³⁵ 下面　　pa:n³³na²⁴ 前面

ʔdɯp⁵⁵ʔdau³¹ 里面　　phən¹¹ɬa:i¹¹ 左边　　phən¹¹tha⁵³ 右边

toŋ⁵³ 东　　　　ɬai⁵³ 西　　　na:m³¹ 南　　　pak³³ 北

（四）时间名词

时间名词用于表示时间的名称。例如：

wan³¹wa³¹ 昨天　　　wan³¹nai³⁵ 今天　　　wan³¹ɕuk³³ 明天

tha³¹wan³¹ 白天　　　tha³³kham³³ 夜晚　　　pi⁵³na²⁴ 明年

ʔbɯ:n³¹tɕi:ŋ⁵³ 正月　　kham³³ʔdap⁵⁵ 除夕　　ʔbɯ:n³¹hok⁵⁵ 六月

tɕhən⁵³ 春　　n̪a²⁴ 夏　　　tɕhau⁵³ 秋　　　toŋ⁵³ 冬

（五）亲属称谓+人名

na³³la:n³¹ 兰姨　　　　　　　tɕɛ³⁵liŋ³¹ 玲姐
　姨　兰　　　　　　　　　　　姐　玲

kɔ⁵⁵ha:u⁵³ 浩哥　　　　　　　mui³³wa:i³³nɔk³¹ 外地妹
　哥　浩　　　　　　　　　　　妹　外地

（六）名词+绰号

pa³³ta:i³¹khən³¹nuk⁵⁵ 聋伯父　　phi³¹lau²⁴ 肥仔
　伯父　　聋子　　　　　　　　　肥　仔

ɬa:m⁵⁵mɔ³¹ʔa⁵³ 三姑妈
　三　　姑妈

二　名词的特点

（一）名词的性

壮语金龙岱话的名词有性的区别，但不是通过形态变化来区分。人与动物的性别主要是通过在名词前添加表示性别的名词或词缀来表示。

（1）表示人性别时，男性的加 pho³³-或者-ʔba:u³³，女性的加 mɛ³³-或者 -ɬa:u⁵³（见表3-1）。

表3-1　　　　　　　　　　表示人性别的名词

汉语	金龙岱话（男性）	汉语	金龙岱话（女性）
鳏夫	pho³³ma:i³⁵	寡妇	mɛ³³ma:i³⁵
渔夫	pho³³tɕa⁵³	妈妈	mɛ³³thau³⁵
干爹	pho³³ka:i³³	干妈	mɛ³³ka:i³³
儿子	luk³³ʔba:u³³	女儿	luk¹¹ɬa:u⁵³
侄子	la:n⁵³ʔba:u³³	堂姐	phi⁵⁵ɬa:u⁵³
弟弟	noŋ¹¹ʔba:u³³	妹妹	noŋ¹¹ɬa:u⁵³

（2）部分动物性的区别，通过附加具有表性特征的修饰性词语来表示。男性或雄性禽类加修饰性词根 ɬɛŋ⁵³，男性或雄性畜类加修饰性词根 thuk³³；女性或雌性禽类加修饰性词根 khau³¹，女性或雌性畜类加修饰性词根 mɛ³³（见表3-2）。

表3-2　　　　　　　　　　表示动物性别的名词

汉语	金龙岱话（雄性）	汉语	金龙岱话（雌性）
公鸡	kai⁵⁵ɬɛŋ⁵³	母鸡	kai⁵⁵khau³¹
公鸭	pet⁵⁵ɬɛŋ⁵³	母鸭	pet⁵⁵khau³¹
公鹅	ha:n³³ɬɛŋ⁵³	母鹅	ha:n³³khau³¹
公狗	ma⁵³thuk³³	母狗	ma⁵³mɛ³³
公猪	mu⁵³thuk³³	母猪	mu⁵³mɛ³³
公马	ma¹¹thuk³³	母马	ma¹¹mɛ³³
公牛	wa:i³¹ thuk³³	母牛	wa:i³¹mɛ³³
公猫	mɛu³¹thuk³³	母猫	mɛu³¹mɛ³³

表示动物性别和生育能力的还有词缀 toŋ⁵³（雄性被阉过的）、khɯ:ŋ⁵⁵（雌性幼崽）、ɬɯ⁵⁵（雌性）、khau³¹（已下蛋）等，例如：

母水牛　未下崽的 wa:i³¹ɬɯ⁵⁵　　　母黄牛　未下崽的 mo³¹ɬɯ⁵⁵
母鸡　　未下蛋的 kai⁵⁵khɯ:ŋ⁵⁵　　母马　　未下崽的 ma¹¹ɬɯ⁵⁵
母鸡　　已下过蛋的 kai⁵⁵khau³¹　　骟鸡（阉鸡）　　kai⁵⁵tɔn⁵³

（二）名词的数

壮语金龙岱话名词本身没有表示数的形态变化，数主要通过以下方式来表示。

（1）主要通过加数词或数量短语表示，语序一般是"数词+（量词）+名词"。当且仅当数词为"一"时，形成"量词+名词+数词"的格式。例如：

ɬa:m⁵⁵ tu⁵³ nok¹¹ 三只鸟　　　　ɬoŋ⁵³ kɔ⁵³ mai¹¹ li³¹ 两棵梨树
　三　只　鸟　　　　　　　　　　两　棵　树　梨
ɬoŋ⁵³tu³¹kha⁵³ 两只脚　　　　　ha²⁴ma:k³³ta:u³³ 五把刀
两　只　脚　　　　　　　　　　　五　把　刀
kɔ⁵³ mai¹¹tha:u³¹ nəŋ³³ 一棵桃树　tu⁵³wa:i³¹nəŋ³³ 一头牛
棵　树　桃　一　　　　　　　　　窝　牛　一

（2）壮语金龙岱话可使用一些集合量词来表示名词的复数。例如：

ʔbɔŋ⁵³ ʔbɛ²⁴ nəŋ³³ 一群羊　　　ɬaŋ³¹mu⁵³nəŋ³³ 一窝猪
　群　羊　一　　　　　　　　　　窝　猪　一
nui³¹ɬɯ⁵³min²⁴ 那些书　　　　　nui³¹ khɯi³³ nai³⁵ 这些柜子
些　书　那　　　　　　　　　　　些　柜子　这

（3）在人物名词之前加 ʔbɔŋ⁵³ "们"，表示复数。例如：

ʔbɔŋ⁵³pa²⁴na³³ 姐妹们　　　　　ʔbɔŋ⁵³la:u³⁵ɬai⁵³ 老师们
　群　姑妈　姨妈　　　　　　　　　群　老师
ʔbɔŋ⁵³phi⁵⁵nɔŋ¹¹ 兄弟们　　　　ʔbɔŋ⁵³ɕan⁵⁵ɕik⁵⁵ 亲戚们
　群　兄弟　　　　　　　　　　　　群　亲戚
ʔbɔŋ⁵³luk³³ha:k³³ 学生们
　群　学生

（4）在姓氏或户名之前加 tɕa³³，表示"某某家族"，指称属于该家族的所有人。例如：

noŋ³¹tɕa³³ 农家　　　　　wa:ŋ³¹tɕa³³ 黄家
wai³¹tɕa³³ 韦家　　　　　li³⁵tɕa³³ 李家

（三）名词的指大和指小

壮语金龙岱话表示事物的大小时一般通过附加指大或指小的词缀来实现。表示大的事物时，通常在名词后面加"ka:i²⁴/luŋ⁵³"或"mɛ³³"。mɛ³³ 的本义是"母亲"，由它构成的名词有"大"的含义；表示小的事物时，在名词后面加"ɬai³³/ʔɛŋ⁵³"来实现。例如：

mai¹¹ luŋ³¹ ka:i²⁴ 大叶榕　　　　tu⁵³ ka:i²⁴ 大门
　树　榕　大　　　　　　　　门　大

nip³³ mɯ³¹ mɛ³³ 大拇指　　　　 mɛ³³ ka:i²⁴ 大老婆
　指　手　大　　　　　　　　老婆　大

mai¹¹ luŋ³¹ ʔɛŋ⁵³ 小叶榕　　　 luk³³ ʔɛŋ⁵³ 小孩
　树　榕　小　　　　　　　　孩子　小

kai⁵⁵ ʔɛŋ⁵³ 小鸡　　　　　　　mɛ³³ ɬai³³ 小老婆
　鸡　小　　　　　　　　　　老婆　小

ma¹¹ ʔɛŋ⁵³ 马驹
　马　小

（四）名词的重叠

壮语金龙岱话中少量名词可重叠，也就是直接由两个相同的语素重叠而成，合起来表示一个完整的词。

1. 时间名词重叠，表示"每一"

例如：

wan³¹wan³¹　每天　　　　　　kham³³kham³³　每夜
　天　天　　　　　　　　　　　夜　夜

ʔbɯ:n⁵³ʔbɯ:n⁵³　每月　　　　pi⁵³pi⁵³　每年
　月　月　　　　　　　　　　　年　年

2. 兼作量词的名词重叠

金龙岱话中部分兼作量词的名词能重叠。重叠后也表示"每一"的意思。例如：

thoŋ³⁵thoŋ³⁵　每桶　　　　　thoi³⁵thoi³⁵　每碗
　桶　桶　　　　　　　　　　　碗　碗

phiŋ³¹phiŋ³¹　每瓶　　　　　hɛ:k³⁵hɛ:k³⁵　每锅
　瓶　瓶　　　　　　　　　　　锅　锅

khən³¹khən³¹　每人　　　　　ŋe⁵⁵ŋe⁵⁵　每个
　人　人　　　　　　　　　　　个　个

例句：min³¹ wan³¹wan³¹ tu⁵⁵ jak⁵⁵ kin⁵³ lau²⁴. 他每天都要喝酒。
　　　他　天　天　都　要　喝　酒

3. 有些名词还可以重叠使用表示列举

例如：

（1）lau²⁴ lau²⁴ nɯ³³ nɯ³³ tim⁵³ çɔŋ³¹. 酒酒肉肉摆满一桌。
　　　酒　酒　肉　肉　满　桌

（2）mu⁵³ mu⁵³ ʔbɛ²⁴ ʔbɛ²⁴ tu⁵⁵ mi³¹. 猪、羊都有。
　　　猪　猪　羊　羊　都　有

（五）名词与其他词的修饰关系

壮语金龙岱话的名词可以被名词、数量结构、形容词以及动词等修饰，构成复合名词或名词性短语。

1. 名词修饰名词

名词修饰名词是壮语金龙岱话修饰关系中最常见的情况，修饰成分一般都在中心语之后。例如：

kaŋ³⁵ tɕa⁵³ 鱼刺　　　　　　　n̠a²⁴ haŋ⁵³ ma⁵³ 狗尾草
　刺　鱼　　　　　　　　　　　草　尾　狗
mai¹¹ thuŋ³¹n̠u³¹ 桐子树　　　　muŋ³⁵ kap¹¹tɕha:u⁵³ 蜘蛛网
　树　　桐子　　　　　　　　　网　　蜘蛛

壮语金龙岱话中的方位名词一般与名词连用表示处所，常放在名词前面。例如：

thi:ŋ³¹ tɕhi:ŋ³¹ 墙上　　　　　ʔdaɯ³¹ ɬɯ:n³¹ 家里
　上　　墙　　　　　　　　　　里　　房子
pak³³ laŋ⁵³ ɬɯ:n³¹ 房子后　　　khan³¹ tha³³ 河边
　方　后　房子　　　　　　　　边　河

2. 数量结构修饰名词

除了一些表示亲属称谓和具有量词作用的名词外，壮语金龙岱话的名词一般不能直接被数词修饰，如需表示数量时，数词和量词结合为数量词组之后才能修饰名词。一般情况下，其位置在名词之前，但基数词为"一"时则要放在量词和名词之后。例如：

ɬoŋ⁵³ tu⁵³nok¹¹ 两只鸟　　　　ɬoŋ⁵³ kɔ⁵³ mai¹¹ tɕau²⁴ 两棵枣树
　二　只　鸟　　　　　　　　　二　棵　树　枣
ɬa:m⁵⁵phi⁵⁵ɬa:u⁵³ 三姐妹
　三　　姐妹
ɬau³¹ ɕə:ŋ¹¹ tu⁵³ kai⁵⁵ ɬeŋ⁵³ nəŋ³³ ɬoŋ⁵³ tu⁵³ kai⁵⁵ mɛ³³.
我们　养　　只　鸡　　公　一　　二　只　鸡　母
我们养了一只公鸡，两只母鸡。

3. 形容词修饰名词

壮语金龙岱话中的名词受形容词修饰时，其位置一般在形容词的前面，有时形容词也可以放在名词之前。比如：

ʔdai⁵³ ɬa:u⁵³ 好姑娘　　　　　ma⁵³ ʔba²⁴ 疯狗
　好　姑娘　　　　　　　　　　狗　疯

mɛu¹¹ tɕha⁵³ 野猫　　　　　mɛ³³lu³¹ mau⁵⁵ 新娘子
猫　山　　　　　　　　　女性　新

三　名词的句法功能

壮语金龙岱话名词在句中可作主语、谓语、宾语、定语和状语等句法成分。

1. 作主语

名词作主语一般都位于句首。例如：

（1）nɔŋ¹¹ʔba:u³³ tɕai⁵³ kɔ⁵³ mai¹¹ ɕa³³ nəŋ³³. 弟弟种了一株茶子树。
　　　弟弟　　种　棵　树　茶　一

（2）luk³³ʔba:u³³ moi¹¹ ʔbɯ:n³¹ ma³¹ ɬɯ:n³¹ phai³¹ nəŋ³³.
　　　儿子　　每　　月　　来　家里　次　一
　　儿子每月回一趟家。

（3）luk³³ ŋa:m³³ nɔn³¹ʔdat⁵⁵. 孩子刚睡觉。
　　　孩子　刚　睡觉

（4）wan³¹ nai³⁵ fa³¹ ʔdi:t³⁵. 今天天晴。
　　　天　这　天　晴

（5）mu⁵³ ɕa:u¹¹ ni⁵³ ja⁵³. 野猪逃跑了。
　　　猪　野　逃　了

（6）pa:t³⁵ ɕau⁵⁵ thu⁵⁵ tu⁵⁵ mi³¹ ja³³. 碗和筷子都有了。
　　　碗　和　筷子　都　有　了

2. 作谓语

这类句子较少见，一般是时间名词或者是专有名词才有这种情况，作谓语的主要是动词或形容词。例如：

（1）wan³¹nai³⁵ pet³³ ŋɯ:t³³ ɬip⁵⁵ ha²⁴. 今天八月十五。
　　　今天　　八　月　　十　五

（2）ɬai³³ li³¹ pə³¹kiŋ³³ khən³¹. 小李是北京人。
　　　小李　北京　　人

（3）wan³¹ɕuk³³ ɬiŋ³³khi³¹ ʔit⁵⁵. 明天星期一。
　　　明天　　星期　　一

（4）wan³¹nai³⁵ ɕiŋ⁵³miŋ³¹ tɕe³¹. 今天清明节。
　　　天　这　清明　节

3. 作宾语

名词作宾语通常位于谓语的后面。例如：

（1）ɬau³¹ ɕə:ŋ¹¹ tu⁵³ kai⁵⁵ ɬeŋ⁵³ nəŋ³³. 我们养了一只公鸡。
　　　我们　养　只　鸡　公　一
（2）kəu⁵³ hɯ²⁴ min³¹ ma:k³³ pet⁵⁵ nəŋ³³. 我给他一支笔。
　　　我　给　他　支　笔　一
（3）kəu⁵³ ȵaŋ³¹ mi⁵⁵mi³¹ kin⁵³tɕau²⁴. 我还没有吃饭。
　　　我　还　没有　吃饭
（4）wan³¹nai³⁵ kəu⁵³ mi⁵⁵ ʔdai²⁴ ɕup⁵⁵ jen⁵³. 我今天不能吸烟。
　　　天　这　我　不　得　抽　烟
（5）luk³³ha:k³³ ȵu³³ thɔk³³ɬɯ⁵³. 学生在读书。
　　　　学生　　在　读书

4. 作定语

名词充当定语时，一般放在中心成分后，但作定语的名词也可以前置。例如：

（1）phɯ:k⁵⁵lop³³lop³³ ke³³ tɕau²⁴ mɯ⁵³ hɔm⁵³thɯŋ³³thɯŋ³³ ke³³.
　　　白　花花　的　米饭　新　香喷喷　的
　　　白花花的新米饭香喷喷的。
（2）pa:n³³laŋ⁵³ ɬɯ:n³¹ tshɯ³³ kəu⁵³ tɕu³⁵ ke³³. 后面的房子是我叔叔的。
　　　　后面　　房子　是　我　叔叔　的
（3）ɕɛ:k³⁵ ɬɯ⁵³ ŋa:i³¹ phi³³ɬa:u⁵³ kəu³³ ʔau⁵³ pai⁵³ ja³³.
　　　本　书　被　姐姐　我　要　去　了
　　　姐姐的书被我拿走了。
（4）phi⁵⁵ʔba:u³³ pai³³ jo³¹tɕi³¹ ha:n³⁵ji⁵³. 哥哥去学习汉语。
　　　哥哥　去　学习　汉语

5. 作状语

表示时间、方位、地点的名词可作句子的状语。例如：

（1）ŋa:i³¹ja³³ kəu⁵³ pai⁵³ wa:t³³ ma⁵⁵liŋ³¹ɕi³¹ la³³. 下午我去挖马铃薯了。
　　　下午　我　去　挖　马铃薯　了
（2）ɬɯ:n³¹ ɬau³¹ pi⁵³pi⁵³ tɕai³¹ thu³³tum³¹. 我们家每年都种花生。
　　　家　我们　年年　种　花生
（3）min³¹ wan³¹ɕuk³³ ma³¹. 他明天来。
　　　他　明天　来
（4）kəu⁵³ ha²⁴ tim²⁴ pu:n³⁵ tɯn³⁵tɕhɯ:ŋ³¹. 我五点半起床。
　　　我　五　点　半　　起床
（5）kəu⁵³ pi⁵³ tu³¹ ma⁵³ ɬeŋ⁵³. 我狗年出生。
　　　我　年　只　狗　生

第二节 数 词

数词是表示数目或次序的词类，包括基数词、序数词、倍数、分数和概数。数词和量词、指示代词等组合后，充当句法结构中的主语、谓语、宾语和定语。

一 基数词

金龙岱话的基数词用来表示事物数目的多少，是简单的十进位制，可分为单纯基数词和复合基数词两种。也就是说，"十"以内数词可以和"十"以上数词搭配组成复合基数词。如果"十"以内数词位于"十"以上数词前，两者之间是相乘关系；反之，如果"十"以上数词位于"十"以内数词前，两者之间是相加关系。

1. 单纯基数词

金龙岱话的单纯基数词都是单音节的，包括零、一至九的个位数，以及表示"十""百""千""万"等的位数词。例如：

liŋ^{31} 零　　　　　ʔit^{55}（nəŋ^{33}）一　　　ȵi^{33}（ɬoŋ^{53}）二
ɬa:m^{53} 三　　　　　ɬi^{35} 四　　　　　　　ha^{24} 五
hok^{55} 六　　　　　tɕit^{55} 七　　　　　　pɛt^{33} 八
kau^{24} 九　　　　　ɬip^{55} 十　　　　　　pa:k^{33} 百
tɕhi:n^{53} 千　　　　fa:n^{33} 万　　　　　　jik^{55} 亿

基数词"一"有两种形式，即 nəŋ^{33}、ʔit^{55}，但用法不同。ʔit^{55}用于 pa:k^{33}"百"、tɕhi:n^{53}"千"、fa:n^{33}"万"等的前面，也可以用于整位数的后面表示次一级的整位数。nəŋ^{33}用在量词或 pa:k^{33}"百"、tɕhi:n^{53}"千"、fa:n^{33}"万"等的后面。数数（一、二、三……）时，与 nəŋ^{33}对应的是 ɬoŋ^{53}、与 ʔit^{55}对应的是 ȵi^{33}。例如：

（1）pa:k^{33} liŋ^{31} ʔit^{55}一百零一　　ɬip^{55}ʔit^{55}十一　　ɬa:m^{55}ʔit^{55}三十一
　　　百　零　一　　　　　　　　十　一　　　　　三　一
（2）pa:k^{33} nəŋ^{33}=ʔit^{55} pa:k^{33}一百　　fa:n^{33} nəŋ^{33}=ʔit^{55} fa:n^{33} 一万
　　　百　一　　一　百　　　　　　　万　一　　一　万
（3）pi^{53} nəŋ^{33}一年　　　　　　　　phai^{31} nəŋ^{33} 一次
　　　年　一　　　　　　　　　　　　　次　一
（4）la:i^{53}khən^{31} ma^{31} ɕau^{55} kəu^{53} tim^{24}：ʔit^{55}, ȵi^{33}, ɬa:m^{53}, ɬi^{35}…ȵi^{33}ɬip^{55}.
　　　多　人　来　和　我　数　　一　二　三　四　二十
　　　大家来跟着我数：一、二、三、四……二十。

（5）khe³³nai³⁵ mi³¹ ki²⁴ tu⁵³ kai⁵⁵, hɯ²⁴ kəu⁵³ tim²⁴ mə³³ tim²⁴, tu⁵³ nəŋ³³,
　　　这里　　有 几 只 鸡　给 我 点 助词 点 只 一
　　ɬoŋ⁵³ tu⁵³, ɬa:m⁵³ tu⁵³···ham³³pa³¹laŋ³¹ mi³¹ pɛt³³ tu⁵³ nə³³.
　　二　只　三　只　　　总共　有　八　只 语气助词

这里有几只鸡？让我数一数：一只、两只、三只……总共有八只。

表示基数词"二"的有 ɬoŋ⁵³ 和 n̠i⁵³。ɬoŋ⁵³ 可以用在 pa:k³³ "百"、tɕhi:n⁵³ "千"、fa:n³³ "万" 和量词的前面；n̠i³³ 用于 ɬip⁵⁵ "十"、pa:k³³ "百"、tɕhi:n⁵³ "千"、fa:n³³ "万" 的前面或后面。liŋ³¹ "零" 后面用 n̠i³³ 不用 ɬoŋ⁵³。例如：

ɬoŋ⁵³ɕa:ŋ¹¹ 二两　　　　　　　　ɬoŋ⁵³tɕhi:n⁵³ 二千
ɬoŋ⁵³ko⁵³mai¹¹li³¹ 两棵梨树　　　pa:k³³liŋ³¹n̠i³³ 一百零二
ɬip⁵⁵n̠i³³ 十二　　　　　　　　　n̠i³³ɬip⁵⁵ 二十

2. 复合基数词

复合基数词均为双音节或多音节，表现为相加关系、相乘关系、相加与相乘的组合关系。例如：

（1）相加关系采用"位数词+系数词"的语序。例如：

ɬip⁵⁵ʔit⁵⁵ 十一　　　　　　　　ɬip⁵⁵n̠i³³ 十二
十　一　　　　　　　　　　　十　二
ɬip⁵⁵ɬa:m⁵³ 十三　　　　　　　ɬip⁵⁵tɕit⁵⁵ 十七
十　三　　　　　　　　　　　十　七
ɬip⁵⁵pɛt³³ 十八　　　　　　　　ɬip⁵⁵kau³⁵ 十九
十　八　　　　　　　　　　　十　九
ʔit⁵⁵tɕhi:n⁵³ɬoŋ⁵³pa:k³⁵ 一千二百
一　千　二　百

（2）相乘关系采用"系数词×位数词"的语序。例如：

ɬi³⁵ɬip⁵⁵ 四十　　　　　　　　ha²⁴ɬip⁵⁵ 五十
四　十　　　　　　　　　　　五　十
hok⁵⁵ɬip⁵⁵ 六十　　　　　　　tɕit⁵⁵ɬip⁵⁵ 七十
六　十　　　　　　　　　　　七　十
pɛt³³ɬip⁵⁵ 八十　　　　　　　 kau³⁵ɬip⁵⁵ 九十
八　十　　　　　　　　　　　九　十
ʔit⁵⁵pa:k³³；pa:k³³nəŋ³³ 一百　　ɬoŋ⁵³tɕhi:n⁵³ 二千
一　百　　百　一　　　　　　二　千
ʔit⁵⁵fa:n³³；fa:n³³nəŋ³³　一万
一　万　　万　一

（3）相加与相乘的组合关系采用"系数词×位数词+系数词"或者"系

数词×位数词+系数词×位数词"的语序。例如：

ɬa:m⁵³ɬip⁵⁵n̠i³³三十二　　　　　　hok⁵⁵ɬip⁵⁵ha²⁴ 六十五
三　十　二　　　　　　　　　　六　十　五

ʔit⁵⁵fa:n³³ʔit⁵⁵tɕhi:n⁵³ʔit⁵⁵pa:k³³ɬip⁵⁵ʔit⁵⁵ 一万一千一百一十一
一　万　一　千　一　百　十　一

（4）表示"零"的概念借用汉语的 liŋ³¹。liŋ³¹一般不单独使用，而与数词连用。例如：

pa:k³³liŋ³¹ha²⁴一百零五　　　　　tɕhi:n⁵³nəŋ³³liŋ³¹n̠i³³一千零二
百　零　五　　　　　　　　　　千　一　零　二

ɬa:m⁵³tɕhi:n⁵³liŋ³¹ha²⁴ɬip⁵⁵三千零五十
三　千　零　五　十

fa:n³³nəŋ³³liŋ³¹ɬɔŋ⁵³pa:k³⁵一万零二百
万　一　零　二　百

（5）基数词的运算法可以表达简单的"加""减"，无"乘""除"。例如：

ʔit⁵⁵ tɕa³³ n̠i³³ ʔdai²⁴ ɬa:m⁵³. 一加二等于三。
一　加　二　得　三

pa:k³³ liŋ³¹ ha²⁴ kɐm³⁵ ɬi³⁵ taŋ³⁵ji⁵⁵ pa:k³³liŋ³¹ʔit⁵⁵.
百　零　五　减　四　　等于　　百　零　一
一百零五减去四等于一百零一。

二　序数词

序数词表示事物的次序前后。壮语金龙岱话的序数词可分为一般先后次序、长幼排行次序和时间先后次序等类别。

1. 一般先后次序

（1）直接借用汉语借词 thai³³"第"来表示先后次序，基本格式是"thai³³+基数词"。例如：

thai³³ʔit⁵⁵第一　　　　thai³³n̠i³³第二　　　　thai³³ɬip⁵⁵第十
第　一　　　　　　　第　二　　　　　　　第　十

（2）用 thau³¹ "头"来表示先，ha:ŋ⁵³ "末尾"来表示最后。例如：

wan³¹ thau³¹thau³¹ kəu⁵³ pai⁵³ tɕi³¹pa:n⁵³, tɕui⁵⁵ ha:ŋ⁵³ wan³¹ mau³¹ pai⁵³.
天　　头　头　　我　去　值班，　最　末尾　天　你　去
头一天我去值班，最后一天你去。

2. 长幼排行次序

壮语金龙岱话表示长幼排行次序，通常有固有表示法和借汉表示法两种。固有表示法只能将长幼次序中排行最先的和最后的区分开来，而借汉

表示法则可以对长幼次序进行详细区分。

（1）固有表示法通常用 thau³¹ "头"来表示排行最大，用 la³⁵ "幺"或者 ha:ŋ⁵³ "末尾"来表示排行最小。例如：

luk³³ʔba:u³³thau³¹ 大儿子　　　　　luk³³ɬa:u⁵³thau³¹ 大女儿
　儿子　　头　　　　　　　　　　　　女儿　　头

luk³³ʔba:u³³ha:ŋ⁵³ 小儿子　　　　　luk³³ɬa:u⁵³ha:ŋ⁵³ 小女儿
　儿　　末尾　　　　　　　　　　　　女儿　末尾

nɔŋ¹¹ʔba:u³³la³⁵ 小弟　　　　　　　nɔŋ¹¹ɬa:u⁵³la³⁵ 小妹
　弟弟　　幺　　　　　　　　　　　　妹妹　　幺

phi⁵⁵ʔba:u³³ thau³¹ kəu⁵³ ɕau⁵⁵ nɔŋ¹¹ʔba:u³³ la³³ pai⁵³ ɬɯ:n³¹ pa²⁴ ja³³.
　哥哥　　　头　我　和　　弟弟　　　幺　去　家　姑姑　了
我大哥和幺弟到姑姑家去了。

（2）借汉表示法有两种：一种是完全借汉语；另一种是借用汉语 thai³³ "第"对长幼次序进行详细区分，语序为"名（量）+thai³³+数词"。例如：

kɔ²⁴ta:i³¹ 大哥　　　　　　　　　ɬa:m⁵³tɕɛ²⁴ 三姐
　哥　大　　　　　　　　　　　　　三　　姐

na³³thai³³ʔit⁵⁵ 大姨　　　　　　　tɕu²⁴thai³³ni³³ 二叔
　姨　第　一　　　　　　　　　　　叔　第　　二

3. 时间先后次序

（1）年份次序

金龙岱话还保留有传统的年份序数。受汉族的影响，借用了汉族的"天干地支"纪年法。天干：甲、乙、丙、丁、戊、己、庚、辛、壬、癸。地支：子、丑、寅、卯、辰、巳、午、未、申、酉、戌、亥。天干目前没有发现本民族词，基本是借汉语方言来表达；地支有两种表达方式，一种是借汉语方言，另一种是用对应地支代表的动物即十二生肖来表达（见表3-3）。

表3-3　　　　　　　　金龙岱话"天干地支"纪年法

天干	金龙岱话	地支	金龙岱话
甲	tɕa³¹	子（鼠）	tsɯ³⁵（nu⁵³）
乙	je³¹	丑（牛）	tshəu³⁵（wa:i³¹）
丙	piŋ³⁵	寅（虎）	jən³¹（ɬɯ⁵³）
丁	tiŋ⁵³	卯（兔）	ma:u³⁵（tho⁵⁵）
戊	wu⁵³	辰（龙）	ɬən³¹（lu:ŋ³¹）

续表

天干	金龙岱话	地支	金龙岱话
己	ki²⁴	巳（蛇）	ɬi24（ŋu³¹）
庚	kɯŋ⁵³	午（马）	wu⁵⁵（ma¹¹）
辛	ɬin⁵³	未（羊）	wəi³⁵（ʔbɛ²⁴）
壬	ȵin³¹	申（猴）	ɬən³³（liŋ³¹）
癸	khwai³¹	酉（鸡）	jəu³⁵（kai⁵⁵）
		戌（狗）	ɬi³¹（ma⁵³）
		亥（猪）	ha:i³¹（mu⁵³）

（2）一年四季的次序

壮语金龙岱话表示一年四季的顺序主要采用借汉形式。例如：

tɕhən⁵³ 春　　　ȵa²⁴ 夏　　　tɕhau⁵³ 秋　　　toŋ⁵³ 冬

（3）一年内各月的次序

用"ʔbɯ:n³¹（月份）+基数词"来表示月份。但农历的"正月""十一月""十二月"例外，借用汉语来表示。壮语金龙岱话十二个月的表示法如下：

ʔbɯ:n³¹tɕi:ŋ⁵³ 一月（正月）　　ʔbɯ:n³¹ȵi³³ 二月
ʔbɯ:n³¹ɬa:m⁵³ 三月　　　　　　ʔbɯ:n³¹ɬi⁵⁵ 四月
ʔbɯ:n³¹ha²⁴ 五月　　　　　　　ʔbɯ:n³¹hok³³ 六月
ʔbɯ:n³¹tɕit⁵⁵ 七月　　　　　　ʔbɯ:n³¹pɛt³³ 八月
ʔbɯ:n³¹kau³⁵ 九月　　　　　　 ʔbɯ:n³¹ɬip⁵⁵ 十月
ʔbɯ:n³¹ʔit⁵⁵ 十一月　　　　　 ʔbɯ:n³¹la:p³³ 十二月（腊月）

金龙岱话中如果要表示几月几日或多少个月时，不用ʔbɯ:n³¹"月"，要用ŋu:t³³"月"加数词来表示。例如：

tɕit⁵⁵ŋu:t³³ɬip⁵⁵ha²⁴ 七月十五　　　ha²⁴ŋu:t³³tɕhu⁵⁵ha²⁴ 端午
　七　月　十　五　　　　　　　　　　五　月　初　五
ɬa:m⁵³ŋɛ⁵⁵pu:n³⁵ŋu:t³³ 三个半月　　ɬoŋ⁵³ɬa:m⁵³ŋɛ⁵⁵ŋu:t³³ 两三个月
　三　个　半　月　　　　　　　　　　二　三　个　月

（4）一月内各天的次序

初一至初十：tɕhu⁵³"初"+数词。例如：

tɕhu⁵³ʔit⁵⁵ 初一　　　　　　tɕhu⁵³ȵi³³ 初二
tɕhu⁵³ɬa:m⁵³ 初三　　　　　 tɕhu⁵³ɬi⁵⁵ 初四
tɕhu⁵³ha²⁴ 初五　　　　　　 tɕhu⁵³hok³³ 初六

tɕhu⁵³tɕit⁵⁵ 初七　　　　　　tɕhu⁵³pɛt³³ 初八
tɕhu⁵³kau³⁵ 初九　　　　　　tɕhu⁵³ɬip⁵⁵ 初十
十一至三十：省略 tɕhu⁵³ "初"，直接用数词，农历除夕三十例外。
例如：

ɬip⁵⁵ʔit⁵⁵ 十一　　　　　　ɬip⁵⁵ha²⁴ 十五
ɬa:m⁵⁵ɬip⁵⁵ 三十　　　　　　kham³³ʔdap⁵⁵ 除夕

（5）一周内各天的次序

一周内各天次序，在 ɬiŋ³³khi³¹ "星期"后加数字表示，例外的是星期日。

ɬiŋ³³khi³¹ʔit⁵⁵ 星期一　　　　ɬiŋ³³khi³¹ȵi³³ 星期二
ɬiŋ³³khi³¹ɬa:m⁵⁵ 星期三　　　ɬiŋ³³khi³¹ɬi⁵⁵ 星期四
ɬiŋ³³khi³¹ha²⁴ 星期五　　　　ɬiŋ³³khi³¹hok³³ 星期六
li⁵⁵pa:i³⁵/wan³¹li³⁵pa:i⁵⁵ 星期天

（6）一天内各小时的次序

各小时的次序，采用"数词+tim²⁴tɕoŋ³³"的形式，数词是 nəŋ³³ "一"时除外。例如：

ʔit⁵⁵tim²⁴tɕoŋ³³/tim²⁴tɕoŋ³³nəŋ³³ 一点钟　　ȵi³³tim²⁴tɕoŋ³³ 两点钟
　一　点　钟　点　钟　一　　　　　　　　　二　点　钟
ha²⁴tim²⁴tɕoŋ³³ 五点钟　　　　　　　　　pɛt³³tim²⁴tɕoŋ³³ 八点钟
五　点　钟　　　　　　　　　　　　　　　八　点　钟

（7）年月日的表达顺序

金龙岱话中年月日的表达采用"年+数词+月+数词+日+数词"的顺序。例如：

pi⁵³ ʔit⁵⁵kau³⁵ha²⁴kau³⁵ ʔbɯ:n³¹ ɬa:m⁵³wan³¹ȵi³³ɬip⁵⁵ 1959 年 3 月 20 日
年　一　九　五　九　月　三　日　二　十

三　倍数

金龙岱话的倍数借用了汉语的表示法，由"基数词+pui³³（倍）"组成。例如：

ɬa:m⁵³pui³³ 三倍　　　　　　ha²⁴pui³³ 五倍
三　倍　　　　　　　　　　　五　倍
ɬip⁵⁵pui³³ 十倍　　　　　　　ɬip⁵⁵pɛt³⁵pui³³ 十八倍
十　倍　　　　　　　　　　　十　八　倍
ȵi³³ɬip⁵⁵pui³³ 二十倍
二　十　倍

ɬip⁵⁵ ha²⁴ tshɯ³³ ha²⁴ ke³³ ɬa:m⁵³ pui³³. 十五是五的三倍。
十　五　是　五　的　三　倍

phɔ³¹ ma:k³³ nai³⁵ pi²⁴ phɔ³¹ ma:k³³ min²⁴ la:i⁵³ ɬi⁵⁵ pui³³.
堆　果子　这　比　堆　果子　那　多　四　倍
这堆果子比那堆多四倍。

四　分数

1. 金龙岱话的分数使用 fan⁵³ "分"来表示。分数的分母在前，分子居后。可把分母和分子拆开嵌入别的成分。例如：

（1）ȵi³³fan⁵³tɕi³³ʔit⁵⁵　二分之一　　（2）ɬa:m⁵³fan⁵³tɕi³³ʔit⁵⁵　三分之一
　　　二　分　之　一　　　　　　　　　三　分　之　一

（3）ɬi³⁵fan⁵³tɕi³³ɬa:m⁵³　四分之三　（4）ha²⁴fan⁵³tɕi³³ɬi³⁵　五分之四
　　　四　分　之　三　　　　　　　　　五　分　之　四

（5）tɕhi:n⁵³fan⁵³tɕi³³ha²⁴　千分之五
　　　千　分　之　五

2. 表示"半"用 pu:n³³。例如：

（1）pu:n³³lu³³　半路　　　　　（2）pu:n³³wan³¹　半天
　　　半　路　　　　　　　　　　　半　天

（3）ha²⁴ tshɯ³³ ɬip⁵⁵ ke³³ ʔit⁵⁵ pu:n³³. 五是十的一半。
　　　五　是　十　的　一　半

（4）kəu⁵³ moi²¹ phai³¹ kin⁵³ pu:n³³ kən⁵³ lau²⁴ nə³³. 我每次要喝半斤酒。
　　　我　每　次　喝　半　斤　酒　呢

（5）ȵaŋ³¹ mi³¹ pu:n³⁵ ŋe⁵⁵ ɕi³¹, kəu⁵³ kin³³ ʔdai²⁴ tho:n³⁵.
　　　还　有　半　个　糍粑　我　吃　得　完
还有半个糍粑，我能吃完。

（6）thɔ³³ la:i⁵³ ma:k³³kui³⁵, hit³³ɬau³¹ ŋa:m³³ ɬoŋ⁵⁵ ŋe⁵⁵ pu:n³³ ja³³?
　　　这么　多　香蕉　　怎么　只　二　个　半　了
这么多香蕉，怎么只剩两个半了？

五　概数

概数的表示法主要有三种方式：一是数量短语加"左右""大约""以上"之类的词表示；二是用两个相邻的数词表示；三是直接用表示概数的词语。

（一）用数量短语加"左右""上下""大约""以上"之类的词表示
这种表示法又可细分为以下几类：

1. 用"tha:i³³kha:i⁵⁵(大概)+数量短语""数量短语+tsɔ⁵⁵jəu³⁵(左右)"或者"数量短语+khin²⁴noŋ³¹(上下)"来表示。例如：

（1）tha:i³³kha:i⁵⁵ ɬa:m⁵³ wan³¹ 大概三天
　　　大概　　　三　天

（2）ʔba:n²⁴ ɬau³¹ thuŋ⁵³ fau³³ tha:i³³kha:i⁵³ ha²⁴ ɬip⁵⁵ li¹¹.
　　　村庄　我们　到　街上　大概　　　五　十　里
　　　我们村到城里大概五十里。

（3）ȵi³³ɬip⁵⁵ pi⁵³ tsɔ⁵⁵jəu³⁵ 二十岁左右
　　　二　十　年　左右

（4）min³¹ wan³¹ɕuk³³ lau⁵⁵ɕau³¹ kau³⁵ tim²⁴ tsɔ⁵⁵jəu³⁵ nai³⁵ ma³¹ thuŋ⁵³
　　　他　明天　　　上午　　　九　点　左右　　　这　来　到
　　ʔdai²⁴ ja³³.
　　　得　了
　　　他明天上午九点钟左右来这。

（5）khən³¹min²⁴ ȵɔm³³ khin²⁴ma³¹ ɬa:m⁵³ ɬip⁵⁵ pi⁵³ khin²⁴ noŋ³¹.
　　　人　那　看　起来　　　三　十　岁　上　下
　　　那个人看起来三十岁上下。

2. 在基数词或数量短语后加 la:i⁵³ "多"或者 la:i⁵³tik⁵⁵ "多点"来表示。例如：

（1）ɬi³⁵ɬip⁵⁵la:i⁵³ 四十多
　　　四　十　多

（2）ɬi³⁵ɬip⁵⁵la:i⁵³tik⁵⁵ 四十多点
　　　四　十　多　点

（3）ʔba:n²⁴ ɬau³¹ mi³¹ ha²⁴ ɬip⁵⁵ la:i⁵³ ɬɯ:n³¹. 我们村有五十多家人。
　　　村庄　我们　有　五　十　多　家

（4）ŋe⁵⁵ɬiŋ³³khi³¹la:i⁵³ 一个多星期
　　　个　星期　多

（5）ʔbɯ:n³¹la:i⁵³nən³³ 一个多月
　　　月　多　一

3. 用"数词或数量短语+ji⁵⁵ɕa:ŋ³⁵(以上)/ji⁵⁵ȵa²⁴(以下)"表示。例如：

（1）ɬa:m⁵³pa:k³³khən³¹ji⁵⁵ɕa:ŋ³⁵ 三百个人以上
　　　三　百　人　以　上

（2）pa:k³⁵kən³¹ji⁵⁵ȵa²⁴ 一百斤以下
　　　百　斤　以下

（二）用两个相邻的数词表示

1. 使用两个相邻的数词加"十""百""千""万"来表示，这里的数词一般指的是"十"以内的基数词。例如：

ha^{24}hok^{55}ɬip^{55} 五六十　　　　　ɬoŋ^{53}ɬa:m^{53}pa:k^{35} 两三百
　五　六　十　　　　　　　　　　二　三　百

ɬa:m^{53}ɬi^{35}tɕhi:n^{53} 三四千　　　　hok^{55}tɕit^{55}fa:n^{33} 六七万
　三　四　千　　　　　　　　　　六　七　万

pa^{33} min^{31} ʔi^{33}kiŋ^{55} mi^{31} ɬi^{35} ha^{24} ɬip^{55} pi^{53} ja^{33}.
爸爸　他　已经　　有　四　五　十　岁　了
他爸爸已经四五十岁了。

2. 用两个相邻的基数词加量词构成的数量短语来表示。例如：

ɬoŋ^{53}ɬa:m^{53}wan^{31} 两三天　　　　ʔit^{55}ɲi^{33}ŋe^{55} 一两个
　二　三　天　　　　　　　　　　一　二　个

ɬi^{35}ha^{24}phai^{31} 四五趟　　　　　tɕit^{55}pe:t^{35}phai^{31} 七八次
　四　五　趟　　　　　　　　　　七　八　次

hok^{55}thɯŋ^{53}pɛt^{33}mən^{53} 六到八元
　六　到　八　块

ɲu^{33} khan^{31}tha^{33} mi^{31} ɬi^{35} ha^{24} khən^{31} ɬak^{53} ɬu^{24}khwa^{55}.
在　边　河　有　四　五　人　洗　衣裤
河边有四五个人洗衣服。

（三）直接用表示概数的词语

ʔboŋ^{53} "群"、phai^{53} "批"、tik^{55} "一点儿"、ʔi^{55} "些"、nui^{31}nai^{35} "这些"、nui^{31}min^{24} "那些"等来表示。例如：

（1）ʔi^{55} ku^{33}ka:i^{33} 一些东西
　　　　些　东西

（2）phai^{53} fɔ^{33} nəŋ^{33} 一批货物
　　　　批　货　一

（3）nok^{11} nui^{31}min^{24} tu^{55} ʔbin^{53} pai^{53} la^{33}. 那些鸟都飞走了。
　　　鸟　那些　都　飞　走　了

（4）ʔboŋ^{53} ʔbɛ^{24} nai^{35} tu^{53} tu^{53} tu^{55} phi^{31}. 这一群羊只只都很肥。
　　　群　羊　这　只　只　都　肥

六　数词的语法特征

1. 数词一般不能单独做句子成分，通常要与量词组合成数量短语才能充当句法成分来修饰名词或动词。但有时（如表示长幼次序时）也可以直接修饰名词，在名词前后皆可，以后置为常。例如：
（1）ɬoŋ⁵³ phi⁵⁵noŋ³¹ 姐妹俩
　　　二　　姐妹
（2）phi⁵⁵na:ŋ³¹ ȵi³³ 二嫂
　　　嫂子　　二
（3）ha²⁴ kən⁵³ ɬai⁵⁵kai³⁵ 五斤鸡蛋
　　　五　斤　　鸡蛋
（4）min³¹ ki⁵⁵ ma³¹ ɬa:m⁵³ tɕhɛk⁵³ ɬɯ⁵³ ʔi³³kiŋ⁵⁵ ȵom³³ ljeu¹¹ ja³³．
　　　他　寄　来　三　　本　　书　已经　　看　尽　了
　　　他寄来的三本书已经看完啦。

2. 金龙岱话的数词不能重叠，不受形容词或副词的修饰。但"数词+量词"结构可以重叠。例如：
（1）ʔboŋ⁵³maɯ³¹ khən³¹ nəŋ³³ khən³¹ nəŋ³³ ke³³ khau²⁴ma³¹ pa³³．
　　　群　你　　个　　一　　个　　一　　的　进　来　吧
　　　你们一个一个地进来吧！
（2）ʔboŋ⁵³ɬau³¹ hok⁵⁵ khən³¹ hok⁵⁵ khən³¹ ti³³ moi¹¹ pha:i³¹ mai³¹．
　　　我们　　六　个　　六　个　　地　每　　排　站
　　　我们六个六个地站一排。
（3）min³¹ ʔit⁵⁵ ta:u⁵³ ʔit⁵⁵ ta:u⁵³ ke³³ wa:k³⁵．他一刀一刀地砍。
　　　他　一　　刀　一　　刀　　的　砍

3. 数词与量词或量词短语构成的数量短语在句中能作主语、谓语、宾语、定语、状语等。例如：
（1）ɬoŋ⁵³khən³¹ min²⁴ khən³¹ phi³¹ khən³¹ heu³³．（作主语）
　　　二　人　　那　个　　胖　　个　　瘦
　　　那两个人一个胖，一个瘦。
（2）ʔboŋ⁵³ɬau³¹ pai⁵³ ha:p³⁵ nam¹¹, khən³¹nəŋ³³ha:p³⁵nəŋ³³．（作谓语）
　　　我们　　　去　　挑　水　　个　　一　　担　　一
　　　我们去挑水，一人一担。
（3）pi⁵³ nəŋ³³ ɬip³⁵ ȵi³³ ʔbɯ:n³¹．一年十二个月。（作主语和宾语）
　　　年　一　　十　二　月
（4）mai¹¹ than³³thiŋ³¹ mi³¹ ŋe⁵⁵ pa:k³⁵ ɬoŋ⁵³ŋe⁵⁵ ma:k³³na:m⁵³．（作定语）
　　　树　上面　　　　有　个　把　　二　个　　菠萝蜜
　　　树上还有个把两个菠萝蜜。
（5）mi³¹ pi⁵³ nəŋ³³ mo³³thum⁵³, li:n³¹ ʔbɯ:n³¹ la:i⁵³ nəŋ³³ mi⁵⁵ noŋ³¹phən⁵³．
　　　有　年　一　　秋天　　　连　　月　　多　一　　不　下雨
　　　有一年秋天，一连一个多月不下雨。（作状语）

第三节 量 词

量词是用来表示人或事物、动作行为的计算单位。金龙岱话量词比较丰富，有较为发达的量词系统，可分为名量词（nominal classifier）和动量词（verbal classifier）两大类，各大类下面再细分为各小类。主要特点有：①名量词与名词的组合语序是"数词+量词+名词"，动量词与动词的组合语序是"动词+数词+量词"；②一个名词能与几个量词搭配；③金龙岱话的量词具有单音节性的特点；④从词类来源上看，金龙岱话的量词除了本民族词外，还有些借用汉语。

一 名量词

名量词是指表示人或事物数量单位的词。根据名量词的意义和用途，可分为集体量词、个体量词、时间量词、度量衡量词等，各类名量词内部又可分为若干小类。名量词中大部分是专用量词，来自名词，少数来自动词。

（一）集体量词

集体量词用来表示由两个以上的个体组成的事物的量，大致可分为定量集体量词和非定量集体量词两类。

1. 定量量词：用来表示成双成对的物品及体型较小的动物、肢体器官等的称量。定量词本身都包含数量，并且这个数量是固定不变的。金龙岱话的定量量词是 ɬuŋ⁵³/khu³⁵ "双"，toi³³ "对"。例如：

khu³⁵ha:i³¹nəŋ³³ 一双鞋　　　　　ɬoŋ⁵³toi³³thɔ⁵³ 两对兔子
双　鞋　一　　　　　　　　　二　对　兔子

toi³³khim³¹muɯ³¹nəŋ³³ 一对手镯　　ɬa:m⁵³khu³⁵fa:t³³ 三双袜子
对　镯子　手　一　　　　　　　三　双　袜子

ɬuŋ⁵³thu⁵⁵nəŋ³³ 一双筷子　　　　toi³³pik⁵⁵nəŋ³³ 一对翅膀
双　筷子　一　　　　　　　　　对　翅膀　一

ɬuŋ⁵³pho³³mɛ³³nəŋ³³ 一对夫妻　　ɬuŋ⁵³muɯ³¹nəŋ³³ 一双手
双　夫妻　一　　　　　　　　　双　手　一

ɬuŋ⁵³kha⁵³nəŋ³³ 一双脚
双　脚　一

2. 不定量量词：此类量词较多，所包含的人或物体的数量是不确定的。例如：

第三章 壮语金龙岱话的词类

kɔ⁵³蔸（禾苗） ha:ŋ³¹行（麦子） phɔ³¹堆（草/肥料）
ʔbɔŋ⁵³群（人/羊） ɬi¹¹串（辣椒） kam⁵³把（韭菜）
ha:p³⁵担（行李） tha:i¹¹代（人） kho:p³³盒（药）
ʔbaɯ⁵³片（树叶） ɬaɯ³³块（田） kha:u³³块（石头）
thu:m³⁵丛（竹子） pha:i³¹排（树） mon³¹样（蔬菜/东西）
pa:u⁵³包（药） phɔ³¹堆（柴） tɕoŋ³³段（路）
la:n⁵³栏（牛/猪） çaŋ³³称（花生） tap³¹沓（钱/纸）
thuŋ³⁵筒（米） phɔ³¹滩（泥） koŋ⁵³泡（尿）
çɯ:k³³石（谷子）

3. 部分量词：表示一个整体之中所包含的部分量，是相对物体的整体量而言的。例如：

ʔi³⁵ku³³ka:i³³ 一些东西　　　　　phai⁵³fɔ³³nəŋ³³ 一批货物
　些　东西　　　　　　　　　　　批　货　一

mon³¹çak³³nəŋ³³ 一样蔬菜　　　　pu³³fan⁵³nəŋ³³ 一部分
　样　菜　一　　　　　　　　　　部　分　一

nɔ:i¹¹pu³³fan⁵³ 少部分　　　　　　ʔi³⁵tik⁵⁵ 一点儿
　少　部　分　　　　　　　　　　一　点儿

（二）个体量词

与集体量词相对，个体量词是指表示人和事物的单个量。壮语金龙岱话中的个体量词较多，可分为类别量词、性状量词和通用量词等类别。

1. 类别量词

类别量词用于具有同类属性的名词，大致分成四种类型，即表示人、动物、植物和物品。例如：

（1）表示人：khən³¹"个"、ŋe⁵⁵"个"、phɔ³³"位"（原意为男性，引用为"位"）。例如：

ŋe⁵⁵khən³¹nəŋ³³ 一个人　　　　　ŋe⁵⁵khən³¹na:i³⁵ 这个人
　个　人　一　　　　　　　　　　个　人　这

khən³¹la:u³¹ɬa:i⁵⁵nəŋ³³ 一位老师　phɔ³³la:u³¹pa:n³⁵nəŋ³³ 一位老板
　个　老师　一　　　　　　　　　位　老板　一

phɔ³³ɬiŋ³⁵tɕa:ŋ²⁴nəŋ³³ 一位省长　phɔ³³khən³¹kɛ³⁵nəŋ³³ 一位长辈
　位　省长　一　　　　　　　　　位　人老　一

tɯ:n³¹min³¹mi³¹ɬoŋ⁵³khən³¹luk⁵³ʔdik⁵⁵, khən³¹luk³³thui³³phɔ³³ nəŋ³³,
　家　他　有　二　个　小孩　　　个　男孩　一

khən³¹luk³³thui³³mɛ³³nəŋ³³.
　个　女孩　一

他家有两个小孩，一男一女。

maɯ³¹ mi³¹ ki²⁴ ŋe⁵⁵ luk³³ʔdik⁵⁵? 你有几个孩子？
你　　有　几　个　　孩子

（2）表示动物：tu⁵³ "只、头、条、匹"。与大多数指动物的名词结合使用，不论体形大小。例如：

tu⁵³mɛu³¹nəŋ³³ 一只猫　　　　　　tu⁵³wa:i³¹nəŋ³³ 一头水牛
　只　猫　一　　　　　　　　　　头　水牛　一

tu⁵³ɬɯ⁵³nəŋ³³ 一只老虎　　　　　　tu⁵³tɕa⁵³nəŋ³³ 一条鱼
　只　老虎　一　　　　　　　　　　条　鱼　一

mai¹¹ than³³thiŋ³¹ mi³¹ ɬa:m⁵⁵ tu⁵³ nok¹¹. 树上有三只鸟。
树　　上　面　有　三　　只　鸟

ɬau³¹ ɕə:ŋ¹¹ tu⁵³ ma¹¹ thuk¹¹ nəŋ³³. 我们养了一匹公马。
我们　养　匹　马　公　一

（3）表示植物：kɔ⁵³ "棵、株"。例如：

ɬa:m⁵³kɔ⁵³mai¹¹ɕau⁵³ 三棵枫树　　　kɔ⁵³ɕak⁵⁵phek³³nəŋ³³ 一棵白菜
　　三　棵　树　枫　　　　　　　　　棵　菜　白　一

ki²⁴kɔ⁵³ʔbap⁵⁵ 几株玉米　　　　　　kɔ⁵³khau²⁴nəŋ³³ 一棵稻草
　几　株　玉米　　　　　　　　　　　棵　稻草　一

nɔŋ¹¹ʔba:u³³ tɕai⁵³ kɔ⁵³ mai¹¹tha:u³¹ nəŋ³³. 弟弟种了一棵桃树。
　弟弟　　种　棵　树　桃　　一

（4）表示物品：ŋe⁵⁵ "个"。主要用于对无生命的物品的称量，可使用的范围非常广泛。比如：

ŋe⁵⁵ɕɔŋ³¹（桌子）　　　ŋe⁵⁵ɬa³⁵（锁）　　　ŋe⁵⁵kiŋ³³（镜子）
ŋe⁵⁵ɬɯ:n³¹（房子）　　ŋe⁵⁵khau³³（桥）　　ŋe⁵⁵then³⁵（灯）

2. 性状量词

性状量词是用于修饰具有同类性质或状态等的事物名词，包括："条""片、张""把""堆、垛""颗、粒状""滴""块""朵""段""从"等。

（1）ʔbaɯ⁵³ "片、张"：原意义是植物"叶"，如ʔbaɯ⁵³mai¹¹ "树叶"。常用于指平面的、方方正正或单薄的物体名词，表示成片状或块状的事物，面积一般较小。例如：

ʔbaɯ⁵³tɕe²⁴nəŋ³³ 一张纸　　　　　ʔbaɯ⁵³mai¹¹nəŋ³³ 一片树叶
　张　纸　一　　　　　　　　　　　片　树叶　一

ʔbaɯ⁵³ɬɯ²⁴nəŋ³³ 一件衣服　　　　ʔbaɯ⁵³khwa³³nəŋ³³ 一条裤子
　件　衣服　一　　　　　　　　　　件　裤子　一

ʔbaɯ⁵³khwan³¹nəŋ³³ 一件裙子
　件　裙子　一

（2）ɬaɯ³³"块"：表示成块状的事物。例如：

ɬɔŋ⁵³ɬaɯ³³thi⁵⁵ 两块地　　　　　ɬaɯ³³na³¹nəŋ³³ 一块田
　二　块　地　　　　　　　　块　田　一

（3）khaːu³³"块"：用于指某种外形成块状的事物。与 ɬaɯ³³ 的意义与功能相近，使用范围更广。例如：

khaːu³³hin⁵³nəŋ³³ 一块石头　　　khaːu³³lek⁵⁵nəŋ³³ 一块铁片
　块　石头　一　　　　　　　　块　铁　一

khaːu³³thuŋ³¹nəŋ³³ 一块铜块
　块　铜　一

（4）thɛu³¹"条、根"：表示长条状物体。例如：

thɛu³¹tɕa⁵³lai⁵³nəŋ³³ 一条鳝鱼　　ɬaːm⁵³thɛu³¹ɕɯːk³³ 三根绳子
　条　鱼　一　　　　　　　　　三　根　绳子

thɛu³¹lo³³nəŋ³³ 一条路　　　　　thɛu³¹khaːn³¹nəŋ³³ 一根扁担
　条　路　一　　　　　　　　　根　扁担　一

（5）mui⁵⁵"粒"：用来指外形较小，成丸状、核状、圆形的事物名词前。例如：

mui⁵⁵ɲa²⁴nəŋ³³ 一粒药　　　　　mui⁵⁵kwa⁵³nəŋ³³ 一粒瓜子
　粒　药　一　　　　　　　　　粒　瓜子　一

mui⁵⁵khau²⁴nəŋ³³ 一粒米　　　　mui⁵⁵thu³³nəŋ³³ 一粒豆子
　粒　米　一　　　　　　　　　粒　豆子　一

mui⁵⁵ŋa³¹nəŋ³³ 一粒芝麻
　粒　芝麻　一

（6）ʔam³³"口"：常用于食物名词，表示一"口"之量。例如：

ʔam³³khau²⁴nəŋ³³ 一口饭　　　　ʔam³³nɯ³³nəŋ³³ 一口肉
　口　饭　一　　　　　　　　　口　肉　一

（7）maːk³³"把"：对有柄可握的工具等物品的称量，主要用于全金属的或某部分是金属的工具名词。例如：

maːk³³taːu⁵³nəŋ³³ 一把刀　　　　maːk³³kɛu³⁵nəŋ³³ 一把剪刀
　把　刀　一　　　　　　　　　把　剪刀　一

maːk³³ɕai³¹nəŋ³³ 一把锥子　　　maːk³³kuːk³³nəŋ³³ 一把锄头
　把　锥子　一　　　　　　　　把　锄头　一

（8）kam⁵³"把"：用于计量散状的、可用手握的物体名词。例如：

kam⁵³ŋa³¹nəŋ³³ 一把芝麻　　　　kam⁵³thu³³tum³¹nəŋ³³ 一把花生
　把　芝麻　一　　　　　　　　把　花生　一

kam⁵³ɕak⁵⁵kɛp³³nəŋ³³ 一把韭菜　　　kam⁵³mai³⁵nəŋ³³ 一把米
　把　　韭菜　一　　　　　　　　把　米　一

（9）phɔ³¹ "堆、垛"：与这个词相结合的事物具有"堆、垛"的外形特点。例如：

phɔ³¹faːŋ³¹nəŋ³³ 一垛稻草　　　　phɔ³¹fan³¹nəŋ³³ 一堆坟
垛　稻草　一　　　　　　　　　　堆　坟　一

phɔ³¹ɬai³¹nəŋ³³ 一堆沙子　　　　phɔ³¹tɕha⁵³nəŋ³³ 一座山
堆　沙子　一　　　　　　　　　　座　山　一

（10）tik⁵⁵ "滴"：用于圆形的水珠状的事物。例如：

tik⁵⁵nam¹¹nəŋ³³ 一滴水　　　　　tik⁵⁵ȵu¹¹nəŋ³³ 一滴油
滴　水　一　　　　　　　　　　　滴　油　一

（11）haːŋ³¹ "行"：用于垂直状态的物体。例如：

haːŋ³¹tɕhi³³nəŋ³³ 一行字　　　　haːŋ³¹mɛk³³kaːŋ³⁵nəŋ³³ 一行麦子
行　字　一　　　　　　　　　　　行　　麦子　　一

haːŋ³¹phaːi³⁵nəŋ³³ 一行棉花
行　棉花　一

（12）phen³⁵ "床、顶"：用于面积较大而又方正、质地较软的生活家庭用品。例如：

phen³⁵fup⁵⁵nəŋ³³ 一床席子　　　phen³⁵fa¹¹nəŋ³³ 一床被子
床　席子　一　　　　　　　　　　床　被子　一

phen³⁵lun¹¹fa¹¹nəŋ³³ 一床棉絮　phen³⁵ɬɯt⁵⁵nəŋ³³ 一顶蚊帐
床　　棉絮　　一　　　　　　　　顶　蚊帐　一

（13）thuːm²⁴ "丛"：用于计量蔬菜、树木类事物名词，表示数量较多合在一起。例如：

thuːm²⁴kwa⁵⁵ʔdeŋ⁵³nəŋ³³ 一丛南瓜　thuːm²⁴man³¹ʔbuŋ³⁵nəŋ³³ 一丛红薯
丛　　南瓜　　一　　　　　　　　　丛　　红薯　　一

thuːm²⁴mai³¹pu³³nəŋ³³ 一丛竹子
丛　　竹子　一

（14）phoŋ³¹ "朵"：用于计量花朵状的物体名词。例如：

phoŋ³¹joːk³³nəŋ³³ 一朵花
朵　花　一

3. 通用量词

通用量词 ŋe⁵⁵ "个"，表示单个的东西，是个体量词中抽象程度较高、使用频度较高、搭配比较广泛的量词。除了用于人物名词以外，还可以用于表示自然景观、建筑物、人体器官、食物、衣物、首饰、日用品、工具、文具、乐器等各类名词上，还可以使用在表示抽象概念的名词上。从语义表征上来看，通用量词能够突破与具体名词搭配的语义条件的限制，是语言演变发展过程中语言经济原则的具体表现。例如：

ŋe^{55}khən^{31}nəŋ^{33} 一个人　　　　　ŋe^{55}puːn^{35}ʔbɯːn^{33}nəŋ^{33} 一个半月
　个　人　一　　　　　　　　　　个　半　月　一

ŋe^{55}haːi^{55}wan^{31}nəŋ^{33} 一个太阳　　ŋe^{55}khoːp^{33}nəŋ^{33} 一个盒子
　个　太阳　一　　　　　　　　　个　盒子　一

ŋe^{55}nan^{53}nəŋ^{33} 一个梦　　　　ŋe^{55}ʔbaːn^{24}nəŋ^{33} 一个村
　个　梦　一　　　　　　　　　　个　村　一

ŋe^{55}tɕɔk^{33}mɯ^{31}nəŋ^{33} 一个戒指　　ŋe^{55}paːk^{33}nəŋ^{33} 一张嘴
　个　戒指　一　　　　　　　　　张　嘴巴　一

ŋe^{55}na^{24}nəŋ^{33} 一张脸　　　　ŋe^{55}miŋ^{31}tɕi^{11}nəŋ^{33} 一个名字
　张　脸　一　　　　　　　　　　个　名字　一

ŋe^{55}ɕaːn^{33}nəŋ^{33} 一个碟子　　ŋe^{55}kiŋ^{33}nəŋ^{33} 一面镜子
　个　碟子　一　　　　　　　　　面　镜子　一

（三）时间量词

时间量词是指时间名词兼用来表示时间单位的量词。主要有：pi^{53} "年"、pi^{53} "岁"、ʔbɯːn^{31} "月"、wan^{31} "天"、kham^{33} "夜"、thaːi^{35}kɯn^{31}nəŋ^{33} "一辈子"、tim^{24} "点钟" 等。时间量词都是由名词虚化而来的，兼有名词的语义特点。例如：

（1）min^{31} thaŋ^{35} maɯ^{31} puːn^{33} wan^{31} ja^{33}. 他等了你半天。
　　　他　等　你　半　天　了

（2）kəu^{53} nu^{33} luŋ^{31}tɕu^{53} pi^{53} nəŋ^{33} la^{31}. 我在龙州待了一年。
　　　我　在　龙州　年　一　了

（四）种类量词

表示人或物体的种类，有两个：mon^{31} "样"、tɕoŋ^{33}/tiŋ^{31} "种"。例如：

mon^{31}ku^{33}kaːi^{33}nəŋ^{33} 一样东西　　ki^{24}tiŋ^{31}khən^{31} 几种人
　样　东西　一　　　　　　　　　几　种　人

thiŋ^{31} tɕoŋ^{31} paːi^{35} mi^{31} ɬaːm^{53} mon^{31} ɕak^{55}. 桌子上摆了三样菜。
　上　桌子　摆　有　三　样　菜

tɕoŋ^{33}khən^{31} nai^{35} kəu^{53} mi^{55} han^{53} kwa^{33}. 这种人我没见过。
　种　人　这　我　没　见　过

tiŋ^{31} fiːk^{35} min^{24} mi^{55} ʔdai^{24} hit^{55}. 那种事情做不得。
　种　事情　那　不　得　做

（五）借用式量词

借用式量词指同一语言内部词类之间词语的借用，通常是借用名词或动词而来，在运用中具备了量词的特点，其量词的意义是在语境中体现的。

（1）金龙岱话借自名词的量词大多是表示容器、器具的名词。例如：tɕan³³ "瓶"、thuŋ³⁵ "桶"、thui³⁵ "碗"、thai³³ "袋"、ɬaŋ³¹ "窝"、ʔda:ŋ⁵³ "身"、ʔam³³ "口"、kha⁵³ "脚（踢一脚）"、tɕɔŋ³¹ "桌（菜）"、həɯ³¹ "家（一家人）"、hɛk³⁵ "锅"、thiu⁵³ "壶"、ɕa:ŋ⁵³ "仓"、phɯŋ³¹ "盘"、tɕɔk³³ "杯"、ʔa:ŋ³³ "盆"等。

hɛk³⁵tha:ŋ⁵³nəŋ³³ 一锅汤
锅　汤　一
（hɛk³⁵的名词义为"锅"）

thuŋ³⁵mai³⁵nəŋ³³ 一桶米
桶　米　一
（thuŋ³⁵的名词义为"桶"）

tɕɔk³³lau²⁴nəŋ³³ 一杯酒
杯　酒　一
（tɕɔk³³的名词义为"杯子"）

tɕɔŋ³¹tɕau²⁴nəŋ³³ 一桌饭
桌　饭　一
（tɕɔŋ³¹的名词义为"桌子"）

phɯŋ³¹ɕak⁵⁵nəŋ³³ 一盘菜
盘　菜　一
（phɯŋ³¹的名词义为"盘子"）

thiu⁵³ɕa³⁵nəŋ³³ 一壶茶
壶　茶　一
（thiu⁵³的名词义为"壶"）

ʔda:ŋ⁵³thɯɯ³³nəŋ³³ 一身汗
身　汗　一
（ʔda:ŋ⁵³的名词义为"身体"）

ɕa:ŋ⁵³khau²⁴ka:k³³nəŋ³³ 一仓稻谷
仓　谷子　一
（ɕa:ŋ⁵³的名词义为"谷仓"）

（2）借自动词的量词有：ha:p³⁵ 担（行李）、kam⁵³ 抓（瓜子）、kɔp³³ 捧（糖果）。

ha:p³⁵ hiŋ³¹li³³ nəŋ³³ 一担行李
担　行李　一
（ha:p³⁵的动词义为"挑担"）

kam⁵³ kwa⁵³mui⁵⁵ nəŋ³³ 一抓瓜子
抓　瓜子　一
（kam⁵³的动词义为"抓"）

kɔp³³thɯŋ⁵³nəŋ³³ 一捧糖果
捧　糖　一
（kɔp³³的动词义为"捧"）

（六）度量衡量词

度量衡量词指用来计量表示长度、容积、货币等不同单位的量词。分通用性的和地域性的两种。通用性的指其标准符合国家标准，会严格规定长短、大小、多少的量词，又称为标准度量衡量词；地域性的度量衡量词，其量的标准与国家标准不相一致，没有严格规定长短、大小和多少的量词，又称为非标准度量衡量词。

1. 通用性的度量衡量词（标准度量衡量词）
主要有：
容量词（用容器计量）：wat³⁵ "升"、ʔbɔk³³ "斗"。
衡量词（计量重量）：kən⁵³ "斤"、ɕa:ŋ³¹ "两"、tɕhɛn³¹ "钱"。
长度量词：li¹¹ "里"、tɕhəŋ³³ "丈"、ɕik⁵⁵ "尺"、tɕhon³³ "寸"、li³¹ "厘米"。
面积单位量词：mau³⁵ "亩"、fan⁵³ "分（表面积）"。
货币量词：mən⁵³ "块"、kɔk³³ "角（毛）"、fan⁵³ "分（表货币）"。

2. 地域性的度量衡量词（非标准度量衡量词）
主要有：wa⁵³ "庹（成人两臂左右平伸时两臂之间的距）"、tɕa:p³³ "拃（拇指与中指展开的距离）"、kam⁵³ "把"、kɔ⁵³ "蔸"、ʔbau⁵³ "片"、thuŋ³⁵ "筒"、ɕɯ:k³³ "石（一石谷子）"、ɬɔi¹¹ "串"。

二 动量词

表示动作行为变化的次数，分为专用动量词和借用动量词两类。

1. 专用动量词

指用于表达动作、行为量的量词。例如：phai³¹ "次、回、遍、趟"、tɕin²⁴ "趟"、ʔba:t³⁵ "下"、lɯ:t³¹ "遍"、ɕa³³ "阵"、tɔn³³ "顿" 等。

这些量词用以计量动作的次数，但存在使用范围的差别：有的量词可以计量具体的动作行为，也可以计量抽象的思想行为；有的只能计量具体的动作。例如：

ʔda³³tɔn³³nəŋ³³ 骂一顿　　　　phən⁵³ɕa³³nəŋ³³ 一阵雨
骂　顿　一　　　　　　　　　雨　阵　一

pai⁵³ɬɔŋ⁵³phai³¹ 去两次　　　　thi:ŋ¹¹ʔba:t³⁵nəŋ³³ 打一下
去　二　次　　　　　　　　　打　下　一

thɔk³³ki²⁴lɯ:t³¹ 读几遍
读　几　遍

2. 借用动量词

指借用名词或动词等来表达动作、行为量的量词。借自名词的主要是时间名词、身体部位发出的动作、工具名词等。

（1）借用时间名词/时量词

pi⁵³ 年　　　　　ʔbɯ:n³¹ 月　　　　　wan³¹ 天
kham³³ 夜　　　　tjeŋ³⁵/ɕau³⁵ɬi³¹ 小时　　jap³⁵ji⁵³ 一会
tɕha:i²⁴wan³¹nəŋ³³ 走一天　　　hai²⁴kham³³nəŋ³³ 哭一夜
走　天　一　　　　　　　　　哭　夜　一

（2）借用动词（主要为身体部位发出的动作）

kam⁵³ 抓　　　kɔp³³ 捧　　　kha⁵³ 脚　　　khwin³¹ 拳

kam⁵³ŋa³¹nən³³ 一抓芝麻　　　kɔp³³thu³³tɕhaŋ³⁵nən³³ 一捧黄豆
抓　芝麻　一　　　　　　　　捧　黄豆　一

thik⁵⁵kha⁵³nən³³ 踢一脚　　　thiŋ³³khwin³¹nən³³ 打一拳
踢　脚　一　　　　　　　　　打　拳　一

三　量词的语法特征

（一）量词的使用具有强制性

量词常常同数词一起组成数量短语，共同计量。当数词为"一"时，量词出现在数词的前边，语序为"量+名+数"；当数词为"二"以上数字时，量词总是出现在数词的后边，语序为"数+量+名"。例如：

tu⁵³mɔ³¹thɯk¹¹nən³³ 一头公黄牛　　　kɔ⁵³mai¹¹nən³³ 一棵树
词头　黄牛公　一　　　　　　　　　棵　树　一

ŋe⁵⁵łɯ:n³¹nən³³ 一所房子　　　ła:m⁵³ŋe⁵⁵ɕai³³pet⁵⁵ 三个鸭蛋
所　房子　一　　　　　　　　三　个　蛋鸭

tɕit⁵⁵ma:k³³ ka:ŋ³¹pit³¹ 七支钢笔　　　ha²⁴ma:k³³ta:u³³ 五把刀
七　支　钢笔　　　　　　　　　　　五　把　刀

（二）能充当构词语素

量词能与名词（或名词性短语）结合后构成复合名词，即"量词语素+名词语素"（或称"量名"结构），起类别作用。例如：

kɔ⁵³mai¹¹li³¹ 梨树　　　　kɔ⁵³ma:k³³tha:u³¹ 桃树
棵　树　梨　　　　　　棵　果　桃

ma:k³³fu³⁵ 斧子　　　　ma:k³³ku:k³³ 锄头
把　斧　　　　　　　把　锄

tu⁵³tha:ŋ³³ 蟒蛇　　　　tu⁵³hon⁵³ 豪猪
条　蟒　　　　　　　头　豪猪

（三）量词可以重叠

表示"每一"，重叠后可充当主语、状语等成分，形式为 AA 式或 ABAB 式。

1. AA 式

表示的语法意义受到它所充当的句法成分制约，作主语时表示泛指义。
例如：

wan³¹wan³¹ 天天　　　　pi⁵³pi⁵³ 年年
天　天　　　　　　　年　年

thɛu³¹thɛu³¹ 条条　　　　　　　khən³¹khən³¹ 个个
条　条　　　　　　　　　　　人　人
ŋe⁵⁵ŋe⁵⁵ 个个　　　　　　　　tu⁵³tu⁵³ 只只
个 个　　　　　　　　　　　 只 只

（1）tu⁵³tu⁵³ tu⁵⁵ phi³¹pɯk¹¹. 只只都很肥。
　　　只只　都　肥（形补）
（2）khən³¹khən³¹ tu⁵⁵ tɕaːŋ²⁴ ʔbaːn²⁴ ɕi³³ki²⁴ ʔdai⁵³. 个个都说自己家乡好。
　　　个　个　都　讲　村　自己　好
（3）ɬɯːn³¹ɬɯːn³¹ tu⁵⁵ mi³¹ tɕhɛ³³ maɯ³⁵. 家家都有新车。
　　　家家　　都　有　车　新
（4）thɛu³¹thɛu³¹ ɕɯːk³³ tu⁵⁵ thuŋ³¹kan³³ ɬi³¹. 条条绳子都一样长。
　　　条条　绳子　都　同样　长
（5）ɬɯːn³¹ ʔboŋ⁵³ɬau³¹ pi⁵³pi⁵³ tu⁵⁵ tɕai⁵³ ʔoi²⁴. 我们家每年都种甘蔗。
　　　家　我们　年年　都　种　甘蔗

2. ABAB 式

后面须加 ke³³ "的" 或 te³³ "地"，表示动作重复进行。作状语则表示动作依序进行。例如：

（1）tɕiŋ³⁵ ʔit⁵⁵ khən³¹ ʔit⁵⁵ khən³¹ ke³³ khau²⁴ma³¹. 请一个一个地进来。
　　　请　一　个　一　个　的　进来
（2）mui⁵⁵ nəŋ³³ mui⁵⁵ nəŋ³³ te³³ ʔip⁵⁵. 一颗一颗地捡。
　　　颗　一　颗　一　地　捡

（四）量词与其他词类的组合功能

A. 与代词搭配，可以不加数词，语序为 "量+代"，例如：

ŋe⁵⁵nai³⁵ 这个　　　　　　　phai³¹min²⁴ 那次
个 这　　　　　　　　　　　次 那
tu⁵³ma⁵³min²⁴ 那条狗　　　　ʔbaɯ³¹thaɯ³¹ɬɯ²⁴khwa⁵⁵ 哪件衣服
条 狗 那　　　　　　　　　件　哪　衣服

B. 与数词、名词、代词搭配时，语序为 "数词+量词+名词+代词"，其中，代词可为人称代词、指示代词或疑问代词。泛指不定量词 ki²⁴ "几、些"，本身含有不定量的概念，不必与数词结合，语序是 "ki²⁴+量词+名词+代词"。例如：

ʔboŋ⁵³ʔbɛ²⁴min²⁴ 那群羊　　　　ɬoŋ⁵³tɕhek³³ɬɯ⁵³nai³⁵ 这两本书
群 羊 那　　　　　　　　　　　二　本　书　这
khaːt³⁵fuːn³¹min²⁴ 那捆柴　　　　ki²⁴ko⁵³joːk³³mui³¹nai³⁵ 这些梅花
捆　柴　那　　　　　　　　　　些　棵　梅花　这

ɬa:m⁵³ho³¹khən³¹ʔboŋ⁵³min³¹ 他们三个人
　三　　量词　　人　　他们

C. 与动词、数词搭配做动词的补语，语序为"动+数+量"。动词若有宾语，一般紧跟动词。数量是"一"要放在量词后。例如：

（1）thik⁵⁵ min³¹ ɬoŋ⁵³ pa:t²⁴ kha⁵³　踢他两脚。
　　　踢　　他　二　下　脚

（2）ʔoŋ⁵³ nu³³ laŋ⁵⁵ wa:i³¹ ʔa:n²⁴ ki²⁴ mai¹¹. 爷爷朝牛背上打了几棍子。
　　　爷爷　朝　背　牛　打　几　棍子

（3）min³¹ tup⁵⁵ ɬai³³li⁵⁵ pa⁵⁵muu³¹ nən³³. 他打了小李一巴掌。
　　　他　打　小李　巴掌　一

（4）thɯk⁵⁵ min³¹ pa:t²⁴ khwin³¹ nən³³. 打他一拳。
　　　打　他　下　拳头　一

（五）量词不能单独使用

金龙岱话的量词不能单独使用，也不能单独充当句子成分，必须与数量结构或指示代词连用才能充当句子成分。

（六）通过调查

目前没有发现金龙岱话有类似汉语的复合量词，如汉语中的"人次""架次""场次""吨公里"等，发音人均不晓何意。

四　量词的句法功能

动量词与数词连在一起使用，组成"数+量"或"量+数"（当数词为"一"时）、"数+量+名"或"量+名+数"（当数词为"一"时）、"量+名""量+代""量+名+代"等格式，由于它与动词的位置不同而具有不同的句法功能，分别充当主语、宾语、定语、状语、补语等成分。例如：

1. 作主语

ha:p³⁵nai³⁵ naɯ³⁵, ha:p³⁵min²⁴ nak⁵⁵. 这担轻，那担重。（量+代）
　担　这　轻　　担　那　重

tu⁵³nai³⁵ ʔdai⁵³, tu⁵³min²⁴ mi⁵⁵ ʔdai⁵³. 这只好，那只不好。（量+代）
　只　这　好　　只　那　不　好

2. 作宾语

（1）kəu⁵³ nat⁵⁵ tɕhɛk³³min²⁴ ɬɯ²⁴ ho³³kɔn³⁵.
　　　我　喜欢　本　那　买　从前
　　　我喜欢从前买的那本。（量+代）

（2）ʔba:n²⁴ ʔboŋ⁵³ɬau³¹ ʔa:i³³ moi¹¹hu³⁵ mi³¹ ɬoŋ⁵³tu⁵³mu⁵³, tu⁵³wa:i³¹nən³³.
　　　村　我们　平均　每户　有　二头猪　头牛一
　　　我们村平均每户有两头猪，一头牛。（数+量+名）（量+名+数）

（3）nɔŋ¹¹ʔbaːu³³ ȵam¹¹ tu⁵³mɛu³¹ wan³¹wa³¹ ɬɯ²⁴.（量+名）
　　　弟弟　喜欢　只　猫　　昨天　　买
　　弟弟喜欢昨天买的那只猫。

3. 作定语

（1）kəu⁵³ nuŋ³³ ʔbaɯ³¹maɯ³⁵ɬɯ²⁴khwa⁵⁵nai³⁵. 我穿这件新衣服。
　　　我　穿　件　新　衣服　这　　　　（量+名+代）

（2）ɬi³⁵piː⁵³kɛ³³luk³³ʔdik⁵⁵ nat⁵⁵ tɕui³³ fi¹¹ləm³¹.（数+量+名）
　　　四　岁　的　孩子　　喜欢　放　风筝
　　四岁的孩子爱放风筝。

4. 作状语

min³¹ ɬaːm⁵³phai³¹ tu⁵⁵ ma³¹ kham³³. 他三次都迟到。（数+量）
他　　三　　次　　都　来　晚

5. 作补语

（1）min³¹ tup⁵⁵ ɬɔŋ⁵³paːt³⁵mɯ³¹. 她拍了两下手。（数+量+名）
　　　她　拍　二　下　手

（2）kəu⁵³ pi⁵³ nai³⁵ pai⁵³ pə³¹kiŋ³³ phai³¹nəŋ³³. 我今年去了一趟北京。
　　　我　年　这　去　北京　　趟　一　　　　（量+数）

第四节　动　词

动词是表示动作、行为、判断、心理活动、思想活动的发展变化、存在领有及消失等意义的词。动词的特点是能与副词结合，不能放在基数词和类词之后，不能受指示代词的修饰，不能加表程度的副词（心理活动动词除外）。

一　动词的分类

（一）按照动词的意义和语法功能分类

可细分为：表动作行为的动作动词，表心理活动的心理动词，表事物存在或消失的存现动词，表对事物进行判断的判断动词、表动作行为趋向的趋向动词以及表可能、意愿或主观判断的助动词。

1. 表动作行为的动词（动作动词）

动作动词是最典型的动词。

tɕai³¹ 种　　　　　tshən³⁵ 养（鱼）　　　ɕəːŋ¹¹ 养（猪）

khuːp³⁵ 咬　　　　ʔbin⁵³ 飞　　　　　nən³³ 咽

kin⁵³ 吃   hai²⁴ 哭   ʔda³³ 骂
kam⁵³ 拿   mɯn³³ 锯   ȵɔm³³ 看
khɛu¹¹ 嚼   li³¹ 舔

2. 表心理活动的动词（心理动词）

nat⁵⁵ 喜欢   la:u⁵³ 害怕   tiu⁵³na²⁴ 丢脸
khum⁵³khu³⁵ 难过   nam²⁴ 想念   jau³¹ 发愁
ki³³ʔdai²⁴ 记得   ja:k³³ 饿   nau⁵⁵ 讨厌
fa:t³³ɬiŋ³⁵ 生气

3. 表存在、变化、消失的动词（存现动词）

mi³¹ 有   pi:n³³ 变   phin³¹ 成   ȵu³³ 在

4. 表对事物进行判断的动词（判断动词）

tshɯ³³ 是   ɬɯ³³ 是

5. 表动作行为趋向的动词（趋向动词）

　　趋向动词是用来表示趋向运动的、具有方向性的动词。它可以表示远近、高低、内外、上下等趋向意义，有时还能表示一些引申意义。在金龙岱话动词中这类动词属于一个封闭的小类，总数不过十来个，作用却非常重要，可以分为单音趋向动词和复音趋向动词两类。它的主要功能是作谓语、作补语。例如：

（1）单音趋向动词

ma³¹ 来   pai⁵³ 去   thɯŋ⁵³ 到   thoi³¹ 回
khɯn²⁴ 上   noŋ³¹ 下   ʔɔk³³ 出

（2）复音趋向动词

khɯn²⁴ma³¹ 上来   ʔɔk³³ma³¹ 出来   hoi³¹ma³¹ 回来
　上　来　　　　　　　　出　来　　　　　　　　回　来
tɯn³³ma³¹ 起来   kwa³³ma³¹ 过来   kam⁵³ma³¹ 拿来
　起　来　　　　　　　　过　来　　　　　　　　拿　来
ʔbin⁵³ma³¹ 飞来   khau²⁴pai⁵³ 进去   noŋ³¹pai⁵³ 下去
　飞　来　　　　　　　　进　去　　　　　　　　下　去
ʔɔk³³pai⁵³ 出去   ʔbin⁵³pai⁵³ 飞去   hoi³¹pai⁵³ 回去
　出　去　　　　　　　　飞　去　　　　　　　　回　去
kam⁵³pai⁵³ 拿去   kwa³³pai⁵³ 过去
　拿　去　　　　　　　　过　去

6. 表可能、意愿或主观判断的助动词（也叫能愿动词）

这些助动词通常用于动词性成分之前，但有些也可以用在其后。

用于动词前的有：ɬɯ:ŋ²⁴"想"、ka:m³⁵"敢"、ɬu¹¹"会"、ʔdai²⁴"能"、ʔiŋ⁵³ka:i⁵³"应该"、ȵan³³"肯、愿意"、ʔau⁵³"要"、ta:ŋ⁵³"当"等。

（1）kəu⁵³ ɬɯ:ŋ²⁴ mɯ³¹ɬɯ:n³¹ la³³. 我想回家了。
　　　 我　 想　回　家　 了

（2）min³¹ khən³¹ʔdɐu³⁵ ka:m³⁵ pai⁵³ nan³¹niŋ³¹ me⁵³? 他一个人敢去南宁吗？
　　　 他　 人　单独　 敢　 去　南宁　　 咩

（3）maɯ³¹ tɕak⁵⁵ mi⁵⁵ tɕak⁵⁵ tɕa:ŋ²⁴ ha:n³⁵ji⁵⁵. 你会不会说汉语？
　　　 你　 会　 不　会　 讲　　 汉语

（4）maɯ³¹ mi⁵⁵ ʔiŋ⁵³ka:i⁵³ phin¹¹nai³⁵ tɕa:ŋ²⁴. 你不应该这样说。
　　　 你　 不　 应该　　 样这　　 讲

（5）wan³¹ɕuk³³ ʔboŋ⁵³maɯ³¹ ʔau⁵³ ɕa:u¹¹ ʔi³⁵ nəŋ³³ ma³¹.
　　　 明天　　 群　 你　　　要　 早　 些　 一　 来
你们明天要早点来啊。

（6）maɯ³¹ ma:k³³ ka:i²⁴ ja³³ ɬɯ:ŋ²⁴ ta:ŋ⁵³ ka³³laŋ⁵³? 你长大了想当什么？
　　　 你　长　 大　 了　想　 当　 什么

（7）kəu⁵³ ɬɯ:ŋ²⁴ ta:ŋ⁵³ tiŋ⁵³. 我想当兵。
　　　 我　 想　 当　 兵

（8）maɯ³¹ ȵan³³ mi⁵⁵ ȵan³³ kha:i⁵³ hɯ²⁴ min³¹? 你愿不愿意嫁给他？
　　　 你　 愿意　不　愿意　嫁　给　 他

金龙岱话有些动作分工较细，而汉语与它相对应的只有一个词。这是认知差异在词汇中的一种体现。比如：

ɬa:u³¹洗（碗，澡，手）、ɬak³³洗（衣服）、khui³⁵洗（头）；tɯk⁵⁵打（球）、thi:ŋ¹¹打（人）、ȵaŋ³¹打（枪）、thup³³打（东西）、teŋ⁵³打（桩）；ho:i⁵⁵（用棍子）打、phe⁵³（用手掌）打、thiŋ³³（用拳头）打；tho:m³⁵戴（帽子）、thak⁵⁵戴（手镯、耳环）、ta:i³³戴（项圈）；nuŋ³³穿（衣服、鞋）、tɕhu:n⁵³穿（针）；ɬeŋ⁵³生（孩子）、ʔe⁵³生（蛋）、phin³¹生（疮）；tha:k³³量（布）；ha:p³⁵关（门）、ɕaŋ³⁵关（牛）；hau⁵³（狗）叫、khan⁵³（公鸡）叫、ja:u³⁵叫（人大声喊）。

（二）按照及物性分类

及物性（transitivity）是根据动词关涉名词性词语（即论元）的多少而对其进行的一种分类。简单来说，在语言学中，论元就是指一个句子中带有名词性的词。依据动词这种直接带论元成分的数量的分类原则，金龙岱话的动词可分为不及物动词（intransitive）、及物动词（transitive）、双及物动词（ditransitives）三类，即带一个论元、两个论元和三个论元。

1. 不及物动词

不及物动词关涉一个论元，通常是指不能带宾语和不能带受事宾语的动词。例如：

non³¹ʔdat⁵⁵ 睡觉　　　wep³³ 休息　　　ʔɔk³³ma³¹ 出来
hoi³¹mɯ³¹ 回去　　　ha:i⁵³ 死

2. 及物动词

及物动词关涉两个论元，指能带受事宾语的动词，即：与一个施事者（actor/agent）和一个受事者（patient）共现。例如：

kha:i³³ 嫁　　　　　ʔau⁵⁵ 娶　　　　　ɬɛŋ⁵³ 生（孩子）
tha:p³⁵ 找　　　　　khai⁵³ 开（门）　　ʔum³⁵ 抱
lau³¹ 留（种子）　　ʔda³³ 骂（人）　　phən⁵³ 磨（刀）
phok³³ 敷（药）　　ʔba:k³⁵ 砍（柴）　khu:p³⁵ 咬
ɕat⁵⁵ 切（菜）　　　ɕən⁵⁵ 唱（歌）　　pat⁵⁵ 扫（地）
tha:k⁵⁵ 晒（衣服）　tɕhe⁵³ 泡（茶）　ɬak³¹ 洗（衣服）
ma³¹ 来（到）　　　n̪u³³ 在（家）　　tɕai³¹ 种（树）
tɕuŋ⁵³ 牵（牛）

3. 双及物动词

双及物动词与三个论元关涉。双及物动词能带双宾语，施事者、受事者和受益者双及物动词是个封闭性的小类，数量有限。刘丹青（2001）指出，双及物结构"指的是一种论元结构，即由双及物（三价）动词构成的、在主语以外带一个客体和一个与事的结构，在句法上可以表现为多种句式，有的是双宾语句，有的不是"。①例如：

hɯ²⁴ 给　　　　ɬoŋ⁵⁵ 送　　　ɕa:m⁵³ 问
nəm⁵³ 借　　　paŋ⁵³ 还　　　thiu³³ 欠
ja:u³⁵ 叫　　　ɬɔn⁵³ 教

二　动词的体

"体"是一种语法范畴，"体的范畴表示动作（或状态）的过程"②。"体"是观察一个情景的内部时间构成的不同方式。动词的体（aspect）表示动作行为沿着一定的时间轴所进行的方式，是动词特有的一种语法范畴。金龙岱话动词的"体"包括完成体、反复体、持续体、起始体、将行体、进行

---

① 刘丹青：《汉语给予类双及物结构的类型学研究》，《中国语文》2001年第5期。
② 中国大百科全书语言文字编委会：《中国大百科全书·语言文字》，中国大百科全书出版社1988年版，第471页。

体、经验体七种。动词的体范畴通过在动词后加体助词表示。此外，动词还有一种表示随意态度的"随意貌"。

（一）完成体

金龙岱话动词的完成体表示某一动作行为在过去发生且已完成，或性质状态变化的实现，强调完成带来的影响，即具有现时相关性。通常以动词后附 ljeu^{11} "尽"、ʔdai^{24} "得"或 thɯŋ^{53} "到"表示，或在句末用完成体助词 ja^{33} 表示某一动作行为的完成。例如：

（1）min^{31} ki^{55} ma^{31} ɬa:m^{53} tɕhɛk^{33} ɬɯ^{55} ʔi^{33}kiŋ^{55} nɔm^{33} ljeu^{11} ja^{33}.
　　　　他　寄　来　三　　本　　书　已经　看　完　了
　　　他寄来的三本书已经看完了。

（2）tɕhɛn^{31} ʔda:ŋ^{53} tu^{55} thɯ^{33} ʔdit^{55} ljeu^{11} ja^{31}. 全身都汗湿了。
　　　　全　　身体　都　汗　湿　完　了

（3）kəu^{53} kin^{53}tɕau^{24} ljeu^{11} la^{31}. 我吃完饭了。
　　　　我　　吃饭　　完　了

（4）min^{31} ɕɛu^{24} ʔdai^{24} ɕak^{55} ja^{33}. 他炒好菜了。
　　　　他　炒　得　菜　了

（5）kəu^{53} ɬak^{33} ʔdai^{24} ɬɯ^{24}khwa^{33} ja^{33}. 我洗好衣服了。
　　　　我　洗　得　衣服　　了

（6）nɔŋ^{11}ʔba:u^{33} men^{33} thɯŋ^{53} mai^{11} than^{33}thiŋ^{31} la^{31}. 弟弟爬到树上去了。
　　　　弟弟　　爬　到　树　上面　了

（7）ʔuk^{55}n̩am^{31} tɕa:ŋ^{53} ten^{31}təŋ^{55} ja^{33}. 屋檐装上了电灯。
　　　　屋檐　　装　电灯　了

（8）luŋ^{31} ɬɯ^{24} tɕa^{33} tɕhɛ^{53} nəŋ^{33} ja^{33}. 舅舅买了一辆车。
　　　　舅舅　买　辆　车　一　了

（9）hu^{31} ʔu^{35} khai^{53} ŋe^{55} khɯi^{33} ja^{33}. 妈妈打开了柜子。
　　　量词 妈妈 开　个　柜子　了

（10）pi^{53}nai^{35} ʔbɯ:n^{53} hok^{55} kəu^{53} mɯ^{11}pai^{53} ɬɯ:n^{31} nəŋ^{33} ja^{33}.
　　　年　这　　月　　六　我　回去　　家　　一　了
　　　今年六月我回了一趟老家。

（二）反复体

表示动作的多次发生，通过用动词的重叠法，趋向动词通过用重叠格式 AABB 的形式来表示，动词则使用嵌入趋向动词"动词+ma^{31}（来）+动词+pai^{53}（去）"的格式。例如：

（1）min^{31} khɯn^{24}khɯn^{24}noŋ^{31}noŋ^{31} tɯ^{35} khin^{24} na^{31}. 他上上下下，累坏了。
　　　　他　上　上　下　下　累　很　呐

（2）ta:i³¹ka⁵³ ma³¹ma³¹pai⁵³pai⁵³ thuŋ³¹ pai⁵³ fauɯ³³ kən³⁵hoi⁵³.
　　　大家　　来来　　　去去　　　　同　　 去　　街　　一样
　　　人们来来往往的像赶集一样。

（3）mai³¹ʔdai⁵³, mi⁵⁵ɕai²⁴ tɕoŋ³³ tshɯ³³ nɯŋ⁵³ma³¹nɯŋ⁵³pai⁵³.
　　　站　好　　　别　　总是　　　动　来　动　去
　　　站好，别总是动来动去的。

（4）luk³³ʔdik⁵⁵ tɕoŋ³³ nat⁵⁵ ɕa:m⁵³ma³¹ɕa:m⁵³pai⁵³.
　　　小孩　　　　总　喜欢　　问　来　问　去
　　　小孩总喜欢问这问那。

（5）tɕa:ŋ²⁴ma³¹tɕa:ŋ²⁴pai⁵³, jen³¹ma³¹ mauɯ³¹ mi⁵⁵thuŋ³¹ ɬai³³li³¹.
　　　讲　来　讲　去　　　原来　　你　　不同　　　小李
　　　说来说去，原来你比不上小李。

（三）持续体

表示动作已经进行了一段时间，目前仍在进行中，并将持续下去。其语法意义是表示某种状态在某一段时间内保持不变，这种"状态"，可分为两种情况：一种是动词所表示的动作完成后必然出现的结果，另一种是与动作的完成与否无必然关系的客观情况。前者构成完成持续体，后者构成静态持续体。例如：

1. 动态持续体

（1）nɔŋ¹¹ɬa:u⁵³ thiŋ³³ ȵu³³ kɔ⁵⁵ ɬɛ²⁴ tɕo³¹ne³¹. 妹妹听着歌写作业。
　　　妹妹　　　听　着　歌　写　作业

（2）min³¹ kam⁵³ ȵu³³ ki²⁴ tɕhek³³ ɬɯ⁵³. 他拿着几本书。
　　　他　　拿　着　几　本　　书

（3）mi³¹ tu⁵³ mɛu¹¹ nən³³ fum³¹ ȵu³³ taŋ³³ than³³thiŋ³¹.
　　　有　只　猫　一　趴　在　凳子　上面
　　　有只猫趴在凳子上。

（4）phi⁵⁵ʔba:u³³ tɕa:i³³ ɬak³³ ɬɯ²⁴khwa⁵⁵. 哥哥在洗衣服。
　　　哥哥　　　　在　洗　　衣服

（5）min³¹ ȵu³³ tɕai³¹ ɕak⁵⁵ nə³³. 他在种着菜。
　　　他　在　种　菜　呢

2. 静态持续体

（1）ʔdau³¹ ɬɯ:n³¹ ka:n⁵³ka:n⁵³tɕhiŋ⁵³tɕhiŋ³³ ke³³. 屋里干干净净的。
　　　里　屋　　干干净净　　　　　　　　　的

（2）tɕhe³³ thiŋ³³ ȵu³³ wa:i³³nɔk³¹. 车子在外面停着。
　　　车　停　在　　外面

（3）ʔa⁵³ ȵu³³ tɕhɯːŋ³¹ than³³thiŋ³¹ nɔn³¹ ȵu³³. 姑姑在床上躺着。
　　　姑姑　在　　床　　　上面　　躺　着

（4）mi³¹ tu⁵³ meu³¹ nəŋ³³ ȵu³³ ʔi³⁵ than³³thiŋ³¹ fum³¹ ȵu³³.
　　　有　只　猫　一　在　椅子　上面　　趴　着
　　　有只猫在椅子上趴着。

（5）ɕiŋ³¹ than³³thiŋ³¹ khwɛn⁵³ ȵu³³ fu⁵⁵ wa²⁴ nəŋ³³. 墙上挂着一幅画。
　　　墙　上面　　　挂　着　幅　画　一

（四）起始体

表示动作行为或者事件在某个参照时点上开始出现或者发生。通常使用副词 khin²⁴ "起"、khaːi⁵⁵ɕi⁵⁵ "开始"、khai⁵⁵taːu³¹ "开头"，句末则常使用起始体助词 ja³³ "了" 或 za³³ "吧"，句法形式为"动词+ja³³/za³³"。例如：

（1）nɔŋ¹¹ɬaːu⁵³ kho⁵³ khin²⁴ ja³³. 妹妹笑起来了。
　　　妹妹　　笑　起　了

（2）khən³¹thɯɯ³¹ khai⁵⁵taːu³¹ ɬaːu¹¹ ʔdaːŋ⁵³. 谁先开始洗澡？
　　　谁　　　　开头　　　洗　身体

（3）laːn⁵³ʔbaːu³³ wan³¹nai³⁵ khaːi⁵⁵ɕi⁵⁵ khun²⁴haːk³³ ja³³.
　　　侄子　　　　天　这　　开始　　　上学　　　了
　　　侄子今天开始上学了。

（4）ʔboŋ⁵³ɬau³¹ khaːi⁵⁵ɕi⁵⁵ ɬon⁵³ haːn³⁵ji⁵⁵ za³³! 我们开始学汉语吧！
　　　我们　　　开始　　　学　汉语　　吧

（五）将行体

表示动作行为或状态变化属性即将发生在未来的某个时间，句法结构形式为"ʔau⁵³（要）/ɬɯːŋ²⁴（想）+动词"。例如：

（1）ʔboŋ⁵³ɬau³¹ ŋaːm⁵⁵ ʔau⁵³ pai⁵³ lau⁵⁵ min³¹, min³¹ hoi³¹maː³¹ ja³³.
　　　我们　　　刚　要　去　找　他　他　回来　了
　　　我们正要去找他，他回来了。

（2）kəu⁵³ ʔau⁵³ pai⁵³ ŋoi³¹ ɕəŋ³¹ ten³³ʔiŋ⁵³ nəŋ³³. 我要去看一场电影。
　　　我　　要　去　看　场　电影　　　一

（3）ʔa⁵³lu³¹ ʔau⁵³ pai⁵³ faɯ³³ ɬɯ²⁴ maːk³³ kuːk³³ nəŋ³³.
　　　婶婶　　要　去　街上　买　把　锄头　一
　　　婶婶要去街上买一把锄头。

（4）tsaːi³³ kwa³³ puːn³³ ʔbɯːn⁵³ nəŋ³³, tɕau³¹ ʔau⁵³ tham³³ ʔoi²⁴ lo⁵⁵.
　　　再　过　半　月　一　就　要　砍　甘蔗　了
　　　再过半个月，就要砍甘蔗了。

（5）kəu⁵³ kin⁵³tɕhau³¹ ja³³ ɬɯ:ŋ²⁴ pai⁵³ ɬɯ:n³¹ ʔa⁵³ ljiu³³.
　　　我　　吃晚饭　　了　想　去　家　姑姑　玩
　　　吃完晚饭以后，我想去姑姑家玩。

（6）min³¹ ɬɯ:ŋ²⁴ ta:i³³ phɔ³³mɛ³³thau³⁵ pai⁵³ pə³¹kiŋ⁵³ phai³¹ nəŋ³³.
　　　他　　想　　带　　父母　　　　去　　北京　　　次　一
　　　他很想带父母去一次北京。

（7）luk³³ha:k³³ khən³¹ min²⁴ ɬɯ:ŋ²⁴ ɕa:m⁵³ mauɯ³¹ ŋe⁵⁵ fi:k³⁵ nəŋ³³.
　　　学生　　　个　　那　　想　　　问　　你　　个　事情　一
　　　那个学生想问你一个问题。

（8）mauɯ³¹ ma:k³³ ka:i²⁴ ja³³ ɬɯ:ŋ²⁴ ta:ŋ⁵³ ka³³laŋ⁵³? 你长大了想当什么？
　　　你　　　长　　大　　了　想　　　当　　什么

（六）进行体

表示动作行为正在进行或状态正在持续，在动词前加副词 ʔda:ŋ⁵³ "正在、正当"，或在动词前加汉语借词 tɕiŋ³⁵tɕa:i²⁴ "正在"，也可通过动词后附叠音词尾表示动作正进行或持续。例如：

（1）khən³¹ khɛk³⁵ma³¹ ke³³ ɕi³¹hau³⁵, ʔbɔŋ⁵³ɬau⁵³ ʔda:ŋ⁵³ kin⁵³ tɕau²⁴.
　　　人　　客　　来　　的　时候，　我们　　　　正　　吃　饭
　　　来客人时，我们正在吃饭。

（2）nɔŋ¹¹ɬa:u⁵³ ʔda:ŋ⁵³ thɛ:u³¹ŋu³⁵. 妹妹正在跳舞。
　　　妹妹　　　正　　　　跳舞

（3）ʔbɔŋ⁵³min³¹ tɕiŋ³⁵tɕa:i²⁴ ŋɔi³¹ ten²⁴ɕi²⁴. 他们正在看电视。
　　　群他　　　　正在　　　　看　　电视

（4）wa:i³³nɔk³³ tɕiŋ³⁵tɕa:i²⁴ nɔn³¹phən⁵³. 外面正在下雨。
　　　外面　　　　正在　　　　下雨

（5）kəu⁵³ tɕiŋ³⁵tɕa:i²⁴ thaŋ³⁵ mauɯ³¹. 我正在等你。
　　　我　　正　在　　　等　　你

（6）mɛ³³thau³⁵ tɕiŋ³⁵tɕa:i²⁴ hit⁵⁵tɕau²⁴. 妈妈在做饭。
　　　妈妈　　　正　在　　　做饭

（7）lum³¹ kwa:t³³ pha:u⁵³pha:u⁵³, nam¹¹ lai⁵³ hu³¹hu³¹.
　　　风　　刮　　后附音节　　　　水　　流　　后附音节
　　　风呼呼地刮着，水哗哗地流着。

（8）khi³¹ ʔdɛŋ⁵³ ʔbin⁵³ fa:p³³fa:p³³. 红旗哗啦啦地飘着。
　　　旗　　红　　飘　　后附音节

此外，"动词+ȵu³³" 式还可以重叠为 "动词+ȵu³³+动词+ȵu³³" 的形式，表示动作行为反复延续。例如：

（1）kin⁵³n̠u³³kin⁵³n̠u³³ tɕau³¹ phei³¹kwɛ:n³³ ja³³. 吃着吃着就习惯了
　　　吃　着　吃　着　　就　　习惯　　　了
（2）thiŋ³³n̠u³³thiŋ³³n̠u³³ tɕau³¹ nɔn³¹ʔdat⁵⁵ la³¹. 听着听着就睡着了。
　　　听　着　听　着　　就　　睡着　　　了

（七）经验体（经历体）

也可叫曾行体，表示动作行为曾经发生过，现在早已结束。通常在动词后加体助词 kwa³³ "过" 表示。例如：

（1）min³¹ naŋ³³ kwa³⁵ fi³³ki³³. 他坐过飞机。
　　　他　坐　过　飞　机
（2）kəu⁵³ thiŋ³³ kwa³³ ki²⁴ phai³¹ɬai³³ li³¹ ɕaŋ⁵⁵kɔ⁵⁵. 我听过几次小李唱歌。
　　　我　听　过　几　次　小　李　唱歌
（3）ʔoŋ⁵³ kəu⁵³ pai⁵³ kwa³³ pə³¹kiŋ³³. 我爷爷去过北京。
　　　爷爷　我　去　过　北京
（4）ɬɯ:n³¹kəu⁵³ ɕə:ŋ¹¹ kwa³³ thɔ⁵³. 我家养过兔子。
　　　家　我　养　过　兔子
（5）phi³³ɬa:u⁵³ ta:ŋ⁵³ kwa³³ ki²⁴pi⁵³ la:u¹¹ɬai⁵³. 姐姐当过几年老师。
　　　姐姐　　当　　过　几　年　老师
（6）min³¹ ta:ŋ⁵³ kwa³³ tiŋ⁵³. 他当过兵。
　　　他　当　过　兵

三 动词的"态"

"态"又叫语态，是通过一些语法手段来表示谓语动词和事件的参与者（participant）之间关系的语法范畴。壮语金龙岱话的动词有"态"的区分，包括主动态、使动态、互动态和尝试态。

（一）主动态

表示动作行为或结果是由动作者自身发出或实现的，不强调外力或外因的作用。金龙岱话的主动态通常没有语法标记，而是通过词汇表达方式来构成。例如：

（1）ʔbɔŋ⁵³ɬau³¹ ʔɔk³³ pai⁵³ ɬɯ²⁴ɬɯ²⁴. 我们出去走走。
　　　我们　　出　去　走走
（2）tu⁵³ kop⁵⁵ thɛ:u³¹ ʔit⁵⁵puk¹¹ʔit⁵⁵puk¹¹. 青蛙一蹦一蹦地跳。
　　　词头　青蛙　跳　　一蹦一蹦
（3）ɬai³³wai³¹ pat³³khin⁵³pat³³kha⁵³ ke³³ tɕha:i²⁴ pai⁵³.
　　　小韦　　　大摇大摆　　　　的　走　去
小韦大摇大摆地走过去。

（4）min³¹ than³⁵ ki²⁴ pa:t³⁵ kha⁵³. 他踩了几下脚。
　　　他　　踩　　几　下　　脚
（5）ɬai³³hoŋ³¹ hai²⁴ ja³³. 小红哭了。
　　　小红　　　　哭　了

（二）使动态

使动态是与主动态相互对立的语法范畴，表示某人、某物或者某种动作行为不是由动作者主动发出的，而是由外力导致其他人、物或事情产生某种行为或结果。动词所带的题元角色既是施事又是受事，是有标记的。

壮语金龙岱话的使动态通常在动词前加上具有"致使"语义特征的介词 ȵəŋ³³ "让"、hɯ²⁴ "给、让、使"、ka:u³⁵ "弄"来表示动作的原因。例如：

（1）ɕəŋ⁵⁵kɔ⁵⁵ hɯ²⁴ khən³¹ hu⁵³ɲi³⁵. 唱歌令人开心。
　　　唱歌　　　给　　人　　　高兴
（2）ȵəŋ³³ kəu⁵³ pai⁵³/ hɯ²⁴ kəu⁵³ pai⁵³. 让我去。
　　　让　　我　　去　　　给　我　　去
（3）ȵəŋ³³ ɬai³³waŋ³³ wan³¹ɕuk³³ ma³¹ ɬɯːn³¹ kin⁵³tɕau²⁴ ja³¹!
　　　让　　小王　　　　明天　　　来　　家里　　吃饭　　　语气词
　　　让小王明天来家里吃饭吧！
（4）ȵəŋ³³ ʔbɔŋ⁵³min³¹ tu⁵⁵ pai⁵³ nan³¹niŋ³¹ thɔ³¹kan³³.
　　　让　　他们　　　　都　　去　　南宁　　　一起
　　　让他们都一起去南宁。
（5）ɬai³³hoŋ³¹ ŋaːi³¹ maɯ³¹ kaːu³⁵ hai²⁴ ja³³. 小红被你逗哭了。
　　　小红　　　　被　　你　　弄　　　哭　了

（三）互动态

互动态表示动作、行为、活动等是由双方互动或共同参与完成的。由表示互动义的动词加上互动助词 kan⁵³ 构成，或在动词前加互动助词 thɔ³¹，两个助词也可同时出现。例如：

thɔ³¹ʔaːi³⁵ kan⁵³ 追逐	thɔ³¹tɕɔi³³kan⁵³ 互相帮助	thɔ³¹kot³⁵ 拥抱
追	帮助	抱
thɔ³¹ ljiu³³ 玩耍	thɔ³¹toi³⁵ 互相交换	thɔ³¹tɕeŋ⁵³ 争抢
玩	交换	争
thɔ³¹tep³³ 追逐	thɔ³¹thiŋ³³ 打架	thɔ³¹ʔda³³ 吵架
追	打	骂
thɔ³¹ʔdiːp³³ 相爱	thɔ³¹han⁵³ 相遇	thɔ³¹khɛu³³ 辩论
爱	见	争辩

(1) ʔbɔŋ⁵³łau³¹ thɔ³¹kan³³ tɕa:ŋ²⁴kɔ²⁴. 我们一起聊天。
　　我们　　互相　　聊天
(2) ʔbɔŋ⁵³mau³¹ ɲu³³ ha:k³³tha:ŋ³¹ thɔ³¹ han⁵³na²⁴. 你们到学校见面。
　　你们　　　在　学校　　　相互　见面
(3) ʔbɔŋ⁵³min³¹ łɔŋ⁵³ khən³¹ thɔ³¹ ʔdi:p³³ khin²⁴. 他们两个很相爱。
　　群他　　　二　人　　相互　爱　　很
(4) ʔbɔŋ⁵³łau³¹ ta:i³¹ka⁵³ ʔau⁵³ thɔ³¹ tɕoi³³. 我们大家要互相帮助。
　　我们　　　大家　　　要　相互　帮助
(5) ʔbɔŋ⁵³łau³¹ łɔŋ⁵³khən³¹ thɔ³¹toi³⁵, ʔdai²⁴ mi⁵⁵ʔdai²⁴?
　　我们　　　二　人　　　相互　交换　得　不　得
　　咱们俩换, 行不行？

(四) 尝试态
用动词的重叠式表示行为动作的尝试性。例如：
(1) mau³¹ tɕhim³¹tɕhim³¹ ŋe⁵⁵ ɕak⁵⁵ nai³⁵. 你尝尝这个菜。
　　你　　尝　尝　　　个　菜　这
(2) mau³¹ tɕhi³³tɕhi³³ ʔdai⁵³mi⁵⁵ʔdai⁵³ kin⁵³. 你试试看好不好吃。
　　你　　试　试　　　好　不　好　　吃
(3) mau³¹ thiŋ³³thiŋ³³ tshɯ³³ ka³³laŋ⁵³ łiŋ⁵³. 你听听看是什么声音。
　　你　　听　听　　　是　　什么　　声音

四　动词的重叠

金龙岱话中大多数动词都可以重叠，重叠的构成形式主要有 AA、AAB、AABB、ABAB、ABAC 和 A 着 A 着六种形式。

(一) AA 式
表示动作重复进行，但持续的时量短。例如：
tɕhim³¹tɕhim³¹ 尝尝　　　　　łɯ:ŋ²⁴łɯ:ŋ²⁴ 想想
tɕha:i²⁴tɕha:i²⁴ 走走　　　　ŋɔm³³ŋɔm³³/ŋɔi³¹ŋɔi³¹ 看看
ʔum²⁴ʔum²⁴ 抱抱　　　　　　naŋ³³naŋ³³ 坐坐
thaŋ²⁴thaŋ²⁴ 等等　　　　　khau³¹khau³¹ 求求
pa:ŋ³³pa:ŋ³³ 帮帮
khau³¹khau³¹ mau³¹, pa:ŋ³³pa:ŋ³³ kəu⁵³. 求求你，帮帮我。
　求求　　　你　　帮帮　　　我

(二) AAB 式
len³³len³³ɕa:i²⁴ 跑跑步　　　ŋɔi³¹ŋɔi³¹łɯ⁵³ 看看书
跑　跑　步　　　　　　　　看　看　书

tɯk⁵⁵tɯk⁵⁵khau³¹ 打打球　　　thiŋ³³thiŋ³³kɔ⁵⁵ 听听歌
打　打　球　　　　　　　 听　听　歌

（三）AABB 式

tip⁵⁵tip⁵⁵tet³³tet³³ 蹦蹦跳跳　　ȵap¹¹ȵap¹¹phuːŋ⁵³phuːŋ⁵³ 缝缝补补
蹦　蹦　跳　跳　　　　　　缝　缝　补　补

ma³¹ma³¹mɯ³¹mɯ³¹ 来来回回　　khau²⁴khau²⁴ʔɔk³³ʔɔk³³ 进进出出
来　来　回　回　　　　　　进　进　出　出

kap⁵⁵kap⁵⁵mɔŋ³¹mɔŋ³¹ 急急忙忙　khɯm²⁴khɯm²⁴noŋ³¹noŋ³¹ 来来往往
急　急　忙　忙　　　　　　上　上　下　下

（四）ABAB 式

tɕhaːi²⁴pai⁵³tɕhaːi²⁴pai⁵³ 走着走着　　nam³⁵mə³³nam³⁵mə³³ 考虑考虑
走　去　走　去　　　　　　　想　着　想　着

ɬɯːŋ⁵³lɯːŋ³¹ɬɯːŋ⁵³lɯːŋ³¹ 商量商量
商　量　商　量

（五）ABAC 式

表示动作积极重复进行。例如：

tɕhaːi²⁴ma³¹tɕhaːi²⁴pai⁵³ 走来走去　　thɔk³³ma³¹thɔk³³pai⁵³ 读来读去
走　来　走　去　　　　　　　读　来　读　去

len³³toŋ⁵³len³³ɬai⁵³ 东奔西跑
跑　东　跑　西

kin⁵³ma³¹kin⁵³pai⁵³ tu⁵³tɕhuu³³ ki²⁴ŋe⁵⁵ ɕak⁵⁵nai³⁵. 吃来吃去就是这几个菜。
吃　来　吃　去　都　是　几　个　菜　这

（六）A 着 A 着

kin⁵³ȵu³³kin⁵³ȵu³³ 吃着吃着　　thiŋ³³ȵu³¹thiŋ³³ȵu³¹ 听着听着
吃　着　吃　着　　　　　　听　着　听　着

ȵuŋ³³ȵu³¹ȵuŋ³³ȵu³¹ 用着用着
用　着　用　着

kin⁵³na³³kin⁵³na³³ tɕau³¹ phei³¹kwɛːn³³ la³¹. 吃着吃着就习惯了。
吃　着　吃　着　就　习　惯　了

ȵuŋ³³ma³¹ȵuŋ³³ma³¹ tɕau³¹ phei³¹kwɛːn³³ na³³. 用着用着就顺手了。
用　来　用　来　就　习　惯　呐

五　动词的名物化

名物化也称名词化，是指"从其他某个词类形成名词的过程，或指从一个底层小句得出一个名词性短语的派生过程"①。金龙岱话动词名物化有两种表现形式，一是单纯动词的名物化，二是动宾短语的名物化。

1. 单纯动词的名物化

通常在动词后加 ti³³ "的"或 ke³³ "的"构成。例如：

tuk⁵⁵tɕa⁵³ti³³khən³¹ 打鱼的人　　　kin⁵³ke³³ 吃的
打 鱼 的 人　　　　　　　　吃 的

n̠am²⁴ke³³ 喝的　　　　　　　ɬɛ²⁴ke³³ 写的
喝 的　　　　　　　　　　　写 的

n̠uŋ³³ke³³ 用的　　　　　　　çən⁵⁵kɔ⁵⁵ke³³ 唱歌的
用 的　　　　　　　　　　　唱 歌 的

（1）kəu⁵³ tɕa:ŋ²⁴ ke³³ toi³³mi⁵⁵toi³³？我说的对不对？
　　 我　讲　　的　对不对

（2）ʔoŋ⁵³kəu⁵³ tshɯ³³ tuk⁵⁵lek⁵⁵ ke³³. 我爷爷是打铁的。
　　 爷爷 我　是　打铁　的

2. 动宾短语的名物化

通常在动宾短语后加 ke³³ "的"或 ti³³ "的"构成。例如：

（1）kha:i⁵³ ɬi³³kwa³³ ti³³ ma³¹ thuɯ⁵³ ʔba:n²⁴ ɬau³¹ ja³³.
　　 卖　　 西瓜　　 的　来　到　　村　　我们　了
　　 卖西瓜的到我们村来了。

（2）tham³³ ʔɔi²⁴ ke³³ tham³³ ʔɔi²⁴，ja:i⁵³ n̠a²⁴ ke³³ ja:i⁵³ n̠a²⁴.
　　 砍　 甘蔗　 的　 砍　 甘蔗　　锄草　　的　锄草
　　 砍甘蔗的砍甘蔗，锄草的锄草。

六　动词的语法特征

A. 能用肯定否定相叠或连用的方式表示疑问。例如：

（1）maɯ³¹ n̠an³³ mi⁵⁵ n̠an³³ kha:i⁵³ hɯ²⁴ min³¹？你愿不愿意嫁给他？
　　 你　愿意　不　愿意　嫁　　给　他

（2）wan³¹çuk³³ pai⁵³ faɯ³³ pai⁵³ mi⁵⁵ pai⁵³？明天赶集去不去？
　　 明天　　　去　街上　去　不　去

（3）maɯ³¹ ka:m³⁵ mi⁵⁵ ka:m³⁵ ma³¹？你敢不敢来？
　　 你　敢　　不　敢　　来

B. 动词可受程度副词、时间副词以及范围副词修饰，这些副词大多数在动词前面，但表程度的 la:i⁵³ "很"、khin²⁴ "很、非常"和表先后顺序的

---

① [英]戴维·克里斯特尔编：《现代语言学词典》，沈家煊译，商务印书馆 2007 年版，第 240 页。

kɔn³⁵ "先"通常后置。例如：

(1) ɬɯːn³¹ min³¹ mi³¹ laːi⁵³. 他家很富。
　　家　　他　　富　多

(2) tɕhaːi²⁴ lu³³ tɕhaːi²⁴ ʔdai²⁴ tɯ³⁵ laːi⁵³. 走路走得很累。
　　走　　路　　走　　得　　累　多

(3) min³¹ ȵam²⁴ lau³³ thaːi³³ laːi⁵³ ja³³. 他喝太多酒了。
　　他　　喝　　酒　　太　　多　了

(4) ŋe⁵⁵ phiŋ³¹kɔ⁵⁵ nai³⁵ kaːi²⁴ khin²⁴ na³³. 这个苹果很大。
　　个　　苹果　　　这　　大　　很　　呐

(5) kəu⁵³ pai⁵³ kɔn³⁵. 我先走。
　　我　　去　　先

C. 动词的否定式一般是在动词前加 mi⁵⁵（不、没）或 mi⁵⁵ɕai³⁵（别、甭），否定动作行为的发生或事物现象的存在、出现。前者用于一般的否定，后者表示"禁止、不允许"，常用于命令性祈使句中。例如：

kin⁵³mi⁵⁵ʔim³⁵ 吃不饱　　　　　ɬɛ²⁴mi⁵⁵ʔdai⁵³ 写不好
吃　不　饱　　　　　　　　　　写　不　好

ȵam²⁴mi⁵⁵ʔdo⁵³ 喝不够　　　　　ȵaŋ³¹mi⁵⁵pai⁵³ 还没去
喝　不　够　　　　　　　　　　还　没　去

mi⁵⁵ʔau⁵³thiŋ¹¹ 不要打　　　　　kin⁵³mi⁵⁵ʔdai²⁴ 吃不得
不　要　打　　　　　　　　　　吃　不　得

mi⁵⁵ʔau⁵³kin⁵³ 不要吃
不　要　吃

(1) mi⁵⁵ɕai³⁵ taːi³¹ nɔŋ¹¹ɬaːu⁵³ pai⁵³ khan³¹ tha³³ ljiu³³. 别带妹妹去河边玩。
　　别　　　带　　妹妹　　　去　　边　　河　玩

(2) mi⁵⁵ ȵu³³ khe³³nai³⁵ ɕup³⁵ jin⁵³. 别在这吸烟。
　　不　在　这里　　　　吸　烟

(3) khe³³nai³⁵ mi⁵⁵ʔdai²⁴ ʔiŋ³⁵ɬɯːŋ⁵³. 这里禁止拍照。
　　这里　　　不　得　　　照相

D. 判断动词 tshɯ³³ "是（汉借词）"比较常用，可以单独回答问题，也可以用肯定否定的方式——tshɯ³³mi⁵⁵tshɯ³³ "是不是"表示疑问，否定形式"不是" mi⁵⁵tshɯ³³。tshɯ³³mi⁵⁵ "是不"还可以用于句末构成反问句。

(1) ŋe⁵⁵ ɬɯːŋ⁵³ tshɯ³³ kuŋ⁵³ ke³³. 箱子是空的。
　　词头 箱子　　是　　空　　的

(2) khən³¹nai³⁵ tshɯ³³ pho³³thau³⁵kəu⁵³ ke³³ laːu¹¹thuŋ³¹.
　　人　这　　　是　　爸爸　　我　　的　　朋友
这是我爸爸的朋友。

（3）mɛ³³thau³⁵ kəu⁵³ mi⁵⁵tshɯ³³ la:u¹¹łai⁵³. 我妈妈不是老师。
　　　妈妈　我　不是　　老师
（4）ʔbɔŋ⁵³min³¹ łoŋ⁵³khən³¹ tshɯ³³ thuŋ³¹jo³¹. 他们俩是同学。
　　　群　他　二　人　是　　同学
（5）fu:ŋ⁵³łin³³nai³⁵ tshɯ³³mi⁵⁵tshɯ³³ mau³¹ łɛ²⁴ke³³？这封信是不是你写的？
　　　封　信　这　是　不　是　　你　写　的
（6）khən³¹min²⁴ tshɯ³³mi⁵⁵tshɯ³³ tshən³³tsa:ŋ⁵³？那个人是不是村长？
　　　人　那　　是　不　是　　　村长
（7）mau³¹ ȵam³¹ min³¹ khin²⁴，tshɯ³³mi⁵⁵？你很喜欢他，是不？
　　　你　喜欢　他　很　　是　不

七　动词的句法功能

动词能作主语、谓语或谓语中心语、宾语，还可以充当谓语动词的补语。大多数动词能带宾语，宾语通常位于谓语动词的后面。

1. 动词作主语

（1）thi:ŋ¹¹ tshɯ³³ tɕup⁵⁵，ʔda³³ tshɯ³³ ʔdi:p³³. 打是亲，骂是爱。
　　　打　是　亲　　骂　是　爱
（2）jo³¹ɕi³¹ ȵəŋ³³ khən³¹ hu⁵³ȵi³⁵. 学习使人快乐。
　　　学习　让　人　高兴
（3）tɕam³⁵ kɔ⁵³ mai¹¹ ka:i²⁴ hoi³¹ma³¹. 砍一棵大树回来。
　　　砍　棵　树　大　　回来
（4）kin⁵³tɕau²⁴ ɕau⁵⁵ nɔn³¹ʔdat⁵⁵ tshɯ³³ pit³³łi³³ ke³³.
　　　吃饭　和　　睡觉　　是　必需　的
　　　吃饭和睡觉是必需的。
（5）ɕəŋ⁵⁵kɔ⁵⁵ pi²⁴sai³⁵ ke³¹tɕu³¹ ja³³. 唱歌比赛结束了。
　　　唱歌　　比赛　　结束　了

2. 动词作谓语或谓语中心语

（1）moi¹¹khən³¹ tu⁵⁵ pai⁵³ ja³³. 大家都走了。
　　　大家　　都　去　了
（2）kəu⁵³ mi⁵⁵ kin⁵³ nɯ³³ mu⁵³. 我不吃猪肉。
　　　我　不　吃　肉　猪
（3）tɕok³³ ɕa³¹ phɛk³⁵ ljeu¹¹ ja³³. 茶杯裂开了。
　　　杯子　茶　裂　完　了
（4）nɔŋ¹¹ʔba:u³³ men⁵⁵ khɯn²⁴ kɔ⁵³ mai¹¹ la³³. 弟弟爬上树了。
　　　弟弟　　爬　上　词头　树　了

（5）min³¹ thik⁵⁵ kəu⁵³ kha⁵³ nəŋ³³. 他踢了我一脚。
　　　他　　踢　　我　脚　　一

3. 动词作宾语

动词或动词短语作宾语时，谓语动词多为心理动词。例如：

（1）phɔ³¹mɛ³³ ȵam³¹ wa³³lɯ:n³³. 奶奶爱唱山歌。
　　　奶奶　　喜欢　唱山歌

（2）luŋ³¹ nat⁵⁵ ɕup³⁵ jin⁵³. 姨父喜欢抽烟。
　　　姨父　喜欢　抽　烟

（3）kəu⁵³ nat⁵⁵ ʔa:p³³ʔda:ŋ⁵³. 我喜欢游泳。
　　　我　喜欢　游泳

4. 动词作补语

（1）luk³³ʔdik⁵⁵ mai³¹ khɯn²⁴ma³¹ ja³³. 小孩站起来了。
　　　小孩　　　站　　起来　　了

（2）nɔŋ¹¹ɬa:u³⁵ ȵa:k³³ lɯ:m³³ na³³. 妹妹滑倒了。
　　　妹妹　　滑　　跌　　呐

（3）mɛ³³thau³⁵ ja:u³⁵ maɯ³¹ ʔɔk³³pai⁵³. 妈妈叫你出去。
　　　妈妈　　叫　你　　出去

第五节　形容词

形容词是指用于表示事物性质、状态的词。壮语金龙岱话形容词的主要特点有：①单音节形容词最常见；②重叠形式以 AA 为主，还有 AABB、ABB、ABAC、ABCD 几种形式；③形容词可以充当谓语或谓语中心语、补语、状语、定语，不能充当主语和宾语；④性质形容词修饰名词有置前和置后两种语序，以置后为主；⑤状态形容词可以直接受程度副词 khin²⁴ "很" 修饰，语序在 khin²⁴ "很" 之前。

一　形容词的种类

根据语义特征、语法功能和结构形式，把壮语金龙岱话的形容词分为性质形容词、状态形容词和不定量形容词三类。

（一）性质形容词

性质形容词反映的是事物的属性，从语法意义上看单纯表示属性（朱德熙，1982），并不表示量，即性质、属性的程度。虽然性质可以量度，有程度的差异，但是性质形容词单独使用时，只能对人或事物定性或对属性进行描写。

单音节形容词如：

ka:i²⁴ 大	ɬai³³ 小	ʔdai⁵³ 好
wa:i³³ 坏	jai³¹ 差	tɕuŋ⁵⁵ 对
wa:ŋ¹¹ 错	ʔda:ŋ³⁵ 冷	ʔdɯ:t³³ 热
nak⁵⁵ 重	nau⁵ 轻	ɬom³⁵ 酸
wa:n⁵³ 甜	mau³⁵ 新	kau³³ 旧
ʔbuŋ⁵³ 松	man⁵⁵ 紧	tɕhoi³⁵ 脆

双音节形容词如：

hu⁵³n̠i³⁵ 高兴	tɕiŋ⁵³ɬai⁵⁵ 细心	joŋ³¹n̠i³³ 容易
phiŋ³¹ʔa:n⁵³ 平安	ʔok³³ɬeŋ³¹ 努力	mi⁵⁵ɬuk³³ 陌生

（二）状态形容词

状态形容词反映事物的状态。

ʔdɯk⁵⁵ 深	mən³¹ 圆	fɛp⁵⁵ 扁
wai¹¹hen⁵⁵ 危险	kham³³ 晚	ŋoŋ³¹ 干枯
khɛu⁵³jup³³jup³³ 绿油油		

一般认为，"状态形容词本身大都具有程度意义，所以不能再加程度副词修饰，也不能带程度补语"①。但金龙岱话语中存在状态形容词受程度副词修饰的现象，用于表示形容词程度加强，分前加和后加两种。

A. 形容词前加副词的有ʔi³⁵tik⁵⁵ "一点"、tɕan⁵³ "真"、tha:i³³ "太"、ha²⁴la:i⁵³ "比较"、khɯŋ³¹ "更"、tsui⁵⁵ "最"。例如：

（1）nɔŋ¹¹ʔba:u³³ hi:t³⁵kɔn⁵⁵ mi³¹ ʔi³⁵tik⁵⁵ lo³³la³³. 弟弟做事有点马虎。
　　　弟弟　　做工　有　一点　马虎

（2）ɬai³³nuŋ³³ tɕan⁵³ joŋ⁵⁵ka:n⁵⁵. 小农真勇敢。
　　　小　农　真　勇敢

（3）ŋe⁵⁵tsan³⁵nai³⁵ tha:i³³ ɬai³³. 这个瓶子太小。
　　　个　瓶子　这　太　小

（4）min³¹ len³³ ʔdai²⁴ ha²⁴la:i⁵³ kwai⁵³. 他跑得远远的。
　　　他　跑　得　比较　远

（5）khən³¹ʔɔn³³ khɯŋ³³ n̠am³¹ ɕəŋ⁵⁵ thɛu³¹ nai³⁵. 年轻人更喜欢唱这首。
　　　人　年轻　更　喜欢　唱　首　这

（6）hu³¹li³¹ tsui⁵⁵ keu³³wat¹¹. 狐狸最狡猾。
　　　狐狸　最　狡猾

B. 形容词后加副词的有khin²⁴ "很"、la:i⁵³ "很"、la:i⁵³la:i⁵³ "非常"。例如：

---

① 张国宪：《现代汉语形容词功能与认知研究》，商务印书馆2006年版，第73页。

（1）phi³³ɬa:u⁵³ ɕak⁵⁵ ʔdai²⁴ khin²⁴. 姐姐勤快得很。
　　　姐姐　勤快　得　很
（2）ki²⁴wan³¹nai³⁵ ʔda:ŋ³⁵ la:i⁵³. 这几天很冷。
　　　几　天　这　冷　多
（3）kha:u³⁵ɕi³³ koŋ⁵³tɕiŋ³³ la:i⁵³la:i⁵³. 考试非常公正。
　　　考　试　公　正　多　多

（三）不定量形容词

la:i⁵³ 多　　ŋɔi³¹ 少　　ɕɯ³³thu:n³⁵ 全部　　ham³¹pa³³laŋ³¹ 总共

二　形容词的重叠

王德春（1987）指出，"重叠是通过词根或整个词的重复来表达语法意义的手段"①。

金龙岱话的形容词大多数都可以重叠，重叠后表示性状程度的加深，主要包括 AA、ABB、AABB、ABAB、ABAC 五种形式。

1. AA 式

ʔim³³ʔim³³ 饱饱　　　　　　thau³⁵thau³⁵ 暖暖
饱　饱　　　　　　　　　　暖　暖
phi³¹phi³¹ 胖胖　　　　　　ɬi³¹ɬi³¹ 长长
胖　胖　　　　　　　　　　长　长
khut³³khut³³ 弯弯　　　　　hɛu³³hɛu³³ 瘦瘦
弯　弯　　　　　　　　　　瘦　瘦
ɬi:n³⁵ɬi:n³⁵ 尖尖　　　　　mən³¹mən³¹ 圆圆
尖　尖　　　　　　　　　　圆　圆

2. ABB 式

wa:n³³thim³¹thim³¹ 甜丝丝　　ʔdeŋ⁵³ɬuŋ³¹ɬuŋ³¹ 红通通
甜（后附音节）　　　　　　红（后附音节）
ʔdet⁵⁵ɬup¹¹ɬup¹¹ 湿漉漉　　　khɛŋ³³kum³³kum³³ 硬邦邦
湿（后附音节）　　　　　　硬（后附音节）
ji:t³³ken³³ken³³ 直挺挺　　　nak⁵⁵ɳəm³¹ɳəm³¹ 沉甸甸
直（后附音节）　　　　　　沉（后附音节）
khi:u⁵³ʔut³³ʔut³³ 臭烘烘　　　ɬu:ŋ³³ɬɯk¹¹ɬɯk¹¹ 亮堂堂
臭（后附音节）　　　　　　亮（后附音节）
ʔɔn³³nam¹¹nam¹¹ 软绵绵（形容水果熟透了）　　phə:k³⁵lup⁵⁵lup⁵⁵ 白茫茫
软（后附音节）　　　　　　　　　　　　　　白（后附音节）

---

① 王德春：《语言学教程》，山东教育出版社1987年版，第185页。

hɔm⁵³thuɯŋ³³thuɯŋ³³ 香喷喷
香（后附音节）

ku⁵³ȵa:ŋ⁵³ȵa:ŋ³³ 笑眯眯
笑（后附音节）

3. AABB 式

la:i³¹la:i³¹ɕa:i³³ɕa:i³³ 花花绿绿
花　花　绿　绿

hu⁵³hu⁵³ȵi³⁵ȵi³⁵ 高高兴兴
高　高　兴　兴

la:i⁵³la:i⁵³ŋɔi³¹ŋɔi³¹ 多多少少
多　多　少　少

tɕhiŋ⁵³tɕhiŋ⁵³tɕhu³⁵tɕhu³⁵ 清清楚楚
清　清　楚　楚

ka:n⁵³ka:n⁵³tɕhiŋ³³tɕhiŋ³³ 干干净净
干　干　净　净

tik⁵⁵tik⁵⁵tuk¹¹tuk¹¹ 滴滴答答
滴　滴　答　答

ji⁵⁵ji⁵⁵ja:u⁵⁵ja:u⁵⁵ 马马虎虎
马　马　虎　虎

kap⁵⁵kap⁵⁵mɔŋ³¹mɔŋ³¹ 急急忙忙
急　急　忙　忙

ɬom³⁵ɬom³⁵wa:n⁵³wa:n⁵³ 酸酸甜甜
酸　酸　甜　甜

tɕi³⁵tɕi³⁵tɕiŋ⁵³tɕiŋ⁵³ 仔仔细细
仔　仔　细　细

lo³³lo³³ɬo³³ɬo³³ 啰啰唆唆
啰　啰　唆　唆

khɛk³⁵khɛk³⁵hi³⁵hi³⁵ 客客气气
客　客　气　气

ku³⁵ku³⁵kwa:i³³kwa:i³³ 古古怪怪
古　古　怪　怪

ʔdai⁵³ʔdai⁵³tɕaŋ³⁵tɕaŋ³⁵ 和和气气
和　和　气　气

ɬəm³³ɬəm³³man⁵⁵man⁵⁵ 松松紧紧
松　松　紧　紧

4. ABAB 式

ʔit⁵⁵puk¹¹ʔit⁵⁵puk¹¹ 一蹦一蹦
一　蹦　一　蹦

khi⁵⁵fu³³khi⁵⁵fu³³ 欺负欺负
欺　负　欺　负

hu⁵³ȵi³⁵hu⁵³ȵi³⁵ 高兴高兴
高　兴　高　兴

na:u¹¹ȵit³³na:u¹¹ȵit³³ 热闹热闹
闹　热　闹　热

kha:u³⁵la:i⁵³kha:u³⁵la:i⁵³ 雪白雪白
白　多　白　多

ɕi⁵⁵fu¹¹ɕi⁵⁵fu¹¹ 舒服舒服
舒　服　舒　服

5. ABAC 式

mi⁵⁵la:i⁵³mi⁵⁵ŋɔi³¹ 不多不少
不　多　不　少

mi⁵⁵pi³¹mi⁵⁵hɛu³³ 不胖不瘦
不　胖　不　瘦

mi⁵⁵kwai⁵³mi⁵⁵ɕaɯ³⁵ 不远不近
不　远　不　近

pat³³mɯ³¹pat³³kha⁵³ 大摇大摆
摆　手　摆　脚

mi⁵⁵ɬuŋ⁵³mi⁵⁵tam³³ 不高不矮
不　高　不　矮

hu³¹li³¹hu³¹thu³¹ 糊里糊涂
糊　里　糊　涂

len³³toŋ⁵³len³³ɬai⁵³ 东奔西跑
跑　东　跑　西

三 形容词的名物化

（一）单、双音节的性质

形容词都可以采用前面添加 nui^{31} "的" 或后面添加助词 ke^{33} "的" 来实现名物化。例如：

$nui^{31}lu:\eta^{53}$/ $nui^{31}ɬai^{33}$ 大的/小的　　$ka:i^{24}ke^{33}$/ $ɬai^{33}ke^{33}$ 大的/小的
　大　　　　小　　　　　　　　　　　大　的　小　的

$nui^{31}ʔdip^{55}$/ $nui^{31}ɬuk^{55}$ 生的/熟的　　$ʔdip^{55}ke^{33}$/ $ɬuk^{55}ke^{33}$ 生的/熟的
　生　　　　熟　　　　　　　　　　　生　的　熟　的

$nui^{31}ʔdam^{53}$/ $nui^{31}kha:u^{53}$ 黑的/白的　　$ʔdam^{53}ke^{33}$/ $kha:u^{53}ke^{33}$ 黑的/白的
　黑　　　　白　　　　　　　　　　　黑　的　白　的

$nui^{31}na^{53}$/ $nui^{31}ʔba:\eta^{53}$ 厚的/薄的　　$na^{53}ke^{33}$/ $ʔba:\eta^{53}ke^{33}$ 厚的/薄的
　厚　　　　薄　　　　　　　　　　　厚　的　薄　的

$nui^{31}wa:i^{33}kəu^{53}mi^{55}ʔau^{53}$ 坏的我不要
　坏　　　我　不　要

$wa:i^{33}ke^{33}kəu^{53}mi^{55}ʔau^{53}$ 坏的我不要
　坏　的　我　不　要

$ʔbit^{55}ɬuk^{55}ke^{33}ma:k^{33}kin^{53}$ 摘熟的果子吃
　摘　熟　　的　果子　吃

（二）形容词的名物化

表现为形容词与一定的语法成分组合，形成具有名词性特征的语言形式。也就是说，名物化的形容词在句子中相当于名词性成分，可以充当主语、宾语等。

（1）$ʔdɛ\eta^{53}$ ke^{33} $hɯ^{24}$ $maɯ^{31}$, $ʔdam^{53}$ ke^{33} $hɯ^{24}$ min^{31}.
　　　红　的　给　你　黑　的　给　他
　　红色的给你，黑色的给他。

（2）$khɐu^{53}$ ke^{33} $tshɯ^{33}$ $ku^{33}ka:i^{33}$. 绿色的是庄稼。
　　　绿　的　是　庄稼

（3）$kəu^{53}$ $la:u^{53}$ $ʔda:\eta^{35}$ mi^{55} $la:u^{53}$ $ʔdɯ:t^{33}$. 我怕冷不怕热。
　　　我　怕　冷　不　怕　热

（4）$ta:i^{31}ka^{53}$ tu^{55} nat^{55} $ʔdai^{53}$, mi^{55} nat^{55} jai^{31}. 大家都喜欢美，不喜欢丑。
　　　大家　都　喜欢　美　不　喜欢　丑

（5）$kəu^{53}$ kin^{53} $ʔim^{33}$ $la:i^{53}$ ja^{53}. 我吃得饱饱的。
　　　我　吃　饱　多　语气词

（6）mɛ³¹kɛ³⁵ luːŋ³¹ koŋ³¹ɬɯ²⁴ pjoːk³⁵pjoːk³⁵pjaːk³⁵pjaːk³⁵.
　　老奶奶　　穿　　衣服　　　　　花花绿绿
　　老奶奶穿着花花绿绿的衣服。

（7）ŋe⁵⁵ khən³¹ nai³⁵ ɲoːm³¹ tin⁵⁵ma³¹ ŋu³¹ŋi³¹ŋi³¹ ke³³.
　　个　人　这　看　　起来　　傻乎乎　　的
　　这个人看起来傻乎乎的。

（三）形容词名物化结构的程度义词的修饰

加 ke³³ "的" 的名物化结构还保留着一定的形容词特征，仍能接受程度副词修饰。例如：

（1）luŋ³¹tɕəu⁵³ tshɯ³³ ŋe⁵⁵ nən³³ ʔdai⁵³ʔbaːu³³ laːi⁵³ ke³³ thi³³fuːŋ⁵³.
　　龙州　　　是　个　一　　漂亮　　　　很　的　地方
　　龙州是一个很美的地方。

（2）theu³¹ ɕɯːk³³ nai³⁵ tshɯ³³ ɬi³¹ khin²⁴ ke³³ ɕɯːk³³.
　　条　　绳子　这　是　长　很　　的　绳子
　　这条绳子是很长的绳子。

四　形容词的使动态

金龙岱话形容词的使动用法表示通过外力的作用导致达到某个结果或状态。它的构成主要是在形容词前或后加助动词或使动词。具体有以下几种形式：

A. 通过在形容词之前加用 kaːu³⁵ "使、弄" 来实现形容词的使动化。例如：

自然态　　　　　　　　使动态
ʔdɛŋ⁵³　红　　　　　　kaːu³⁵ʔdɛŋ⁵³　弄红
ʔdit⁵⁵　湿　　　　　　kaːu³⁵ʔdit⁵⁵　弄湿

（1）ɕin³¹phəːk³⁵ laːi⁵³/ ɕoŋ³¹pheːk³³ hau³⁵phəːk³⁵. 墙壁很白。（自然态）
　　墙壁　白　多　　墙壁　　好　白

（2）pa²⁴ ɕoŋ³¹pheːk³³ kaːu³⁵ phəːk³⁵. 把墙壁弄白了。（使动态）
　　把　墙壁　　　　弄　　白

（3）hoŋ⁵⁵tɕiu⁵⁵ luːŋ⁵³ ja³¹. 香蕉黄了。（自然态）
　　香蕉　　　　黄　　了

（4）pa²⁴ hoŋ⁵⁵tɕiu⁵⁵ kaːu³⁵ luːŋ⁵³ ja³¹. 把香蕉弄黄了。（使动态）
　　把　香蕉　　　　弄　　黄　　了

（5）ŋe⁵⁵ɕɯːk³³ mi³¹ ʔi³⁵tik⁵⁵ tin³⁵ nə⁵⁵. 绳子有点短。（自然态）
　　词头　绳子　有　一点　　短　语气词

（6）pa²⁴ŋe⁵⁵ ɕɯ:k³³ ka:u³⁵ tin³⁵ ʔi³⁵tik⁵⁵ nə⁵⁵. 把绳子弄短点。（使动态）
　　　把　词头　绳子　弄　短　　一点　语气词
（7）ŋe⁵⁵ ɕɔŋ³¹ wa:i³³ ja³¹. 桌子坏了。（自然态）
　　　词头　桌子　坏　了
（8）khən³¹thaɯ³¹ pa²⁴ ŋe⁵⁵ ɕɔŋ³¹ kɑ:u³⁵ wa:i³³ ja³¹.
　　　谁　　　　　把　词头　桌子　弄　坏　了
　　　谁把桌子弄坏了。（使动态）

B. 主语是施事，谓语动词直接由形容词充当，受事作宾语。例如：
（1）thɯ³³ʔdit⁵⁵ tɕhen³¹ ʔda:ŋ⁵³ ljeu¹¹ ja³¹. 全身都汗湿了。
　　　汗　湿　　全　　身　　完　了
（2）wa³³ maɯ³¹ non⁵⁵ ɬim⁵³ kəu⁵³. 你的话温暖了我的心。
　　　话　你　　暖　　心　我

C. 使动化的形容词多出现在处置句中，与介词 pa²⁴ "把" 配套使用，表示致使被处置的对象向某种状态转变。例如：
（1）lum³¹phat¹¹ pa²⁴ ku⁵³mai¹¹ phɯ:ŋ³¹min²⁴ kha³³mai¹¹ phau³³ tak⁵⁵ ja³³.
　　　大风　　　把　词头　树　　边　那　　树枝　　吹　断　了
　　　大风把那边的树枝吹断了。
（2）noŋ³¹ tɕha³³ phən⁵³ka:i²⁴ hɯ²⁴ ɬɯ²⁴khwa⁵⁵ tu⁵⁵ lam³¹ ʔdit⁵⁵ ljeu¹¹ la³¹.
　　　下　　场　　雨　　大　给　衣服　　　都　淋　湿　　完　了
　　　下了一场大雨，把衣服都淋湿了。
（3）ɬa:u⁵³ka:i²⁴ pa²⁴ thuŋ³⁵ȵiu³⁵ khɯm²⁴ma³¹. 大姐把桶提起来。
　　　大姐　　　把　桶　　　提　　　起来
（4）min³¹ pa²⁴ ma:k³³ʔdeŋ⁵³ thup⁵⁵ ɬoi³⁵ ja³³. 他把辣椒舂碎了。
　　　他　把　辣椒　　　　　　捣　碎　了

D. 形容词前面通常加行为动词，构成"动+补"结构，强调外力行为对形容词产生的结果和手段，表示语义上的使动，形成假使动结构。在形容词前加动词。例如：
（1）ŋe⁵⁵ ku³⁵tɕhɛn³¹ nai³⁵ ɬa:m⁵⁵kham³³ɬa:m⁵⁵wan³¹ tu⁵⁵ tɕa:ŋ²⁴ mi⁵⁵ ljeu¹¹.
　　　个　故事　　　这　三　　夜　　　三　天　　都　讲　　　不　完
　　　这个故事三天三夜也讲不完。
（2）min³¹ thom³³ ha:i⁵³ ja³³ ɬɔŋ⁵³ tu⁵³ ɬɯ⁵³. 他打死了两只老虎。
　　　他　　打　　死　　了　二　只　老虎
（3）ha⁵⁵wan³¹ tɕeu³³ʔdai²⁴ na³¹tu⁵⁵thek⁵⁵ ljeu¹¹ ja³³. 太阳晒得田都裂开了。
　　　太阳　　　晒　得　　　田　都　裂　　　完　了

五 形容词的否定式

A. 形容词能受否定副词 mi^{55} "不"的修饰，但不能受 mi^{55}ɕai^{24} "别、甭"的修饰。例如：

mi^{55}ʔdai^{53} 不好　　　　　　mi^{55}laːi^{55} 不多
不　好　　　　　　　　　不　多

mi^{55}ʔdɯk^{55} 不深　　　　　　mi^{55}ken^{33} 不硬
不　深　　　　　　　　　不　硬

mi^{55}luːn^{33} 不乱　　　　　　mi^{55}ʔbaːŋ^{53} 不薄
不　乱　　　　　　　　　不　薄

B. mi^{55} "不、没"修饰形容词时，还可以重叠为 mi^{55} "不"+形容词+mi^{55} "不"+形容词，表示某种性质的程度量符合某种评价标准。例如：

（1）mɛ^{33}pho^{31}ɕan^{31}ti^{33} ŋən^{31} mi^{55}laːi^{53}mi^{55}noi^{11}, ŋaːm^{55}ŋaːm^{55} ɬoŋ^{53} faːn^{31}.
　　　奶奶　存　的　钱　不多不少　　刚刚　二　万
　　　奶奶存的钱不多不少，刚好两万。

（2）min^{31} mi^{55} ɬuŋ^{53} mi^{55} tam^{33}, mi^{55} kaːi^{24} mi^{55} heu^{33}.
　　　她　不　高　不　矮　不　胖　不　瘦
　　　她不高不矮，不胖不瘦。

（3）jo^{31}thaːŋ^{31} keːp^{35} ɬɯːn^{31} ɬau^{31} mi^{55} kwai^{53} mi^{55} ɕaɯ^{35}.
　　　学堂　　离　家　我们　不　远　　不　近
　　　学校离我们家不远不近。

C. 形容词肯定形式加否定形式表示疑问。例如：

ɬuk^{35}mi^{55}ɬuk^{55} 熟不熟　　　　nak^{35}mi^{55}nak^{35} 重不重
熟　不　熟　　　　　　　大　不　大

ʔdai^{53}mi^{55}ʔdai^{53} 好不好　　　naɯ^{35}mi^{55}naɯ^{35} 轻不轻
好　不　好　　　　　　　轻　不　轻

（1）ʔbaɯ^{31}khwan^{31} nai^{35} phɛːŋ^{31}mi^{55}phɛːŋ^{31}? 这条裙子贵不贵？
　　　件　裙子　这　贵　不　贵

（2）wan^{31}wa^{31} ɬɯ^{24} ti^{33} tu^{53} meu^{31} min^{24} kaːi^{24}mi^{55}kaːi^{24}?
　　　昨天　　买　的　只　猫　那　大　不　大
　　　昨天买的那只猫大不大？

（3）waːi^{33}nok^{31} ɬɯːn^{31} ko^{53}mai^{11} min^{24} ɬuŋ^{53}mi^{55}ɬuŋ^{53}?
　　　外面　房子　棵　树　那　高　不　高
　　　屋外的那棵树高不高？

六　形容词的句法功能

壮语金龙岱话的形容词主要可充当谓语、定语、状语、补语，不能带宾语。

1. 作谓语

（1）wan³¹ nai³⁵ ʔdɯ:t³³ la:i⁵³ ja³¹. 今天太热了。
　　　天　这　热　多　呀
（2）pi⁵⁵ʔba:u³³ hɛu³³, nɔŋ¹¹ʔba:u³³ phi³¹. 哥哥瘦，弟弟胖。
　　　哥哥　瘦，　弟弟　胖
（3）thɛu³¹ lu³³ nai³⁵ ʔdit⁵⁵ la:i⁵³la:i⁵³. 这条路非常湿。
　　　条　路　这　湿　多　多
（4）na²⁴ min³¹ ʔdɛŋ⁵³kwa:ŋ³¹kwa:ŋ³¹. 他的脸红通通。
　　　脸　他　红（语缀，表红状）
（5）ɕak³³ n̠u³³ na³¹ khɛu⁵³jup³³jup³³ ke³³. 田里的菜绿油油的。
　　　菜　在　田　绿　油油　的

从上述例句可以看穿，形容词作谓语时不同于动词作谓语。有时需要一定的语境，如例句（2）；有些需要借助程度副词的修饰，如例句（1）（3）；有些则需要用重叠形式，如例句（4）（5）。

2. 作定语

形容词作定语时可居于中心语前面或后面，修饰名词或名词性短语。

（1）形容词位于中心语之后。例如：

ɫɯ²⁴khwa⁵⁵kau³³ 旧衣服　　　　ɫɯ:n³¹maɯ³⁵ 新房
　衣服　旧　　　　　　　　　　房子　新

khən³¹ʔon³³ 年轻人　　　　　　ʔduk⁵⁵ken³³ 硬骨头
　人　年轻　　　　　　　　　　骨头　硬

min³¹ tshɯ³³ khən³¹ ʔdai³³. 他是好人。
　他　是　人　好

phi³³ɫa:u⁵³ nuŋ³³ ʔbaɯ³¹ ɫɯ²⁴khwa⁵⁵ maɯ³⁵ nəŋ³³. 姐姐穿着一件新衣服。
　姐姐　穿　件　衣服　新　一

min³¹ mi³¹ toi³³ ha⁵³ ka:i²⁴ nəŋ³³. 她有一双大眼睛。
　她　有　双　眼睛　大　一

（2）形容词之后加上表领属、修饰关系的助词 ke³³ "的" 位于中心语之前。例如：

hɔm⁵³thɯŋ³³thɯŋ³³ke³³nɯ³³mu⁵³ 香喷喷的猪肉
　香　喷喷　的　肉　猪

kaːi²⁴ke³³ɬɯːn³¹ 大的房子
　大　的　房子

ɕom⁵³n̥uŋ³⁵n̥uŋ³⁵ ke³³ phjam³³ 乱糟糟的头发
　糟　乱　乱　的　头发

khwaŋ¹¹khwaŋ¹¹ ke³³ lu³³ 弯弯的路
　弯　弯　的　路

khɛu⁵³jup³³jup³³ ke³³ kɔ³³ tɕa³⁵ 绿油油的禾苗
　绿　油油　的　棵禾

lɯːŋ⁵³khen³¹khen³¹ ke³³ na²⁴ 灰扑扑的脸
　灰　扑扑　的　脸

min³¹ pan³⁵ ja³³ theu³¹ ɬi³¹ ɬi³¹ ke³³ ɕɯːk³³. 他搓了一条长长的绳子。
　他　搓　了　条　长　长　的　绳子

3. 作状语

金龙岱话形容词作状语修饰谓语，大部分位于谓语动词前面，少部分位于谓语动词后面，大多没有语法标记。例如：

（1）mɛ³³phɔ³¹ mau³¹ maːn³³maːn³³ tɕaːi²⁴. 奶奶你慢慢走。
　　　奶奶　你　　慢慢　　走

（2）ma³¹ khwaːi³⁵ tik⁵⁵. 快点来。
　　　来　快　点

（3）nɔːi¹¹ tɕaːŋ²⁴ wa³³, laːi⁵³ hit⁵⁵ koŋ⁵³. 少说话，多做事。
　　　少　讲　话　多　做　工

4. 作补语

形容词可以作动词的补语，用在动词的后面修饰和补充动词。例如：

（1）kəu⁵³ kin⁵³ ʔim³³ laːi⁵³ ja³¹. 我吃得饱饱的。
　　　我　吃　饱　多　了

（2）lum³¹ kaːi²⁴ phaːu³⁵ tak⁵⁵ ja³³ kha³³ mai¹¹. 大风吹断了树枝。
　　　风　大　吹　断　了　枝　树

（3）min³¹ thim³⁵ khɛu³³ hin⁵³ ɬai³¹. 她捡了一小块石头。
　　　她　捡　块　石头　小

（4）phɔ³³thau³⁵ kin³³ ɬoŋ⁵³ luːŋ³¹ paːk³³ ɬi³³kwa³³. 爸爸吃了两大片西瓜。
　　　爸爸　吃　二　大　片　西瓜

（5）ʔoŋ⁵³ kin⁵³ ha²⁴ tɕɔk³³ ɬai³³ lau²⁴. 爷爷喝了五小杯酒。
　　　爷爷　喝　五　杯　小　酒

（6）mɛ³³thau³⁵ hit⁵⁵ ʔdɛːŋ⁵³ lɯːŋ³³ khaːu³⁵ ɬaːm⁵⁵tɕɔŋ³³ ɬik⁵⁵ ti³³ khau²⁴no⁵³.
　　　妈妈　做　红　黄　白　三　种　颜色　的　饭糯米
　　　妈妈做了红、黄、白三种颜色的糯米饭。

第六节 副 词

副词主要用来修饰动词或形容词，以说明行为动作或状态性质等所涉及的范围、程度、时间、频率以及语气、肯定/否定等语法意义。

一 副词的类别

根据金龙岱话副词的语义特征，可分为程度副词、范围副词、频率副词、时间副词、情态/方式副词、语气副词、肯定/否定副词等几种类型。

1. 程度副词

表示性质、状态或某方面动作行为的程度，其主要语法功能是修饰形容词、动词或谓词性短语。例如：tɕan^{53}"真"、la:i^{53}"很"、hau^{35}"很"、ʔi^{35}tik^{55}"一点儿"、khin^{24}"很"、tha:i^{33}"太"、tsui^{55}"最"、khuŋ^{31}"更"、la:i^{53}la:i^{53}"非常"、wi:t^{33}…wi:t^{33}…"越……越……"等。

依据这些副词在句中的分布特征，可居中心语之前或居中心语之后对动作、状态作补充说明。例如：

（1）ɕak^{33} tɕan^{53} ʔdai^{53} kin^{53}. 菜真好吃。
　　　菜　真　好　吃

（2）min^{31} nat^{55} ɬɯ^{24} phɛ:ŋ^{31} la:i^{53} ke^{33} ɬɯ^{24}khwa^{55}. 他喜欢买很贵的衣服。
　　　他　喜欢　买　贵　多　的　衣服

（3）luk^{11}ɬa:u^{53} min^{31} hau^{35} ɕak^{55}. 他女儿很勤快。
　　　女儿　他　很　勤快

（4）kəu^{53} ɬu^{11} ʔi^{35}tik^{55} nə^{33} wa^{33}thai^{31}. 我懂一点儿壮语。
　　　我　懂　一点　语气词　岱话

（5）lɯ:m^{31} ʔba:t^{33} nəŋ^{33} ja^{33}, kha^{33} kəu^{53} tɕep^{55} khin^{24} na^{31}.
　　　摔　跤　一　了　腿　我　疼　很　哪
　　摔了一跤，我的腿太疼了。

（6）ŋe^{55} tɕɔk^{33} nai^{35} tha:i^{33} ɬai^{33}. 这个杯子太小。
　　　个　杯子　这　太　小

（7）kɔ^{53} mai^{11} nai^{35} ket^{33} ma:k^{33} tsui^{55} la:i^{53}. 这棵树结的果最多。
　　　棵　树　这　结　水果　最　多

（8）kəu^{53} pi^{24} mauŋ^{31} khuŋ^{31} la:u^{55}ka:i^{55} min^{31}. 我比你更了解他。
　　　我　比　你　更　了解　他

（9）ŋe^{55} fak^{11} nai^{35} ka:i^{24} la:i^{53}la:i^{53}. 这个冬瓜非常大。
　　　个　冬瓜　这　大　非　常

（10）mau³¹ wi:t³³ tɕha:i²⁴ wi:t³³ kwai⁵³. 你越走越远。
　　　　你　　越　　走　　越　　远

2. 范围副词

表示动作行为、性状涉及的范围。常见的有：ȵɯ³³ "也"、tu⁵⁵ "都"、ŋa:m⁵⁵ "只；才"、ljeu¹¹ "完"、tɕhɛn³¹tɕhai⁵³ "完全" 等。

绝大多数范围副词居中心语之前。例如：

（1）mau³¹ mi⁵⁵ pai⁵³, kəu⁵³ ȵɯ³³ mi⁵⁵ pai⁵³ la³¹. 你不去，那我也不去了。
　　　　你　不　去　我　也　不　去　了
（2）ʔbɔŋ⁵³mau³¹ tu⁵⁵ kwa³³ ma³¹ pa³¹. 你们都过来吧。
　　　　你们　　都　过　来　吧
（3）łau³³ ma:k³³toŋ³¹ nai³⁵ tu⁵⁵ tshɯ³³ łɯ:n³¹ kəu⁵³ thu:n³⁵.
　　　　片　香蕉　这　都　是　家　我　全
这片香蕉地全都是我家的。
（4）min³¹ mi⁵⁵ fa:t³⁵ʔdu:t³³，ŋa:m⁵⁵ ʔai⁵³ ja³³. 他没有发烧，只是咳嗽。
　　　　他　没　发烧　　只　咳嗽 语气词
（5）luk³³ʔdik⁵⁵ ʔeu³³khin²⁴ ŋa:m⁵⁵ tɕak⁵⁵ hai²⁴. 小孩不高兴了只会哭。
　　　　小孩　　难过　　　只　会　哭
（6）min³¹ tɕhɛn³¹tɕhai⁵³ mi⁵⁵tɕak⁵⁵ thiŋ³³ kəu⁵³ tɕa:ŋ²⁴ ke³³ wa³³.
　　　　他　完全　　　没　懂　听　我　讲　的　话
他完全没听懂我讲的话。
（7）min³¹ ȵom³³ łɯ⁵³ ljeu¹¹ ja³³. 她看完了书。
　　　　她　看　书　完　了

3. 频率副词

表示动作行为进行的频率。常见的是：tsa:i³³ "再"、ȵaŋ³¹ "还"、jau³¹ "又"、kiŋ⁵³ɕɯ:ŋ³¹ "经常"、łi³¹łi³¹ "常常" 等。频率副词一般都居中心语之前。例如：

（1）mau³¹ tsa:i³³ kin⁵³ thui³⁵ tɕau²⁴ nəŋ³³ wai⁵⁵. 你再吃一碗饭吧。
　　　　你　再　吃　碗　饭　一　喂
（2）min³¹ ȵaŋ³¹ mi⁵⁵ ma³¹łɯ:n³¹. 他还没回家。
　　　　他　还　没　回家
（3）min³¹ jau³¹ ma³¹ ja³³. 他又来了。
　　　　他　又　来　了
（4）kəu⁵³ kiŋ⁵³ɕɯ:ŋ³¹ pai⁵³ luŋ³¹tɕu⁵⁵. 我经常去龙州。
　　　　我　经常　　　去　龙州
（5）ʔoŋ⁵³min³¹ łi³¹łi³¹ phin³¹piŋ³³. 他爷爷常常生病。
　　　　爷爷　他　常常　生病

4. 时间副词

表示动作行为发生、进行的时间，或性质状态发生变化的时间。常见的有：ma³⁵tɕhɑːŋ³¹ "马上"、ʔit⁵⁵…tɕau³¹… "一……就……"、ŋaːm⁵⁵ "刚"、kɔn³⁵ "先"、laŋ⁵³ "后"、laŋ⁵³ma³¹ "后来"、ʔi³³kiŋ⁵⁵ "已经"、thu³¹jen³¹ "忽然"、kiŋ⁵³ɕuːŋ³¹/ɕuːŋ³¹khi³¹ "经常"、kɔn³⁵ma³¹ "向来"、ɕaːu¹¹kham³³ "迟早"、kaːn³⁵khwaːi⁵⁵ "赶快"、liːn³¹lap³⁵ "立刻" 等。

从语法功能的角度来看，主要是对谓语的时间状态进行强调。其在居中所处的位置比较灵活，可以居中心语或整个句子之前，也可以出现在中心语之后。例如：

（1）ɕi³³ nai³⁵ ŋaːm⁵⁵ ha²⁴ tim²⁴ tɕoŋ⁵⁵. 这会儿才五点钟。
　　　时　这　刚　五　点　钟

（2）kəu⁵³ ɕi³³nai³⁵ ʔi³³kiŋ⁵⁵ mi⁵⁵ khoː²⁴ ja³³. 我现在已经不穷了。
　　　我　现在　已经　不　穷　了

（3）laːu¹¹ɬai⁵³ ma³⁵tɕhɑːŋ³¹ tɕau³¹ ʔau⁵³ paːi⁵³ la³¹. 老师马上就要走了。
　　　老师　马上　就　要　去　了

（4）ʔdaɯ³¹ ɬuːn³¹ thu⁵³jen³¹ ma³¹ khən³¹ nəŋ³³. 家里忽然来了个人。
　　　里　家　忽然　来　人　一

（5）min³¹ hi³¹ kɔn³⁵ma³¹ tu⁵⁵ tshɯ³³ phiːn¹¹nai³⁵. 他向来就是这样。
　　　他　助词　向来　都　是　这样

（6）hi⁵³muŋ³³ ʔbɔŋ⁵³ɬau³¹ ʔi⁵⁵hau³⁵ ɕɯːŋ³¹khi³¹ thɔ³¹han⁵³.
　　　希望　我们　以后　经常　相见
希望我们以后能经常见面。

（7）luk³³ɬaːu⁵³ ɕaːu¹¹kham³³ tu⁵⁵ ʔau⁵³ ʔɔk³³tɕa⁵³ ke³³. 女孩迟早是要嫁人的。
　　　女孩　早晚　都　要　出嫁　的

（8）maɯ³¹ paːi⁵³ kɔn³⁵, kəu⁵³ ta³¹ laŋ⁵³. 你先走，我后来。
　　　你　去　先，我　打　后

（9）min³¹ ʔit⁵⁵ ɲom³³ tɕau³¹ ɬu¹¹na²⁴. 他一看就懂。
　　　他　一　看　就　知道

（10）kəu⁵³ liːn³¹lap³⁵ khaːi⁵⁵ɕi⁵⁵ paːi⁵³ naːn³¹niŋ³¹. 我立刻出发去南宁。
　　　我　立刻　开始　去　南宁

5. 情态/方式副词

表示动作的情状和方式，数量较少，一般修饰动词，而不修饰形容词。多用于谓语之前。常见的有：jau³¹ "又"、ŋaŋ³¹ "还"、thɔ³¹kan³³ "一起"、tɕen⁵⁵mon³¹ "故意"、ɕan³³tsu³¹ "亲自"、khuɯn²⁴ʔdeu³⁵ "独自"、lak¹¹lak¹¹ "悄悄"、mi⁵⁵thiŋ³³ "不停地"、thuŋ³¹kan³³ "一样" 等。例如：

（1）kəu⁵³ ɕau⁵⁵ mau⁳¹ pai⁵³ thɔ³¹kan³³. 我和你一起去。
　　　我　和　你　去　一起
（2）min³¹ tɕen⁵⁵mon³¹ fa:t³³ ŋe⁵⁵ thui³⁵ phɔ⁵³. 他故意把碗打破了。
　　　他　故意　打 量词 碗　破
（3）lau²⁴ta:i³³ ɕau⁵⁵ lau²⁴ɲi³³ thuŋ³¹kan³³ ɬuŋ⁵³. 老大和老二一样高。
　　　老大　和　老二　同样　高
（4）mau³¹ ɕan³³tsɯ³¹ kha¹¹ kəu⁵³ ke³³. 你亲自告诉我的。
　　　你　亲自　告诉　我　的
（5）nɔŋ¹¹ʔba:u³³ khun²⁴ʔdɛu³⁵ mɯ³¹ɬu⁵³. 弟弟独自去上学。
　　　弟弟　独自　读书
（6）me³¹thau³⁵ lak¹¹lak¹¹ kən⁵³ thai²⁴ nɔŋ¹¹ʔba:u³³. 妈妈悄悄地跟着弟弟。
　　　妈妈　悄悄　跟　着　弟弟
（7）phi³³khɯi⁵³ ɕəŋ⁵⁵kɔ⁵⁵ mi⁵⁵thiŋ³³. 姐夫不停地唱歌。
　　　姐夫　唱歌　不停

6. 语气副词

表示语气的副词。常见的有：khɔ⁵⁵nəŋ³¹ "可能"、khən⁵⁵tiŋ³⁵ "肯定"、pit³³ɬi³³ "必须"、khɔ⁵⁵ji³¹ "可以"、ta:ŋ⁵³jen³¹ "当然"、ʔit⁵⁵thiŋ³³ "一定"、ta:u³³tai³⁵ "到底"等。例如：

（1）min³¹ khɔ⁵⁵nəŋ³¹ pai⁵³ ɬɯ²⁴ ku³³ka:i³³ ja³¹. 他可能买东西去了。
　　　他　可能　去　买　东西　了
（2）mau³¹ pit³³ɬi³³ ɲu³³ fa¹¹ ʔdam⁵³ ji⁵⁵tɕhen³¹ hoi³¹ma³¹.
　　　你　必须　于　天　黑　以前　回来
　　　你必须在天黑之前回来。
（3）ɬai³¹pi:n³³ ɬa:u³³ɬa:u³³ nəŋ³³ tɕau³¹ khɔ⁵⁵ji³¹ ne³³. 随便洗一下就可以了。
　　　随便　洗洗　一　就　可以　语气助词
（4）wan³¹nai³⁵ phi⁵⁵ʔba:u³³ ʔit⁵⁵thiŋ³³ kwa³³ ma³¹. 哥哥今天一定会来的。
　　　今天　哥哥　一定　过　来
（5）ʔbɔŋ⁵³min³¹ ta:u³³tai³⁵ mi³¹ ki²⁴ ŋe⁵⁵ khən³¹？他们到底有几个人？
　　　他们　到底　有　几　个　人

7. 肯定/否定副词

A. 肯定副词。常见的有：ɬu¹¹na²⁴/tɕa:k⁵⁵/thjen⁵³ "知道、会"、pit³³ɬi³³ "必须"、tɕan⁵³ "真"、ʔit⁵⁵thiŋ³³ "一定"、khən⁵⁵tiŋ³⁵ "肯定"等。

（1）ʔbɔŋ⁵³min³¹ ki²⁴khən³¹ tu⁵⁵ tɕa:k⁵⁵ ma³¹. 他们几个人都会来。
　　　群　他　几　人　都　会　来
（2）luŋ³¹ ɬu¹¹na²⁴ ja³³ 舅舅知道了。
　　　舅舅　知道　了

（3）la:n⁵³ʔba:u³³ thjen⁵³ khwi⁵³ ta:n³³tɕhe³³. 侄子会骑自行车。
　　　侄子　　会　　骑　　单车
（4）ʔbɔŋ⁵³ɬau³¹ pit³³ɬi³³ ʔɔk³³ ɬeŋ³¹ ton⁵³ ɬɯ⁵³. 我们必须努力学习。
　　　我们　　必须　出　力　学　书
（5）nam¹¹ nai³⁵ tɕan⁵³ ɬaɯ⁵³. 这水真干净。
　　　水　这　真　干净
（6）phi⁵⁵ʔba:u³³ khən⁵⁵tiŋ³⁵ ma³¹ tɕoi³³ ke³³. 哥哥肯定会来帮忙的。
　　　哥哥　　肯定　　来　帮助　的
（7）kəu⁵³ pi⁵³nai³⁵ ʔit⁵⁵thiŋ³³ ʔau⁵³ pai⁵³ pə³¹kiŋ³³ phai³¹ nəŋ³³.
　　　我　年这　　一定　　要　去　北京　　趟　一
　　　我今年一定要去一趟北京。

B. 否定副词表示否定。金龙岱话中常见的有：mi⁵⁵mi³¹ "没有"、mi⁵⁵ "不"、mi⁵⁵ɕai²⁴ "别、不要"、mi⁵⁵ɕaŋ³⁵ "不曾" 等。既可修饰动词成分，也可修饰形容词成分，均前置于谓语中心词。例如：

（1）ɬɯ²⁴mi⁵⁵ʔdai²⁴买不起　　　（2）ʔbek³⁵mi⁵⁵nɯŋ⁵³扛不动
　　　买　不　得　　　　　　　　　扛　不　动
（3）mi⁵⁵ka:m³⁵ʔau⁵³不敢要　　　（4）tiŋ³⁵mi⁵⁵n̩u³³顶不住
　　　不　敢　要　　　　　　　　　顶　不　住
（5）kəu⁵³ wan³¹ɕuk³³ mi⁵⁵ pai⁵³. 我明天不去。
　　　我　明天　　不　去
（6）la:n⁵³tha:u⁵³ ʔeŋ⁵³ mi⁵⁵mi³¹ khwen³³. 小侄女没有裙子。
　　　侄女　　小　　没有　　裙子
（7）maɯ³¹ mi⁵⁵ɕai²⁴ nɔn³¹ʔdak⁵³ lo⁵⁵. 你别睡觉啦。
　　　你　别　　睡觉　　啦
（8）kəu⁵³ mi⁵⁵ tshɯ³³ mi⁵⁵tɕak⁵⁵，ʔɯ³¹tshɯ³³ mi⁵⁵ ɬɯ:ŋ²⁴ hit⁵⁵.
　　　我　不是　　不会　　而是　　不　想　做
　　　我不是不会，只是不想做。
（9）kəu⁵³ mi⁵⁵ɕaŋ³⁵ nat⁵⁵ kwa³³ min³¹ ja³³. 我不曾喜欢过他。
　　　我　不曾　喜欢　过　他　语气词

二　副词的句法功能

（一）副词在句法结构中一般只能作状语或补语

1. 作状语

（1）ʔbɔŋ⁵³min³¹ ŋa:m⁵⁵ mi³¹ ton⁵³ ho³¹ khən³¹. 他们只有两个人。
　　　他们　　刚　有　二　量词　人

（2）ŋe⁵⁵khən³¹ nai³⁵ tɕau²⁴tɕok³³ khwa:i³⁵ ʔdai²⁴ khin²⁴ na³¹.
　　　词头 人　这　手　脚　快　　得　很　呐
　　　这个人手脚太快了。
（3）ʔbɔŋ⁵³min³¹ ki²⁴khən³¹ tu⁵⁵ tɕak⁵⁵ ma³¹. 她们几个人都会来。
　　　她们　　　几人　都 会 来

2. 作补语

（1）noŋ³¹ɬit⁵⁵ ke³³ ɬi³¹hau³⁵ ʔda:ŋ³⁵ ha:i⁵³ ja³³. 下雪的时候冷死了。
　　　下 雪 的　时候　　冷　　死　了
（2）pi⁵³nai³⁵ mei³³fa¹¹ ʔdɯ:t⁵⁵ ʔdai²⁴ khin²⁴. 今年天气热得很。
　　　年 这　天气　　热　　得　　很

（二）有一部分副词能起到句法关联作用

（1）tu⁵³thɔ³³ wi:t³³ len³³ wi:t³³ khwa:i³⁵. 兔子越跑越快。
　　　词头兔子 越　跑　越　快
（2）fi³³ki³³ wi:t³³ ʔbin⁵³ wi:t³³ ɬuŋ⁵³. 飞机越飞越高。
　　　飞机　越 飞　越　高
（3）ʔbɔŋ⁵³min³¹ phɯŋ¹¹ tɕa:ŋ²⁴ phɯŋ¹¹ kho⁵³. 他们边说边笑。
　　　他们　　 边　讲　　边　　笑
（4）wa:i³¹ phɯŋ¹¹ tɕha:i²⁴ phɯŋ¹¹ kin⁵³ ȵa²⁴. 牛一边走一边吃草。
　　　牛　 边　　走　　边　　吃　草

（三）副词

除表示程度的 la:i⁵³ "很" 能重叠为 la:i⁵³la:i⁵³ "非常" 外，其他副词一般不能重叠。也不能单独回答问题，必须与动词或形容词一起使用。例如：

（1）maɯ³¹ ka:m³⁵ mi⁵⁵ ka:m³⁵ pai⁵³? 你敢不敢去？
　　　你　 敢　　 不　敢　　去
　　 ——mi⁵⁵ ka:m³⁵. 不敢。
　　　　不　敢
（2）min³¹ ȵam¹¹ mi⁵⁵ ȵam¹¹ kin⁵³ ma:k³³ʔdeŋ⁵³? 他喜不喜欢你？
　　　你　喜欢　不　喜欢　吃　　辣椒
　　 ——mi⁵⁵ ȵam¹¹. 不喜欢。
　　　　不 喜欢
（3）thɛu³¹ tha³³ nai³⁵ ʔdɯk³⁵ mi⁵⁵ ʔdɯk³⁵? 这条河深不深？
　　　条　 河　这　 深　　 不　深
　　 ——mi⁵⁵ ʔdɯk³⁵. 不深。
　　　　不　深

第七节 代 词

金龙岱话代词一般是指用来代替名词、动词、形容词、副词和数量短语等的词，主要语法特征是能在句中起代替、指示作用，使语言变得经济、简约，一般不受其他词语修饰。根据意义和功能特点的不同可分为人称代词、指示代词和疑问代词三大类。金龙岱话代词的主要特点包括：①人称代词有单数、双数和复数之分，第一人称复数还分排除式和包括式；②指示代词有近指、远指和泛指的区分；③疑问代词多数带有疑问标记；④人称代词和指示代词不能重叠，少数疑问代词例外。

（一）人称代词

人称代词是替代人或事物名称的词，具有名词的主要特征，可以作主语、宾语和定语。金龙岱话的人称代词包括第一人称代词、第二人称代词和第三人称代词，均没有性、格的区别。第一人称代词有包括式和排除式之分；第二人称代词单数也没有敬称、谦称之分。

1. 人称代词的数

人称代词分单数、双数和复数。双数是在人称代词前加数词 ɫoŋ^{53} "二"来表示。复数以相应的单数前加 ʔboŋ^{53} 或者 ki^{24} 成分构成（见表3-4）。

表3-4　　　　　　　　壮语金龙岱话人称代词

人称代词	单数	双数	复数
第一人称	我	我俩	我们
	khɔi^{24}	ɫoŋ^{53}thau^{31}	ʔboŋ^{53}ɫau^{31}
	kəu^{53}		ki^{24}ɫau^{31}
			咱们
			ʔboŋ^{53}ɫau^{31}/phɯ^{55}
第二人称	你	你俩	你们
	maɯ^{31}	ɫoŋ^{53}maɯ^{31}	ʔboŋ^{53}maɯ^{31}
第三人称	他	他俩	他们
	min^{31}/kɔ^{24}min^{24}	ɫoŋ^{53}min^{31}	ʔboŋ^{53}min^{31}
	她		她们
	min^{31}/tɕe^{35}min^{24}		ʔboŋ^{53}min^{31}
	它		它们
	ŋe^{55}		ki^{24}ŋe^{55}min^{24}

第一人称代词单数 kəu^{53} "我"是普通称代，khɔi^{24}的本义是"奴仆"，用作第一人称表示谦称。第一人称代词复数有包括式和排除式之分。ʔbɔŋ^{53}ɬau^{31}、ki^{24}ɬau^{31}为排除式，是指只包括说话人一方，不包括听话者在内，相当于汉语的"我们"；phɯ^{55}为包括式，包括说话人和听话者双方在内，相当于汉语的"咱们"。例如：

（1）ʔbɔŋ^{53}ɬau^{31} wan^{31}nai^{35} pai^{53} luŋ^{31}tɕu^{53}? 我们今天去龙州，你去吗？（排除式）
　　　我们　　今天　　去　龙州

（2）phɯ^{55} tu^{55} tshɯ^{33} la:u^{11} thuŋ^{31}. 咱们都是朋友。（包括式）
　　　咱们　都　是　老　同

第三人称 min^{31}用于人，不分男性女性。第三人称复数ʔbɔŋ^{53}min^{31}。第三人称男性女性的区分可以通过在男性女性亲属称谓后加-min^{24}表示，比如，可用 kɔ^{24}min^{24}表示"他"，用 tɕɛ^{35}min^{24}表示"她"。表示事物的"它"由表示事物的量词加上-min^{24}，比如，ŋe^{55}min^{24}。

2. 泛指人称代词

泛指人称代词是用来指代不定的、泛指的人。主要有 la:i^{53}khən^{31} "别人"、khən^{31}hau^{55} "人家"、moi^{11}khən^{31} "每人、大家"、ta:i^{31}ka^{55} "大家"四个，其中 la:i^{53}khən^{31} "别人"、khən^{31}hau^{55} "人家"指的是对话双方以外的人，泛指第三人称。在句子里可以作主语、宾语和定语等。

（1）la:i^{53}khən^{31} ɕi^{33}ki^{24} pai^{53} kɔn^{35} ja^{31}, mi^{55}than^{35} ʔbɔŋ^{53}ɬau^{31} ja^{31}.
　　　别人　　　自己　走　先　了　不　等　　我们　了
　　　别人自己先走了，没等我们。

（2）maɯ^{31} jiŋ^{33}ka:i^{33} kha^{11} khən^{31}hau^{55} kɔn^{35}. 你应该先告诉人家。
　　　你　　应该　　告诉　人家　　　先

（3）luk^{33} khən^{31}hau^{55} hau^{35} ɕoŋ^{53}min^{31}. 人家的孩子很聪明。
　　　小孩　人家　　很　聪明

（4）mi^{55}ɕai^{24} ʔau^{53} la:i^{53}khən^{31} ti^{33} ku^{33}ka:i^{53}. 不要拿别人的东西。
　　　别　要　别人　　　的　东西

3. 统称代词

统称代词指一定范围内所有的人。金龙岱话的总称代词主要用 ta:i^{31}ka^{55} "大家"。例如：

（1）ta:i^{31}ka^{55} tu^{55} tshɯ^{33} la:u^{11} thuŋ^{31}. 大家都是朋友。
　　　大家　　都　是　老　同

（2）ta:i^{31}ka^{55} tu^{55} pai^{53} kha:i^{55}hui^{35} ja^{33}! 大家都开会去了！
　　　大家　　都　去　开会　　了

（3）ŋe^{55}nai^{35} tu^{55} tshɯ^{33} ku^{33}ka:i^{33} ta:i^{31}ka^{55}. 这是大家的东西。
　　　个　这　都　是　东西　　大家

（4）ta:i^{31}ka^{55} ti^{33} ɬai^{33}ɕiŋ^{31} pai^{53} thɔ^{31}kan^{33} hit^{55}. 大家的事情要一起做。
　　　大家　　的　事情　去　一起　做

4. 反身代词

刘丹青编著的《语法调查研究手册》（2008：187-188）指出，"不少语言反身代词同时可用作强化代词。所谓强化代词是指强化某个先行词而用的与之有同指关系的词语，强化代词与表回指的反身代词的差别在于是否充当论元：强化代词只是强化先行词的信息强度，但并不担当另一个题元；而反身代词与先行词在句法结构中充当不同的句法成分并担当不同的题元。"ɕi^{33}ki^{24} "自己"表示一个动词的主语和宾语是同一个实体。另外一种用法是单独使用，强调动作行为由某人亲自实施或事物归某人自己所有。例如：

（1）mau^{31} ɕi^{33}ki^{24} tɕau^{24}ku^{35} mau^{31} ɕi^{33}ki^{24}. 你自己照顾好自己吧！
　　　你　自己　　照顾　　你　自己
（2）kha:u^{35} khən^{31}ta:i^{53} mi^{55} ʔdai^{24} ka:u^{35} ɕi^{33}ki^{24}. 靠别人不如靠自己。
　　　靠　别人　　　不　得　靠　自己
（3）mi^{55}ɕa:i^{35} ɕi^{33}ki^{24} kwa:i^{35} ɕi^{33}ki^{24}. 别自己责怪自己！
　　　别　　自己　怪　自己
（4）min^{31}ku^{35} ɕi^{33}ki^{24} kin^{53}, mi^{55} ku:n^{35} kəu^{53}. 他只顾自己吃，也不管我。
　　　他　顾　自己　吃　　不　管　我

5. 人称代词的领属

金龙岱话人称代词后面加助词 ke^{33} 或 ti^{33} 来表示领属，通常情况下，结构助词 ke^{33} 或 ti^{33} 也可省略。例如：

kəu^{53}ti^{33}ɬɯ^{53} / ɬɯ^{53}kəu^{53} 我的书
我　的　书　　书　我

min^{31}ke^{33}ɬɯ^{24} / ɬɯ^{24}min^{31} 他的衣服
他　的　衣服　　衣服　他

mau^{31}ke^{33}luk^{33} / luk^{33}mau^{31} 你的孩子
你　的　孩子　　孩子　你

ʔbɔŋ^{53}ɬau^{31}ti^{33}la:u^{35}ɬai^{55} / la:u^{35}ɬai^{55}ʔbɔŋ^{53}ɬau^{31} 我们的老师
我们　的　老师　　　老师　　我们

如果省略结构助词 ke^{33} 或 ti^{33} 会造成歧义和语法结构不清楚，则不能省略，例如：

（1）ŋe^{55}nai^{35} tshɯ^{33} mau^{31}ke^{33}, ŋe^{55}min^{24} tshɯ^{33} kəu^{53} ke^{33}.
　　　个　这　是　你　的　，个　那　是　我　的
　　这是你的，那是我的。

（2）ŋe⁵⁵ łɯːn³¹ nai³⁵ tshɯ³³ min³¹ ti³³. 这套房子是他的。
　　　套　房子　这　是　他　的

6. 人称代词的语法特征

金龙岱话的第一人称、第二人称和第三人称代词都没有格的变化，主格、宾格和领格三者的形式相一致。例如：

（1）min³¹ ʔiŋ⁵³kaːi⁵³ tshɯ³³ haːn³⁵tɕu³¹khən³¹. 他应该是汉族人。（主格）
　　　他　应该　　是　　汉族人

（2）ʔi⁵³ łɛŋ⁵³ hɯ²⁴ min³¹ ŋɔi³¹ phin³³. 医生给他看病。（宾格）
　　　医　生　给　他　看　病

（3）kəu⁵³ ɲɔm³³ ɲɔm³³ łɯ⁵⁵ mɯ³¹ ʔdai³⁵ mi⁵⁵?
　　　我　看　看　书　你　得　不
　　　我看看你的书好吗？（领格）

7. 人称代词的句法功能

人称代词在句子中主要作主语、宾语以及定语。例如：

（1）kəu⁵³ ha²⁴ tim²⁴ puːn³³ tɯn³⁵tɕhɯːŋ³¹. 我五点半起床。（作主语）
　　　我　五　点　半　　起床

（2）min³¹ moi²¹ ʔbɯːn⁵³ ma³¹ ʔdaɯ³¹łɯːn³¹ ɲɔm³³ pho³³mɛ³³. （作主语）
　　　她　每　月　　来　家里　　　看　父母
　　　她每月回家看父母。

（3）kəu⁵³ pi²⁴ maɯ³¹ łɯŋ⁵³. 我比你高。（作宾语）
　　　我　比　他　高

（4）min³¹ pi²⁴ kəu⁵³ ʔdai⁵³łaːu⁵³. 她比我漂亮。（作宾语）
　　　她　比　我　　漂亮

（5）min³¹ ɲu³³ toi³³na²⁴ łɯːn³¹ kəu⁵³. 他住在我家的对面。（作定语）
　　　他　住　对面　　家　我

（二）指示代词

张元生、覃晓航（1993）认为指示词"既有指示作用，又有代替作用"；韦庆稳（1985）认为指示词"用在量词后而作数指词组的后成分（相当修饰词组的定语）是定指示词最主要的特点"；"指示词是一般用在量同后面作定语的一种半实词"（《壮语方言简志》）。

金龙岱话的指示代词起指示和代替的作用，主要用于指代人、事、物、数量、时间、方位、处所、动作、性状、程度等，包括单纯指示代词和复合指示代词（见表3-5）。

表 3-5　　　　　　　　金龙岱话指示代词

单纯指示代词		nai³⁵ 这	min²⁴ 那（较远）	the⁵³ 那（更远）
复合指示代词	方位指示代词	khe³³nai³⁵ 这里	khe³³min²⁴ 那里	khe³³the⁵³ 那里
		phɯːŋ³¹nai³ 这边	phɯːŋ³¹min² 那边	phɯːŋ³¹the⁵³ 那边
	性状指示代词	phiːn¹¹nai³⁵ 这样	phiːn¹¹min²⁴ 那样	
	时间指示代词	mɯ³¹nai³⁵ 这时	mɯ³¹min²⁴ 那时	
	程度指示代词	phiːn¹¹nai³⁵ 这么	phiːn¹¹min²⁴ 那么	

1. 单纯指示代词

单纯指示代词有 nai³⁵"这"、min²⁴"那"、the⁵³"那"，分别用于表示近指、远指和更远的指代。语法特点如下：

第一，可以与数量短语结合，语序是 nai³⁵"这"、min²⁴"那"在数量短语之后。数词为"一"时，可以省略。例如：

khən³¹nai³⁵（nəŋ³³）　这（一）个　　khən³¹min²⁴（nəŋ³³）那（一）个
人　　这　　一　　　　　　　　　人　　那　　一

ŋe⁵⁵nai³⁵（nəŋ³³）　这（一）个　　ŋe⁵⁵min²⁴（nəŋ³³）那（一）个
个　　这　　一　　　　　　　　　个　　那　　一

khən³¹nai³⁵ tshɯ³³ phi³³ɬaːu⁵³kəu⁵³, khən³¹min²⁴ mi⁵⁵ tshɯ³³ phi³³ɬaːu⁵³ kəu⁵³.
人　这　是　姐姐　我，人　那　不　是　姐姐　我
这个人是我姐姐，那个人不是我姐姐。

第二，可与 nui³¹"些"结合，组成 nui³¹nai³⁵"这些"、nui³¹min²⁴"那些"，后面加名词，表示不定量或概数的事物。例如：

（1）nui³¹ tu⁵³ kai³⁵ ɬai³⁵ nai³⁵, kəu⁵³ ʔau⁵³ thɯːn³⁵ ɳa⁵⁵. 这些小鸡我都要了。
　　　些　只　鸡　小　这　我　要　全部　了

（2）nui³¹ ɕoŋ³¹ min²⁴ nak⁵⁵ haːi⁵³. 那些桌子很重。
　　　些　桌子　那　重　死

（3）nui³¹ pet⁵⁵ min²⁴, tu⁵³ tu⁵³ tu⁵⁵ phi³¹phuk¹¹. 那些鸭，只只都很肥。
　　　些　鸭　那　只　只　都　肥（后缀）

（4）nui³¹ phiŋ³¹kɔ⁵⁵ nai³⁵ waːi³³ ja³¹, mi⁵⁵ kin⁵³ ʔdai²⁴ ja³¹.
　　　些　苹果　这　坏　了　不　吃　得　了
这些苹果坏了，不能吃。

第三，可以直接与"量词+名词"结合。例如：

thεu³¹tha³³nai³⁵ 这条河　　　　　ŋe⁵⁵ɬuː n³¹min²⁴ 那套房子
　条　河　这　　　　　　　　　　套　房子　那

ŋe⁵⁵tɕha⁵³the⁵³ 那座山（更远指）
　座　山　那

2. 复合指示代词

单纯指示代词 nai³⁵ "这"、min²⁴ "那"可与其他语素组成复合指示代词，依据指代对象和指代作用的不同，分为方位指示代词、性状指示代词、时间指示代词和程度指示代词四类。

A. 方位指示代词

方位指示代词是用来指代事物的方位，由单纯指示代词与表示方位的语素 khe³³ "里"、phɯːŋ³¹ "边"构成。例如：

khe³³nai³⁵这里　　　khe³³min²⁴那里　　　khe³³the⁵³ 那里（更远指）
　里　这　　　　　　　里　那　　　　　　　里　那

phɯːŋ³¹nai³⁵这边　　phɯːŋ³¹min²⁴那边　　phɯːŋ³¹the⁵³那边（更远指）
　边　这　　　　　　边　那　　　　　　　边　那

（1）kəu⁵³ ȵu³³ nai³⁵, min³¹ ȵu³³ min²⁴. 我在这，他在那。
　　　我　在　这　　他　在　那

（2）khe³³nai³⁵ tshɯ³³ na³¹, khe³³min²⁴ mi³¹ thεu³¹ khui³¹ nəŋ³³, khe³³the⁵³
　　　这里　　　是　田　那里　　有　条　河　一　　那里

　　　mi³¹ ŋe⁵⁵ tɕha⁵³ nəŋ³³.
　　　有　座　山　一

　　　这里是田，那里（较远处）有一条河，那里（更远处）有一座山。

B. 性状指示代词

由单纯指示代词与性状指示代词 phiːn¹¹ "样"构成。例如：

phiːn¹¹nai³⁵这样　　phiːn¹¹min²⁴那样
　样　这　　　　　　样　那

（1）min³¹ tshɯ³³ tɕoŋ³³ khən³¹ phiːn¹¹min²⁴. 他竟然是那样的人。
　　　他　是　种　人　　那样

（2）ŋe⁵⁵ fiːk³⁵ nai³⁵ hit⁵⁵ phiːn¹¹nai³⁵ tɕoi³³ tɕuŋ⁵⁵. 这件事情要这样做才对。
　　　件　事情　这　做　　这样　　　才　对

（3）phiːn¹¹tɕoŋ³³ khən³¹ nai³⁵ tu⁵⁵ ŋaːi³¹ ʔda³³. 这样的人就该骂。
　　　样　种　人　　这　都　挨　骂

C. 时间指示代词

由单纯指示代词与表示时间名词 mɯ³¹ "时候" 构成，组成 mɯ³¹nai³⁵ "这时"、mɯ³¹min²⁴ "那时"。有时也可以直接用借汉词 ɬi³¹hau³⁵ "时候"。例如：

（1）kəu⁵³ wa³³ mɯ³¹nai³⁵ fa:n³⁵tha:ŋ³¹mi⁵⁵mi³¹ ki²⁴ la:i⁵³ khən³¹ ne⁵⁵.
　　　我　 说　 时　这　 饭堂　　　　没有　几　 多　 人　 呢
　　我还以为这个时候食堂没多少人呢。

（2）maɯ³¹ ma³¹thɯŋ⁵³ ɬɯ:n³¹ kəu³³ mɯ³¹min²⁴, kəu⁵³ naŋ³¹ nɔn³¹ʔdak⁵⁵.
　　　你　 来　 到　 家　 我　 时　那　 我　 还　 睡　 深
　　你到我家来的那个时候，我在睡觉。

（3）khən³¹khɛk³⁵ ma³¹ ke³³ ɬi³¹hau³⁵, ɬau⁵³ tɕiŋ³³tɕa:i³³ kin⁵³tɕau²⁴.
　　　人　 客　 来　 的　 时候，　 我们　 正在　　 吃饭
　　来客人时，我们正在吃饭。

D. 程度指示代词

金龙岱话的程度指示代词是由单纯指示代词与程度指示代词 phi:n¹¹ "么" 构成 phi:n¹¹nai³⁵ "这么"、phi:n¹¹min²⁴ "那么"，一般在形容词前，用于指代性状的程度。例如：

（1）luk³³ ŋe⁵⁵ nai³⁵ phi:n¹¹nai³⁵ mi⁵⁵ thiŋ³³ tɕa:ŋ²⁴ ʔi³⁵.
　　　孩子　个　 这　 么　　 这　 不　 听　 讲（语气词）
　　这个孩子这么不听话。

（2）kəu⁵³ mi⁵⁵mi³¹ phi:n¹¹nai³⁵ la:i⁵³ ɕi³¹ken⁵⁵. 我没有这么多时间。
　　　我　 没有　　 么　 这　 多　 时间

（3）mi⁵⁵khɛk⁵⁵ wan³¹nai³⁵ phi:n¹¹nai³⁵ ʔdɯ:t³³. 没想到今天这么热。
　　　不 想 到　 今天　　 么　 这　 热

（4）min³¹ hit³³ɬau³¹ phi:n¹¹min²⁴ tu³⁵ khən³¹ nau⁵⁵ wa³³!
　　　他　 怎么　　 么　 那（话助）人　 讨厌（语气词）
　　他怎么那么令人讨厌呀！

（5）phi:n¹¹min²⁴ la:i⁵³ hoŋ⁵⁵tɕiu⁵⁵. 那么多香蕉。
　　　么　 那　 多　 香蕉

（三）疑问代词

疑问代词是指表示疑问的代词，可按照疑问内容分为问人、问事物、问时间、问处所、问数量、问方式、问原因等。其中 laŋ⁵³ "什么" 既是不定代词又是疑问代词。

1. 疑问代词的类别（见表 3-6）

表 3-6　　　　　　　　　　金龙岱话疑问代词

问人	khən³¹thaɯ³¹ 谁
问事物	ka³³laŋ⁵³ 什么；hit⁵⁵ka³³laŋ⁵³ 干什么；ŋe⁵⁵thaɯ³¹ 哪个
问时间	ka³³laɯ⁵³ɬi³¹hau³⁵ 什么时候；pi⁵³tɕaɯ³¹ 哪年；ʔbɯːn⁵³laŋ⁵³ 哪月；ki²⁴laːi⁵³wan³¹ 哪天；ki²⁴laːi⁵³tim²⁴ 几点
问处所	khe³³thaɯ³¹ 哪里
问数量	ki²⁴laːi⁵³ 多少
问方式	phe³³ɬaɯ³¹ 怎（么）样；hit³³ɬaɯ³¹ 怎么
问原因	wi³³laŋ⁵³、wi³³ka³³laŋ⁵³ 为什么

A. 问人

（1）maɯ³¹ tshɯ³³ khən³¹thaɯ³¹？你是谁？
　　　你　　是　　人　谁

（2）nui³¹ ɬɯ²⁴khwa⁵⁵ nai³⁵ tshɯ³³ khən³¹thaɯ³¹ ke³³？这些衣服是谁的？
　　　些　　衣服　　　这　　是　　人　谁　　的

（3）khən³¹thaɯ³¹ khaːi⁵³ ʔbap⁵⁵fe³³ hɯ²⁴ pa²⁴ ʔbɔŋ⁵³maɯ³¹？
　　　人　　谁　　卖　　玉米种子　　给　把　　你们
　　　谁卖给你们玉米种子？

B. 问事物

（1）maɯ³¹ tshɯ³³ khən³¹ ka³³laŋ⁵³ min³¹？你是他什么人？
　　　你　　是　　人　　什么　　他

（2）min³¹ lau⁵⁵ ʔa⁵³lu³¹ kəu³³ hit⁵⁵ka³³laŋ⁵³？他要找我婶婶做什么呢？
　　　他　找　叔母　　我　做什么

（3）ŋe⁵⁵thaɯ³¹ tɕɔk³³ tshɯ³³ kəu⁵³ ke³³？哪个杯子是我的？
　　　个　哪　　杯子　　是　　我　　的

C. 问时间

（1）wan³¹nai³⁵ tshɯ³³ ki²⁴laːi⁵³wan³¹？今天是几月几日？
　　　天　这　　是　　几　多天

（2）ʔbɔŋ⁵³min³¹ ka³³laɯ⁵³ɬi³¹hau³⁵ ma³¹？他们什么时候来？
　　　他们　　　什么时候　　　　　来

（3）ʔbɔŋ⁵³maɯ³¹ ʔbɯːn⁵³laŋ⁵³ pai⁵³ ta³⁵jo³¹？你们几月去上大学？
　　　你们　　　月　什么　　去　大学

（4）ɕi³³nai³⁵ ki²⁴laːi⁵³tim²⁴ ja³³？现在几点钟了？
　　　现在　　几点　　　了

（5）phɔ³³thau³⁵ mau³¹ ɬɛŋ⁵³ pi⁵³tɕaɯ³¹？你爸爸是哪年出生的？
　　　爸爸　　　你　　生　　哪年

D. 问处所

（1）me³³ku³⁵ pai³³ khe³³thaɯ³¹ ja³³？姑姑去哪了？
　　　姑姑　　去　　哪里　　　了

（2）pa²⁴ mau³¹ n̥u³³ khe³³thaɯ³¹ hit⁵⁵koŋ⁵³？你爸爸在哪工作？
　　　爸爸　你　在　　哪里　　　做工

E. 问数量

（1）ʔoŋ⁵³ mau³¹ mi³¹ ki⁵⁵laːi⁵³ pi⁵³ ja³³？你爷爷有多少岁了？
　　　爷爷　你　有　几　　多　岁　了

（2）ʔbaːn²⁴ ʔbɔŋ⁵³ mau³¹ mi³¹ ki²⁴ laːi⁵³ ɬɯːn³¹？你们村子有几家人？
　　　村　　群　　你　　有　几　多　　家？

F. 问方式

（1）ŋe⁵⁵ nai³⁵ tɕhi³³ hit³³ɬaɯ³¹ ɬɛ²⁴？这个字怎么写？
　　　个　这　字　　怎么　　写

（2）kəu⁵³ tɕai³³ ɬɯːŋ²⁴ɬɯːŋ²⁴ ŋe⁵⁵ ɬai³³ɕiŋ³¹ nai³⁵ phe³³ɬaɯ³¹ hit⁵⁵.
　　　我　再　想　想　　个　事情　　这　怎么　　做
我再想想这件事怎么办。

G. 问原因

（1）wan³¹wa³¹ mau³¹ wi³³ka³³laŋ⁵³ mi⁵⁵ ma³¹ ɬɯːn³¹ kəu⁵³？
　　　天　昨　你　为什么　　　　不　来　家　我
为什么你昨天没来我家呢？

（2）wi³³laŋ⁵³ kin³³ phiːn¹¹min²⁴ laːi⁵³ lau²⁴？为什么喝那么多酒？
　　　为什么　　吃　那么　　多　酒

2. 疑问代词的非疑问用法

疑问代词除了用于表示疑问外，还有表示非疑问的用法，包括任指、虚指、承指和反诘四种用法。

A. 任指用法。表示任何人或事物，表示在所说的范围内没有例外。通常会在疑问代词后连用副词 tu⁵⁵ "都"、n̥ɯ³³ "也" 等。例如：

（1）min³¹ ka³³laŋ⁵³ tu⁵⁵ kin⁵³ mi⁵⁵ʔdai²⁴. 他什么都吃不下。
　　　他　什么　　　都　吃　　不　得

（2）ʔdaːŋ⁵³ ʔdai⁵³ pi²⁴ ka³³laŋ⁵³ tu⁵⁵ tɕoŋ³³jaːu³⁵. 身体比什么都重要。
　　　身体　　好　　比　什么　　　都　重要

（3）kham³³wa³¹ kəu⁵³ phe³³ɬuɪ³¹ ȵuɯ³³ nɔn³¹ mi⁵⁵ʔdat⁵⁵.
　　　昨晚　　我　　怎么　　也　　睡　　不着
　　　昨晚我怎么也睡不着。

B. 虚指用法。用于指代不能确定的人或事物。例如：
（1）ʔdaɯ³¹ɬɯ:n³¹ thu³³jen³¹ ma³¹ ka³³laŋ⁵³ khən³¹ nəŋ³³.
　　　里　家　　忽然　　来　什么　人　一
　　　家里忽然来了个什么人。
（2）mi⁵⁵ɬu¹¹na²⁴ khən³¹thaɯ³¹ tok⁵⁵ ɬɯ²⁴khwa⁵⁵ ȵu³³ khe³³nai³⁵ ja³³.
　　　不知道　　谁　　　　丢　衣服　　在　这里　了
　　　不知道是谁的衣服落在这了。
（3）mi⁵⁵tɕak⁵⁵ tɕhoŋ³¹ khe³³thaɯ³¹ len³³ ʔɔk³³ma³¹ tu⁵³ ma⁵³ ka:i²⁴ nəŋ³³.
　　　不懂　　从　　　哪里　　跑　出来　条　狗　大　一
　　　不懂从哪里窜出来的一条大狗。

C. 承指用法。此处的"承指"概念是邵敬敏（1996）提出的。他认为前一个疑问代词表示任指，后一个疑问代词则表示"承指"。①例如：
（1）ka³³laɯ⁵³ɬi³¹hau³⁵ ja:k³³ tɕau³¹ ka³³laɯ⁵³ɬi³¹hau³⁵ kin⁵³tɕau²⁴.
　　　什么时候　　　　饿　　就　　什么时候　　　吃饭
　　　什么时候饿了就什么时候吃饭。
（2）ŋe⁵⁵thaɯ³¹ tɕhe:n³³，ʔbɔŋ⁵³ɬau³¹ tɕau³¹ ɬɯ²⁴ ŋe⁵⁵thaɯ³¹.
　　　哪个　　便宜　　　我们　　就　买　哪个
　　　哪个便宜，我们就买哪个。
（3）ȵu³³ khe³³thaɯ³¹ lɯ:m³³lap³¹, tɕau³¹ ȵu³³ khe³³thaɯ³¹ men³³ tɯm³³ma³¹.
　　　在　哪里　　跌倒　　就　在　哪里　　爬　起来
　　　在哪里跌倒，就在哪里爬起来。

D. 反诘用法。用于反问句时，表示无疑而问；用在感叹句时，表示无疑无问，主要是为了突出想表达的内容，通常不需要对方回答。例如：
（1）nɔŋ¹¹ʔba:u³³ ɕoŋ³³mi:ŋ³¹ khən³¹thaɯ³¹ mi⁵⁵thjen⁵³ ja³³?
　　　弟弟　　　聪明　　　谁　　　不懂　语气词
　　　弟弟聪明谁不知道呀？
（2）ɬɯ⁵³ ɬoŋ⁵⁵ ʔɔk³³pai⁵³ ȵaŋ³¹ phe³³ɬɑɯ³¹ ʔau⁵³ hoi³¹ma³¹ nə³³?
　　　书　送　出去　　还　　怎么　　要　回来　语气词
　　　送出去的书怎么还拿回来呢？
（3）hai²⁴ ka³³laŋ⁵³！哭什么！
　　　哭　什么

---

① 邵敬敏、赵秀凤：《"什么"非疑问用法研究》，《语言教学与研究》1989年第1期。

第八节　连　词

连词是在句中起连接作用的词，用来连接词、短语、分句或句子等，属于封闭性词类，不能单独回答问题，也不能单独充当句子成分。连词与它所连接的句子成分没有修饰和被修饰的关系，可用来表示选择、并列、假设、转折、因果、选择等关系。

一　连词的类别

根据所表示的语法关系，可以把连词分为并列、选择、顺承、递进、转折、因果、假设等类别。

（一）表并列关系

A. ɕau^{55} "和"，用来连接名词、代词和短语。被连接的成分之间是平等并列的关系，没有主次之分，位置可以互换，不影响句子意思与语法结构。例如：

（1）kəu^{53} ɕau^{55} min^{31} tu^{55} tshɯ^{33} ta^{35}jo^{31}ɬɯŋ^{53}. 我和他都是大学生。
　　　我　和　他　都　是　大学生

（2）ʔbəŋ^{53}ɬau^{31} ɕə:ŋ^{11} tu^{53} ma^{53}thɯk^{11} nəŋ^{33} ɕau^{55} tu^{53} ma^{53} mɛ^{33} nəŋ^{33}.
　　　我们　养　只　狗　公　一　和　只　狗　母　一
　　　我们养了一只公狗和一只母狗。

（3）kəu^{53} ʔau^{53} pai^{53} ɬɯ^{24} nɯ^{33} ɕau^{55} ɕak^{55}khɛu^{53}. 我要去买肉和青菜。
　　　我　要　去　买　肉　和　青菜

B. phɯŋ^{11}…phɯŋ^{11}… "一边……一边……"，主要用在动词前连接两个动词或动宾词组，表示一个动作行为同另一个动作行为同时进行。例如：

（1）min^{31} phɯŋ^{11} tɕha:i^{24} phɯŋ^{11} ɕəŋ^{55}. 他边走边唱。
　　　他　边　走　边　唱

（2）min^{31} phɯŋ^{11} tɕa:i^{24} phɯŋ^{11} kho^{53}. 他一边说，一边笑。
　　　他　边　唱　边　笑

（3）wa:i^{31} phɯŋ^{11} tɕha:i^{24} phɯŋ^{11} kin^{53}n̠a^{24}. 牛一边走一边吃草。
　　　牛　边　走　边　吃　草

C. thuŋ^{31}kan^{33} "同样"，用来连接名词、代词和短语。例如：

（1）lau^{24} ta:i^{33} ɕau^{55} lau^{24} n̠i^{33} thuŋ^{31}kan^{33} ɬuŋ^{53}. 老大和老二一样高。
　　　老　大　和　老　二　同样　高

（2）min³¹ ɕau⁵⁵ mau¹³¹ thuŋ³¹kan³³ ʔdai⁵³ɬaːu³³. 她和你一样漂亮。
　　　她　和　你　　同样　　漂亮

（3）ŋe⁵⁵nai³⁵ ɕau⁵⁵ ŋe⁵⁵min²⁴ thuŋ³¹kan³³ ʔdai⁵³. 这个和那个一样好。
　　　个 这　和　个 那　　同样　　好

（4）mau³¹ ɕau⁵⁵ nɔŋ¹¹ɬaːu⁵³ kəu⁵³ thuŋ³¹kan³³ ɬuŋ⁵³. 你跟我妹妹一样高。
　　　你　和　妹妹　　我　　同样　　高

（5）phi⁵⁵ʔbaːu³³ kəu⁵³ ɕau⁵⁵ min³¹ thuŋ³¹kan³³ ɕak⁵⁵. 我哥哥跟他一样勤快。
　　　哥哥　　我　和　他　　同样　　勤快

D. mi⁵⁵tshɯ³³…ʔɯ³¹tshɯ³³…"不是……而是"，表示肯定、否定两个方面的对照，具有转折的意味。例如：

（1）kəu⁵³ mi⁵⁵tshɯ³³ mi⁵⁵tɕak⁵⁵, ʔɯ³¹tshɯ³³ mi⁵⁵ ɬuːŋ²⁴ hit⁵⁵.
　　　我　不是　　不会　　而是　不　想　做
我不是不会，而是不想做。

（2）min³¹ mi⁵⁵tshɯ³³ ɬai³³nuŋ³¹, ʔɯ³¹tshɯ³³ ɬai³³waŋ³¹.
　　　他　不是　　小农　　而是　　小王
他不是小农，而是小王。

（二）表选择关系

主要有 ɬɯ³¹wa³³ "或者"、mi³³tshɯ³³…tɕau³¹… "不是……就是……"、ȵaŋ³¹tshɯ³³ "还是"。ɬɯ³¹wa³³ "或者" 和 ȵaŋ³¹tshɯ³³ "还是" 的用法相近，通常情况下可以通用。

A. ɬɯ³¹wa³³ "或者"：表示一件事情两种的选择，都用在疑问句中。例如：

（1）mau³¹ pai⁵³ ɬɯ³¹wa³³ min³¹ pai⁵³? 你去还是他去？
　　　你　去　或者　　他　去

（2）tɕa⁵³ tɕəŋ⁵³kin⁵³ ɬɯ³¹wa³³ tɕɯ³⁵kin⁵³? 鱼是蒸着吃还是煮着吃？
　　　鱼　蒸　吃　　或者　煮　吃

（3）mau³¹ ʔau⁵³ kaːi²⁴ke³¹ ȵaŋ³¹tshɯ³³ ʔau⁵³ ʔɛŋ⁵³ke³¹? 你要大的还是小的？
　　　你　要　大　的　　还是　　要　小　的

（4）mau³¹ tshɯ³³ pai⁵³ ŋɔi³¹ ɬɯ⁵³ ȵaŋ³¹tshɯ³³ pai⁵³ ŋɔi³¹ ten³⁵ʔiŋ⁵³?
　　　你　是　去　看　书　　还是　　去　看　电影
你是去看书还是看电影？

（5）ʔbɔŋ⁵³mau³¹ pai⁵³ ȵaŋ³¹tshɯ³³ ʔbɔŋ⁵³ɬau³¹ pai⁵³? 你们去还是我们去？
　　　你们　去　　还是　　我们　去

B. ȵaŋ³¹tshɯ³³ "还是"：表示 "选择要还是不要"，即同一个人对某件事情的两种选择。一般用在疑问句中。例如：

（1）mau³¹ pai⁵³ ɳaŋ³¹tshɯ³³ mi⁵⁵ pai⁵³? 你去还是不去？
　　　你　 去　 还是　　　不　去

（2）mau³¹ kam⁵³ ʔdai²⁴ khɯn²⁴ ɳaŋ³¹tshɯ³³ kam⁵³ mi⁵⁵khɯn²⁴?
　　　你　 拿　　 得　　动　　 还是　　　拿　 不　动
　　你拿得动拿不动？

C. mi⁵⁵tshɯ³³…tɕau³¹… "不是……就是……"：表示非此即彼义的选择关系，理论上来看，句中两种选择项哪个先哪个后是任意的。例如：

（1）ɬɔŋ⁵³ phi⁵⁵ɬa:u⁵³ mi⁵⁵tshɯ³³ tam³³ thɔk⁵⁵ tɕau³¹ thiu⁵³ jo:k³³.
　　　二　 姐妹　　　不是　　　织　布　　就　　绣　花
　　姐妹俩不是织布就是绣花。

（2）min³¹ phin³¹wan³¹ mi⁵⁵tshɯ³³ ŋoi³¹ɬɯ⁵³ tɕau³¹ ɬɛ²⁴tɕhi³³.
　　　他　 整天　　　　不是　　　看　书　　 就　 练字
　　他整天不是看书就是练字。

（3）ʔoŋ⁵³ mi⁵⁵tshɯ³³ ku:k³³khai³³ tɕau³¹ thɔ³¹fu:n³¹.
　　　爷爷　不是　　　种　地　　　就　　砍　柴
　　爷爷不是种地就是砍柴。

（三）表顺承关系

主要有ʔit⁵⁵…tɕau³¹ "一……就……"。表示两个动作或两件事先后出现，有时甚至几乎同时发生。例如：

（1）kai⁵⁵ ʔit⁵⁵ ɳa:m⁵⁵ khan⁵³ min³¹ tɕau³¹ tun³³ na³³. 鸡一打鸣他就起来了。
　　　鸡　 一　　刚　　打鸣　他　　就　　起来　了

（2）mei³³fa¹¹ ʔit⁵⁵ luŋ³³ ja³¹ ʔbɔŋ⁵³ɬau³¹ tɕau³¹ mɯ³¹ men⁵³tɕha⁵³.
　　　天气　　 一　 亮　　了　我们　　　 就　　去　　爬山
　　天一亮我们就去爬山。

（3）min³¹ ʔit⁵⁵ ʔdai²⁴ kham³³ ʔɔk³³ pai⁵³ tɕau³¹ mi⁵⁵ hoi³¹ma³¹.
　　　他　 一　 得　　走　　出　去　　就　　不　　回来
　　他一走就不回来了。

（4）min³¹ ʔit⁵⁵ tɕa:ŋ²⁴kɔ²⁴ tɕau³¹ mi⁵⁵ thiŋ³³ phai³¹ nən³³. 他一讲就没个完。
　　　他　 一　 讲话　　　　就　　不　　停　　次　 一

（5）kəu⁵³ ʔit⁵⁵ ɳɔm³³ ja³³ tɕau³¹ ɬu¹¹na²⁴. 我一看就会。
　　　我　 一　 看　　了　 就　　知道

（6）la:n⁵³ʔba:u³¹ ʔit⁵⁵ ɳɔm³³ kəu⁵³ tɕau³¹ len³³ ja³¹. 侄子一看见我就跑了。
　　　侄子　　　　一　看见　　我　　就　　跑　了

（四）表递进关系

主要有 mi⁵⁵ta:n⁵³…ʔə³¹tɕhɛ⁵⁵… "不但……而且……"，用于表示后一分

句的意义比前一分句更进一层。例如：

（1）min³¹ mi⁵⁵ta:n⁵³ hit⁵⁵ ʔdai²⁴ khwa:i³⁵, ʔə³¹tɕhɛ⁵⁵ hit⁵⁵ ʔdai²⁴ ʔdai⁵³.
　　　他　不但　做　得　快　　而且　做　得　好
　　　他不但做得快，而且做得好。

（2）ɬai³³fa:ŋ³³ mi⁵⁵ta:n⁵³ thɔk³³ɬɯ⁵³li³³ha:i³⁵, ʔə³¹tɕhɛ⁵⁵ ma³⁵ʔdai²⁴
　　　小芳　　　不但　　读书　　厉害　　　而且　　长得
　　ʔdai⁵³ʔba:u³³.
　　　漂亮
　　　小芳不但读书厉害，而且长得漂亮。

（五）表转折关系

主要有 ɬai⁵⁵jen³¹…tho¹¹…"虽然……但"、mi⁵⁵lu:n³³…n̠ɯ³³…"无论……也"、mi⁵⁵ku:n³⁵…tu⁵⁵…"不管……都"、mi⁵⁵tshɯ³³…ʔɯ³¹tshɯ³³…"不是……而是"、tho¹¹ "不过、可是、却"、ma:i³¹ka⁵³…n̠ɯ³³…"尽管……也"。通常用于表示要表达的意义与前一分句发生了转折。例如：

（1）ʔi³⁵ ma:k³³pha:u³¹ nai³⁵ ɬai⁵⁵jen³¹ ka:i²⁴, tho¹¹ mi⁵⁵ wa:n⁵³ la:i⁵³.
　　　些　柚子　　　这　虽然　大　但　不　甜　多
　　　这些柚子虽然大，但是不甜。

（2）mi⁵⁵lu:n³³ phən⁵³ noŋ³¹ la:i⁵³ noŋ³¹noi¹¹, kəu⁵³ n̠ɯ³³ pit³³ɬi³³ pai⁵³ ŋoi³¹
　　　无论　　雨　下　多　下　少　　我　也　必须　去　看
　　min³¹.
　　　他
　　　无论雨下得大不大，我也必须去看他。

（3）mi⁵⁵lu:n³³ mi³¹ tɕhe³³ mi⁵⁵mi³¹ tɕhe³³, kəu⁵³ n̠ɯ³³ ʔau⁵³ pai⁵³.
　　　无论　　有　车　没有　车　　我　也　要　去
　　　无论有没有车，我也要去。

（4）mi⁵⁵ku:n³⁵ khən³¹thaɯ³¹ ma³¹ nu:n³¹, min³¹ tu⁵⁵ mi⁵⁵ thiŋ³³.
　　　不管　　　谁　　来　　劝　　　她　都　不　听
　　　不管谁来劝说，她都不听。

（5）kəu⁵³ mi⁵⁵tshɯ³³ mi⁵⁵tɕak⁵⁵, ʔɯ³¹tshɯ³³ mi⁵⁵ ɬɯ:ŋ²⁴ hit⁵⁵.
　　　我　不是　　　不会　　　而是　　不　想　做
　　　我不是不会，而是不想做。

（6）ŋe⁵⁵ khən³¹nai³⁵ mi³¹ ha²⁴ la:i⁵³ jai³¹, tho¹¹ kəu⁵³ n̠ɯ³³ nat⁵⁵.
　　　个　人　　这　有　好　多　缺点　但　我　也　喜欢
　　　这个人很多缺点，不过我喜欢。

（7）ma:i³¹ka⁵³ tʰɐu³¹tʰi³¹min²⁴ hau³⁵ joŋ³¹n̠i³³, ɬai³³miŋ³¹ n̠ɯ³³ hit⁵⁵wa:ŋ¹¹.
　　　尽管　　道　题　那　好　容易　　　小明　　也　做　错
　　　尽管那道题很简单，小明也做错了。

（8）ʔbaɯ³¹ ɬɯ²⁴kʰwa⁵⁵ nai³⁵ mi⁵⁵ʔdai⁵³ n̠ɔm³³，tʰo¹¹ kəu⁵³ nat⁵⁵ nuŋ³³.
　　　件　　衣服　　　这　不　　好看　　可是　我　喜欢　穿
　　　这件衣服不太好看，可是我喜欢穿。

（六）表示因果关系

主要有 jin⁵³wi³³…ɬo³⁵ji³³… "因为……所以……"，日常交流说话时通常也可以省略前面的"因为"。例如：

（1）jin⁵³wi³³ lu³³ tha:i³³ kʰap¹¹, ɬo³⁵ji³³ tɕʰɛ⁵³ kwa³³ pai⁵³ mi⁵⁵ ʔdai²⁴.
　　　因为　路　太　窄小　　所以　车　过　去　不　得
　　　因为路太窄，所以车子过不去。

（2）jin⁵³wi³³ kəu⁵³ ʔbau³⁵ tɕep⁵⁵, ɬo³⁵ji³³ n̠u³³ kin⁵³ ja⁵³.
　　　因为　我　头　疼　　所以　在　吃　药
　　　因为我头疼，所以在吃药。

（3）ma:k³³tɕe³¹ pʰin³¹ ʔdai²⁴ tha:i³³ la:i⁵³, ɬo³⁵ji³³ mi³¹ kʰa³³mai¹¹ ŋa:i³¹ ʔa:t³⁵
　　　荔枝　　　结　　得　太　　多　　所以　有　树枝　　　被　压
tak⁵⁵ ja³³.
断　了
　　　荔枝结得太多，所以有些树枝都被压断了。

（4）min³¹mi⁵⁵ pai⁵³kwa³³, ɬo³⁵ji³³ ɬɯ:ŋ²⁴ pai⁵³. 他没去过，所以才想去。
　　　他　没　去　过　　　所以　　想　去

（5）mɛ³³fa¹¹ ʔda:ŋ³⁵, ɬo³⁵ji³³ ʔau⁵³ nam¹¹ ʔdɯ:t⁵⁵ la:i⁵³.
　　　天气　　冷　　　所以　要　水　热　多
　　　天气冷，所以要多打些热水。

（七）表示假设关系

主要有 ju³¹ko⁵⁵ "如果"。岱话与汉语接触过程中，受强势语言汉语的影响借进了汉语借词 ju³¹ko⁵⁵ "如果"来表示假设关系。例如：

（1）ju³¹ko⁵⁵ ɬeu³¹ kʰan³¹tʰa³³ pai⁵³ tɕau³¹ kʰɯŋ³¹ kwai⁵³ ja³³.
　　　如果　　跟　　河岸　　　去　　就　　更　　远　了
　　　如果沿着河边走就更绕了。

（2）ju³¹ko⁵⁵ maɯ³¹ nat⁵⁵, kəu⁵³ tɕau³¹ ɬɯ²⁴ ja³³.
　　　如果　　你　喜欢　　我　　就　　买　了
　　　如果你喜欢的话，我就买了。

（3） ju³¹ko⁵⁵ wan³¹ɕuk³³ phən⁵³tok⁵⁵, kəu⁵³ tɕau³¹ mi⁵⁵ pai⁵³.
　　　如果　明天　　下雨　　我　就　不　去
　　　如果明天下雨，我就不去。

（4） ju³¹kɔ²⁴ wan³¹ɕuk³³ mi⁵⁵ noŋ³¹phən⁵³, ʔbɔŋ⁵³ɬau³¹ tɕau³¹pai⁵³tɕai³¹
　　　如果　　明天　　不　　下雨　　　我们　　　就　去
　　　ma:k³³kui³⁵.
　　　种　香蕉
　　　如果明天不下雨，我们就去种香蕉。

（5） wan³¹nai³⁵ phən⁵³tok⁵⁵ tha:i³³ ka:i²⁴, mau³¹ mi⁵⁵ɕai²⁴ hoi³¹mu³¹ lo³³.
　　　今天　　　下雨　　　太　大　　你　别　　回去　　了
　　　要是雨太大，你今天就别回去了。

（6） ju³¹ko⁵⁵ mi⁵⁵mi³¹ min³¹, kin³¹ fi:k³⁵ nai³⁵ hit⁵⁵ mi⁵⁵ ʔdai²⁴.
　　　如果　没有　　　他　件　事情　这　做　不　得
　　　要是没有他，这件事办不成。

二　连词的语法特征

（一）连词具有连接性

但是不能单独充当句子成分，不能单独用来回答问题，也不能同所连接中的一方单独使用。

1.（1） ɬo³⁵ji³³ ȵu³³ kin⁵³ ja⁵³. 所以在吃药。（不符合要求）
　　　　所以　在　吃　药

（2） jin⁵³wi³³ kəu⁵³ ʔbau³⁵ tɕep⁵⁵, ɬo³⁵ji³³ ȵu³³ kin⁵³ ja⁵³.（符合要求）
　　　因为　　我　　头　　疼　　所以　在　吃　药
　　　因为我头疼，所以在吃药。

2.（1） ju³¹ko⁵⁵ mi⁵⁵mi³¹ min³¹. 要是没有他。（不符合要求）
　　　　如果　没有　他

（2） ju³¹ko⁵⁵ mi⁵⁵mi³¹ min³¹, kin³¹ fi:k³⁵ nai³⁵ hit⁵⁵ mi⁵⁵ʔdai²⁴.（符合要求）
　　　如果　没有　他　件　事情　这　做　不　得
　　　要是没有他，这件事办不成。

（二）连词具有双向性或多向性

即连词不能只同一个对象结合使用，所关涉的语言单位有两个或两个以上，因此只要有连词出现的句子，不管是一个连词独立使用，还是两个连词配对照应使用，都一定有它所关涉的两个或两个以上的语言单位出现。例如：

（1）kəu⁵³ ɕau⁵⁵ maɯ³¹ tu⁵⁵ ȵu³³ thɔk³³ɬɯ⁵³. 我和你都在读书。
我 和 你 都 在 读书

（2）ʔbɔŋ⁵³maɯ³¹ pai⁵³ ɬɯ³¹wa³³ ʔbɔŋ⁵³ɬau³¹ pai⁵³? 你们去还是我们去？
你们 去 或者 我们 去

（3）tha⁵⁵wan³¹ ŋaːm³³ noŋ³¹tɕha⁵³, haːi⁵⁵fa¹¹ tɕau³¹ ʔɔk³³ma³¹ ja³³.
太阳 刚 下山 月亮 就 出来 了
太阳刚下山，月亮就出来了。

第九节 介 词

介词是用在词或词组前面，在句法中起介引作用的一种虚词，表示处所、时间、方向、原因、目的、施事、受事等意义。介词本身不能单独使用，不能重叠，不能单独作句子成分。

一 介词的分类

（1）表示处所、方向、范围：tɕhoŋ³¹…thɯŋ⁵³ “从……到……”、ɬeu³¹ “跟、沿”、ȵu³³ “在”、thɯŋ⁵³ “到”；

（2）表示对象：ȵəŋ⁵⁵ “向”、hɯ²⁴ “给”、pa²⁴ “把”、ȵəŋ³³ “让”；

（3）表示比较：pi²⁴ “比”、kwa³³ “过”；

（4）表示被动：ŋaːi³¹ “被”。

二 介词的用法

A. pa²⁴ “把”，介引处置的对象，用于把字句中。例如：

（1）pa²⁴ mu⁵³ khaːi⁵³ ja³³. 把猪卖了。
把 猪 卖 了

（2）lum³¹phat¹¹ pa²⁴ ku⁵³ mai¹¹ phɯːŋ³¹ min²⁴ kha³³mai¹¹ phau³³ tak⁵⁵ ja³³.
大风 把 棵 树 边 那 树枝 吹 断 了
大风把那边的树枝吹断了。

（3）phən⁵³kaːi²⁴ pa²⁴ ɬɯ²⁴khwa⁵⁵ tu⁵⁵ lam³¹ ʔdit⁵⁵ ljeu¹¹ la³¹.
大雨 把 衣服 都 淋 湿 完 了
大雨把衣服都淋湿了。

（4）pa²⁴ nui³¹ ku³³kaːi³³ nai³⁵ ȵiu³⁵ pai⁵³. 把这些东西拿走。
把 些 东西 这 拿 去

（5）min³¹ pa²⁴ man¹¹ʔbuŋ³⁵ ɬai³¹pi:n³³ ɬa:u³¹ ɬa:u³¹ tɕau³¹ kin⁵³ la³³.
　　　他　把　红薯　　　随便　　洗　洗　就　吃　了
　　　他把红薯随便洗洗就吃了。
（6）noŋ¹¹ɬa:u⁵³ pa²⁴ ɬɯ²⁴khwa⁵⁵ ka:u³⁵ we³⁵ la³³. 妹妹把衣服弄脏了。
　　　妹妹　　把　衣服　　　　弄　脏　了

B. ŋa:i³¹ "被"，介引动作的施事，用于被动句中。例如：
（1）min³¹ ŋa:i³¹ tu⁵³ ma⁵³ khu:p³⁵ ʔa:k⁵³ nən³³. 他被狗咬了一口。
　　　他　被　词头　狗　咬　　口　一
（2）tɕa⁵³ ŋa:i³¹ tu⁵⁵ mɛu¹¹ khu:p³⁵ pai⁵³ la³¹. 鱼儿被猫叼走了。
　　　鱼儿　被　词头　猫　咬　去　了
（3）min³¹ ŋa:i³¹ to³³ ʔdo:t³¹ ja³³. 他被黄蜂刺了。
　　　他　被　黄蜂　刺　了
（4）kai⁵⁵ ɬɯ:n³¹ min³¹ ŋa:i³¹ hen⁵⁵mɛu³¹ kin⁵³ ja³³. 他家的鸡被野猫吃了。
　　　鸡　家　他　被　　野猫　　吃　了
（5）phi³³ɬa:u⁵³ ŋa:i³¹ fa:t³³ tɕhɛn³¹ ja³³. 姐姐被罚款了。
　　　姐姐　　被　罚　钱　了
（6）kha³³mai¹¹ ŋa:i³¹ ʔa:t³⁵ tak⁵⁵ na³³. 树枝被压断了。
　　　树枝　　　被　压　断　了

C. hɯ²⁴ "给、让、被"，是介词和动词的兼类，表示致使其后的动作发出者做出某种行为。例如：
（1）min³¹ hɯ²⁴ ŋu³¹ khup⁵⁵ ja³³. 他给蛇咬了。
　　　他　给　蛇　咬　了
（2）kai⁵⁵ɬɯ:n³¹ min³¹ hɯ²⁴ hen⁵⁵mɛu³¹ kin⁵³ ja³³. 他家的鸡给野猫吃了。
　　　鸡　家　他　给　　野猫　　吃　了
（3）kam⁵³ hɯ²⁴ kəu⁵³ ŋoi³¹ŋoi³¹. 拿来给我看看。
　　　拿　来　我　看看
（4）min³¹ hɛu³³ phi:n¹¹nai³⁵ ke³³ noŋ³³tɕi³⁵ hɯ²⁴ khən³¹ ȵom³³ ɬim⁵³ tɕik³¹.
　　　她　瘦　这样　　的　样子　　　给　人　　看　　心　疼
　　　她瘦小的样子看着让人心疼。
（5）khe³³nai³⁵ mi³¹ ki²⁴ tu⁵³ kai⁵⁵, hɯ²⁴ kəu⁵³ tim²⁴ mə³³ tim²⁴.
　　　这里　　有　几　只　鸡　　让　我　点　语气词　点
　　　这里有几只鸡？让我数一数。

D. ȵən³³ "让"，是介词和动词的兼类，含有"使令"义。例如：
（1）ȵən³³ kəu⁵³ pai⁵³. 让我去。
　　　让　我　去

（2）nəŋ³³ phi³³khɯi⁵³ pai⁵³ ɬɯ²⁴ ɕak³³ pa³¹! 让姐夫去买菜吧！
　　　让　 姐夫　　　去　买　 菜　吧

（3）mi⁵⁵ɕai²⁴ nəŋ³³ luk³³ʔɛŋ⁵³ ɕup³⁵ jin⁵³. 别让小孩吸烟。
　　　别　　 让　　小孩　　　 吸　 烟

（4）ŋɔi³¹ ʔdai⁵³ nuŋ³³，mi⁵⁵ nəŋ³³ min³¹ lak¹¹ pai⁵³.
　　　看　 好　 些　 不　让　　 他　 偷 去
　　　好好看着，不要让他偷走了。

（5）nəŋ³³ min³¹ ʔda³³ kəu⁵³. 让他骂我。
　　　让　 他　 骂　 我

（6）kəu⁵³ ʔau⁵³ ʔdai⁵³ ʔdai⁵³ ɬɔn⁵³ ɬɯ⁵³, hɯ²⁴ phɔ³³mɛ³³thau³⁵ pheŋ³³ɬim⁵³.
　　　我　 要　 好　　好　 学　 书　给　　父母　　　　　放心
　　　我要好好读书，让爸妈放心。

E. 用 pi²⁴ "比"、kwa³³ "过"、nəŋ⁵⁵ "向" 构成的介词结构可以放在谓词后面作补语。例如：

（1）pi⁵³ nəŋ³³ pi²⁴ pi⁵³ nəŋ³³ ʔdai⁵³. 一年比一年好。
　　　年　 一　 比　年　 一　 好

（2）khən³¹thaɯ³¹ kha:i⁵³ ʔbap⁵⁵ fe³³ hɯ²⁴ pa²⁴ ʔbɔŋ⁵³maɯ³¹?
　　　人　　谁　　卖　 玉米　种子　给　把　 你们
　　　谁卖给你们玉米种子？

（3）min³¹ mi³¹ tɕɛn³¹ kwa³³ kəu⁵³. 他比我富。
　　　他　 有　钱　　过　 我

（4）kəu⁵³ nəŋ⁵⁵ min³¹ nəm⁵³ ŋən³¹ ɬɯ²⁴ ɬɯ⁵³. 我向他借钱买书。
　　　我　 向　 他　 借　 钱　 买　 书

（5）min³¹ nəŋ⁵⁵ kəu⁵³ wak⁵⁵ mɯ³¹. 他向我招手。
　　　他　 向　 我　 招　 手

F. 用 ɬeu³¹ "跟沿"、ȵu³³ "在"、thɯŋ⁵³ "到"、tɕhoŋ³¹⋯thɯŋ⁵³ "从……到……" 构成的介词结构可以放在动词的前面和后面作状语和补语。例如：

（1）ju³¹ko⁵⁵ ɬeu³¹ khan³¹tha³³ pai⁵³ tɕau³¹ khɯŋ³¹ kwai⁵³ ja³³.
　　　如果　 沿　　河岸　　 去　 就　　 更　 远　 了
　　　如果沿着河边走就更绕了。

（2）wan³¹nai³⁵ min³¹ ȵu³³ khe³³nai³⁵ ȵu³³ kham³³ nəŋ³³.
　　　今天　　　　他　 在　 里这　　　 住　 晚　 一
　　　今天他在这住一晚上。

（3）min³¹ tɕhoŋ³¹ wan³¹wa³¹ thɯŋ⁵³ ɕi³³nai³⁵ tu⁵⁵ mi⁵⁵ kin⁵³ kwa³³ tɕau²⁴.
　　　她　 从　　 昨天　　 到　　 现在　　　都　没　吃　　过　 饭
　　　她从昨天到现在都没有吃过饭。

（4）tɕhoŋ³¹ pi⁵³kwa³³ thɯŋ⁵³ ɕi³³nai³⁵ kəu⁵³ tu⁵⁵ mi⁵⁵pai⁵³ lau⁵⁵ min³¹kwa³³.
　　　从　　去年　　到　　现在　　我　都　没　去　找　他　过
　　从去年到现在我都没去找过他。

（5）ʔbɔŋ⁵³min³¹ tɕhoŋ³¹ laɯ⁵⁵ɕau³¹ thɯŋ⁵³ kham³³ tu⁵⁵ ȵu³³ ɬai³³na³¹
　　　他们　　　从　　　早上　　　到　　晚上　　都　在　地里
　　hit⁵⁵koŋ⁵³.
　　做工
　　他们从早到晚都在地里干活。

第十节　助　词

助词是标明语言单位之间的结构关系或语法意义、表达句子语气的虚词，只表示语法意义，没有实在的词汇意义。金龙岱话的助词通常附着于实词、短语之后或位于句尾。根据其语法功能，大体上可分为结构助词、动态助词、语气助词、方式助词四类。

（一）结构助词

结构助词是附着在实词、短语或句子后面，标明其前面部分的句法成分属性，不能单独使用，有着稳定、独立的语音形式，通常表示程度或结果。金龙岱话中常见的结构助词有 ke³³ "的"、ʔdai²⁴ "得" 和 thɯŋ⁵³ "到"。

ke³³ "的"，具有多功能性，相当于汉语的结构助词 "的" 和 "地"，可用在人称代词、指人的名词或机关团体的名称前面，表示领有、修饰、限制关系。同时，可用作名物化助词，也可作语气助词用在句末等。

A. 表示领有关系

（1）min³¹ke³³ha⁵³　他的眼睛
　　　他　的　眼睛

（2）ɬɯːn³¹maɯ³¹ke³³mu⁵³　你家的猪
　　　家　　你　的　猪

（3）tɕaːŋ⁵³khui³⁵ke³³hin⁵³thoŋ³³　河里的石头
　　　河里　　　的　石头

（4）tɕhɛ⁵³ke³³lən³¹　车的轮子
　　　车　的　轮子

（5）ʔbɔŋ⁵³ɬau³¹ke³³paːn³⁵pi³¹　我们的朋友
　　　我们　　的　朋友

B. 表示修饰关系

（1）ʔdeŋ⁵³ke³³ɬɯ²⁴khwa⁵⁵　红色的衣服
　　　红色　的　　衣服

（2）ʔdai⁵³ʔba:u³³ke³³thai³³ɬu⁵³　漂亮的书包
　　　漂亮　　的　书包

（3）ɬuŋ⁵³ɬuŋ⁵³ke³³ʔduk⁵⁵ʔda:ŋ⁵³　高高的个子
　　　高高　　　的　个子

C. 表示限制关系

（1）wan³¹nai³⁵ke³³kuŋ³³tɕo³¹　今天的工作
　　　今天　　的　工　作

（2）pi⁵³na²⁴ke³³khau²⁴ka:k³³　明年的稻谷
　　　明年　的　稻谷

（3）kham³³wa³¹ʔu:n³⁵ke³³tɕa⁵³　昨晚煮的鱼
　　　昨晚　　煮　的　鱼

（4）tɕa:k⁵⁵khan⁵³ke³³kai⁵⁵ɬeŋ⁵³　会打鸣的公鸡
　　　懂　打鸣　的　鸡　公

D. ke³³结构在句中可作主语、谓语、宾语和定语。例如：

（1）ʔbɔŋ⁵³ɬau³¹ ke³³ la:u¹¹ɬai⁵³ tshu³³ khən³¹ hu³³nan³¹.
　　　我们　　的　老师　　是　人　　湖南
　　　我们的老师是湖南人。

（2）na³³la:n³¹ ke³³ ɬɯ:n³¹ ʔi³³kiŋ⁵⁵ ɬau³³ ʔdai²⁴ ja³³.
　　　姨　兰　的　房子　已经　　修　　得　了
　　　兰姨的房子已经修好了。

（3）pa³³laŋ⁵³ ke³³ ɬɯ:n³¹ tshu³³ tɕu³⁵ kəu⁵³ ke³³.
　　　后面　　的　房子　是　叔叔　我　的
　　　后面的房子是我叔叔的。

（4）phɯ:k⁵⁵lop³³lop³³ ke³³ tɕau²⁴ mɯ⁵³ hɔm⁵³thɯŋ³³thɯŋ³³ ke³³.
　　　白花花　　　　的　米饭　新　　香喷喷　　　　的
　　　白花花的新米饭香喷喷的。

ʔdai²⁴ "得"，是用于述补之间表示结果的补语助词，相当于普通话的"得"。例如：

kin⁵³ʔdai²⁴ʔim³³ 吃得饱　　　non³¹ʔdai²⁴kham³³ 睡得晚
　吃　得　饱　　　　　　　　　睡　得　晚

tun³³ʔdai²⁴ɕa:u¹¹ 起得早　　　ɕəŋ⁵⁵ʔdai²⁴ʔdai⁵³thiŋ³³ 唱得好听
　起　得　早　　　　　　　　　　唱　得　好听

（1）la:n⁵³ ki³³ ɕa³¹jip¹¹ ma³¹ hu²⁴ ʔoŋ⁵³, ʔoŋ⁵³ kho⁵³ ʔdai²⁴ mi⁵⁵ tɕak⁵⁵
　　孙子　寄　茶叶　　来　给　爷爷，爷爷　笑　得　不　知道

　　　　　ha:p³⁵ pa:k³³.
　　　　　关　嘴巴
　　　　　孙子给爷爷寄回茶叶，爷爷笑得合不拢嘴。
（2）tɕhi³³ min³¹ ɬɛ²⁴ ʔdai²⁴ ʔdai⁵³ʔba:u³³ khin²⁴ na³¹.
　　　　字　他　写　得　　　漂亮　　很　呐
　　　　他的字写得好极了。
（3）min³¹ pa²⁴ fa:ŋ³¹ pat⁵⁵ʔdai²⁴ ka:n⁵³ka:n⁵³tɕhiŋ³³tɕhiŋ³³ ke³³.
　　　　他　把　房子　扫得　　干干净净　　　　的
　　　　他把房间打扫得干干净净的。
（4）ŋa:m⁵⁵ ɬɯ²⁴ ma³¹ ke³³ tu⁵³ ma⁵³ len³³ ʔdai²⁴ khwa:i³⁵.
　　　　刚　买　来　的　词头　狗　跑　得　　快
　　　　刚买来的那头猎狗跑得快。

thɯŋ⁵³ "到"，通常用在动词和程度补语（一般是形容词或主谓词组作的补语）之间来表示强调。例如：

（1）min³¹ phi:t³⁵ thɯŋ⁵³ nam¹¹ ha⁵³ tu⁵⁵ lɯ:n⁵⁵ ja³³. 辣到她眼泪都出来了。
　　　　她　辣　到　水　眼睛　都　出来　了
（2）nɔŋ¹¹ɬa:u⁵³ kho⁵³ thɯŋ⁵³ mai³¹ mi⁵⁵ tɯn³³ma³¹. 妹妹笑得站不起来。
　　　　妹妹　　笑　到　站　不　起来
（3）phɔ³³thau³⁵ tɯ³⁵ thɯŋ⁵³ ŋe⁵⁵ ʔda:ŋ⁵³ tu⁵⁵ mi⁵⁵ tɕik¹¹ ʔdai²⁴ khɯn²⁴.
　　　　爸爸　累　到　词头　身体　都　不　直　得　上
　　　　爸爸累得腰直不起来。

（二）动态助词

动态助词用在动词或形容词后，表示动词时态，壮语的动态助词主要有"ȵu³³着、kwa³³过、za³³/ja³³了"等几个虚词。

ȵu³³ "着，在"，表示动作或状态正在进行或持续，用在动词之后或述宾短语之间。例如：

（1）mɛ³³phɔ³¹ naŋ³³ ȵu³³ ku⁵³ȵa:ŋ³³ȵa:ŋ³³ ke³³ ȵɔm³³ la:n⁵³ thɛ:u³¹ ma³¹
　　　　奶奶　　坐着　笑哈哈　　　的　看　孙子　跳　来
　　　　thɛ:u³¹ pai⁵³.
　　　　跳　去
　　　　奶奶笑眯眯地坐着看孙子蹦蹦跳跳。
（2）mi³¹ tu⁵³ mɛu³¹ nəŋ³³ ȵu³³ ʔi³⁵ than³³thiŋ³¹ fu:m³¹ ȵu³³.
　　　　有　只　猫　一　在　椅子　上面　　趴　着
　　　　有只猫在椅子上趴着。

通常 ȵu³³ "着，在"可以与 tɕiŋ³⁵ "正、正在"搭配使用。例如：

（1）wa:i³³nɔk³³ tɕiŋ³⁵ n̠u³³ noŋ³¹phən⁵³ nə³³. 外面正在下着雨呢。
　　　外面　　正　在　　下雨　　　呢
（2）ʔbɔŋ⁵³min³¹ tɕiŋ³⁵ n̠u³³ ŋɔi³¹ ten²⁴ɕi²⁴. 他们正在看电视。
　　　他们　　　正　在　看　电视

kwa³³ "过"，借自汉语的"过"，经历体标记。表示曾经发生过某一动作或存在某一状态，但目前该动作或状态不再进行或存在，它位于动词或形容词后面，表示完成体或经验体。例如：

（1）min³¹ mi³¹tɕhaŋ³¹ naŋ³³ kwa³³ fi³³ki³³. 他没坐过飞机。
　　　他　不曾　　　坐　过　　飞机
（2）kəu⁵³ ki²⁴ phai³¹ thiŋ³³ kwa³³ ɬai³³li³¹ ɕəŋ⁵⁵kɔ⁵⁵. 我听过几次小李唱歌。
　　　我　几次　听　　过　　小李　　唱歌

za³³/ja³³ "了"，语气助词和完成体助词的兼类，用在动词、形容词或述宾短语之后，表示动作或状态变化已经完成。例如：

（1）ʔdaɯ⁵³ ɬɯ:n³¹ nɯ³³ n̠u³³ mi⁵⁵mi³¹ ja³³. 家里肉也没有了。
　　　里　家　肉　也　没有　　了
（2）min³¹ pa²⁴ ɬɯ²⁴khwa³³ ɬak³³ ja³¹. 她把衣服洗了。
　　　她　把　衣服　　　洗　了
（3）min³¹ ŋa:m⁵⁵ ɬɔn⁵³ ja³³ ʔbɯ:n³¹ nəŋ³³. 他才学了一个月。
　　　他　刚　　学　了　月　　一
（4）wan³¹ɕuk³³ ʔiŋ⁵³ka:i⁵³ mi⁵⁵ noŋ³¹phən⁵³ ja³³? 明天应该不会下雨了吧？
　　　明天　　　应该　　　不　下雨　　　吧
（5）pak³³ fan³⁵ nai³⁵ kəu⁵³ ŋa:m⁵³ kin⁵³ pu:n³³ nəŋ³³ tɕau³¹ mi⁵⁵ ɬɯ:ŋ²⁴
　　　碗　粉　这　我　刚　　吃　半　一　就　不　想
kin⁵³ ja³³.
吃　了
这碗粉我吃了一半就不想吃了。
（6）kəu⁵³ ɬak³³ ja³³ ɬɯ²⁴khwa³³ la³¹. 我洗了衣服了。
　　　我　洗　了　衣服　　　了
（7）min³¹ tɕhɛu³⁵ ʔdai²⁴ ɕak⁵⁵ ja³³. 他炒好菜了。
　　　他　炒　　得　菜　了

（三）语气助词

语气助词是用来表示说话的不同语气、感情色彩，一般放在句子的末尾，可分陈述语气词、疑问、反诘、揣测语气词和祈使语气、感叹语气词等。通常来说，语气助词声调不稳定。

A. 表示陈述语气。例如：

（1）noŋ³¹ phən⁵³ ja³³. 下雨了。
　　　下　　雨　　了

（2）mɯ³¹ ʔɔk³³thɯ³³ ja³³. 手出汗了。
　　　手　　出　汗　　了

（3）wa:i³¹ɬɯ⁵⁵ ŋa:i³¹ ʔbɔŋ⁵³ɬau³¹ kha:i⁵³ ja³³. 母水牛被我们卖了。
　　　水牛　　　母　　被　　我们　　卖　　了

（4）nui³¹mai¹¹nai³⁵ ŋoŋ³¹ ja³³, wa:k³⁵ pai⁵³ lo³¹. 这些树枯了，砍掉吧。
　　　些　树　这　　　枯　　了　　砍　　去　　了

（5）ʔbɔŋ⁵³ɬau³¹ mi⁵⁵ pai⁵³ la³³, maɯ³¹ ɕi³³ki²⁴ pai⁵³ pa³¹.
　　　我们　　　　不　去　　了　　你　　自己　　去　　吧
　　我们不去了，你自己去吧。

B. 表示感叹语气。例如：

（1）min³¹ jau³³ ɬɯ²⁴ ja³³ tɕa³³ mɔ⁵⁵thɔk³³tɕhɛ⁵³ nəŋ³³.
　　　他　又　买　了　辆　　摩托车　　　一
　　他又买了一辆摩托车呢。

（2）ta:i³³ka⁵⁵ ha²⁴laŋ⁵³ tu⁵⁵ mi⁵⁵ kin⁵³ tɕoŋ³³ ɕak⁵⁵ nai³⁵ la³¹.
　　　大家　　　好久　　　都　不　　吃　　种　　菜　　这　　啦
　　大家都很久没吃这种菜啦。

（3）ai³³ja³¹, tɕa⁵³ ŋa:i³¹ tu⁵³ mɛu¹¹ khu:p³⁵ pai⁵³ ja³¹!
　　　哎呀，　鱼　　被　　词头　猫　　咬　　去　　啦
　　哎呀，鱼儿被猫叼走啦！

（4）ʔəi⁵³, kəu⁵³ lɯm³¹ ja³³! 哦，我忘记了！
　　　哦　　我　　忘记　　了

（5）ja³¹, ŋe⁵⁵ nai³⁵ tɕan⁵³ ʔdai⁵³ɬa:u⁵³ lo³¹! 呀，这里真漂亮！
　　　呀　词头　这　　真　　漂亮　　　语气词

（6）ʔoi⁵³, ɬɯ:n³¹ maɯ³¹ phi:n¹¹nai³⁵ we²⁴ la:i⁵³ jo³¹!
　　　啊　　房子　　你　　这么　　　　脏　　多　　哟
　　啊，你的房间这么脏哟！

C. 用于祈使句，表示"请求""邀请""建议"等，例如：

（1）maɯ³¹ mi⁵⁵ɕai²⁴ hai²⁴ ja³³! 你别哭嘛！
　　　你　　别　　　哭　　语气词

（2）tu⁵³ khai⁵³ ja³¹, ta:i³³ka⁵⁵ khau²⁴ pai⁵³ naŋ³³ pa³¹!
　　　门　开　了　　大家　　　进　　去　　坐　　吧
　　门打开了，大家进去坐吧！

（3） maɯ³¹ wan³¹ɕuk³³ tɕaːi³³ ma³¹ na¹¹! 你明天再来吧！
　　　你　　明天　　再　来　语气词
（4） ʔbɔŋ⁵³ɬau³¹ pai⁵³ tɕɔi³³ min³¹ na³³! 我们去帮他吧！
　　　我们　　去　帮助　他　语气词

D. 用于疑问句，表示征求意见或求证的语气。例如：
（1） hit³³ɬaɯ³¹ mi⁵⁵ thɯ⁵³ kuːŋ³⁵ ne⁵⁵? 怎么不带伞呢？
　　　怎么　　不　带　雨伞　呢
（2） tshɯ³³ maɯ³¹ pa²⁴ ɬɯ²⁴khwa³³ ɬak³³ ja³¹ ma³¹? 是你把衣服洗了吗？
　　　是　　你　把　衣服　　　洗　了　吗
（3） maɯ³¹ thuk⁵⁵ puk⁵⁵ po⁵⁵li⁵⁵ mi⁵⁵ pak⁵⁵ ŋa⁵⁵? 你砸碎玻璃不赔吗？
　　　你　砸　破　玻璃　　不　赔　啊
（4） kəu⁵³ ȵɔm³³ ȵɔm³³ ɬɯ⁵⁵ maɯ³¹ ʔdai²⁴ mi⁵⁵? 我看看你的书好吗？
　　　我　看　看　书　你　　得　不
（5） min³¹ ȵam¹¹ mi⁵⁵ ȵam¹¹ kəu⁵³ nə⁵⁵? 他喜不喜欢我呢？
　　　他　喜欢　不　喜欢　我　呢
（6） min³¹ tshɯ³³ mi⁵⁵ tshɯ³³ khən³¹ tai³¹ nə³³? 她是不是壮族人呢？
　　　她　是　不　是　人　岱　呢
（7） maɯ³¹ tshɯ³³ mi⁵⁵ tshɯ³³ luk³³ min³¹ na³¹? 你是不是他儿子呀？
　　　你　是　不　是　儿子　他　呐

（四）方式助词

用来表示方式的助词，都是用在动词的后面。mi³¹ "有" 表示"存在"，它的后面还能带宾语。ʔau⁵³ "要" 表示"方式"，它的后面不能再带宾语。例如：

（1） tɕha⁵³ than³³thiŋ³¹ mi³¹ ɬau³³ mai¹¹ li³¹ nən³³. 山上有一片梨树。
　　　山　　上面　　　有　片　树　梨　一
（2） mi³¹ tu⁵³ mɛu¹¹ nən³³ fum³¹ nu³³ taŋ³³ than³³thiŋ³¹. 有只猫趴在凳子上。
　　　有　只　猫　一　趴　在　凳子　上面
（3） ɕiŋ³¹ than³³thiŋ³¹ khwɛn⁵³ mi³¹ fu⁵⁵ wa²⁴ nən³³. 墙上挂有一幅画。
　　　墙　上面　　　挂　有　幅　画　一
（4） thoŋ³³tɕaːŋ⁵³ tɕhɛ⁵³ naŋ³³ nu³³ ɬoŋ⁵³ khən³¹ waːi³⁵kuːk³¹.
　　　中间　　　车　坐着　　二　人　外国
　　　车子里坐着两个外国人。
（5） kəu⁵³ mi⁵⁵ɕau⁵⁵ ɬai³³li³¹ pai⁵³, ɕau⁵⁵ maɯ³¹ thɔ³¹kan³³ pai⁵³.
　　　我　不跟　　小李　　去　跟　你　一起　　去
　　　我不跟小李去，我要跟你一起去。

（6）maɯ³¹ kam⁵³ ma³³. 你拿着。
　　　你　　拿　　着

第十一节　叹　词

叹词是一种比较特殊的词类，用于表达感叹、喜爱、厌恶、愤怒、轻蔑、惧怕、招呼或应答等情感，一般没有具体实在的词汇意义。"叹词独立于句法结构之外，是说话时表示喜悦、赞美、愤怒、悲伤、忧伤、惊讶等强烈感情的声音的词和表示呼唤、应答的声音的词。"①

叹词的独立性很强，一般不与别的词语组合，只能独立用作感叹语，同一个感叹词可表达不同的感情。在语义上，叹词不表示概念义，只表示情感色彩，通常能表现强烈的感情，是个人内心情绪的语言流露。在句中一般居于句首，也可居于句与句之间。

一　表示呼唤、打招呼

与人打招呼时，通常在句首用叹词来表示，以引起别人的注意。例如：
（1）a:i³¹, ʔau³¹tɕu³⁵, fɔ³⁵tɕhɛ⁵⁵tsa:n³³ nə⁵⁵ hit³³ɬaɯ³¹ tɕha:i²⁴ ja³³?
　　　哎　阿叔　　火车站　　语气词　怎么　　走　　呀
　　　哎，阿叔，火车站怎么走？
（2）wai³¹, ʔau⁵³ mi⁵⁵ ʔau⁵³ tɕhɔi³⁵ ja³³? 喂，要不要帮忙？
　　　喂　　要　不　要　帮忙　呀
（3）wai³¹, maɯ³¹ ʔdai²⁴n.in³¹ kəu⁵³ tɕa:ŋ²⁴kɔ²⁴ me³¹?
　　　喂　　你　　听见　　　我　讲话　　　么
　　　喂，你听见我说话了吗？

二　表示回应

通常在句首加上一个语气词表示回应别人的问话。例如：
（1）ən³¹, kəu⁵³ ɬu¹¹na²⁴ ja³³. 嗯，我知道了。
　　　嗯　我　　知道　　了
（2）ɔ³¹, ŋe⁵⁵nai³⁵ mi⁵⁵ tshɯ³³ maɯ³¹ ke³³ ɬɯ²⁴khwa⁵⁵ ma⁵⁵?
　　　喏　词头　这　不　　是　　你　的　　衣服　　　吗
　　　喏，这不就是你的衣服？

---

① 邢公畹：《现代汉语教程》，南开大学出版社1994年版，第268—269页。

三 表示赞叹和惊讶语气

（1）ɔ³¹, ŋe⁵⁵ ɬɯːn³¹ maɯ³¹ thu³¹ kaːi²⁴ ja³¹! 哦，你们家房子好大呀！
　　 哦　词头　家　　你　　这　大　呀

（2）ho³¹, tu⁵³ tɕa⁵³ nai³⁵ tu⁵³ kaːi²⁴ ja³³! 嚯，好大的鱼！
　　 嚯　词头　鱼　这　词头　大　语气词

（3）oi³⁵jo³¹, thu³³ laːi⁵³ kaːi²⁴ ke⁵³ ɬi³³kwa³³! 噢哟，这么大的西瓜！
　　 噢哟　　这　　多　　大　　的　　西瓜

四 表示疑问

（1）hɔ³⁵, ŋe⁵⁵ thui²⁴ nai³⁵ khoːt³³ ja³³? 呦，碗怎么破了？
　　 呦　词头　碗　这　　破　了

（2）ji³⁵, maɯ³¹ hit⁵⁵ɬaŋ⁵⁵ mi³¹ thɯ⁵³ kɯːŋ²⁴ nə³³? 咦，怎么不带伞呢？
　　 咦　你　　怎么　　不　带　雨伞　呢

（3）jo³¹, maɯ³¹ naŋ³¹ ȵu³³ wa⁵⁵? 哟，你还在呀？
　　 哟　你　　还　在　呀

五 表示意外、惊讶

（1）hei³³, ɬɯːŋ²⁴ mi⁵⁵ thuŋ⁵³ maɯ³¹ ȵɯ³³ ma³¹ ja³³! 嘿，想不到你也来了！
　　 嘿　　想　　不　到　　你　　也　来　了

（2）a³¹, jen³¹ma³¹ tshu³³ maɯ³¹. 啊，原来是你。
　　 啊　原来　　是　你

（3）oi³⁵jo³¹, pi⁵³nai³⁵ thu³³ laːi⁵³ pəm³¹ ma¹¹. 噢哟，今年这么热啊。
　　 噢哟　　年　这　这　多　热　啊

六 表示痛楚和哀叹

（1）ai³³ja³¹, khən³¹thaɯ³¹ ȵam³³ ja³³ kha⁵³kəu⁵³ wa¹¹?
　　 哎哟　　　谁　　　　踩　语气词　脚　我　呀
　　 哎哟，谁踩了我的脚？

（2）o³⁵jo³¹, mup⁵⁵ kəu⁵³ nai³⁵ tɕep⁵⁵ khin²⁴! 啊哟，我肚子好疼啊！
　　 啊哟　肚子　我　这　疼　很

（3）o³⁵jo³¹, ʔdaːŋ³⁵ ʔdai²⁴ mi⁵⁵ ʔdai²⁴ ja³¹! 哎哟，冷得不行啊！
　　 哎哟　冷　　得　　不　　得　　啊

七 表示感叹

（1） ɔ³¹, kəu⁵³ tɕa:k⁵⁵ ja³³! 噢，我会了！
　　　噢　我　懂　　了

（2） a:i³¹, kəu⁵³ hit³³ɬauɯ³¹ tɕau³¹ luɯm³¹ ja³³? 唉，我怎么就忘记了呢？
　　　唉　我　怎么　　就　　忘记　了

（3） ha:i³¹, kəu⁵³ hit⁵⁵ɬaŋ⁵³ na³³ la:n³¹tɕha:n⁵³ phi:n¹¹nai³⁵.
　　　咳　我　怎么　助词　糊涂　　这么
　　　咳，我怎么这么糊涂。

（4） o³³, jen³¹ma³¹ tshɯ³³ min³¹ hit⁵⁵ ke³³. 噢，原来是他做的。
　　　噢　原来　　是　　他　做　的

第四章 壮语金龙岱话的短语结构

短语是由两个或两个以上的词借助一定的语法手段构成的、在意义和语法上能搭配而没有句调、大于词（word）但又小于句子（sentence）的语法单位，又叫词组，部分短语加上句调可以构成句子。

金龙岱话的短语结构反映了龙州壮语的句法结构，根据词与词之间不同的结构关系及语法关系，我们把金龙岱话的短语从结构上分为联合短语、主谓短语、动宾短语、偏正短语、述补短语、同位短语、兼语短语和连动短语八大类。

第一节 联合短语

由语法地位平等的两个或两个以上同属一类的实词组成，不同部分之间是联合关系，各组成部分的位置可以互换而不影响语义，构成成分之间可以加连词，也可以不加。成分之间不加连词时，一般有语音停顿。短语整体功能同部分功能一致，可细分为并列、选择等关系。

（一）表示并列关系的联合短语

用连词 cau^{55} "和"或者副词 jau^{31} "又"连接。

1. 名词与名词并列

名词并列项之间可不用连接词，也可用连词 cau^{55} "和"。例如：

$\text{pho}^{33}\text{thau}^{35}\text{mɛ}^{33}\text{thau}^{35}$ 爸爸妈妈
  爸爸 妈妈

$\text{phi}^{55}\text{noŋ}^{11}\text{la:u}^{11}\text{thuŋ}^{31}$ 亲戚朋友
  亲戚 朋友

$\text{ʔoŋ}^{53}\text{pho}^{31}$ 爷爷奶奶
 爷爷 奶奶

$\text{tɕau}^{24}\text{ɕak}^{55}$ 饭菜
  饭 菜

$\text{mɛ}^{33}\text{fa}^{11}\text{ɕau}^{55}\text{thi}^{33}$ 天地
 天 和 地

$\text{lau}^{24}\text{ta:i}^{33}\text{ɕau}^{55}\text{lau}^{24}\text{ɲi}^{33}$ 老大和老二
  老大 和 老二

$\text{kai}^{55}\text{ɕau}^{55}\text{pet}^{55}$ 鸡和鸭
 鸡 和 鸭

$\text{thui}^{33}\text{mɛ}^{33}\text{ɕau}^{55}\text{luk}^{33}\text{ʔdik}^{55}$ 妇女和儿童
  妇女 和 孩子

phi³³ʔbaːu³³ɕau⁵⁵nɔŋ¹¹ʔbaːu³³ 哥哥和弟弟
　　哥哥　和　弟弟

名物化结构的并列，中间的连词可用可不用。例如：

kɛ³³ti³¹ɕau⁵⁵ʔɔn³³ti³¹ 老的和年轻的　　kɛ³³ti³¹ʔɔn³³ti³¹ 老的年轻的
老　的　和　年轻　的　　　　　　　老　的　年轻　的

ʔdam⁵³ke³³ɕau⁵⁵khaːu⁵³ke³³ 黑的和白的　ʔdam⁵³ke³³khaːu⁵³ke³³ 黑的白的
黑　的　和　白　的　　　　　　　　黑　的　白　的

ʔdai⁵³ke³³ɕau⁵⁵jai³¹ke³³ 好的和坏的　　ʔdai⁵³ke³³jai³¹ke³³ 好的坏的
好　的　和　坏　的　　　　　　　　好　的　坏　的

luːŋ⁵³ke³³ɕau⁵⁵ʔɛŋ⁵³ke³³ 大的和小的　　luːŋ⁵³ke³³ʔɛŋ⁵³ke³³ 大的小的
大　的　和　小　的　　　　　　　　大　的　小　的

kin⁵³ti³³ɕau⁵⁵n̪am²⁴ti³³ 吃的和喝的　　kin⁵³ti³³n̪am²⁴ti³³ 吃的喝的
吃　的　和　喝　的　　　　　　　　吃　的　喝　的

2. 名词与代词或代词与名词并列

要用连词 ɕau⁵⁵ "和"。例如：

（1）phɔ³³thau³⁵ɕau⁵⁵ʔbɔŋ⁵³mɯɯ³¹ 爸爸和你们
　　　 爸爸　　和　　你们

（2）laːu¹¹ɫai⁵³ɕau⁵⁵ʔbɔŋ⁵³min³¹ 老师和他们
　　　 老师　　和　　他们

（3）ʔbɔŋ⁵³ɫau³¹ɕau⁵⁵phi³³ɫaːu⁵³mɯɯ³¹ 咱们和你姐姐
　　　 咱们　　和　　姐姐　你

（4）kəu⁵³ɕau⁵⁵mɛ³³thau³⁵ 我和妈妈
　　　 我　和　妈妈

3. 代词与代词并列

须使用连词 ɕau⁵⁵ "和"。例如：

kəu⁵³ɕau⁵⁵mɯɯ³¹ 我和你　　　　ɫau³¹ɕau⁵⁵ʔbɔŋ⁵³min³¹ 我们和他们
我　和　你　　　　　　　　　　我们　和　群　他

nui³¹nai³⁵ɕau⁵⁵nui³¹min²⁴ 这些和那些　ŋe⁵⁵nai³⁵ɕau⁵⁵ŋe⁵⁵min²⁴ 那个和这个
些　这　和　些　那　　　　　　　　个　这　和　个　那

4. 形容词或动词的并列

可用副词 jau³¹ "又"、wiːt³³…wiːt³³… "越……越……"、phuŋ¹¹…phuŋ¹¹… "一边……一边……"。例如：

jau³¹ɕak⁵⁵jau³¹ʔaːk³⁵ 又勤快又能干　　jau³¹kaːi³¹jau³¹ɫuŋ⁵³ 又大又高
又　勤快　又　能干　　　　　　　　又　大　又　高

jau³¹kin⁵³jau³¹kam⁵³ 又吃又拿　　　　wiːt³³pai⁵³wiːt³³kwai⁵³ 越走越远
又　吃　又　拿　　　　　　　　　　越　去　越　远

wi:t³³ɲɔm³³wi:t³³nat⁵⁵ 越看越喜欢　　phuɯŋ¹¹ɕəŋ⁵⁵phuɯŋ¹¹kho⁵³ 边唱边笑
　越　　看　越　喜欢　　　　　　　一边　唱　一边　笑

phuɯŋ¹¹tɕha:i²⁴phuɯŋ¹¹tɕa:ŋ²⁴ 边走边说
　一边　走　一边　讲

5. 谓词的肯定与否定并列
中间不能使用并列标记。例如：
tɕha:i²⁴mi⁵⁵tɕha:i²⁴ 走不走　　　　　　pai⁵³mi⁵⁵pai⁵³ 去不去
　走　不　走　　　　　　　　　　　　去　不　去
ʔdai⁵³mi⁵⁵ʔdai⁵³ 好不好　　　　　　　tɕa:ŋ²⁴mi⁵⁵tɕa:ŋ²⁴ 说不说
　好　不　好　　　　　　　　　　　　说　不　说

（二）表并列关系的联合短语内部有两个以上成分的
连词 ɕau⁵⁵"和"通常要加在最后两个成分之间。例如：
（1）tu⁵³ mu⁵³ tu⁵³ wa:i³¹ ɕau⁵⁵ tu⁵³ ʔbɛ²⁴ 猪、牛和羊
　　　词头　猪　词头　牛　　和　词头　羊
（2）phɔ³³thau³⁵ mɛ³³thau³⁵ ɕau⁵⁵ maɯ³¹ 爸爸、妈妈和你
　　　爸爸　　　妈妈　　　　和　你
（3）ʔbɔŋ⁵³ɫau³¹ ʔbɔŋ⁵³maɯ³¹ ɕau⁵⁵ phi³³ʔba:u³³ min³¹ 我们、你们和他哥哥
　　　我们　　　你们　　　　和　　哥哥　　　他

（三）表示选择关系的联合短语
要用连词 ɬɯ³¹wa³³"或者"、ɲaŋ³¹tshɯ³³"还是"连接。例如：
（1）ma:k³³ man³¹ ɬɯ³¹wa³³ ma:k³³ tha:u³¹ 桃子还是李子
　　　果　李　　或者　　果　桃
（2）ɫa:m⁵³ wan³¹ ɬɯ³¹wa³³ ɬi³⁵ wan³¹ 三天或者四天
　　　三　天　　或者　　四　天
（3）kin⁵³ ɲaŋ³¹tshɯ³³ nɔn³¹ 吃还是睡
　　　吃　还是　　睡
（4）ɕəŋ⁵⁵kɔ⁵⁵ ɲaŋ³¹tshɯ³³ thɛ:u³¹ɕɯ:k³³ 唱歌还是跳绳
　　　唱歌　　还是　　　跳绳

金龙岱话的联合短语有以下四个特点：
（1）联合短语的并列成分可以有两项，也可以有多项。
（2）组成联合短语的各部分常常是同类词或同类型的超词形式。
（3）并列的各部分之间有时停顿，有时不停顿；并列的各部分之间，有时可用连词或副词来连接。
（4）各并列项的次序有些可以改变，改变后不影响短语的结构关系和意义，但表达的意义有细微差别。习惯上已固定的次序，不能随意改变。短语中如果反映了客观事理的逻辑顺序，也不能改变并列项的次序。

第二节 主谓短语

主谓短语是由主语、谓语两部分构成的短语。主语和谓语表示陈述与被陈述的关系，主语位于谓语前。根据其内部的结构成分，主语多由名词充当，动词、形容词、数量短语和主谓短语在一定条件下也可充当；谓语多由动词、形容词或以动词、形容词为中心的短语充当。从金龙岱话主谓短语的结构形式来看，主要有以下几种形式：

1. 谓语是名词

wan^{31}wa^{31}li^{55}pa:i^{35} 昨天星期天　　wan^{31}ɕuk^{33}kwa^{53}nen^{31} 明天过年
　昨天　　礼拜天　　　　　　　　　明天　　过年

wan^{31}nai^{35}toŋ^{53}tɕi^{33} 今天冬至　　wan^{31}lɯ^{31}tɕiŋ^{53}miŋ^{31}tɕi:t^{33} 后天清明节
　今天　　冬至　　　　　　　　　　后天　　清明节

2. 谓语是动词

kai^{55}ɬeŋ^{53}hau^{53} 公鸡叫　　　　ʔbau^{35}tɕep^{55} 头疼
　鸡　公　叫　　　　　　　　　　　头　疼

ha:i^{55}wan^{31}noŋ^{31} 日落　　　　　nam^{11}lai^{53} 水流
　太阳　　落　　　　　　　　　　　水　流

ha:i^{55}wan^{31}tha:k^{33} 太阳晒
　太阳　　晒

3. 谓语是形容词

ha^{53}ʔdeŋ^{53} 眼睛红　　　　　　　hu^{53}nuk^{33} 耳朵聋
　眼睛　红　　　　　　　　　　　　耳朵　聋

kha^{53}mɯn^{31} 脚麻　　　　　　　na^{24}kha:u^{53} 脸白
　脚　麻　　　　　　　　　　　　　脸　白

khən^{31}hɤu^{33} 人瘦　　　　　　　na^{24}ʔdam^{53} 脸黑
　人　瘦　　　　　　　　　　　　　脸　黑

4. 谓语是数量短语

kəu^{53}ɬa:m^{55}ɬip^{55}pi^{53} 我三十岁　　moi^{11}khən^{31}ha^{24}mən^{53}ŋən^{31} 一人五块钱
　我　三　十　岁　　　　　　　　每　人　　五　块　钱

ɬip^{55}ŋe^{55}ʔit^{55}kən^{53} 十个一斤　　li^{55}pa:i^{35}nəŋ^{33}tɕi^{55}wan^{31} 一周七天
　十　个　一　斤　　　　　　　　礼拜　一　七　天

ɬi^{33}kwa^{33}pet^{33}kən^{53}ɬoŋ^{53}ɕa:ŋ^{11} 西瓜八斤二两
　西瓜　八　斤　二　两

5. 谓语是主谓或谓词性短语

muɯ³¹kəu⁵³hau²⁴ɬom²⁴ 我手很酸　　ɬai³³li³¹ɬim⁵³khum⁵³khu²⁴ 小李心难受
手　我　好　酸　　　　　　　小李　心　难受

ha:i⁵⁵fa¹¹ʔɔk³³ma³¹ 月亮出来　　ʔbau²⁴min³¹tɕep⁵⁵ 他头疼
月亮　　出来　　　　　　　　　　头　他　疼

第三节　动宾短语

由谓语动词和宾语两部分组成，谓语动词在前，宾语在后，前后有被支配和支配、被涉及和涉及的关系。宾语表示动作行为的结果、判断的对象，凭借的工具，涉及的场所、方位，动作变化的结果、数量，还表示存在、出现和消失的人或事物等。

从构成短语的词类性质来看，能充当宾语的主要有名词、代词、名物化结构、数量短语、指量短语和主谓短语。

一　充当动宾短语的成分

1. 宾语是名词

ȵak³³tɕa³¹ 钓鱼　　　　　　tɕai³¹jo:k³³ 种花
钓　鱼　　　　　　　　　　种　花

kin⁵³tɕau²⁴ 吃饭　　　　　　kin⁵³nam¹¹ 喝水
吃　饭　　　　　　　　　　喝　水

muɯ³¹ɬɯ:n³¹ 回家　　　　　　lin³¹wa:i³¹ 放牛
回　家　　　　　　　　　　放　牛

有一部分是动词和名词同形。例如：

jo:k³³phoŋ⁵³ 开花　　　　　　ha⁵³ʔbɔt³³ 瞎眼
花　开　　　　　　　　　　眼睛　瞎

fi⁵³ʔbau³⁵ 理发　　　　　　　pat⁵⁵thi³³ 扫地
剃　头　　　　　　　　　　扫　地

ma:t³³ɕoŋ³¹ 擦桌子
擦　桌子

2. 宾语是名物化结构

可分为两类。宾语是形容词名物化结构的，例如：

ɬɯ²⁴ka:i²⁴ke³³ 买大的　　　　　ȵam³¹khɔ⁵⁵ʔdɛŋ⁵³ti³³ 喜欢红的
买　大　的　　　　　　　　　喜欢　红　的

kin⁵³ʔdɯːt⁵⁵ti³³ 喝热的
喝　热　的

宾语是动词名物化结构的，例如：

mi³¹kin⁵³ke³³ 有吃的　　　　　　ɬɯ³¹ȵam²⁴ke³³ 买喝的
有　吃　的　　　　　　　　　　买　喝　的

mi³¹nuŋ³³te³³ 有穿的
有　穿　的

3. 宾语是代词

lau⁵⁵khən³¹thɯ³¹ 找谁　　　　　hit⁵⁵ka³³laŋ⁵³ 做什么
找　谁　　　　　　　　　　　　做　什么

mi³¹ki²⁴laːi⁵³ 有多少　　　　　kham³³maɯ³¹ 问你
有　多少　　　　　　　　　　　问　你

ʔda³³ɕi³³ki²⁴ 骂自己　　　　　pai⁵³khe³³thɯ³¹ 去哪儿
骂　自己　　　　　　　　　　　去　哪儿

4. 宾语是数量短语

数词是nəŋ³³ "一" 的，要放在量词后。例如：

thiŋ³³paːt³³nəŋ³³ 打一拳　　　　thik⁵⁵paːt³³kha⁵³ 踢一脚
打　下　一　　　　　　　　　　踢　下　脚

tɕhaːi²⁴wan³¹nəŋ³³ 走一天　　　　kin⁵³thui²⁴nəŋ³³ 吃一碗
走　天　一　　　　　　　　　　吃　碗　一

ȵam²⁴ɬɔŋ⁵³tɕen³⁵ 喝两杯　　　　tɕaŋ²⁴ki²⁴waːm⁵³ 说几句
喝　二　杯　　　　　　　　　　讲　几　句

5. 宾语是指量短语

ȵam²⁴tɕan³³nai³⁵ 喝这瓶　　　　ʔuːn³⁵ɬɔŋ⁵³ŋe⁵⁵min²⁴ 煮那两个
喝　瓶　这　　　　　　　　　　煮　二　个　那

kin⁵³paːt³³nai³⁵ 吃这碗　　　　hɯ²⁴khən³¹min²⁴ 给那个人
吃　碗　这　　　　　　　　　　给　人　那

ʔum³⁵ŋe⁵⁵nai³⁵ 抱这个　　　　khap³³tu⁵³min²⁴ 抓那（一）只
抱　个　这　　　　　　　　　　抓　只　那

6. 宾语是谓词

ɬɯːŋ²⁴thiŋ³³ 想听　　　ȵam³¹kin⁵³ 爱吃　　　kaːm³⁵hit⁵⁵ 敢做
想　听　　　　　　　　喜欢　吃　　　　　　敢　做

7. 双宾语

在一定条件下，一个动词后面可带两个宾语，一般是表人的间接宾语后常带有宾语助词，位于表物的直接宾语之前。因此，在金龙岱话里直接宾语靠近谓语，而间接宾语离谓语远。例如：
（1）ɫɯ²⁴ ha²⁴ ma:k³³ ka:ŋ³⁵pet⁵⁵ 买五支钢笔
　　　买　 五　 支　　 钢笔
（2）ȵam³¹ ɕəŋ⁵⁵ wa³³lɯ:n³³ 喜欢唱山歌
　　　喜欢　唱　　山歌
（3）ʔɯ³³ min³¹ pai⁵³ 同意他去
　　　同意　他　 去
（4）hɯ²⁴ min³¹ ɫoŋ⁵³ ŋe⁵⁵ phiŋ³¹kɔ⁵⁵ 给她两个苹果
　　　给　 她　 二　 个　 苹果
（5）ɫon⁵³ ʔbɔŋ⁵³ɫau³¹ ɫoŋ⁵³ khən³¹ 教我们两个
　　　教　 我们　　　 二　 人

二　动词宾语的语义类别

从动词和宾语之间的语义关系来看，常见的有以下几种：

1. 受事宾语

此类短语中，宾语表示动作的接受者。这类宾语数量最多。例如：

tam³³wa:i³¹ 牵牛　　　　　　wa:k³⁵mai¹¹ 砍树
牵　牛　　　　　　　　　　砍　树

hit⁵⁵tɕau²⁴ 做饭　　　　　　wa:t³³ʔbɔ³³ 挖井
做　饭　　　　　　　　　　挖　井

tha:k³³ʔdi:t³³ 晒太阳　　　　ta:i³³luk³³ʔdik⁵⁵ 带孩子
晒　热　　　　　　　　　　带　孩子

2. 施事宾语

宾语是动作的主体、发出者。这类结构的宾动短语较少。例如：

ʔɔk³³ɫɯ:ŋ³¹ 抽穗　　　　　　fa:t³³ŋa:t¹¹ 发芽
出　穗　　　　　　　　　　发　芽

thiŋ⁵³fai³¹ 烤火　　　　　　noŋ³¹phən⁵³ 下雨
烤　火　　　　　　　　　　下　雨

ʔɔk³³thɯ³³ 出汗　　　　　　ma³¹khən³¹khɛk⁵⁵ 来客人
出　汗　　　　　　　　　　来　人　客

3. 对象宾语

宾语表示动作致使的对象。宾语既是受事客体，又是动作变化的主体。例如：

kɯ:n³⁵ha⁵³ 刺眼　　　　　　tim²⁴fai³¹ 点火
刺　眼睛　　　　　　　　　点　火

khɛ³³ma:k³³toŋ³¹ 割香蕉
　割　　香蕉

ɕap¹¹ɬɯ:n³¹ 盖房子
　盖　房子

ɬau⁵⁵ɬɯ²⁴khwa³³ 收衣服
　收　　衣服

pha:t³⁵mɛk³³ka:ŋ³⁵ 扬麦子
　扬　　　麦子

ɬau⁵³ku⁵³khau²⁴ 收稻子
　收　　稻子

ʔba:k³⁵ʔɔi²⁴ 砍甘蔗
　砍　甘蔗

4. 目的宾语

宾语表示动作或行为的目的。例如：

ȵom³³ɬɯ⁵³ 看书
　看　书

nem³⁵ma:k³³pha:ŋ⁵³ 打核桃
　打　　核桃

ŋɔi¹¹la:i³¹mɯ³¹ 看手相
　看　手相

ɬaɯ³³lu³³ 修路
　修　路

tɕui⁵³ta³⁵he⁵³ 催债
　催　　债

5. 工具宾语

宾语表示动作所凭借的工具。例如：

ɬɔn⁵³ɬɯ⁵³ 教书
　教　书

khai⁵³kɯ:ŋ²⁴ 打伞
　打　伞

la:t³³ȵa²⁴ 涂药
　涂药

ʔban³⁵ɕuŋ³³ 打枪
　打　枪

thi:t³⁵nam¹¹ 浇水
　浇　水

6. 处所宾语

宾语表示动作行为发生或涉及的处所。例如：

pai⁵³luŋ³¹tɕu⁵³ 去龙州
　去　龙州

tɕun³³ŋɯ:m³¹mai¹¹ 钻树洞
　钻　洞　树

ɕai³³nam¹¹thau³⁵ 泡温泉
　泡　温泉

men³³khɯn²⁴pai⁵³ 爬上去
　爬　上　去

ȵu³³ʔdaɯ³¹ɬɯ:n³¹ 在家里
　在　里　家

第四节　偏正短语

偏正短语由修饰语和中心语两部分组成，也叫修饰短语。通常情况下，两个组成部分之间具有修饰与被修饰、限定与被限定的关系，用于修饰、限定的部分称为"修饰语",被修饰、被限定的部分称为"中心语"。中心语由名词或量词充当,修饰语由名词、动词、形容词、代词、数词以及部分短语充当。修饰语表示中心语的性状、原料、所属、数量、次第、处所、来源、用途、方位、时间、范围、所指、动作、变化等意思。可细分为"定中"和"状中"两类。

一　定中短语

在以名词为中心语的修饰短语中,由于修饰语成分有名词、代词、形容词、动词、数量短语、名物化短语等,有的出现在中心语之前,有的出现在中心语之后,因而,形成了前置修饰语和后置修饰语两种语序。这两种语序中前置修饰语有的还带有定语标记。现分述如下:

1. 名词修饰名词

中心语在前,修饰语居后,表示所属时通常使用结构助词 ke³³ "的"。例如:

ɬɯːn³¹mai¹¹　木房子　　　　pik⁵⁵kai⁵⁵　鸡翅膀
　房子　木　　　　　　　　　翅膀　鸡

khɔk³³mu⁵³　猪圈　　　　　　pet⁵⁵thɯk³³　公鸭
　圈　猪　　　　　　　　　　鸭　公的

haːi³¹phaːi³⁵　布鞋　　　　　tɕa³¹thom⁵³　池塘的鱼
　鞋子　布　　　　　　　　　鱼　池塘

pa³³taːi³¹ke³³luk³³ɕaːi³¹kop³³　大伯的长子
　大伯　　的　　大儿子

2. 代词修饰名词

包括人称代词、指示代词和疑问代词修饰名词,置于名词后。意义结合较紧的,领格和名词之间可以不加结构助词 ke³³ "的"。例如:

(1) 人称代词修饰名词的语序是"人称代词修饰语+名词中心语"。例如:

ɬɯːn³¹ʔboŋ⁵³ɬau³¹　我们家　　　ɬɯːn³¹ʔboŋ⁵³maɯ³¹　你们家
　家　　我们　　　　　　　　　　家　　你们

phɔ³³thau³⁵kəu⁵³　我爸爸　　　haːk³³thaːŋ³¹phi³³ɬaːu³¹　姐姐的学校
　爸爸　我　　　　　　　　　　学校　　姐姐

mɯ³¹kəu⁵³　我的手　　　　　　luk³³ʔbaːu³³min³¹　他的儿子
　手　我　　　　　　　　　　　儿子　他

(2) 疑问代词修饰名词的语序是"疑问代词修饰语+名词中心语"如:

ka³³laŋ⁵³fiːk³⁵　什么事　　　　khən³¹thau³¹tɕaːŋ²⁴ke³³　谁说的
　什么　事情　　　　　　　　　　谁　　讲　的

khe³³thaɯ³¹khən³¹ 哪里人　　　　thai³³khən³¹thaɯ³¹ 谁的包
　哪里　人　　　　　　　　　　包　谁
ɬɯ⁵³ khən³¹thaɯ³¹ tok⁵⁵ khe³³nai³⁵ ja³³? 谁的书丢在这里了？
　书　谁　　　丢　这里　了
ŋe⁵⁵nai³⁵ tshɯ³³ ka³³laŋ⁵³ nɯ³³? 这是什么肉？
词头　这　是　什么　肉

（3）指示代词修饰名词的语序是"名词+指示代词+（数词）+量词"。
khən³¹khɛk³⁵nai³⁵nəŋ³³ 这一位客人　　phoŋ³¹jo:k³³min²⁴ 那朵花
　客人　　这　一　　　　　　　　朵　花　那
ɬa:m⁵³toi³³nok¹¹ku⁵³min²⁴ 那三对鸽子　　theɯ³¹tha³³nai³⁵ 这条河
　三　对　鸽子　那　　　　　　　　条　河　这

3. 形容词修饰名词
形容词用在名词中心语之后，定语标记取零形式。例如：
kai⁵⁵thɯ:n⁵⁵ 野鸡　　　　　　　mu⁵³ɕa:u¹¹ 野猪
　鸡　野的　　　　　　　　　　　猪　野的
khən³¹wa:i³³ 坏人　　　　　　　nɯ³³phi³¹ 肥肉
　人　坏　　　　　　　　　　　　肉　肥
ɬɯ²⁴khwa⁵⁵ʔdɛŋ⁵³ 红衣服　　　　ta:u⁵³ɬi:m³⁵ 尖刀
　衣服　红　　　　　　　　　　　刀　尖
pi⁵³maɯ³⁵ 新年　　　　　　　　ɬɯ²⁴khwa⁵⁵maɯ³⁵ 新衣服
　年　新　　　　　　　　　　　　衣服　新
pha²⁴ʔdam⁵³ 乌云
　云　黑

4. 动词修饰名词
有居前、居后两种语序，以居前的为多。
（1）动词+助词+名词中心语。例如：
kin⁵³ʔdai²⁴ke³³ʔbaɯ⁵³mai¹¹ 能吃的树叶　　ɬɯ²⁴ma³¹ti³³ma¹¹ 买来的马
　吃　得　的　树叶　　　　　　　　买　来　的　马
ɬu¹¹na²⁴khan⁵³ke³³kai⁵⁵ɬɛŋ⁵³ 会叫的公鸡　　tɕai³¹ke³³khau²⁴ 种的稻谷
　知道　叫　的　鸡公的　　　　　　　种　的　稻谷
n̠am²⁴ke³³nam¹¹ 喝的水　　　　　ɕə:ŋ¹¹ti³³mu⁵³ 养的猪
　喝　的　水　　　　　　　　　　　养　的　猪
ɬɯ²⁴ti³³nɯ³³ 买的肉
　买　的　肉
luk³³ʔdik⁵⁵ n̠am³¹ kin⁵³ tɕhɛu²⁴ ke³³ tɕau²⁴. 小孩喜欢吃炒的饭。
　小孩　喜欢　吃　炒　的　饭

ɬau³¹ ɕi³³ki²⁴ tɕai³¹ke³³ khau²⁴ khɯŋ³¹ ʔdai⁵³ kin⁵³.
我们 自己 种 的 稻谷 更   好 吃
咱们自己种的稻谷更好吃。

ŋe⁵⁵ nai³⁵ tshɯ³³ ȵam²⁴ ke³³ nam¹¹ mi⁵³? 这是喝的水吗？
词头 这 是 喝 的 水 不

（2）名词中心语+动词+助词。例如：

nam¹¹ha:p³⁵ma³¹ke³³ 挑来的水　wa:i³¹ɬɯ²⁴ma³¹ke³³ 买来的牛
 水 挑 来 的　　　　 牛 买 来 的

mai¹¹ɕau⁵³tɕai³¹ke³³ 种着的枫树　khən³¹ŋa:k³⁵tu⁵³ke³³ 看门的人
 枫树 种 的　　　　　 人 看 门 的

5. 数词修饰名词

除了基数词"一"和序数词外，都位于名词中心语之前，主要是少数时间名词（pi⁵³"年"、ʔbɯ:n⁵³"月"、wan³¹"天"、kham³³"夜"等）。

pi⁵³nəŋ³³ 一年　　　　　　ʔbɯ:n⁵³nəŋ³³ 一个月
年 一　　　　　　　　　　月 一

luk³³ʔba:u³³thai³³ȵi³¹ 二儿子　thai³³ɬi³⁵wan³¹ 第四天
   儿子 第 二　　　　　 第 四 天

ɬoŋ⁵³kham³³ 两夜
 二 夜

6. 短语修饰名词

（1）主谓短语修饰名词

主谓短语在中心语之后，一般还要加结构助词 ke³³ "的"。例如：

min³¹ ʔbi⁵³ ke³³ ma:k³³toŋ³¹ 他剥的香蕉
 他 剥 的 香蕉

kəu⁵³ ȵɔm³³ ke³³ ɬɯ⁵³ 我看的书
 我 看 的 书

mɛ³³thau³⁵ tən³⁵ ke³³ pha:i³¹kwat⁵⁵ 妈妈炖的排骨
 妈妈 炖 的 排骨

ʔbɔŋ⁵³min³¹ hɯ²⁴ ke³³ ŋən³¹ 他们给的钱
 他们 给 的 钱

（2）动宾短语修饰名词

动宾短语后加上名物化助词可以修饰名词。例如：

thɔk³³ɬɯ⁵³ ke³³ luk³³nɔ:m²⁴ 读书的少年
 读 书 的 少 年

ɕəŋ⁵⁵kɔ⁵⁵ ke³³ luk³³ɬa:u⁵³ʔɔn³³ 唱歌的小姑娘
 唱歌 的 姑娘 年轻

ti⁵³ɳu³³ luk³³ʔɛŋ⁵³ ke³³ mɛ³³na³³ 背着小孩的奶奶
　背着　　小孩　　的　　奶奶

（3）数量短语修饰名词

除了数词nəŋ³³"一"外，数量短语在前，名词中心语居后，定语标记取零形式。常见语序为：数词+量词+名词中心语。例如：

toi³³ɬɔi²⁴hu⁵³nəŋ³³ 一对耳环
　对　　耳环　一

kho:p³³ɳa²⁴nəŋ³³ 一盒药
　盒　　药　一

ɬɔŋ⁵³ma:k²⁴ta:u⁵³ 两把刀
　二　　把　　刀

ɬa:m⁵³ɬi³³ho³¹khən³¹ 三四个人
　三　四　量词　人

ha²⁴kha:t²⁴ʔɔi²⁴ / ha²⁴te:k³³ʔɔi²⁴ 五捆甘蔗
　五　捆　甘蔗　五　捆　甘蔗

（4）指量短语修饰名词

语序为"数量+名词中心语+指示代词"。名词中心语又有修饰成分的，修饰成分置于指示代词前。例如：

ʔbau⁵³ mai¹¹pu²⁴ min²⁴ nəŋ³³ 那一片竹林
　　片　　竹林　　那　一

ki²⁴ theu³¹ ɕɯ:k³³ nai³⁵ 这几条绳子
　几　条　　绳子　这

ha²⁴ tu⁵³ wa:i³¹ min²⁴ 那五头牛
　五　头　　牛　　那

ŋe⁵⁵ ɬɔŋ⁵³ ma:k³³ tɕhɔi³⁵ta:u⁵³ nai³⁵ 这两把菜刀
词头　二　把　　菜刀　　这

二 状中短语

状中短语是由状语和谓词性中心语构成的短语。这种短语的中心语可以是动词，也可以是形容词。修饰语存在置于中心语之前或之后两种位置关系。一般来说，动词中心语的修饰成分要多一些，主要有名词、形容词、代词、副词、能愿动词、数量短语等；而形容词中心语的修饰成分则主要是副词。例如：

pheŋ³³ɳu³³ʔdau³¹ɬɯ:n³¹ 在家里放着　　　khwaŋ³¹hin⁵⁵nəŋ³³ 绕一圈
　放　在　　家里　　　　　　　　　　绕　圈　一

la:u⁵³khin²⁴ 非常害怕
　害怕　　很

wan³¹wa³¹ma³¹ 昨天来
　昨天　　来

phi:n¹¹ɬaɯ³¹ɕa:m⁵³ 怎么问
　怎么　　　问

ka:n³⁵khwa:i³⁵ŋɔi³¹ 赶紧看
　赶快　　　看

hu⁵³hu⁵³ɲi²⁴ɲi²⁴ti³³tɕa:ŋ²⁴ 高高兴兴地说
　高高兴兴　　　地讲

hit⁵⁵la:i⁵³ 多做
　做　多

kham³³kham³³hai²⁴ 夜夜哭
　夜　夜　哭

ta:i³³tɕok¹¹ku³³ka:i³³ma³¹ 带着礼物来
　带着　东西　　　来

ɬɯ³¹ɬɯ³¹tɕha:i²⁴ 慢慢走
　慢慢　走

phi:n¹¹ʔa:k³⁵min²⁴ 那么能干
　么　能干　那

ʔdai⁵³ʔdai⁵³hit⁵⁵ 好好干
　好好　做

moi¹¹wan³¹kin⁵³ 每天吃
　每天　吃

kin⁵³nɔ:i¹¹ 少吃
　吃　少

thiŋ³³ɬoŋ⁵³pa:t²⁴ 打两下
　打　二　下

khai⁵³tɕhɛ³³pai⁵³ 开着车去
　开车　　去

mai³¹ɲu³³lo³³men⁵⁵ 在路上站着
　站　在　路面

第五节　述补短语

述补短语由中心语和补充成分构成，两部分间有补充说明和被补充说明的关系。中心语在前，补充成分居后。能做中心语的一般是动词或形容词，后一部分是从情况、结果、程度、情态、持续时间、数量、处所等方面补充说明前一部分的。根据中心语的性质，可分为动补短语和形补短语两类。

一　动补短语

中心语由动词充当，补语对动作行为的结果、趋向、情状进行补充说明，其语序是"动词+补语"。主要有以下几种情况：

（1）动词作补语，补充说明动作行为的结果。例如：

tɯk⁵⁵hiŋ³¹ 打赢
　打　赢

tɕa:ŋ²⁴fuk¹¹ 说服
　讲　服

ʔdai²⁴ɲin³¹ 听见
　得　听

khap³³ɲu³³ 抓住
　抓　住

tham²⁴tak⁵⁵ 砍断
　砍　断

ʔoŋ²⁴ta:u³³ 推倒
　推　倒

ma³¹"来"、pai⁵³"去"放在动词后面作补语

ʔɔk³³ma³¹ 出来　　　　　　　ʔɔk³³pai⁵³ 出去
　出　来　　　　　　　　　　　出　去
khau²⁴ma³¹ 进来　　　　　　　khau²⁴pai⁵³ 进去
　进　来　　　　　　　　　　　进　去
hoi³¹ma³¹ 回来　　　　　　　 hoi³¹pai⁵³ 回去
　回　来　　　　　　　　　　　回　去
khɯn²⁴ma³¹ 上来　　　　　　　noŋ³¹pai⁵³ 下去
　上　来　　　　　　　　　　　下　去
kwa³³ma³¹ 过来　　　　　　　 kwa³³pai⁵³ 过去
　过　来　　　　　　　　　　　过　去
kam⁵³ma³¹ 拿来　　　　　　　 kam⁵³pai⁵³ 拿去
　拿　来　　　　　　　　　　　拿　去
ʔbin⁵³ma³¹ 飞来　　　　　　　ʔbin⁵³pai⁵³ 飞去
　飞　来　　　　　　　　　　　飞　去
men³³khɯn²⁴ma³¹ 爬上来　　　 len³³ʔɔk³³pai⁵³ 跑出去
　爬　　上来　　　　　　　　　跑　出去
len³³kwa³³ma³¹ 跑过来　　　　len³³kwa³³pai⁵³ 跑过去
　跑　过　来　　　　　　　　　跑　过　去

（2）形容词作补语。

kin⁵³ʔim³³ 吃饱　　　　　　　tɕha:i²⁴tɯ²⁴ 走累
　吃　饱　　　　　　　　　　　走　累
nuŋ³³thau³⁵ 穿暖　　　　　　 tha:k⁵⁵thɯ:i³⁵ 晒蔫
　穿　暖　　　　　　　　　　　晒　蔫
ɬau³³ʔdai⁵³ 修好　　　　　　 puŋ⁵³wa:i³³ 烧坏
　修　好　　　　　　　　　　　烧　坏
ɬa:u³¹ɬauɯ⁵³ɬa:ŋ⁵⁵ 洗干净　　la:i⁵⁵tɕik¹¹ 拉直
　洗　　干净　　　　　　　　　拉　直
kat⁵⁵ʔdai²⁴tha:i³³tin²⁴ 剪得太短　tok³³ɬoi³³ 剁碎
　剪　得　太　短　　　　　　　剁　碎
ʔu:n³⁵ʔdai²⁴tha:i³³ʔon³³ 煮得太软　kin⁵³ʔdai²⁴la:i⁵³ 吃得多
　煮　得　太　软　　　　　　　吃　得　多
tɕha:i²⁴ʔdai²⁴ma:n³³ 走得慢　　hit⁵⁵ʔdai²⁴ʔdai⁵³ 做得好
　走　得　慢　　　　　　　　　做　得　好
non³¹ʔdai²⁴hɔm⁵³ 睡得香　　　tɕa:u²⁴ʔdai²⁴tha:i³³kɛ³³ 炸得太老
　睡　得　香　　　　　　　　　炸　得　太　老

phən⁵³ʔdai²⁴ɬen³⁵khin²⁴ 磨得很锋利
　磨　得　锋利 很

（3）副词充当补语。主要是程度副词"死了""不得了""不行"。例如：

khum⁵³khu²⁴ʔdai²⁴la:i⁵³ 伤心得不得了　　　ȵam³¹khin²⁴la³³ 羡慕死了
　难过　　得　多　　　　　　　　　　　喜欢　很　了

hu⁵³ȵi³⁵lam³¹la:i⁵³lo³³ 高兴得不得了　　　la:u⁵³khin²⁴na³³ 害怕得不行
　高兴　　得　多　了　　　　　　　　　　害怕　很　呐

la:u⁵³lam³¹la:i⁵³ 害怕得不得了　　　　　　ʔda³³ha:i⁵³ja³³ 骂死了
　害怕　得　多　　　　　　　　　　　　　骂　死　了

ʔdɯ:t³³ʔdai²⁴la:i⁵³la:i⁵³ 热得不得了
　热　得　多　多

（4）主谓短语充当补语。动词中心语和补语之间要使用补语助词ʔdai²⁴"得"或thuŋ⁵³"到"。例如：

kin⁵³ ʔdai²⁴ mup⁵⁵ ʔim³³ la:i⁵³ 吃得肚子圆鼓鼓
吃　得　肚子　饱　多

ha⁵³ khaɯ³³ ʔdai²⁴ ŋɔi³¹ mi⁵⁵ han⁵³ 肿得眼睛看不见
眼睛　肿　得　看　不　见

hai²⁴ ʔdai²⁴ ɬu³¹khɔ³¹ hep⁵⁵ ljeu¹¹ ja³³ 哭得嗓子哑了
哭　得　喉咙　哑　完　了

mai³¹ thuŋ⁵³ kha⁵³ tɕep⁵⁵ 站到腿疼
站　到　腿　疼

（5）金龙岱话中疑问代词充当补语的，主要有 phe³³ɬɯ³¹ "怎么样"，使用补语助词ʔdai²⁴ "得"。例如：

ɬɔn⁵³ ʔdai²⁴ phe³³ɬɯ³¹ ja³³? 学得怎么样？
学　得　怎么样　语气词

ɕən⁵⁵ ʔdai²⁴ phe³³ɬɯ³¹ ja³³? 唱得怎么样？
唱　得　怎么样 语气词

the:u³¹ ʔdai²⁴ phe³³ɬɯ³¹ ja³³? 跳得怎么样？
跳　得　怎么样 语气词

二　形补短语

中心语由形容词充当，补语部分对性质状态的程度、趋势、结果、情状进行补充说明。充当形容词补语的主要有程度副词、动词性成分和主谓短语。其语序是"形容词+补语"。

（1）程度副词充当补语，对形容词所表示的性状从程度上进行补充说明。例如：

ʔdai⁵³laːi⁵³ 很好　　　　　　　khwaːi³⁵ʔi⁵⁵tik⁵⁵ 快一点儿
　好　多　　　　　　　　　　　快　　一　点

ʔdaːŋ³⁵khin²⁴ 很冷　　　　　　kwai⁵³ʔdai²⁴hau²⁴laːi⁵³ 远得很
　冷　表程度　　　　　　　　　远　得　好　多

ʔdaːŋ³⁵ʔdai²⁴laːi⁵³laːi⁵³ 冷得不得了　ʔdai⁵³baːu³³khin²⁴ja³³ 美极了
　冷　得　多　多　　　　　　　漂亮　　很　语气词

（2）趋向动词 tɯn³³ma³¹ "起来"、noŋ³¹pai⁵³ "下去" 等充当形容词的补语，表示性状的发展、变化的趋势。例如：

puŋ⁵³tɯn³³ma³¹ 热起来　　　　ʔdaːŋ³⁵noŋ³¹pai⁵³ 冷下去
　热　　起来　　　　　　　　　冷　　下去

mi³¹tɯn³³ma³¹ 富起来　　　　　khɔ²⁴noŋ³¹pai⁵³ 穷下去
　富　　起来　　　　　　　　　穷　　下去

（3）主谓短语充当补语的，通常使用强制性共现的补语助词ʔdai²⁴ "得" 或 thɯn⁵³ "到"，例如：

tɯ³⁵ ʔdai²⁴ ŋe⁵⁵ ʔdaːŋ³⁵ tu⁵⁵ mi⁵⁵ tɕik¹¹ ʔdai²⁴ khɯn²⁴. 累得腰直不起来。
　累　得　词头　身体　都　不　直　得　起

ken³³ ʔdai²⁴ ŋe⁵⁵ kheu³³ tu⁵⁵ mi⁵⁵ khuːp³⁵ ʔdai²⁴ nɯŋ⁵³. 硬得牙齿咬不动。
　硬　得　词头　牙齿　都　不　咬　得　动

phiːt³⁵ thɯn⁵³ nam¹¹ ha⁵³ tu⁵⁵ lɯːn⁵⁵ ja³³. 辣到眼泪都出来了。
　辣　到　水　眼睛　都　流　了

ɬom³⁵ ʔdai²⁴ na²⁴ tu⁵⁵ ȵu³⁵ ja³³. 酸得脸都皱了。
　酸　得　脸　都　皱　了

第六节　同位短语

同位短语也叫复指短语，由语法地位等同、语义上复指的两个部分构成。前后两部分的词语形式和意义虽然都不同，但所指的是同一个人或事物。同位成分一般由体词或体词性词组充当。

一　名词+名词

khɔk³³ɬɯːn³¹ʔa⁵³faŋ³³ 邻居阿芳　　luk³³haːk³³ɬai³³li³¹ 学生小李
　邻　家　阿芳　　　　　　　　学生　　小李

laːu¹¹thuŋ³¹ʔa⁵³tɕhoi³⁵ 朋友阿翠　tshən³³tɕi⁵³ɬu³³tɕe⁵⁵laːn³¹ 村支书兰姐
　朋友　阿翠　　　　　　　　　村支书　　姐　兰

tʃəu⁵⁵tu⁵⁵pə³¹kiŋ⁵⁵ 首都北京　　tɕan⁵³tɕa:ŋ²⁴lau³¹noŋ³¹ 镇长老农
　首都　　北京　　　　　　　　镇长　　老 农

二　名词+代词

luŋ³¹tɕu⁵³khe³³min²⁴ 龙州那里　　na:n³¹niŋ³¹khe³³nai³⁵ 南宁这里
　龙州　　那里　　　　　　　　　南宁　　这里
phi³³ɬa:u⁵³ʔboŋ⁵³min³¹ 姐姐她们　　taŋ³¹tɯk⁵⁵maɯ³¹ 傻瓜你
　姐姐　　她们　　　　　　　　　傻瓜　　你
hen³⁵tɕa:ŋ²⁴min³¹ 县长他　　　tɕo³³ɬɯ³¹ɕi³³ki²⁴ 作者自己
　县长　　他　　　　　　　　　作者　　自己

三　名词+数量短语

phi⁵⁵noŋ¹¹ɬoŋ⁵³khən³¹ 兄弟两人　　noŋ¹¹ɬa:u³¹ɬa:m⁵³khən³¹ 姐妹三个
　兄弟　　二　人　　　　　　　　姐妹　　三　　个

四　名词短语+数量短语

kim³³luŋ³¹ ɕau⁵⁵ pin³³khja:u³¹ ɬoŋ⁵³ ŋe⁵⁵ thi³³fu:ŋ⁵³ 金龙和彬桥两个地方
　金龙　　和　　彬桥　　二　个　　地方
mu⁵³ ɕau⁵⁵ wa:i³¹ ɬoŋ⁵³ tɕoŋ³³ ɕuk⁵³ɬeŋ⁵³ 猪和牛两种动物
　猪　和　牛　二　种　　畜牲

五　代词+名词

ʔboŋ⁵³ɬau³¹pho³³thai³¹ 我们壮族　　ʔba:n²⁴maɯ³¹ 你家乡
　我们　　布岱　　　　　　　　　村　你
ʔboŋ⁵³min³¹ʔi⁵³ɬeŋ⁵³ 他们医生　　ɬɯ:n³¹khən³¹pho³³mɛ³³ 人家夫妻
　他们　　医生　　　　　　　　　家　人　　夫妻

六　代词+代词

ʔboŋ⁵³ɬau³¹khe³³min²⁴ 咱们那里　　ʔboŋ⁵³maɯ³¹khən³¹thaɯ³¹ 你们谁
　咱们　　那里　　　　　　　　　你们　　　谁

七　代词+指量短语

ŋe⁵⁵khən³¹nai³¹kəu⁵³ 我这个人　　tɕoŋ³³khən³¹nai³⁵min³¹ 他这种人
　词头　人　这　我　　　　　　　种　人　这　他

ɬɯ:n³¹khən³¹nui³¹khən³¹min²⁴ 人家那些人
　家　　人　　些　　人　　那
luk³³ʔdik⁵⁵nai³⁵maɯ³¹ 你这孩子
　孩子　　这　　你

八　代词 + 数量短语

ɕi³³ki²⁴khən³¹nəŋ³³ 自己一个人　　　ʔbɔŋ⁵³maɯ³¹ɬoŋ⁵³khən³¹ 你们二位
　自己　人　一　　　　　　　　　　你们　　二　　人
ʔbɔŋ⁵³ɬau³¹pha:i³¹khən³¹nəŋ³³ 我们一排人
　我们　　排　　人　一

九　数词 + 代词

tɕhu⁵³ɲi³³wan³¹min²⁴ 初二那天　　　kham³³ʔdap⁵⁵wan³¹min²⁴ 除夕那天
　初　二　天　那　　　　　　　　　　除夕　　　天　那

第七节　兼语短语

　　兼语短语是指由动宾短语的宾语和主谓短语的主语所组成的、形成一个宾语兼主语的套叠结构。

　　兼语短语最早叫"递系"短语，是王力先生提出来的。他在《中国语法理论》中给出如下定义："凡句子包含着两次连系，其初系谓语的一部分或全部分即为次系的主语者，我们把它叫做递系式。"[①]兼语结构不使用关联词语。

ja:u³⁵maɯ³¹pai⁵³ 叫你去　　　　　ɕiŋ³⁵min³¹khau²⁴ma³¹ 请他进来
　叫　你　去　　　　　　　　　　　请　他　进　来
pha:i³³kəu⁵³pai⁵³pə³¹kiŋ⁵⁵ 派我去北京　ta:i³³min³¹khɯn²⁴lau³¹ 领他上楼
　派　我　去　北京　　　　　　　　带　他　上　楼
ɬoŋ⁵³kəu⁵³wa³¹lɯ:n³³ 教我唱山歌　　ŋəŋ³³min³¹ʔda³³kəu⁵³ 让他骂我
　教　我　唱山歌　　　　　　　　　让　他　骂　我
ɕiŋ³⁵min³¹ma³¹kin⁵³tɕau²⁴ 请他来吃饭
　请　他　来　吃饭
ŋəŋ³³maɯ³¹ta:ŋ⁵³la:u¹¹ɬai⁵³ 叫你当老师
　让　你　当　老师

[①] 王力：《王力文选》第一卷，载《中国语法理论》，中华书局 2015 年版，第 134 页。

ɬen³³mau³¹ta:ŋ⁵³tshən³³tɕa:ŋ⁵³ 选你当村长
选　你　当　　村长

第八节　连动短语

连动短语指由同一主语发出的、两个或两个以上的动词或动词性短语连用组成的短语，也就是说，两个组成成分各自都有一个动词处于连动关系之中，但两个动作关系平等，彼此没有蕴含关系。连动关系有广义和狭义之分，狭义的连动关系是指"同一人物连发性、并发性的行为动作"[①]。

根据动作行为关系的不同，这类短语还可以分为表并列关系的连动短语和表补充关系的连动短语。

（1）表示两个连续性的先后动作。

两个动作是紧密关系的，一般不使用关联词语。例如：

ɬa:u³¹khau²⁴ʔu:n³⁵tɕau²⁴ 淘米煮饭　　　hit⁵⁵tɕau²⁴kin⁵³ 做饭吃
洗　米　煮　饭　　　　　　　　　做　饭　吃

hi:p³⁵ɕak⁵⁵kin⁵³ 夹菜吃　　　　　　ʔau⁵³jin⁵³ma³¹ɕup³⁵ 拿烟抽
夹　菜　吃　　　　　　　　　　　要　烟　来　抽

nau³³fai³¹ʔun³⁵tɕau²⁴liu⁵³ 烧火熬粥　ɬa:u¹¹ʔda:ŋ⁵³nɔn³¹ʔdat⁵⁵ 洗澡睡觉
烧火　煮　稀饭　　　　　　　　　洗澡　　睡觉

tha:u³⁵lau²⁴ma³¹n̯am²⁴ 倒酒喝　　　khai⁵³tu⁵³ʔɔk³³pai⁵³ 开门出去
倒　酒　来　喝　　　　　　　　　开门　　出去

（2）表示前一个动作是后一个动作的手段，后一个动作是前一个动作的目的。例如：

pai⁵³fau³³ɬɯ³¹ɬɯ²⁴khwa⁵⁵ 去市场买衣服
去　市场　买　衣服

pai⁵³tha³³khap¹¹tɕa³¹ 去河里捉鱼
去　河里　捉　鱼

ma³¹ɬɯ:n³¹kəu⁵³kin⁵³tɕau²⁴ 来我家吃饭
来　家　我　吃饭

kin⁵³kwa³³tɕau²⁴pai⁵³ŋoi³¹ten³³ʔiŋ⁵³ 吃完饭去看电影
吃　过　饭　去　看　电影

（3）表示两个动作同时发生或进行。

用连词 phɯŋ¹¹…phɯŋ¹¹… "一边……一边……"。例如：

[①] 邢福义主编：《现代汉语》，高等教育出版社1991年版，第339页。

phuɯŋ¹¹ ɕəŋ⁵⁵kɔ⁵⁵ phuɯŋ¹¹ thiu³⁵ 一边唱歌一边跳舞
　一边　唱　歌　一边　跳

phuɯŋ¹¹ tɕa:ŋ²⁴ phuɯŋ¹¹ khɔ⁵³ 一边说一边笑
　一边　讲　一边　笑

phuɯŋ¹¹ tɕha:i²⁴ phuɯŋ¹¹ ȵɔm³³ 一边走一边看
　一边　走　一边　看

phuɯŋ¹¹ thɔk³³ phuɯŋ¹¹ ɬɛ²⁴ 一边读一边写
　一边　读　一边　写

phuɯŋ¹¹ ȵam²⁴lau²⁴ phuɯŋ¹¹ tɕa:ŋ²⁴wa³³ 一边喝酒一边聊天
　一边　喝酒　一边　讲话

（4）表示前后两个动作是起因与结果的关系。

通常使用关联词语 wi:t³³…wi:t³³ "越……越……"。例如：

wi:t³³ ʔbin⁵³ wi:t³³ ɬuŋ⁵³ 越飞越高
　越　飞　越　高

wi:t³³ len³³ wi:t³³ khwa:i³⁵ 越跑越快
　越　跑　越　快

wi:t³³ ɕəŋ⁵⁵ wi:t³³ ʔdai⁵³ thiŋ³³ 越唱越好听
　越　唱　越　好　听

wi:t³³ ȵɔm³³ wi:t³³ nat⁵⁵ 越看越喜欢
　越　看　越　喜欢

wi:t³³ kin⁵³ wi:t³³ ʔdai⁵³ kin⁵³ 越吃越香
　越　吃　越　好　吃

第五章　壮语金龙岱话的句子成分

　　句子的组成成分叫句子成分，也叫句法成分。"句法成分是在一定的句法结构中占着一定的位置、跟其他成分发生一定的句法关系的语言单位。"①

　　金龙岱话的句子成分主要有主语、谓语、宾语、定语、状语、补语六种。其中，主语和谓语是主要成分，在句子结构中通常不可缺少，宾语、定语、状语、补语是次要成分。在语言的实际使用过程中，并不是所有的句子成分都出现。

第一节　主　语

一　主语的构成

　　主语是谓语叙述的起点，被陈述的对象，表明句子说的是"什么人"或"什么事"。一般在句中位于句首。可分为名词性主语和谓词性主语。

　　充当主语的成分以体词性成分为主，如名词、代词、名物化结构、短语以及小句等；谓词性成分包括动词、形容词、谓词性的代词、动词性短语、形容词性短语等在一定条件下也可以充当主语。

　　（一）名词充当主语

　　包括普通名词、专有名词、方所名词和时间名词作主语。

　　1. 普通名词作主语

　　（1）mɛ^{33}phɔ^{31} tɕoŋ^{33}tshɯ^{33} toi^{33} khɛk^{35}khən^{31} hau^{24} je^{31}tɕhiŋ^{31}.
　　　　奶奶　　　总是　　　对　　客人　　　好　热情
　　　　奶奶总是对客人好热情。

　　（2）ʔoŋ^{53} tɕha:i^{24} ʔdai^{24} fəi^{33}ɕa:ŋ^{31} ma:n^{35}. 爷爷走得非常慢。
　　　　爷爷　走　　得　　非常　　　慢

---

①　徐烈炯、刘丹青：《话题的结构与功能》，上海教育出版社1998年版，第177页。

(3) ʔa⁵³lu³¹ ʔau⁵³ pai⁵³ faɯ³³ ɬuɯ²⁴ ma:k³³ ku:k³³ nəŋ³³.
　　婶婶　要　去　街上　买　把　锄头　一
　　婶婶要去街上买一把锄头。
(4) phi¹¹la:n⁵³ɬa:u⁵³ phi³¹phi³¹phək⁵⁵phək⁵⁵. 小侄女白白胖胖的。
　　　小侄女　　白　白　胖　胖
(5) wan³¹nai³⁵ phi⁵⁵ʔba:u³³ ʔit⁵⁵thiŋ³³ kwa³³ ma³¹. 哥哥今天一定会来的。
　　　今天　　哥哥　　一定　　过　来
(6) mɛu³¹ ɕau⁵⁵ ma⁵³ thɔ³³khan¹¹. 猫跟狗打架。
　　　猫　和　狗　　打架
(7) pa:k³³thai⁵³ tshɯ³³ ʔau⁵³ lek⁵⁵ hit⁵⁵ ke³³. 犁头是用铁做的。
　　　犁头　　是　要　　做　的
(8) pa:t³⁵ ɕau⁵⁵ thu⁵⁵ tu⁵⁵ mi³¹ ja³³. 碗和筷子都有了。
　　　碗　和　筷子　都　有　了
(9) ɕai⁵⁵ kai³⁵ tim²⁴ ŋe⁵⁵ kha:i⁵³, mi⁵⁵ ɕaŋ³³ kən⁵³. 鸡蛋论个卖，不论斤卖。
　　　蛋　鸡　点　个　卖　不　称　斤
(10) ɕak⁵⁵phek³³ ki²⁴ la:i⁵³ ŋən³¹ moi¹¹ kən⁵³? 白菜多少钱一斤？
　　　白菜　　几　多　钱　每　斤

2. 专有名词作主语
(1) tɕoŋ³³ku:k³³ mi³¹ ha²⁴ ɬip⁵⁵ hok⁵⁵ ŋe⁵⁵ min⁵³tɕu³¹. 中国有56个民族。
　　　中国　　有　五　十　六　个　民族
(2) luŋ³¹tɕu⁵³ tshɯ³³ ŋe⁵⁵ nəŋ³³ hau³⁵ ʔdai⁵³ʔba:u³³ ke³³ thi³³fu:ŋ⁵³.
　　　龙州　　是　个　一　好　漂亮　的　地方
　　龙州是一个风景很美的地方。
(3) li³⁵kin⁵⁵ mi⁵⁵ ɲu³³ ɬɯ:n³¹. 李军不在家。
　　　李军　不　在　家
(4) pə³¹kiŋ⁵⁵ tshɯ³³ ɕau⁵⁵tu⁵⁵. 北京是首都。
　　　北京　　是　首都
(5) kwai³⁵lin³¹ ham²⁴ ʔda:ŋ³⁵. 桂林比较冷。
　　　桂林　比较　冷

3. 方所名词作主语
(1) thiŋ³¹ ɕoŋ³¹ mi³¹ tɕhɛk³³ ɬɯ⁵³ nəŋ³³. 桌子上有一本书。
　　　上　桌子　有　本　书　一
(2) tɕa:ŋ⁵³ ɬɯ:n³¹ thon³³tɕa:ŋ⁵³ mi³¹ khən³¹ tɕa:ŋ²⁴ko²⁴. 屋子里面有人说话。
　　　间　屋子　　中间　　有　人　讲话

（3）pa³³na²⁴ ɬɯ:n³¹ mi³¹ thɛu³¹ khui³⁵ nəŋ³³. 房子前面有一条河。
　　　前面　房子　　有　　条　　河　一
（4）tɕa:ŋ⁵³ ɬɯ:n³¹ thoŋ³³tɕa:ŋ⁵³ phen³³ ȵu³³ ŋe⁵⁵ ɬai³³ ɕɔŋ³¹ nəŋ³³.
　　　间　　屋子　中间　　　　放　着　张　小　桌子　一
　　　屋子正当中放着一张小方桌。
（5）ʔdaɯ³⁵ tɕhɯ:ŋ³¹ mi³¹ khu³⁵ ha:i³¹ nəŋ³³. 床底下有一双鞋。
　　　底下　　床　　有　双　鞋　一

4. 时间名词作主语
（1）wan³¹nai³⁵ hok⁵⁵ ȵu:t³³ tɕhu⁵⁵ pɛt³³. 今天六月初八。
　　　天　这　六　月　初　八
（2）wan³¹wa³¹ li⁵⁵pa:i³⁵. 昨天星期天。
　　　昨天　　礼拜
（3）ɬoŋ⁵³ ʔbɯ:n⁵³ kɔn³⁵ kəu⁵³ tu⁵⁵ mi⁵⁵ ɬu¹¹na²⁴ min³¹.
　　　二　　月　　前　我　都　不　认识　他
　　　两个月前我还不认识他。
（4）wan³¹ nai³⁵ ŋa:i³¹ja³³ kəu⁵³ pai⁵³ lau⁵⁵ maɯ³¹. 今天下午我去找你。
　　　天　这　下午　　　我　去　找　你
（5）ki²⁴ wan³¹ nai³⁵ ʔda:ŋ³⁵ la:i⁵³. 这几天很冷。
　　　几　天　这　冷　多
（6）pi⁵³ nai³⁵ ʔbɯ:n⁵³ hok⁵⁵ kəu⁵³ mɯ¹¹pai⁵³ ɬɯ:n³¹ nəŋ³³.
　　　年　这　月　六　　我　回去　　　家　　一
　　　今年六月我回了一趟老家。

（二）代词充当主语
人称代词、指示代词、反身代词、泛指代词、疑问代词等均可作主语。

1. 人称代词作主语
（1）min³¹ naŋ³³ ȵu³³ phɯŋ³¹ tha:ŋ³¹ wep³³ʔdɯ:p³⁵. 他坐在路旁休息。
　　　他　坐　在　边　路　休息
（2）kəu⁵³ ȵu³³ ɬɯ:n³¹ min³¹ toi³³na²⁴. 我住在他家的对面。
　　　我　住　家　他　对面
（3）min³¹ wan³¹nai³⁵ phe³¹thɯ³¹ tu⁵⁵ma³¹. 他今天应该会来。
　　　他　天　这　应该　　都　来
（4）ʔbɔŋ⁵³ɬau³¹ moi¹¹wan³¹ kin⁵³ ɬa:m⁵³ ton³³tɕau²⁴. 我们每天吃三顿饭。
　　　我们　　每　天　吃　三　顿　饭
（5）ʔbɔŋ⁵³ɬau³¹ pai⁵³ tɕai⁵³mai¹¹. 我们去种树。
　　　我们　　去　种　树

（6）maɯ³¹ ma³¹ luŋ³¹tɕu⁵³ ki³³la:i⁵³ ja³³? 你到龙州来多久了？
　　　你　来　龙州　几多　了
（7）nɔŋ¹¹ɬa:u³¹ pi⁵³nai³⁵ pɛt³³ pi⁵³ ja³³. 妹妹今年八岁了。
　　　妹妹　年　这　八　岁　了

2. 指示代词作主语

（1）tu⁵³ mu⁵³ nai³⁵ phi³¹ khin²⁴ ha³³! 这头猪好肥啊！
　　　头　猪　这　肥　很　啊
（2）ŋe⁵⁵ nai³⁵ tshɯ³³ ka³³laŋ⁵³ jo:k³³? 这是什么花？
　　　词头　这　是　什么　花
（3）ŋe⁵⁵ ɬɯ:n³¹ nai³⁵ tshɯ³³ min³¹ ke³³. 这套房子是他的。
　　　套　房子　这　是　他　的
（4）khən³¹ min²⁴ ȵɔm³³ tɯn³³ma³¹ ɬa:m⁵³ ɬip⁵⁵ pi⁵³ khɯn²⁴nɔŋ³¹ ja³³.
　　　人　那　看　起来　三　十　岁　上下　了
那个人看起来三十岁上下。
（5）nui³¹ mai¹¹ min²⁴ ma³⁵ ʔdai²⁴ hau³⁵təŋ⁵³. 那些树长得都很茂盛。
　　　些　树　那　长　得　很　茂盛
（6）nui³¹ tɕa³¹ nai³⁵ mi⁵⁵ka:i²⁴, ʔau⁵⁵ ma³¹ pai⁵³ tu⁵⁵tɕɛ:n⁵³.
　　　些　鱼　这　不大　要　来　去　都　煎
这些鱼不太大，整条煎吧。
（7）ŋe⁵⁵ nɯ³³ mu⁵³ nai³⁵ hɔm⁵³thɯŋ³³thɯŋ³³ ke³³. 这锅猪肉香喷喷的。
　　　词头　肉　猪　这　香喷喷　的

3. 反身代词作主语

（1）ɕi³³ki²⁴ ke³³ fi:k³⁵ kəu⁵³ ɕi³³ki²⁴ hit⁵⁵. 自己的事情我自己做。
　　　自己　的　事情　我　自己　做
（2）ɕi³³ki²⁴ ʔiŋ⁵³ka:i⁵³ ʔɔk³³ ɬeŋ³¹, mi⁵⁵ ʔau⁵³ khən³¹ta:i⁵³ ma³¹ tɕɔi³³.
　　　自己　应该　出　力　不要　别人　来　帮助
自己应该努力，不要光靠别人帮助。
（3）kəu⁵³ ɕi³³ki²⁴ tu⁵⁵ mi⁵⁵ thiŋ⁵³tɕa:ŋ²⁴, maɯ³¹ hit³³ɬau³¹ ɬu¹¹ thiŋ⁵³tɕa:ŋ²⁴?
　　　我　自己　都　不　听讲　你　怎么会　听讲
我自己都不知道，你怎么会知道？
（4）ʔbɔŋ⁵³maɯ³¹ ɕi³³ki²⁴ pai⁵³ pa³³. 你们自己去吧。
　　　　　　你们　自己　去　吧
（5）ʔbɔŋ⁵³ɬau³¹ ɕi³³ki²⁴ tu⁵⁵ tɕa:ŋ²⁴ ʔba:n²⁴ kəu⁵³ ʔdai⁵³.
　　　我们　自己　都　讲　村　我　好
我们自己都说自己家乡好。

4. 泛指代词作主语

（1） la:i^{53}khən^{31} ma^{31} ɕau^{55} kəu^{53} tim^{24}. 大家跟着我数。
　　　大家　　来　跟　我　数

（2） ta:i^{31}ka^{53} tu^{55} ʔau^{53} la:u^{31}tuŋ^{35}，mi^{55} ʔdai^{24} pa:k^{35}kin^{53}.
　　　大家　都　要　劳动　　不　得　白吃
　　大家都要劳动，不能白吃。

（3） moi^{11}khən^{31} tu^{55} ʔau^{53} ɕəŋ^{55}. 大家都唱。
　　　大家　　都　要　唱

（4） khən^{31}ta:i^{53} ke^{33} ku^{33}ka:i^{33} mi^{55}ʔau^{53} kam^{53}, ta:i^{33}ka^{53} ke^{33} ku^{33}ka:i^{33}
　　　别人　　的　东西　　不要　拿　大家　　的　东西
ʔau^{53} ŋoi^{31} ʔdai^{24}.
要　看　得
　　别人的东西不要拿，大家的东西要看好。

5. 疑问代词作主语

（1） khən^{31}thaɯ^{31} tshɯ^{33} la:u^{11}ɬai^{53}? 谁是老师？
　　　人　谁　　是　老师

（2） ka^{33}laɯ^{53}ɬi^{31}hau^{35} ja:k^{33} tɕau^{31} ka^{33}laɯ^{53}ɬi^{31}hau^{35} kin^{53}tɕau^{24}.
　　　什么时候　　　饿　就　什么时候　　　吃饭
　　什么时候饿了就什么时候吃饭。

（3） khən^{31}thaɯ^{31} kha:i^{53} ʔbap^{55} fe^{33} hɯ^{24} pa^{24} maɯ^{31}?
　　　人　谁　卖　玉米　种子　给　把　你
　　谁卖给你玉米种子？

（4） khən^{31}thaɯ^{31} thjen^{53}? 谁知道呢？
　　　谁　　　　懂

（三）数量短语充当主语

（1） pi^{53} nəŋ^{33} mi^{31} ki^{24} la:i^{53} wan^{31}? 一年有多少天？
　　　年　一　有　几　多　天

（2） ɬoŋ^{53} wan^{31} pai^{53} phai^{31} nəŋ^{33}. 两天去一次。
　　　二　天　去　次　一

（3） ɬa:m^{53} khən^{31} tu^{55} mi^{55} n̠u^{33}. 三个都不在
　　　三　人　都　不　在

（4） khən^{31} nəŋ^{33} tu^{55} mi^{55}mi^{31}. 一个人也没有。
　　　人　一　都　没有

（四）指量短语充当主语

（1） ki^{24} wan^{31} nai^{35}，wan^{31}wan^{31} noŋ^{31}phən^{53}. 这几天，天天下雨。
　　　几　天　这　　天天　　下雨

（2）nui³¹tɕa³¹ nai³⁵ mi⁵⁵ka:i²⁴, ʔau⁵⁵ ma³¹ pai⁵⁵ tu⁵⁵ tɕɛ:n⁵³ ja³³.
　　　些　鱼　这　不　大　　要　来　去　都　煎　语气词
　　　这些鱼不太大，整条煎吧。
（3）tu⁵³ kai⁵⁵ min²⁴ mi⁵⁵ ʔdai²⁴. 那只鸡不好。
　　　只　鸡　那　不　得
（4）thɛu³¹ lu³³ min²⁴ hau²⁴ kwa:ŋ³⁵. 那条路很宽。
　　　条　路　那　好　宽
（5）ŋe⁵⁵ tɕha⁵³ min²⁴ jau³¹ łuŋ⁵³ jau³¹ ka:i²⁴. 那座山又高又大。
　　　座　山　那　又　高　又　大

（五）名物化结构充当主语

（1）ʔdɛ:ŋ⁵³ke³³ hɯ²⁴ maɯ³¹, ʔdam⁵³ke³³ hɯ²⁴ min³¹.
　　　红　的　给　你　　黑　的　给　他
　　　红色的给你，黑色的给他。
（2）tsui⁵⁵ʔdai⁵³ ke³³ tshɯ³³ khən³¹thaɯ³¹? 最好的是谁？
　　　最　好　的　是　　谁
（3）phək⁵⁵ ke³³ tshɯ³³ kɔ⁵³ pha:i³⁵, lɯ:ŋ⁵³ ke³³ tshɯ³³ kɔ⁵³ khau²⁴.
　　　白　的　是　词头 棉花　黄　的　是　词头 稻子
　　　白的是棉花，黄的是稻谷。
（4）ka:i²⁴ ke³³ pai⁵³ ta:ŋ⁵³pin⁵³, ʔɛŋ⁵³ ke³³ ȵan³¹ thɔk³³łɯ⁵³.
　　　大　的　去　当兵　　　小　的　还　读书
　　　大的当兵，小的在读书。
（5）pa³³na²⁴ łɯ:n³¹ tshɯ³³ pa³³ta:i³¹ kəu⁵³ ke³³, pa³³laŋ⁵³ łɯ:n³¹ tshɯ³³
　　　前面　　　房子　是　伯父　　我　的　后面　　房子　是
　　　tɕu³⁵ kəu⁵³ ke³³.
　　　叔叔　我　的
　　　前面的房子是我伯父的，后面的房子是我叔叔的。
（6）tɕha⁵³ toŋ⁵³fu:ŋ⁵³ pi²⁴ja:u³⁵ łuŋ⁵³. 东边的山比较高。
　　　山　东方　　　比较　　高

二　主语的语义类型

主语和谓语之间的关系比较复杂，它们相互依存，主语意义类型的划分离不开与谓语的关系。根据主语所表示的人或事物与谓语所表示的动作行为之间的语义关系，可大致分为施事主语、受事主语和当事主语。

（一）施事主语
主语是动作、行为的发出者。例如：

（1）ɬau³¹ ɕə:ŋ¹¹ tu⁵³ kai⁵⁵ ɬeŋ⁵³ nəŋ³³. 我们养了一只公鸡。
　　　我们　养　只　鸡　公　一

（2）pa:k³⁵tɕi³³ ma³¹ hu²⁴ min³¹ ŋɔi³¹ phiŋ³³. 医生来给他看病。
　　　医生　　来　给　他　看　病

（3）min³¹ ɬɯ²⁴ ʔi³⁵ ɬi³³kwa³³ hui³¹ma³¹. 他买了一些西瓜回来。
　　　他　买　些　西瓜　　回来

（4）ma³¹ hau³³ wap³³wap³³. 狗汪汪地叫。
　　　狗　叫　汪汪

（5）min³¹ ɬɛ²⁴ tɕo³¹ne³¹ ji⁵⁵ji⁵⁵ja:u⁵⁵ja:u⁵⁵. 他写作业马马虎虎。
　　　他　写　作业　　马马虎虎的样子

（6）tu⁵³ kop⁵⁵ the:u³¹ ʔit⁵⁵puk¹¹ʔit⁵⁵puk¹¹. 青蛙一蹦一蹦地跳。
　　　词头　青蛙　跳　　一蹦一蹦的样子

（二）受事主语

主语是动作、行为的承受者。例如：

（1）kai⁵⁵ ɕau⁵⁵ pet⁵⁵ ŋa:i³¹ ha:p³⁵ ʔdai²⁴ hun³¹hu¹¹hu¹¹.
　　　鸡　和　鸭　被　吓　得　乱窜
　　　鸡和鸭被吓得东奔西跑。

（2）min³¹ hu²⁴ ŋu³¹ khup³⁵ ja³³. 他被蛇咬了。
　　　他　给　蛇　咬　了

（3）ɬɯ²⁴khwa⁵⁵ ŋa:i³¹ phən⁵³ lam³¹ ʔdit⁵⁵ ja³³. 衣服被雨淋湿了。
　　　衣服　　被　雨　淋　湿　了

（4）ʔɔi²⁴ ŋa:i³¹ lum³¹ kwa:t³³ ta:u⁵³ ljeu¹¹ ja³³. 甘蔗被风刮倒了。
　　　甘蔗　被　风　刮　倒　完　了

（5）wa:i³¹ ɬɯ⁵⁵ ŋa:i³¹ ʔbɔŋ⁵³ɬau³¹ kha:i⁵³ ja³³. 母水牛被我们卖了。
　　　水牛　母　被　我们　　卖　了

（三）当事主语

主语表示非施事、非受事的人、事物、时间、方所等，主谓之间的语义关系比较松散。也就是说，这种主语既不是施事，也不是受事，而是处所、工具、材料、对象等关涉的对象。例如：

（1）phi³³ɬa:u⁵³ kho⁵³ʔdai²⁴ mai³¹ mi⁵⁵ tɯm³³ma³¹. 姐姐笑得站不起来。
　　　姐姐　　笑得　　站　不　起来

（2）kəu⁵³ kin⁵³ʔdai²⁴ ʔim³³ la:i⁵³ ja³³. 我吃得饱饱的。
　　　我　吃得　　饱　多　语气词

（3）wan³¹nai³⁵ ɬa:m⁵³ŋɯ:t³³tɕhu⁵³ha²⁴. 今天三月初五。
　　　天　这　　三　月　初　五

（4）tɕhek³³ɫɯ⁵³ min²⁴ ȵu³³ taɯ³⁵ tɕɔŋ³¹ nə⁵⁵. 那本书在桌子下面。
　　本　书　那　在　下面　桌子　语气词

第二节　谓　语

谓语是句子中对主语加以陈述、说明的部分，表示主语"是什么""做什么"或者"怎么样"。一般放在主语的后面，通常不能省略。

一　谓语的构成

谓语一般由谓词性词语或短语来充当，例如：动词、名词、形容词、代词、数量短语、表强调的名物化结构等。

（一）动词充当谓语

（1）min³¹ thuk⁵⁵ puk⁵⁵ po⁵⁵li⁵³. 他砸破玻璃。
　　他　砸　破　玻璃

（2）min³¹ ɫɯ²⁴ ja³³ tɕa³³ mɔ⁵⁵thɔk³³tɕhe⁵³ nən³³. 他买了辆摩托车。
　　他　买　了　辆　摩托车　一

（3）kəu⁵³ kin⁵³ nɯ³³ mu⁵³. 我吃猪肉。
　　我　吃　肉　猪

（4）phi³³ɫa:u⁵³ kin⁵³ ʔim³³ la³³. 姐姐吃饱了。
　　姐姐　吃　饱　了

（5）me³³thau³⁵ tɕai³¹ ʔbap⁵⁵. 妈妈种玉米。
　　妈妈　栽　玉米

（6）min³¹ thik⁵⁵ kəu⁵³ kha⁵³ nən³³. 他踢了我一脚。
　　他　踢　我　脚　一

（7）moi¹¹khən³¹ tu⁵⁵ pai⁵³ ja³³. 大家都走了。
　　大家　都　去　了

（二）名词或名词短语充当谓语

（1）wan³¹ɕuk³³ li⁵⁵pa:i³⁵. 明天星期天。
　　明天　礼拜天

（2）wan³¹nai³⁵ tɕit⁵⁵ ŋu:t³³ ɫip⁵⁵ ha²⁴. 今天七月十五。
　　今天　七　月　十　五

（3）wan³¹wa³¹ ɫiŋ³³khi³¹ɫi³⁵. 今天星期四。
　　昨天　星期四

（4）wan³¹nai³⁵ ɫa:m⁵³ ŋu:t³³ tɕhu⁵³ ha²⁴. 今天三月初五。
　　今　天　三　月　初　五

（5）wan³¹luɯ³¹ ɕi¹¹ʔdap⁵⁵. 后天元宵节。
　　　后天　　元宵节
（6）min³¹ tshɯ³³ khən³¹ luŋ³¹tɕu⁵³. 她是龙州人。
　　　她　是　人　　龙州

（三）形容词或形容词短语充当谓语
（1）khau²⁴no⁵⁵ hɔm⁵³ thum³³ ʔba:n²⁴. 糯米饭香了整个村庄。
　　　糯米　　香　全　　村庄
（2）phɔ³³mɛ³³ hau²⁴ thɔ³¹ʔdi:p³³. 夫妻俩很恩爱。
　　　夫妻　　好　　相爱
（3）ki²⁴ kɔ³³ mai¹¹ nai³⁵ jau³³ ɬuŋ⁵³ jau³³ tɕik¹¹. 这些树又高又直。
　　　几　棵　树　这　又　高　　又　直
（4）thɛu³¹ khui³⁵ min²⁴ kwa:ŋ³⁵ khin²⁴. 那条河很宽。
　　　条　　河　　那　　宽　　　很
（5）khiŋ⁵³ pon³⁵ti³³ mi⁵⁵ phi:t³⁵. 本地姜不辣。
　　　姜　　本地　　　不　辣
（6）phi³³ʔba:u³³ pi²⁴ nɔŋ¹¹ʔba:u³³ kɛ³³ ɬa:m⁵³ pi⁵³. 哥哥比弟弟大三岁。
　　　哥哥　　　比　弟弟　　　老　三　　岁
（7）ha⁵³ min³¹ ʔdɛŋ⁵³ʔdɛŋ⁵³ ke³³. 她的眼睛红红的。
　　　眼睛　她　红　　红　　的
（8）ʔduk⁵⁵ʔda:ŋ⁵³ phi³³khuɯi⁵³ ɬuŋ⁵³ ɬuŋ⁵³ ke³³. 姐夫个子高高的。
　　　个子　　　　姐夫　　　　高　　高　　的

（四）代词充当谓语
（1）ʔbaɯ³¹ nai³⁵ min³¹ ke³³. 这件他的。
　　　件　　这　　他　　的
（2）ŋe⁵⁵ min²⁴ khən³¹thaɯ³¹ ke³³? 那谁的？
　　　量词　这　　谁　　　　　的
（3）maɯ³¹ phe¹¹ɬaɯ³¹ ja³³? 你怎么了？
　　　你　　怎么　　　了

（五）数量短语充当谓语
（1）mai¹¹ than³³thiŋ³¹ ɬa:m⁵⁵ tu⁵³ nok¹¹. 树上三只鸟。
　　　树　　上面　　　三　　只　鸟
（2）ɬɯ:n³¹ min³¹ ɬɔŋ⁵³ khən³¹ luk³³ʔdik⁵⁵, khən³¹ luk³³thui³³phɔ³³ nəŋ³³,
　　　家　　他　　二　　个　　　小孩　　　个　　男孩　　　　　一
　　　khən³¹ luk³³thui³³mɛ³³ nəŋ³³.
　　　个　　　女孩　　　　　一
　　　他家两个小孩，一男一女。

（3）moi¹¹ khən³¹ khən³¹ ha:p³⁵. 一人一担。
　　　每　人　个　　担
（4）moi¹¹ khən³¹ ɬoŋ⁵³ pa:t³³. 每个人两碗。
　　　每　人　二　　碗
（5）kəu⁵³ pi⁵³ nai³⁵ ha²⁴ ɬip⁵⁵ ja³³. 我今年五十了。
　　　我　年　这　五　十　了
（6）ʔboŋ⁵³ɬau³¹ la:i⁵³khən³¹ ma³¹ pan³¹ ɬi³³kwa³³, moi¹¹khən³¹ ʔdai²⁴ŋe⁵⁵nəŋ³³.
　　　我们　　大家　　　来　分　西瓜　　每　人　　得　个　一
　　　我们大家来分西瓜，一人一个。

（六）主谓短语充当谓语
（1）mɛ³³thau³⁵ ʔbau³⁵ tɕep⁵⁵. 妈妈头疼。
　　　妈妈　　头　　疼
（2）min³¹ kha⁵³ muɯ³¹. 他脚麻。
　　　他　脚　麻
（3）ŋe⁵⁵ tɕoŋ³³khən³¹ nai³⁵ kəu⁵³ mi⁵⁵ han⁵³ kwa³³. 这种人我没见过。
　　　量词　种　人　这　我　没　见　过
（4）ʔba:n²⁴ mauɯ³¹ kəu⁵³ mi⁵⁵ pai⁵³ kwa³³. 你的家乡我没去过。
　　　村　　你　　我　不　去　过
（5）tɕhek³³ɬuɯ⁵³ nai³⁵ kəu⁵³ mi⁵⁵mi³¹. 这本书我没有。
　　　本　书　　这　我　不　有

二　谓语的语义类型

可分为叙述性谓语、描写性谓语、判断性谓语和说明性谓语四大类。

（一）叙述性谓语

叙述性谓语重在对主语所做的或与主语相关的某件事情进行叙述，大多出现在动词谓语句中。例如：

（1）ʔboŋ⁵³ɬau³¹ pai⁵³ tɕai⁵³ mai¹¹. 我们去种树。
　　　我们　　去　种　树
（2）lum³¹ka:i²⁴ phau³³ tak⁵⁵ ja³³ kha³³ mai¹¹. 大风吹断了树枝。
　　　风　大　　吹　　断　了　枝　树
（3）min³¹ tɕak⁵⁵ tɕa:ŋ²⁴ ha:n³⁵ji⁵⁵. 他会说汉语。
　　　他　会　　讲　　汉语
（4）wan³¹wa³¹ tu⁵³ ma⁵³ khu:p³⁵ tu⁵³ mɛu³¹ ha:i⁵³ ja³³. 昨天狗把猫咬死了。
　　　昨天　只　狗　咬　　只　猫　死　了

（5）kəu⁵³ mi⁵⁵kin⁵³ nɯ³³ mu⁵³. 我不吃猪肉。
　　我　不吃　肉　猪

（6）phi³³ɬa:u⁵³ n̠u³³ tɕhi³¹fu:ŋ³¹ hit⁵⁵tɕau²⁴. 姐姐在厨房煮饭。
　　姐姐　在　厨房　做饭

（7）pa:k³⁵tɕi³⁵ ma³¹ hu²⁴ min³¹ ŋoi³¹phiŋ³³. 医生来给他看病。
　　医生　来　给　他　看病

（二）描写性谓语

描写性谓语重在描写，即对主语所指称的对象的性状进行描写。通常出现在形容词性谓语句中。例如：

（1）tu⁵³ mu⁵³ nai³⁵ phi³¹ khin²⁴. 这头猪很肥。
　　头　猪　这　肥　很

（2）ɬoŋ⁵³ phi⁵⁵noŋ³¹ jau³¹ ɕak⁵⁵ jau³¹ ʔa:k³⁵. 姐妹俩勤快能干。
　　二　姐妹　又　勤快　又　能干

（3）tu⁵³ma¹¹ nai³⁵ jau³¹ ʔdai⁵³n̠ɔm³³, jau³¹ len³³ ʔdai²⁴ khwa:i³⁵.
　　匹　马　这　又　好看　　又　跑　得　快
　　这匹马又好看，又跑得快。

（4）ŋe⁵⁵ tɕha⁵³ min²⁴ jau³¹ ɬuŋ⁵³ jau³¹ ka:i²⁴. 那座山又高又大。
　　座　山　那　又　高　又　大

（三）判断性谓语

重在对主语的类属、情况、性质和状态等做出判定说明，多出现在名词谓语句和判断句中。例如：

（1）kham³³ wan³¹ɕuk³³ kham³³ʔdap⁵⁵. 明天晚上除夕。
　　晚上　明天　除夕

（2）mɯ³¹ tshɯ³³ ŋe⁵⁵ khən³¹ ʔdai⁵³. 你是个好人。
　　你　是　个　人　好

（3）tsui⁵⁵ʔdai⁵³ ke³³ tshɯ³³ khən³¹thau³¹? 最好的是谁？
　　最　好　的　是　谁

（4）ŋe⁵⁵ tɕɔŋ³¹ min²⁴ nak⁵⁵ la:i⁵³. 那张桌子很沉。
　　张　桌子　那　重　多

（5）min³¹ tɕa:ŋ²⁴ ke³³ wa³³ hau³⁵ toi³³. 他说的话很对。
　　他　讲　的　话　很　对

（四）说明性谓语

对主语的存在、所属和情况等做出说明。通常多出现在存现句中。例如：

（1）mai¹¹ than³³thiŋ³¹ mi³¹ ɬa:m⁵⁵ tu⁵³ nok¹¹. 树上有三只鸟。
　　　树　上面　　有　三　只　鸟
（2）ɕiŋ³¹ than³³thiŋ³¹ khwɛn⁵³ ȵu³³ fu⁵⁵ wa²⁴ nən³³. 墙上挂着一幅画。
　　　墙　上面　　　挂　着 幅　画　一
（3）kəu⁵³ ȵu³³ ɬɯ:n³¹ min³¹ toi³³na²⁴. 我住在他家的对面。
　　　我　住　家　　他　对面
（4）ha:i³¹ mau³¹ ȵu³³ ʔdau³¹ tɕhɯ:ŋ³¹. 你的鞋子在床底下。
　　　鞋子　你　在　底下　床
（5）min³¹ naŋ³³ ȵu³³ phɯŋ³¹ tha:ŋ³¹ wep³³ʔdɯ:p³⁵. 他坐在路旁休息。
　　　他　坐　在　边　　路　　休息

第三节　宾　语

宾语也称受词，是句子中动作、行为的对象，是动词或动词性谓语的连带成分，用来说明"谁"或"什么"的句子成分。

一　宾语的构成

宾语一般放及物动词之后，和及物动词一起说明主语做什么。宾语有直接宾语和间接宾语之分，即指人的间接宾语和指物的直接宾语，这两个宾语称为"双宾语"。宾语由体词性成分充当，谓词性成分充当宾语需要先经过名物化。能够充当宾语的主要是名词、代词、动词、名物化结构、数量短语、指量短语和主谓短语。

（一）名词或名词短语作宾语
（1）wan³¹ɕuk³³ ʔbɔŋ⁵³ɬau³¹ pai⁵³ tɕai⁵³ mai¹¹. 明天我们去种树。
　　　明天　　我们　　去　种　树
（2）lum³¹ ka:i²⁴ phau³³ tak⁵⁵ ja³³ kha³³mai¹¹. 大风吹断了树枝。
　　　风　大　　吹　断　了　枝树
（3）hu³¹ ʔu³⁵ khai⁵³ ja³³ ŋe⁵⁵ khɯi³³. 妈妈打开了柜子。
　　　词头 妈妈 开　了 词头 柜子
（4）mɛ³³ȵa³³ ȵu³³ pa:k³³na²⁴tu⁵³ ȵap¹¹ ɬɯ²⁴khwa⁵⁵. 奶奶在门口缝衣服。
　　　奶奶　　在　门口　　　缝　　衣服

（二）代词作宾语
1. 人称代词充当宾语
（1）kəu⁵³ ʔau⁵³ pai⁵³ lau⁵⁵ min³¹. 我要去找他。
　　　我　要　去　找　他

（2）min³¹ thik⁵⁵ kəu⁵³ kha⁵³ nəŋ³³. 他踢了我一脚。
　　　他　 踢　 我　 脚　 一

（3）min³¹ ʔi³³kiŋ⁵⁵ kha¹¹ ʔbɔŋ⁵³ɬau³¹ la³³. 他已经告诉我们了。
　　　他　 已经　　告诉　　我们　 了

（4）min³¹ ʔda³³ mau³¹. 她骂你。
　　　她　 骂　 你

（5）kəu⁵³ nat⁵⁵ min³¹ khin²⁴. 我很喜欢他。
　　　我　 喜欢　他　 很

（6）kəu⁵³ tu⁵⁵ mi⁵⁵ ɬu¹¹na²⁴ min³¹. 我不认识他。
　　　我　 都　不　 认识　　他

2. 指示代词充当宾语

（1）kəu⁵³ nat⁵⁵ ɬɯ⁵³ tɕhɛk³³ ɬɯ²⁴ kon³⁵. 我喜欢从前买的那本。
　　　我　 喜欢　书　 本　 买　以前

（2）ɬɯːn³¹kəu⁵³ ɳu³³ phɯːŋ³¹min²⁴. 我家在那边。
　　　家　　 我　 在　 边　 那

（3）wan³¹wa³¹ ɬɯ²⁴ke³³ ku³³kaːi³³ pheŋ³³ ɬe⁵³nai³⁵. 昨天买的东西放在这儿。
　　　昨天　　 买　的　 东西　　 放　 这里

（4）mau³¹ wi³³ka³³laŋ⁵³ mai³¹ ɳu³³ khe³³min²⁴? 你为什么老站在那里?
　　　你　 为什么　　　站　 在　 那里

3. 疑问代词充当宾语

（1）ʔbɔŋ⁵³min³¹ hit³³ɬaŋ⁵³ khau²⁴khau²⁴ɔk³³ɔk³³? 他们进进出出的做什么?
　　　他们　　　做什么　　进进　　　出出

（2）mau³¹ tɕaːŋ²⁴ ke³³ khən³¹thau³¹? 你说的是谁?
　　　你　 讲　 的　 谁

（3）ʔbɔŋ⁵³mau³¹ ɳu³³ khe³³thau³¹? 你们住在哪里?
　　　你们　　　 住　 哪里

（4）hoŋ⁵⁵tɕiu⁵⁵ ɳaŋ³¹ mi³¹ kiː²⁴ laːi⁵³? 香蕉还有多少?
　　　香蕉　　 还　 有　几　 多

（5）mau³¹ tɕi⁵⁵ nat⁵⁵ khən³¹thau³¹? 你最喜欢谁?
　　　你　 最　喜欢　 谁

（三）动词作宾语

（1）min³¹ mi⁵⁵tɕak⁵⁵ haːt³⁵luːn¹¹. 她不会唱歌。
　　　她　 不会　　 唱歌

（2）nɔŋ¹¹ɬaːu⁵³ ɬɯːŋ²⁴ hai²⁴ ja³³. 妹妹想哭。
　　　妹妹　　　想　 哭　助词

（3）noŋ¹¹ʔba:u³³ mi⁵⁵ nat⁵⁵ kin⁵³ ɕak⁵⁵khɛu⁵³. 弟弟不喜欢吃青菜。
　　　 弟弟　　不喜欢　吃　菜　绿
（4）kəu⁵³ nat⁵⁵ ʔa:p³³ʔda:ŋ⁵³. 我喜欢游泳。
　　　 我　喜欢　　游泳
（5）tɕu³⁵ nat⁵⁵ ɕup³⁵ jin⁵³. 叔叔喜欢抽烟。
　　　 叔叔 喜欢 抽 烟

（四）名物化结构作宾语

（1）kəu⁵³ mi⁵⁵ ʔau⁵³ maɯ³¹ hu²⁴ ke³³. 我不要你给的
　　　 我　不　要　你　给　的
（2）thai⁵³ tshɯ³³ n̠uŋ³³ lek⁵⁵ hit⁵⁵ ke³³. 犁头是用铁做的。
　　　 犁头　是　用　　铁　做　的
（3）nui³¹ nai³⁵ tu⁵⁵ tshɯ³³ n̠am²⁴ ke³³. 这些都是喝的。
　　　 这些　都　是　　喝　的
（4）min³¹ mi⁵⁵ nat⁵⁵ kin⁵³ ɬom²⁴ ke³³. 他不爱吃酸的。
　　　 他　不 喜欢 吃 酸 的

（五）数量短语作宾语

（1）ʔboŋ⁵³ɬau³¹ n̠u³³ luŋ³¹tɕu³⁵ n̠u³³ ha²⁴ pi⁵³ pu:n³³ ja³¹.
　　　 我们　　在　 龙州　　住　五　年　半　了
　　　 我们在龙州住了五年半。
（2）ʔba:n²⁴ ɬau³¹ mi³¹ tɕit⁵⁵ ɬip⁵⁵ la:i⁵³ ɬɯ:n³¹. 我们村有七十多户。
　　　 村　我们　有　七　十　多　家
（3）pet³³ ŋe⁵⁵ ɬai⁵⁵kai³⁵ thom³³ mi³¹ kən⁵³ nəŋ³³. 八个大鸡蛋大概有一斤。
　　　 八　个　鸡蛋　　大概　有　斤　一
（4）ʔba:n²⁴ ʔboŋ⁵³min³¹ thuŋ⁵³ fau³³ tha:i³³kha:i⁵³ ɬa:m⁵³ ɬip⁵⁵ li¹¹.
　　　 村庄　他们　　到　街上　大概　　三　十　里
　　　 他们村到城里大概三十来里。

（六）指量短语作宾语

金龙岱话的指量词为"一"时，通常可以省略。例如：
（1）min³¹ ʔau³³ ɬɯ²⁴ khu³⁵ nai³⁵ nəŋ³³. 他要买这一双。
　　　 他　要　买　双　这　一
（2）pho³³thau³⁵ n̠am³¹ nuŋ³³ ʔbaɯ³¹ min²⁴ nəŋ³³. 爸爸喜欢穿那一件。
　　　 爸爸　　喜欢　穿　件　那　一
（3）khən³¹ ʔon³³ khuŋ³³ n̠am³¹ ɕəŋ⁵⁵ thɛu³¹ nai³⁵. 年轻人更喜欢唱这首。
　　　 人 年轻 更 喜欢 唱 首 这

（七）主谓短语充当宾语

（1）kəu⁵³ nɔːm¹¹han⁵³ ʔbɔŋ⁵³min³¹ thɔ³³thiŋ³³. 我看见他们打架了。
　　　我　　看见　　　他们　　　打架

（2）taːi⁵³khən³¹ wa³³ ŋe⁵⁵ min²⁴ ʔdai⁵³. 大家说那个好。
　　　大家　　　说　个　那　　好

（3）kəu⁵³ tɕo³¹tɯ³¹ maɯ³¹ mi⁵⁵ɕai²⁴ ma³¹ ja³³. 我看你别来了。
　　　我　　觉得　　你　　别　　　来　 了

（4）kəu⁵³ ku⁵³ki²⁴ min³¹ ʔi³³kiŋ⁵⁵ pai⁵³ la³¹. 我猜他已经走了。
　　　我　　估计　　他　 已经　　去　 了

二　宾语的语义类型

宾语和动词的语义密切相关，两者之间关系也比较复杂。李临定在《宾语使用情况考察》中，第一次较全面、系统地将宾语分为受事、结果、工具、对象、目的、处所、施事和其他类型。结合金龙岱话的实际情况，主要可分为施事宾语、受事宾语、当事宾语、结果宾语、工具宾语、处所宾语、存在宾语和数量宾语。

（一）施事宾语

宾语是动作、行为的发出者或者制造者。一般在句中位于宾语位置，或位于句首作话题。例如：

（1）noŋ³¹ phən⁵³ lə³³. 下雨了。
　　　下　　雨　　了

（2）kwaːt³³ lum³¹ la³³. 刮风了。
　　　刮　　风　　了

（3）noŋ³¹ ɬit⁵⁵ ja³³. 下雪了。
　　　下　　雪　 了

（4）ma³¹ ja³³ ɬoŋ⁵³ khən³¹ laːu¹¹ɬai⁵³. 来了两位老师。
　　　来　了　二　　个　　　老师

（5）tuk¹¹ ja³³ ɬoŋ⁵³ tu⁵³ waːi³¹. 走失了两头牛。
　　　丢　　了　二　　头　牛

（二）受事宾语

宾语是动作行为支配、承受、改变的对象。例如：

（1）ʔbɔŋ⁵³ɬau³¹ pai⁵³ tɕai⁵³ mai¹¹. 我们去种树。
　　　我们　　　去　　种　　树

（2）min³¹ ɬɛ²⁴ ja³³ tɕhek³³ ɬɯ⁵³ nəŋ³³. 他写了一本书。
　　　他　　写　 了　 本　　 书　　一

（3）kəu⁵³ pa²⁴ lau²⁴ ȵam²⁴ ljeu¹¹ ja³³. 我把酒喝光了。
　　　我　　把　酒　　喝　　完　了

（4）tu⁵³ mɛu³¹ kin⁵³ ljeu¹¹ tu⁵³ nu⁵³ ja³³. 猫吃掉了老鼠。
　　　词头 猫　吃　完　词头　老鼠　了

（5）me³³thau³⁵ pa:k³³ ja³³ ʔbe:k³³ ʔoi²⁴ ka:i²⁴ nəŋ³³. 妈妈砍了一大捆甘蔗。
　　　妈妈　　　砍　了　捆　　甘蔗　大　一

（三）当事宾语

表示非施事、非受事的人或事物的宾语。例如：

（1）pet³³ ŋe⁵⁵ ɬai⁵⁵kai³⁵ thom³³ mi³¹ kən⁵³ nəŋ³³. 八个大鸡蛋大概有一斤。
　　　八　个　鸡蛋　　大概　　有　斤　一

（2）min³¹ tshɯ³³ ɬai³³nuŋ³³. 他是小农。
　　　他　　是　　小农

（3）kəu⁵³ tshɯ³³ ŋe⁵⁵ ʔba:n²⁴ nai³⁵ ke³³ khən³¹. 我是这个村子的人。
　　　我　　是　个　村庄　　这　的　人

（4）mau³¹ ja:u³⁵ ka³³ɬaŋ⁵³ min³¹tɕi¹¹? 你叫什么名字？
　　　你　　叫　什么　　　名字

（5）khe³³nai³⁵ tshɯ³³ na³¹. 这里是田。
　　　这里　　　是　田

（四）结果宾语

宾语表示动作行为产生的结果。例如：

（1）ɬɯ:n³¹ ɬau³¹ kai⁵⁵khau³¹ ʔe⁵³ ɕai³³ ja³³. 我们家的母鸡下蛋了。
　　　家　　我们　母鸡　　　　下　蛋　了

（2）nɔŋ¹¹ɬa:u⁵³ kha:i³³ ja³³. 妹妹嫁人了。
　　　妹妹　　　嫁　　了

（3）ɬɯ:n³¹ min³¹ tɕiŋ³⁵tɕa:i²⁴ ɕap¹¹ ɬɯ:n³¹. 他家在盖房子。
　　　家　　他　　正在　　　　盖　房子

（4）mɯ³¹ kəu⁵³ ŋa:i³¹ khɛ³³ ʔa:m³³ nəŋ³³ ja³³. 我的手被割了一个口子。
　　　手　我　　被　　割　　口　一　了

（5）min³¹ ȵu³³ jin³³toŋ³⁵wui³⁵ than³³thiŋ³¹ pha:u³⁵ ʔdai²⁴ thai³³ʔit⁵⁵.
　　　他　　在　　运动会　　　　上面　　　　跑　　得　　第一
　　　他在运动会中跑了个第一名。

（五）工具宾语

宾语是动作行为的根据、方式或凭借的工具等。例如：

（1）wan³¹nai³⁵ kəu⁵³ ʔau⁵³ naŋ³³tɕhe⁵³. 我今天要坐车。
　　　今天　　　我　　要　　坐车

（2）mau³¹ mi⁵⁵ɕai²⁴ ȵuŋ³³ ta:u⁵³. 你别用刀。
　　　你　　别　　用　　刀

（六）处所宾语

表示主语动作行为所发生涉及的处所。在意义上是说明与动作行为相关的事物所在的处所、方位或运动趋向的，一般由处所词、方位词、方位短语或能表示处所的名词性词语来充当。例如：

（1）kha:i⁵³ ɬi³³kwa³³ ke³³ ma³¹ thuŋ⁵³ ʔba:n²⁴ ɬau³¹ ja³³.
　　　卖　西瓜　的　来　到　村庄　我们　了
　　卖西瓜的到我们村来了。

（2）ɬa:m⁵³ hu³¹ min²⁴ tu⁵⁵ ɬu³³ ʔba:n²⁴ ɬau³¹ ke³³. 那三个人都是我们村的。
　　　三　量词　他　都　是　村　我们　的

（3）ʔbɔŋ⁵³ɬau³¹ ha²⁴ khən³¹ tu⁵⁵ ȵu³³ phɯ:ŋ³¹ ʔba:n²⁴ min²⁴.
　　　我们　　五　人　都　住　边　村　那
　　我们五个都住在那边的村子里。

（4）wan³¹ɕuk³³ kəu⁵³ pai⁵³ na:n³¹niŋ³¹. 明天我去南宁。
　　　明天　　我　去　南宁

（5）min³¹ mi⁵⁵ ȵu³³ ɬɯ:n³¹. 他不在家。
　　　他　不　在　家

（七）存在宾语

表示领有或存在。例如：

（1）thiŋ³¹ ɕɔŋ³¹ mi³¹ tɕhek³³ ɬɯ⁵³ nəŋ³³. 桌子上有一本书。
　　　上　桌子　有　本　书　一

（2）kəu⁵³ mi³¹ ɬɔŋ⁵³ khən³¹ nɔŋ¹¹ɬa:u⁵³. 我有两个妹妹。
　　　我　有　二　个　妹妹

（3）mai¹¹ than³³thiŋ³¹ ȵaŋ³¹ mi³¹ ma:k³³na:m⁵³. 树上还有菠萝蜜。
　　　树　上面　还　有　菠萝蜜

（4）min³¹ mi³¹ ʔbau³¹ ʔdai⁵⁵ɬa:u⁵³ ke³³ khwan¹¹ ʔdɛŋ⁵³ nəŋ³³.
　　　她　有　件　漂亮　的　裙子　红　一
　　她有一条漂亮的红裙子。

（八）数量宾语

宾语是数量短语。例如：

（1）ŋe⁵⁵ tɕɔŋ³¹ nai³⁵ mi³¹ ɬi³³ ŋe⁵⁵ kha⁵³. 这张桌子有四条腿。
　　　张　桌子　这　有　四　条　腿

（2）ʔbɔŋ⁵³ɬau³¹ moi¹¹ wan³¹ kin⁵³ ɬa:m⁵³ tɔn³³ tɕau²⁴. 我们每天吃三顿饭。
　　　我们　　每　天　吃　三　顿　饭

（3）moi¹¹ khən³¹ thɯ⁵³ ɬoŋ⁵³ thai³³ ma:k³³tɕe³¹. 每个人拿两袋荔枝。
　　　每　人　拿　二　袋　荔枝

（4）min³¹ tɕɔi³³ kəu⁵³ ɬɯ²⁴ tɕhek⁵⁵ ɬɯ⁵³ nəŋ³³. 他帮我买一本书。
　　　他　帮助　我　买　本　书　一

第四节　定　语

定语是对句中的主语和宾语进行描写或限制的成分，用于表示人或事物的状态、性质、特点或领属、类别、时间、地点、处所、数量和范围等。定语的使用能更清楚地说明句中主语和宾语的性质和范畴。金龙岱话的定语有许多不同的属性，位置也比较灵活，分前置定语和后置定语两种。位于被修饰的句子成分前的叫前置定语，位于被修饰的句子成分后的叫后置定语。

一　定语的构成

大多数金龙岱话的实词和短语都能充当定语。如名词、代词、动词、形容词以及数量短语、指量短语、主谓短语关系化小句等。

（一）名词充当定语

壮语金龙岱话的名词可以直接修饰名词，置于名词中心语后，有时需要使用结构助词 ke³³ "的"。例如：

（1）phɔ³³thau³⁵ tshɯ³³ tɕa:ŋ⁵³ lek⁵⁵, mɛ³³thau³⁵ tshɯ³³ noŋ³¹min³¹.
　　　父亲　是　匠　铁　母亲　是　农民
　　父亲是铁匠，母亲是农民。

（2）kəu⁵³ mi⁵⁵ kin⁵³ nɯ³³ mu⁵³. 我不吃猪肉。
　　　我　不　吃　肉　猪

（3）tɕha⁵³ toŋ³³fu:ŋ³³ ɬuŋ⁵³ kwa³³ tɕha⁵³ ɬai³³fu:ŋ³³. 东边的山比西边的山高。
　　　山　东边　高　过　山　西边

（4）nam¹¹ tha³³ kin⁵³ mi⁵⁵ ʔdai²⁴. 河水喝不得。
　　　水　河　喝　不　得

（5）ki²⁴ khən³¹ luk³³ʔdik⁵⁵ nu³³ ʔip⁵⁵ ʔbau⁵³mai¹¹. 几个小孩子在捡树叶。
　　　几　个　小孩　在　捡　树叶

（二）代词充当定语

通常位于被修饰中心语的后面。包括人称代词、指示代词和疑问代词作定语。

1. 人称代词充当定语

人称代词取领格形式，用在名词之后，视语义及结构的紧密程度使用结构助词 ke³³/ti³³ "的"。

A. 必须加结构助词 ke³³/ti³³ "的"。例如：

（1）ŋe⁵⁵ łɯ:n³¹ nai³⁵ tshɯ³³ min³¹ ke³³. 这套房子是他的。
　　　词头 房子　这　是　他　的
（2）pa³³laŋ⁵³ mai¹¹li³¹ tshɯ³³ tɕu³⁵ kəu⁵³ ke³³. 后面的梨树是我叔叔的。
　　　后面　　梨树　　是　叔叔　我　的
（3）kəu⁵³ ti³³ thui²⁴ pi²⁴ maɯ³¹ ti³³ ka:i²⁴. 我的碗比你的大。
　　　我　的　碗　比　你　的　大

B. 可加可不加结构助词 ke³³/ti³³ "的"。例如：

（1）phɔ³³thau³⁵ kəu⁵³ tshɯ³³ min³¹ luŋ³¹. 我爸爸是他舅舅。
　　　爸爸　　　我　是　他　舅舅
（2）nɔŋ¹¹ła:u³¹ kəu⁵³ pi⁵³ nai³⁵ pet³³ pi⁵³ ja³³. 我妹妹今年八岁了。
　　　妹妹　　　我　年　这　八　岁　了
（3）ha:i³¹ maɯ³¹ ɲu³³ ʔdaɯ³⁵ tɕhɯ:ŋ³¹. 你（的）鞋子在床底下。
　　　鞋子　你　在　底下　床
（4）ten²⁴na:u⁵⁵ maɯ³¹ ɲu³³ thiŋ³¹ tɕhoŋ³¹ nə³³. 你（的）电脑在桌子上。
　　　电脑　　　你　在　上　桌子　语气词
（5）la:u¹¹łai⁵³ ʔbɔŋ⁵³łau³¹ tshɯ³³ khən³¹ kwa:ŋ⁵⁵łi³³. 我们（的）老师是广西人。
　　　老师　　　我们　　　是　人　广西
（6）ŋe⁵⁵ nai³⁵ tshɯ³³ kəu⁵³ ke³³ mɛ³³thau³⁵. 这是我的妈妈。
　　　词头　这　是　我　的　妈妈
（7）kəu⁵³ ti³³ phi³³ła:u⁵³ ʔau⁵³ nɔn³¹ʔdak⁵⁵ ja³¹. 我的姐姐睡觉了。
　　　我　的　姐姐　要　睡觉　了

2. 指示代词充当定语

A. 单数指示代词作定语的在名词中心语前，定语标记取零形式。例如：

（1）khe³³nai³⁵ khən³¹ nəŋ³³ tu⁵⁵ mi⁵⁵mi³¹. 这里一个人也没有。
　　　这里　　　人　一　都　没有
（2）tu⁵³nai³⁵ ʔdai⁵³, tu⁵³ min²⁴ mi⁵⁵ʔdai⁵³. 这只好，那只不好。
　　　只　这　好　只　那　不　好
（3）thɛu³¹ lu³³ min²⁴ hau²⁴ kwa:ŋ³⁵. 那条路很宽。
　　　条　路　那　好　宽
（4）ŋe⁵⁵ thi³³fu:ŋ⁵³ nai³⁵ khiu⁵³ hoŋ³³hoŋ³³. 这个地方臭哄哄的。
　　　个　地方　　这　臭　哄哄

（5）ʔbaɯ³¹ ɬɯ²⁴ nai³⁵ ʔdit⁵⁵ɬup¹¹ɬup¹¹. 这件衣服湿漉漉的。
　　件　衣服　这　湿　漉漉
（6）ŋe⁵⁵ tɕha⁵³ min²⁴ jau³¹ ɬɯ⁵³ jau³¹ ka:i²⁴. 那座山又高又大。
　　座　山　那　又　高　又　大

B. 复数指示代词作定语的语序为"ki²⁴+（量词）+中心语+这/那"。例如：

（1）ki²⁴ kɔ⁵³ mai¹¹ min²⁴ tu⁵⁵ la:i⁵³. 那些树长得都很茂盛。
　　几　棵　树　那　都　多
（2）ki²⁴ thu:m²⁴ mai¹¹pu³³ nai³⁵, kɔ⁵³ kɔ⁵³ tu⁵⁵ ɬi³¹. 这些竹子，条儿真长。
　　几　丛　竹子　这　棵棵　都　长
（3）ki²⁴ phoŋ³¹ jo:k³³ min²⁴ ɬɯ³³ ʔdεŋ⁵³ ke³³. 那些花是红色的。
　　几　朵　花　那　是　红　的
（4）ki²⁴ tu⁵³ mu⁵³ nai³⁵ phi³¹ khin²⁴. 这些猪很肥。
　　几　头　猪　这　肥　很

3. 疑问代词充当定语

通常置于中心语之后。例如：

（1）khe³³min²⁴ tshɯ³³ khən³¹thaɯ³¹ ke³³ ɬɯ²⁴khwa⁵⁵? 那是谁的衣服？
　　那里　是　谁　的　衣服
（2）ŋe⁵⁵nai³⁵ tshɯ³³ ka³³laŋ⁵³ jo:k³³? 这是什么花？
　　个　这　是　什么　花
（3）ŋe⁵⁵ tɕhεk³³ ɬɯ⁵³ thaɯ³¹ tshɯ³³ maɯ³¹ ke³³? 哪一本书是你的？
　　词头　本　书　哪　是　你　的
（4）maɯ³¹ tshɯ³³ khe³³thaɯ³¹ khən³¹? 你是哪里人？
　　你　是　哪里　人
（5）ʔbɔŋ⁵³maɯ³¹ ȵu³³ khe³³thaɯ³¹? 你们住在哪里？
　　群　你　住　哪里
（6）ŋe⁵⁵ thu³¹ nai³⁵ tshɯ³³ khən³¹thaɯ³¹ ti³³? 这个帽子是谁的？
　　个　帽子　这　是　谁　的
（7）ŋe⁵⁵ nai³⁵ tshɯ³³ ka³³laŋ⁵³ nɯ³³? 这是什么肉？
　　个　这　是　什么　肉

（三）动词或动词性短语充当定语

动词或动词性短语充当定语一般置于中心语之后。

（1）khau²⁴ tɕəŋ⁵³ ʔdai⁵³ kin⁵³ kwa³³ khau²⁴ ʔu:n³³. 蒸的饭比煮的饭好吃。
　　饭　蒸　好吃　过　饭　煮

（2）nɔn³¹ ke³³ tu⁵³ wa:i³¹ min²⁴ ɬɯ³³ wa:i³¹ thuɯk¹¹, mai³¹ kin⁵³ n̩a²⁴ ke³³
　　　躺　的　头　牛　那　是　牛　公　站　吃　草　的
　　ɬɯ³³ wa:i³¹ ɬɯ⁵⁵.
　　是　牛　母
　　躺着的那头牛是公的，站着吃草的那头是母的。
（3）ʔu:n³³ ke³³ n̩a²⁴ n̩u³³ khe³³thaɯ³¹? 熬的药在哪里？
　　　煮　的　药　在　　哪里
（4）phəŋ³¹ ke³³ ʔbap⁵⁵ la:i⁵³ khin²⁴. 焙的玉米很多。
　　　焙　的　玉米　多　很
（5）tu⁵³ nok¹¹ ʔbin⁵³ mi⁵⁵ nɔn³¹n̩i³³ phət⁵⁵tɕuŋ³³. 飞的鸟不容易打中。
　　　词头　鸟　飞　你　容易　　打中

（四）形容词充当定语

它通常位于被修饰中心语的后面。

（1）min³¹ nuŋ³³ ʔbaɯ³¹ maɯ³⁵ ɬɯ²⁴khwa⁵⁵ nəŋ³³. 他穿着一件新衣服。
　　　他　穿　件　新　衣服　一
（2）min³¹ mi³¹ toi³³ ha⁵³ nəŋ³³ ka:i²⁴ka:i²⁴ ke³³. 她有一双大眼睛。
　　　她　有　双　眼睛　一　大大　的
（3）pa³³n̩a²⁴ ɬɯ:n³¹ mi³¹ kɔ⁵³ mai¹¹ nəŋ³³ ɬuŋ⁵³ ɬuŋ⁵³ ke³³.
　　　前面　房子　有　棵　树　一　高　高　的
　　房子前面有一棵高高的树。
（4）min³¹ pan³⁵ ja³³ theu³¹ ɕɯ:k⁵³ nəŋ³³ ɬi³¹ɬi³¹ ke³³. 他搓了一条长长的麻绳。
　　　他　搓了　条　绳子　一　长长　的
（5）thɛu³¹ lu³³ nai³⁵ khwaŋ¹¹khwaŋ¹¹khwe³¹khwe³¹ ke³³ mi⁵⁵ ʔdai⁵³tɕa:i²⁴.
　　　条　路　这　　弯弯曲曲　　　的　不　好　走
　　这条路弯弯曲曲的不好走。
（6）ki²⁴ ŋe⁵⁵ mak⁵⁵man³³ nai³⁵ ɬom³⁵tɯ³¹tɯ³¹ ti³³. 这些李子酸溜溜的。
　　　几　个　李子　这　酸溜溜　　的

（五）数量短语充当定语

如果数词表示的量大于nəŋ³³"一"时，通常位于被修饰中心语的前面；如果数词为nəŋ³³"一"时，则位于中心语的后面或者省略。例如：

1. 数词表示的量大于nəŋ³³"一"时

（1）mai¹¹ than³³thiŋ³¹ mi³¹ ɬa:m⁵⁵ tu⁵³ nok¹¹. 树上有三只鸟。
　　　树　上面　有　三　只　鸟
（2）kəu⁵³ mi³¹ ɬɔŋ⁵³ khən³¹ phi³³ɬa:u⁵³. 我有两个姐姐。
　　　我　有　二　个　姐姐

2. 数量短语数词为 nəŋ³³ "一" 时

（1）kəu⁵³ hɯ²⁴ min³¹ tɕhɛk³³ ɬɯ⁵³ nəŋ³³. 我给他一本书。
　　　我　给　他　本　书　一

（2）kəu⁵³ mi³¹ khu³⁵ ha:i³¹ naŋ⁵³. 我有一双皮鞋。
　　　我　有　双　鞋　皮

（3）tɕa:ŋ⁵³ n̠a²⁴ nai³⁵ mi³¹ tu⁵³ ŋu³¹. 草里有一条蛇。
　　　间　草　这　有　条　蛇

（六）指量短语充当定语

指量短语充当定语时，语序为"（数）+量+中心语+指示代词"。指示代词和数词 nəŋ³³ "一" 通常不会同时出现。例如：

（1）tu⁵³ kai⁵⁵ ɬɛŋ⁵³ nai³⁵ kəu⁵³ mi⁵⁵ ʔau⁵³. 这只公鸡我不要。
　　　只　鸡　公　这　我　不　要

（2）ŋe⁵⁵ ɬɯ:n³¹ min²⁴ mi⁵⁵mi³¹ khən³¹ n̠u³³. 那间房子没人住。
　　　间　房子　那　没有　人　住

（3）phɔ³¹ ma:k³³ nai³⁵ pi²⁴ phɔ³¹ ma:k³³ min²⁴ la:i⁵³ ɬa:m⁵³ pui³³.
　　　堆　果　这　比　堆　果　那　多　三　倍
　　这堆果子比那堆多三倍。

（4）ɬa:m⁵³ ʔbau³¹ min²⁴ tshɯ³³ min³¹ ke³³ ɬɯ²⁴khwa⁵⁵. 那三件是他的衣服。
　　　三　件　那　是　他的　衣服

（七）主谓短语充当定语

通常置于中心语之后。例如：

（1）nai³⁵ tshɯ³³ khən³¹khən³¹ɬɯ:ŋ²⁴la:u⁵⁵ka:i⁵⁵ ke³³ fi:k³⁵.
　　　这　是　人　人　想　了解　的　事情
　　这是人人关心的事情。

（2）ɬi³¹ min³¹ thɯŋ⁵³ hoi⁵⁵ tu⁵³ kəu⁵³ ʔi³³ kiŋ⁵⁵ nɔn³¹ ja³³.
　　　时　他　到　敲　门　我　已经　睡　了
　　他来敲门时我已经睡了。

（3）maɯ³¹ tɕa:ŋ²⁴ ke³³ ɬa:u⁵⁵ɬi³¹ kəu⁵³ mi⁵⁵ thiŋ³³ tɕa:ŋ²⁴ kwa³³.
　　　你　讲　的　消息　我　没　听　讲　过
　　你说的消息没听说过。

（4）wan³¹ nai³⁵ tshɯ³³ wan³¹ thai³³ ʔit⁵⁵ ɕa:u³⁵ miŋ³¹khɯn²⁴ha:k³³.
　　　天　这　是　天　第　一　小　明　上学
　　今天是小明上学的第一天。

（八）关系化小句充当定语

关系化小句（relative clause）指的是充当定语的小句。关系化小句充当定语通常置于被修饰中心语之前。

（1）mau³¹ ɬɯ²⁴ ke³³ ŋe⁵⁵ tsan³⁵ nai³⁵ tha:i³³ ɬai³³. 你买的这个瓶子太小。
　　　你　买　的　个　瓶子　这　太　小
（2）ʔboŋ⁵³ɬau³¹ ʔu:n²⁴ ɕi³³ki²⁴ khap¹¹ ke³³ tɕa⁵³. 咱们煮自己捕的鱼。
　　　我们　　煮　自己　捉　的　鱼
（3）mau³¹ ɬak⁵⁵ ke³³ ɬɯ²⁴khwa⁵⁵ khau³³ ja³³. 你洗的衣服干了。
　　　你　洗　的　衣服　　干　了

二　定语的语义类型

壮语金龙岱话的定语比较发达，有比较丰富的语义类型。根据定语对中心语的语义或语法作用，可以分为描写性定语和限制性定语两大类。

（一）描写性定语

也叫修饰性定语，指对人或事物的性质、状态进行描写与说明，突出事物本身的某一特性，使事物特征更加明显。多由形容词性成分充任。例如：

（1）noŋ³¹ tɕha³³ phən⁵³ ka:i²⁴ nən³³. 下了一场大雨。
　　　下　场　雨　大　一
（2）ɬɯ:n³¹ pa²⁴ta:i³¹ tu⁵³ mu⁵⁵ ʔdam⁵³ nai³⁵ pi²⁴ ki²⁴ tu⁵³ min²⁴ tu⁵⁵ phi³¹.
　　　家　伯母　头　猪　黑　这　比　几　头　那　都　肥
　　　伯母家的这头黑猪比那几头都肥。
（3）min³¹ mi³¹ toi³³ ha⁵³ ka:i²⁴ ka:i²⁴ ke³³ nən³³. 她有着一双大大的眼睛。
　　　她　有　对　眼睛　大　大　的　一
（4）phi³³ɬa:u⁵³ nat⁵⁵ nuŋ³³ ʔdɛŋ⁵³ ke³³ ɬɯ²⁴khwa⁵⁵. 姐姐喜欢穿红色的衣服。
　　　姐姐　喜欢　穿　红　的　衣服

（二）限制性定语

限制性定语对人、事物以及物品进行分类或对范围进行划定，其作用在于明确中心语所表示事物的范围。这类定语表示所属、时间、地点、数量、状态、性质，可使语言表达更加准确。主要由体词性词语和谓词性词语充当。例如：

（1）ha²⁴ pi⁵³ ke³³ luk⁵⁵ʔdik⁵⁵ nat⁵⁵ tɕot³³pa:u³⁵. 五岁的孩子爱放鞭炮。
　　　五　岁　的　孩子　喜欢　放炮
（2）ɬip⁵⁵ pɛt³³ pi⁵³ ke³³ mɛ³³ɬa:u⁵³ nat⁵⁵ nuŋ³³ khwen³¹.
　　　十　八　岁　的　姑娘　喜欢　穿　裙子
　　　十八岁的姑娘爱穿裙子。
（3）tɕa⁵³ tha³³ pi²⁴ tɕa⁵³ thom⁵³ ʔdai⁵³ kin⁵³. 河里的鱼比塘里的鱼好吃。
　　　鱼　河　比　鱼　池塘　好　吃

（4）ɬɯːn³¹ na³³lan³¹ min²⁴ tɕa³¹ tho³³la³³tɕi³³ tɕan⁵³ ʔdai⁵³.
家　姨兰　那　车　拖拉机　真　好
兰姨家的那台拖拉机真好。

（5）ɬɯːn³¹ tshən³³tɕi³³ɬɯ³¹ ke³³ waːi³¹ wan³¹wa³¹ ɬɛŋ⁵³ waːi³¹ ʔɛŋ⁵³ ja³¹.
家　村支书　的　牛　昨天　生　牛　小　了
村支书家的牛昨天下小牛了。

（6）ɬɯ²⁴khwa⁵⁵ ʔdɯp⁵⁵ʔdaɯ³¹ ɬi³¹，ɬɯ²⁴khwa⁵⁵ waːi³³nɔk³³ tin²⁴.
衣服　里面　长　衣服　外面　短
里面的衣服长，外面的衣服短。

三 多重定语的语序

人们在语言使用中往往会使用多个定语，以达到对中心语进行详细说明或限制的目的。金龙岱话定语不止一个时，语序相对比较灵活，不同的定语离名词中心语的距离远近不等。一般而言，表示所属关系的一般要置于中心词之前，并且多重定语的语序遵从一定的逻辑关系，即与中心词关系越密切的也就与中心词靠得越近。例如：

（1）me³³thau³⁵ ɬɯ²⁴ ma³¹ ja³³ ʔbau³¹ ma ɯ³⁵ ke³³ ɬɯ²⁴khwa⁵⁵ phaːi³⁵ nəŋ³³.
妈妈　买　来　了　件　新　的　衣服　棉　一
妈妈买来了一件新的纯棉衣服。

（2）pa³³na²⁴ ɬɯːn³¹ ɬoŋ⁵³ kɔ⁵³ mai¹¹ min²⁴ ɬuŋ⁵³ ɬuŋ⁵³ ke³³.
前面　房子　二　棵　树　那　高　高　的
房子前的那两棵高高的树。

（3）pi⁵³nai³⁵ ke³³ ku⁵³tɕa³⁵ ma²⁴ ʔdai²⁴ khɛu⁵³jup³³jup³³ ke³³.
今年　的　禾苗　长　得　绿油油　的
今年的禾苗长得绿油油的。

（4）ʔbɔŋ⁵³maɯ³¹ hɯ²⁴ ke³³ tu⁵³ ma⁵³ ʔɛŋ⁵³ nəŋ³³ min²⁴ kham³³wa³¹
你们　给　的　只　狗　小　一　那　昨晚
haːi⁵³ la³³.
死　了
你们给的那一只小狗昨晚死了。

（5）ɬɯːn³¹ ʔbɔŋ⁵³ɬau³¹ pi⁵³kwa³³ tɕai⁵³ ke³³ maːk³³toŋ⁵³ pi⁵³nai³⁵ tu⁵⁵
家　我们　前年　种　的　芭蕉　今年　都
phe¹¹maːk³³ la³³.
结果　了
我们家前年种的芭蕉今年都结果了。

（6）khən³¹ luk³³thui³³mɛ³³ ʔeŋ⁵³ ke³³ ʔbau³⁵ɕom⁵³ ȵuŋ³³ȵaɯ⁵³ȵaɯ⁵³ ke³³.
　　　人　　女孩　　　小　的　头发　乱　糟糟　　的
　　小女孩的头发乱糟糟的。

（7）min³¹ ŋa:m⁵³ ɫɯ²⁴ ke³³ tu⁵³ ʔdam⁵³ ma⁵³ len³³ ʔdai²⁴ khwa:i³⁵ la:i⁵³.
　　　他　　刚　　买　的　只　黑　　狗　跑得　　快　　多
　　他刚买的那条黑狗跑得很快。

第五节　状　语

"状语是谓语（动词、形容词）性短语里中心语前面的修饰语。"①也就是说，状语是表示修饰、限制动词性中心语和形容词性中心语的成分，主要说明动作行为的性质、状态、程度、范围、时间、处所、趋向、能愿、数量、方式和来源。

一　状语的构成

状语主要由副词、形容词（短语）、名词、动词（短语）、代词以及数量短语等来充当。

（一）副词作状语

副词最主要的语法功能是修饰形容词、动词或动词性短语，常位于形容词（短语）或谓词性动词（短语）的前面或后面作状语。例如：

（1）kəu⁵³ nat⁵⁵ min³¹ khin²⁴. 我很喜欢他。
　　　我　喜欢　他　　很

（2）min³¹ la:u⁵³ la:i⁵³la:i⁵³ lo³³. 他非常害怕。
　　　他　害怕　非常　　　语气词

（3）tu⁵³tu⁵³ tu⁵⁵ phi³¹pɯk¹¹ la:i⁵³. 只只都很肥。
　　　只只　都　肥　后缀　　多

（4）ɕak⁵⁵ nai³⁵ kɛ³³ phi:n¹¹nai³⁵ a⁵³. 这菜这么老啊！
　　　菜　这　老　这么　　　啊

（5）pa²⁴ min³¹ ɫi³¹ɫi³¹ phin³¹piŋ³³. 他爸爸常常生病。
　　　爸　他　常常　　生病

（6）wan³¹nai³⁵ me³³fa¹¹ tha:i³³ ʔdɯːt³³. 今天天气太热。
　　　今天　　天气　　太　热

---

① 黄伯荣、廖序东：《现代汉语》（下册），高等教育出版社 2002 年版，第 7 页。

（7）ʔboŋ⁵³ɬau³¹ tɕiŋ³⁵tɕaːi²⁴ ɬɯːŋ⁵³ljən³¹ ŋe⁵⁵ fik³⁵ nai³⁵.
　　　我们　　正在　　　商量　　个 事情 这
我们正在商量这个问题。

（二）形容词或形容词短语作状语

可置于谓语中心语前，也可置于谓语中心语后。例如：

（1）nɔːi¹¹ tɕaːŋ²⁴ wa³³, laːi⁵³ hit⁵⁵ koŋ⁵³. 少说话，多做事。
　　　少　 讲　 话　多　做　工
（2）ʔboŋ⁵³mau³¹ khwaːi³⁵ pai⁵³. 你们快去。
　　　你们　　　　快　　去
（3）thɛu³¹ lu³³ nai³⁵ tɕaːi²⁴ khɔ²⁴. 这条路难走。
　　　条　 路　 这　走　　难
（4）ʔboŋ⁵³ luk³³ʔdik⁵⁵ hu⁵³huɯ⁵³ɲiɕ³⁵ɲi³⁵ ti³³ ma³¹ ja³³.
　　　群　　孩子　　　高高兴兴　　　地　来　了
孩子们高高兴兴地来了。
（5）min³¹ kap⁵⁵kap⁵⁵mɔŋ³¹mɔŋ³¹ ti³³ len³³ kwa³³ma³¹.
　　　他　　急急忙忙　　　　地　跑　过来
他急急忙忙地跑过来。

（三）名词作状语

包括时间名词、方所名词和工具名词作状语，表示动作行为发生的时间、地点或工具。

1. 时间名词作状语

时间名词在句中作状语时可以出现在主语之后、谓语之前，也可以移位至句首。例如：

（1）min³¹ ha³³thai²⁴ thik⁵⁵ kəu⁵³ kha⁵³ nəŋ³³. 他刚才踢了我一脚。
　　　他　　刚才　　踢　我　脚　一
（2）kəu⁵³ wan³¹nai³⁵ mi⁵⁵ ɲam²⁴ la³³. 我今天不喝了。
　　　我　 今天　　　不　喝　了
　　wan³¹nai³⁵ kəu⁵³ mi⁵⁵ ɲam²⁴ la³³. 今天我不喝了。
　　今天　　　我　不　喝　了
（3）kəu⁵³ ɕi³³nai³⁵ pai⁵³. 我现在去。
　　　我　 现在　　去
（4）wan³¹ɕuk³³ min³¹ ma³¹. 他明天来。
　　　明天　　　他　来
（5）wan³¹lɯ³¹ ŋaːi³¹ja³³ kəu⁵³ pai⁵³ lau⁵⁵ mau³¹. 后天下午我去找你。
　　　后天　　下午　　　我　去　找　你

（6）ɕi³³nai³⁵ ta:i³¹ka⁵³ tu⁵⁵ mi⁵⁵nat⁵⁵ kin⁵³ nɯ³³ la³³.
　　　现在　　大家　　都　不喜欢　吃　肉　了
　　　现在大家不喜欢吃肉了。
（7）wan³¹li⁵⁵pa:i³⁵ kəu⁵³ ȵu³³ ɬɯ:n³¹ ŋɔi³¹ ten²⁴ɕi²⁴.
　　　天　礼拜　我　在　家　看　电视
　　　星期天我在家看电视。

2. 方所名词作状语

表示事物或行为动作的方位。通常用在主语之后、谓语之前，使用位格标记 ȵu³³ "在" 或者 mi³¹ "有"。例如：

（1）tɕa:ŋ⁵³ɬɯ:n³¹ thoŋ³³tɕa:ŋ⁵³ pheŋ³³ ȵu³³ ŋe⁵⁵ ɬai³³ ɕoŋ³¹ nəŋ³³.
　　　间　房子　　中间　　放　着　张　小　桌子　一
　　　屋子正当中放着一张小方桌。
（2）min³¹ naŋ³³ ȵu³³ phuŋ¹¹ tha:ŋ³¹ wep³³ʔdɯ:p³⁵. 他坐在路旁休息。
　　　他　坐　在　边　路　休息
（3）kəu⁵³ ȵu³³ ɬɯ:n³¹ min³¹ toi³³na²⁴. 我住在他家的对面。
　　　我　住　房子　他　对面
（4）ɬɯ²⁴khwa⁵⁵ tu⁵⁵ tha:k³³ ȵu³³ wa:i³¹nɔk³³ ɬɯ:n³¹. 衣服都晒在房子外面。
　　　衣服　都　晒　在　外面　房子
（5）nɔŋ¹¹ɬa:u⁵³ ȵu³³ ʔdaɯ²⁴lau³¹ thaŋ²⁴ maɯ³¹. 妹妹在楼下等你。
　　　妹妹　在　下楼　等　你
（6）thiŋ³¹ ɕoŋ³¹ mi³¹ tɕhɛk³³ ɬɯ⁵³ nəŋ³³. 桌子上有一本书。
　　　上　桌子　有　本　书　一
（7）tɕa:ŋ⁵³ɬɯ:n³¹ thoŋ³³tɕa:ŋ⁵³ mi³¹ khən³¹ tɕa:ŋ²⁴kɔ²⁴. 屋子里有人说话。
　　　间　房子　　中间　　有　人　讲话
（8）pa³³na²⁴ ɬɯ:n³¹ mi³¹ thɛu³¹ khui³⁵ nəŋ³³, pa³³laŋ⁵³ mi³¹ ŋe⁵⁵ tɕha⁵³ nəŋ³³.
　　　前面　房子　有　条　河　一　后面　有　座　山　一
　　　房子前面有一条河，后面有一座山。

3. 工具名词充当状语

使用强制性共现的工具格标记 ȵuŋ³³ "用" 的，工具名词状语放在主语之后、谓词之前。例如：

（1）pa²⁴ thai⁵³ thi³³ ȵuŋ³³ ma:k³³thai⁵³nai³⁵. 爸爸用这把犁耕地。
　　　爸爸　耕地　用　把　犁　这
（2）nɔŋ¹¹ɬa:u⁵³ ȵuŋ³³ ma:k³³pit³¹min²⁴ ɬe²⁴ ɬin⁵⁵. 妹妹用那支笔写信。
　　　妹妹　用　支笔那　写　信

（3）phɔ³¹mɛ³³ ʔu:n³⁵ nɯ³³ n̠uŋ³³mɔ²⁴nai³⁵. 奶奶用这个锅煮肉。
　　　奶奶　　煮　肉　用　锅　这
（4）maɯ³¹ n̠uŋ³³ku:k³³wa:t³³ tɕhi³¹tɕhi³¹. 你用锄头挖挖看。
　　　你　　用　锄头　　挖　试　试

（四）动词或动词性短语作状语

用于动词中心语之前。例如：
（1）min³¹ nɔn³¹ n̠u³³ ʔdau³¹ ɬɯ:n³¹ hai²⁴. 他在家里躺着哭。
　　　他　　躺　　在　　里　　家　　哭
（2）min³¹ nat⁵⁵ mai³¹ n̠u³³ kin⁵³. 他喜欢站着吃。
　　　他　喜欢　站　着　吃
（3）ma⁵³ ʔɛŋ⁵³ kwa:t³³ ha:ŋ⁵³ len³³ ja³³. 小狗摇着尾巴跑了。
　　　狗　小　　摇　　尾巴　跑　了
（4）maɯ³¹ naŋ³³ n̠u³³ n̠am²⁴ pa³¹. 你坐着喝吧。
　　　你　坐　着　喝　吧
（5）nɔŋ¹¹ʔba:u³³ kom³³ ʔbau²⁴ tɕa:ŋ²⁴kɔ²⁴. 弟弟低着头说话。
　　　弟弟　　　低　头　　讲话

（五）代词作状语

充当状语的代词主要有指示代词、疑问代词等。

1. 指示代词作状语

A. 性状指示代词充当状语时，状语标记取零形式。例如：
（1）min³¹ tɕap³³kwa:n⁵⁵ hit⁵⁵ phi:n¹¹nai³⁵. 他习惯这样做。
　　　他　习惯　　　　做　这样
（2）mɛ³³thau³⁵ tshɯ³³ phi:n¹¹nai³⁵ pa²⁴ maɯ³¹ ta:i³³ ka:i²⁴ ke³³.
　　　妈妈　　是　　这样　　把　你　带　大　的
　　　妈妈就是这样把你带大的。
（3）wi³³ka³³laŋ⁵³ min³¹ fa:t³¹ɬiŋ³³ phi:n¹¹nai³⁵? 为什么她这么生气？
　　　为什么　　　她　生气　　　　这么

B. 方位指示代词充当状语的，使用强制性共现的位格标记 n̠u³³ "在"。例如：
（1）kəu⁵³ n̠u³³ khe³³min²⁴ ja³³ ɬɔŋ⁵³ ʔbɯ:n³¹ la:i⁵³ la³³.
　　　我　住　那里　　　了　二　月　　多　了
　　　我在那里住了两个多月了。
（2）mi³¹ tu⁵³ ma⁵³ nəŋ³³ nɔn³¹ n̠u³³ tɕa:ŋ⁵³ tha:ŋ³¹nɯi⁵³.
　　　有　只　狗　一　躺　在　路　　中间
　　　有一只狗躺在路中间。

（3）ha:i³¹ maɯ³¹ n̮u³³ ʔdau³⁵ tɕʰɯ:ŋ³¹. 你的鞋子在床底下。
　　　鞋子　你　在　底下　床
（4）ki²⁴kʰən³¹ n̮u³³ kʰe³³nai³⁵ tʰɔ³¹tʰiŋ³³. 几个人在这里打架。
　　　几　人　在　这里　打架
（5）ɬɯ²⁴kʰwa³³ tu⁵⁵ tʰa:k³³ n̮u³³ wa:i³³nɔk³¹ ɬɯ:n³¹. 衣服都晒在房子外面。
　　　衣服　都　晒　在　外面　房子

2. 疑问代词作状语

用于中心语之前，状语标记取零形式。例如：

（1）kəu⁵³ mi⁵⁵ɬu¹¹na²⁴ min³¹ ka³³lau⁵³ɬi³¹hau³⁵ ma³¹ nɔ³³.
　　　我　不知道　他　什么时候　来　呢
　　　我不知道他什么时候来呢。
（2）tʰa³³kʰam³³ wan³¹nai³⁵ n̮u³³ kʰe³³tʰau³¹ han⁵³na²⁴?
　　　　晚上　今天　在　哪里　见面
　　　今天晚上到哪里见面？
（3）maɯ³¹ tsʰɯ³³ hit³³ɬau³¹ hit⁵⁵ ke³³? 你是怎么做的？
　　　你　是　怎么　做　的
（4）kɔ³³ɕak⁵⁵ nai³⁵ hit³³ɬau³¹ tɕʰɛu²⁴? 这菜怎么炒？
　　　词头　菜　这　怎么　炒
（5）maɯ³¹ hit³³ɬau³¹ mi⁵⁵ pai⁵³ kʰɯn²⁴ha:k³³? 你怎么不去上学？
　　　你　怎么　不　去　上学

（六）数量短语作状语

表示动作行为以某种数量为单位持续进行。例如：

（1）ʔoŋ⁵³ ŋa:i³¹ tu⁵⁵ ŋu³¹ kʰup³³ ʔa:k³³ nəŋ³³. 爷爷被蛇咬了一口。
　　　爷爷　被　词头　蛇　咬　口　一
（2）tu⁵³kop⁵⁵ tʰɛ:u³¹ ʔit⁵⁵puk¹¹ʔit⁵⁵puk¹¹. 青蛙一蹦一蹦地跳。
　　　词头　青蛙　跳　一蹦一蹦的样子
（3）tɕiŋ²⁴ pʰin³¹kʰən³¹pʰin³¹kʰən³¹ ke³³ kʰau²⁴ma³¹ pa³³.
　　　请　成个成个　地　进来　吧
　　　请一个一个地进来吧！
（4）ŋe⁵⁵ ku²⁴tɕʰen³¹ nai³⁵ ɬa:m⁵⁵kʰam³³ɬa:m⁵⁵wan³¹ tu⁵⁵ tɕa:ŋ²⁴ mi⁵⁵ ljeu¹¹.
　　　个　故事　这　三夜　三天　都　讲　不　完
　　　这个故事三天三夜也讲不完。
（5）li:n³¹ ɬɔŋ⁵³ ʔbɯ:n³³ mi⁵⁵ nɔŋ³¹pʰən⁵³. 一连两个月不下雨。
　　　连　二　月　不　下雨

（6）ʔbɔŋ⁵³ɬau³¹ moi¹¹ pha:i³¹ hok⁵⁵khən³¹ ke³³ mai³¹.
　　　我们　　每　　排　　六个　　的　　站
　　我们六个一排地站着。

二　状语的语义类型

金龙岱话的状语语义类型较为丰富，根据状语与谓语中心语关系的远近，可分为描写性状语和限制性状语两类。

（一）描写性状语

描写性状语用于对动作行为的状态或方式、人物的情态进行描写和说明，主要由表示性质、状态的形容词或谓词性成分来充当。例如：

（1）kəu⁵³ ɲaŋ³¹ mi⁵⁵ mi³¹ kin⁵³tɕau²⁴. 我还没有吃饭。
　　　我　　还　没有　　　吃饭
（2）ʔbɔŋ⁵³ ma⁵³ len³¹ lu:n³³la:u⁵³. 成群的狗四处乱跑。
　　　群　　狗　跑　　乱　慌
（3）min³¹ ha:p³⁵ ma³¹ ka:ŋ⁵³ nam¹¹ tim⁵³tim⁵³ nəŋ³³. 他满满地挑了一缸水。
　　　他　　挑　　来　　缸　　水　　满　满　一
（4）min³¹ kwai⁵³kwai⁵³ te³³ ŋɔi³¹ ʔbɔŋ⁵³ɬau³¹. 他远远地看着我们。
　　　他　　远　　远　　地　看　　我们
（5）ʔbɔŋ⁵³mau³¹ pa²⁴ thi:ŋ³³ha:k³³ tɕhɛn³¹pu²⁴ pat⁵⁵ nəŋ³³.
　　　你们　　把　　教室　　　　全部　　　　扫　一
　　你们把教室彻底打扫一下。
（6）luk¹¹ɬa:u⁵³ kiŋ³³tɕhən³¹ pak³⁵pi²⁴ hi:ŋ³³ la:u¹¹ɬai⁵³ ke³⁵ʔba:i³¹.
　　　女儿　　经常　　　专心　　听　　老师　　讲课
　　女儿常常专心听老师讲课。
（7）ɬai³³wai³¹ pat³³khin⁵³pat³³kha⁵³ ke³³ tɕha:i²⁴pai⁵³.
　　　小韦　　大摇大摆　　　　的　　走去
　　小韦大摇大摆地走过去。
（8）ʔbɔŋ⁵³min³¹ khɯn²⁴khɯn²⁴noŋ³¹noŋ³¹ thuŋ³¹ ʔɔk³³fau³³ kən²⁴hoi⁵³.
　　　他们　　　上　　上　　下　　下　　同　　出街　　忙回
　　人们来来往往的像赶集一样。
（9）nui¹¹ ʔbau⁵³mai¹¹ nə³³ tok⁵⁵ noŋ³¹ma³¹ ɬa³¹ɬa³¹. 树叶纷纷落下来。
　　　些　　树叶　　　语气词　落　下　来　　沙沙

（二）限制性状语

限制性状语主要表示从动作行为的时间、处所、范围、对象、目的、方式、条件、数量及性状的程度等方面对句子、谓语成分等加以限制。可由副词、时间名词、动词、能愿动词、介词短语、数量短语等充当。例如：

（1）kəu⁵³ ɕi³³nai³⁵ tɕau³¹ pai⁵³. 我现在就去。
　　　我　　现在　　就　去

（2）ka³³lɯ⁵³ɬi³¹hau³⁵ ja:k³³ tɕau³¹ ka³³lɯ⁵³ɬi³¹hau³⁵ kin⁵³tɕau²⁴.
　　　什么时候　　　　饿　就　　什么时候　　　　吃饭
　　　什么时候饿了就什么时候吃饭。

（3）pho³³thau³⁵ nu³¹ ʔdaɯ³¹ thi³³ hit⁵⁵koŋ⁵³. 爸爸在地里干活。
　　　爸爸　　　在　里　　地　　干活

（4）ʔboŋ⁵³ pa:n²⁴pi³¹ tu⁵⁵ ma³¹ tɕhai³¹ ja³³. 朋友们全都到齐了。
　　　群　　朋友　　　都　来　齐　　了

（5）min³¹ non³¹ nu³¹ tɕhɯ:ŋ³¹ than³³thiŋ³¹ nom³³ ɬɯ⁵³. 他躺在床上看书。
　　　他　躺　在　床　　　上面　　　　　看　书

（6）maɯ³¹ nan³³ kha:i⁵³ hɯ²⁴ min³¹? 你愿意嫁给他吗？
　　　你　　愿意　　嫁　　给　他

（7）ŋe⁵⁵ tɕhi³³ nai³⁵ phi:n¹¹nai³⁵ thok³³. 这个字这样读。
　　　个　字　这　这么　　　　读

（8）thiŋ³¹ ɕoŋ³¹ mi³¹ tɕhɛk³³ ɬɯ⁵³ nəŋ³³. 桌子上有一本书。
　　　上　　桌子　有　本　　　书　一

（9）ʔboŋ⁵³maɯ³¹ phin³¹ ŋe⁵⁵ phin³¹ ŋe⁵⁵ ma³¹ lɯ:k³³. 你们一个一个挑选。
　　　你们　　　　成　　个　成　　个　来　挑

（10）nu³³ kuŋ³³tɕo³¹ faŋ³³men²⁴, min³¹ pi²⁴ maɯ³¹ tɕiŋ⁵³ɬai⁵⁵.
　　　在　工作　　方面　　　　他　　比　你　　精细
　　　在工作这方面，他比你细心。

（11）min³¹ hai²⁴ ʔdai²⁴ tɕep⁵⁵ ɬim⁵³ khin²⁴. 她哭得很伤心。
　　　她　哭　　得　　痛　　心　　很

三　多重状语的语序

多重状语指两个或两个以上的状语按一定的顺序同时修饰谓语，每个状语在语义上都与中心语存在修饰关系。不同的状语与谓语中心语的距离远近不等，其中副词状语靠近谓语核心，时间状语、工具状语与谓语核心稍远。时间状语可以放在主语前也可以放在主语和谓语之间。例如：

（1）kəu⁵³ pi⁵³nai³⁵ ʔit⁵⁵thiŋ³³ ʔau⁵³ pai⁵³ pə³¹kiŋ³³ phai³¹ nəŋ³³.
　　　我　年　这　　一定　　　要　去　北京　　　次　一
　　　我今年一定要去一趟北京。

（2）li⁵⁵pa:i³⁵ kəu³³ ȵu³³ ɬɯ:n³¹ ȵɔm³³ ten²⁴ɕi²⁴. 星期天我在家看电视。
　　　礼拜　我　在　家　看　电视
（3）mau³¹ kan²⁴khwa:i³⁵ len³³ mu³¹ɬɯ:n³¹ pa²⁴ ɬɯ⁵³ ta:i³³ ma³¹.
　　　你　赶快　　跑　回家　把 书　带　来
　　　你赶快跑回家把书带来。

第六节　补　语

补语是动词性或形容词性中心语后面起补充说明作用的成分，可用来说明动作、行为的结果、状态、趋向、数量、时间、处所、可能性或说明性状的程度、状态等。补语位于谓语中心之后、宾语之前。谓语与补语之间不用结构助词连接。

一　补语的构成

能充当补语的主要有动词、形容词、代词、副词数量短语等。

（一）动词充当补语

1. 普通动词充当补语

（1）min³¹ thom³³ ha:i³³ ja³³ ɬɔŋ⁵³ tu⁵³ ɬɯ⁵³. 他打死了两只老虎。
　　　他　打　死　了 二　只　老虎
（2）wan³¹nai³⁵ tu⁵⁵ma⁵³ khu:p³⁵ ha:i³³ tu⁵⁵ kai⁵⁵. 今天狗把鸡咬死了。
　　　天　这 词头 狗　咬　死 词头 鸡
（3）lum³¹phat¹¹ pa²⁴ kha³³mai¹¹ phɯŋ¹¹ min²⁴ pha:u³³ tak⁵⁵ ja³³.
　　　大风　　把　树枝　　边　那　吹　断　了
　　　大风把那边的树枝吹断了。

2. 趋向动词充当补语

（1）min³¹ khau²⁴ ʔdau³¹ ɬɯ:n³¹ pai⁵³ ja³³. 他进屋里去。
　　　他　进　　里　屋子 去 语气词
（2）ʔbɔŋ⁵³mau³¹ tɕha:i²⁴ khun²⁴ma³¹ pa³³. 你们走上来吧。
　　　你们　　走　　上来　　吧
（3）kam⁵³ thɛu³¹ ʔdam⁵³ʔdu³³ nəŋ³³ ma³¹. 拿一条棍子来。
　　　拿　条　　棍子　　　一　来
（4）luk³³ʔɛŋ⁵³ ŋa:m⁵⁵ len³³ ʔɔk³³pai⁵³. 小孩刚跑出去。
　　　小孩　　刚　跑　出去

（5）ɬa:u⁵³ka:i²⁴ pa²⁴ thuŋ²⁴ ȵiu²⁴ khɯn²⁴ma³¹. 大姐把桶提起来。
　　　姐大　　把　桶　　提　　起来

3. 助动词充当补语
一般在动词后加ʔdai²⁴ "得"。
（1）kəu⁵³ ha:p²⁴ ʔdai²⁴ pɛt³³ ɬip⁵⁵ kən⁵³. 我挑得起八十斤。
　　　我　挑　得　八　十　斤
（2）ɬɯ²⁴ ʔdai²⁴ tɕok³³mɯ³¹ ja³³. 买好戒指了。
　　　买　得　戒指　　　了
（3）min³¹ jin⁵³ ʔdai²⁴ fa:t³⁵ɬan⁵³ ja³³. 他冷得发抖了。
　　　他　冷　得　发抖　　　了
（4）nui³¹ hoŋ⁵⁵tɕiu⁵⁵ min²⁴ ʔdai²⁴ kin⁵³ ja³³. 那些香蕉可以吃了。
　　　些　香蕉　　　那　得　吃　了
（5）ha⁵⁵wan³¹ tɕeu³³ ʔdai²⁴ na³¹ tu⁵⁵ thɛk⁵⁵ ljeu¹¹ ja³³. 太阳晒得田都裂开了。
　　　太阳　　晒　得　田　都　裂　完　了
（6）thai³³ɬɯ⁵³ nak⁵⁵ ʔdai²⁴ kəu⁵³ tu⁵⁵ pɛ:k³³ mi⁵⁵ nɯŋ⁵³.
　　　书包　　重　得　我　都　背　不　动
　　　书包重得我背不动。
（7）mɛ³³thau³⁵ kho⁵³ ʔdai²⁴ nam¹¹ ha⁵³ tu⁵⁵ lai⁵³ ʔɔk⁵³ma³¹ la³³.
　　　妈妈　　笑　得　水　眼睛　都　流　出来　了
　　　妈妈笑得眼泪都流出来了。

（二）形容词充当补语
（1）pi⁵³ nai³⁵ ke³³ ku⁵³tɕa²⁴ ma²⁴ ʔdai²⁴ khɛu⁵³jup³³jup³³ ke³³.
　　　年　这　的　禾苗　　　长　得　绿油油　　　　　　的
　　　今年的禾苗长得绿油油的。
（2）ʔbɔŋ⁵³maɯ³¹ ma³¹ kham³³ lo³¹. 你们来迟了。
　　　你们　　　　来　晚　　了
（3）kham³³wa³¹ kəu⁵³ non³¹ ʔdai²⁴ ʔdai⁵³ khin²⁴ nə³³. 我昨晚睡得很好。
　　　昨晚　　　我　睡　得　好　很　语气词
（4）ʔbɔŋ⁵³min³¹ tɕha:i²⁴ ʔdai²⁴ tɯ²⁴ la:i⁵³ ja³³. 他们走得很累了。
　　　他们　　　　走　得　累　多　了
（5）noŋ¹¹ʔba:u³³ tɕa:ŋ²⁴wa³³ khwa:i³⁵ la:i⁵³ la³¹. 弟弟说话太快了。
　　　弟弟　　　　讲话　　　快　　多　了
（6）kəu⁵³ thiŋ³³ ʔdai²⁴ tɕhiŋ⁵⁵tɕhiŋ⁵⁵tɕhu²⁴tɕhu²⁴ ke³¹. 我听得清清楚楚的。
　　　我　听　得　清清楚楚　　　　　　　　　的

（三）代词充当补语
主要指疑问代词充当状语。

（1）ʔbɔŋ⁵³maɯ³¹ kin⁵³ ʔdai²⁴ phe³³ɬaɯ³¹? 你们吃得怎么样？
　　你们　　吃　　得　　怎样
（2）lo³¹ɬɯ³³phai⁵³ pheŋ³³ ȵu³³ khe³³thaɯ³¹? 螺丝刀放在哪儿？
　　螺丝刀　　放　在　哪里

（四）副词充当补语
（1）nam¹¹ ʔdaɯ³¹ na³¹ pheŋ³³ la:i⁵³ ja³³. 田里水放多了。
　　水　里　田　放　多　了
（2）ŋe⁵⁵ ɬi³³kwa³³ nai³⁵ ɬuk⁵⁵ nam³¹ ja³³. 这个西瓜熟透了。
　　个　西瓜　这　熟　透　了
（3）mɯ³¹ kəu⁵³ ka:t³⁵ khin²⁴ na³³. 我的手冷极了。
　　手　我　冷　很　呐

（五）数量短语充当补语
（1）min³¹ hau²⁴ ɬɯ:ŋ²⁴ ta:i³³ phɔ³³mɛ³³thau³⁵ pai⁵³ pə³¹kin³³ phai³¹ nəŋ³³.
　　他　很　想　带　父母　去　北京　次　一
　　他很想带父母去一次北京。
（2）min³¹ tup⁵⁵ mɯ³¹ ɬɔŋ⁵³ pa:t³⁵. 他拍了两下手。
　　他　拍　手　二　下
（3）ɬɔŋ⁵³ pi⁵³ tuk³³kɔn³⁵ kəu⁵³ han⁵³ kwa³³ min³¹ phai³¹ nəŋ³³.
　　二　年　以前　我　见　过　他　次　一
　　我两年前见过他一次。
（4）ʔoŋ⁵³ ja:u³⁵ maɯ³¹ ki²⁴phai³¹ ja³³. 爷爷喊你几次了。
　　爷爷　叫　你　几次　了

二 补语的语义类型

根据补语的语义特点，金龙岱话的补语可分为结果补语、趋向补语、程度补语、时间补语、方位处所补语、可能补语。

（一）结果补语

主要用于表示补充说明动作、行为或状态的结果。一般由动词、形容词、代词及动词性短语、形容词性短语充当。例如：

（1）ŋe⁵⁵ tɕha⁵³ nai³⁵ ɬuŋ⁵³ khin²⁴ la³¹. 这座山高极了。
　　座　山　这　高　很　了
（2）min³¹ thom³³ ha:i⁵³ ja³³ ɬɔŋ⁵³ tu⁵³ ɬɯ⁵³. 他打死了两只老虎。
　　他　打　死　了　二　只　老虎
（3）ŋe⁵⁵ ku³⁵tɕhɛn³¹ nai³⁵ ɬa:m⁵³kham³³ɬa:m⁵⁵wan³¹ tu⁵⁵ tɕa:ŋ²⁴ mi⁵⁵ ljeu¹¹.
　　个　故事　这　三　夜　三　天　都　讲　不　完
　　这个故事三天三夜也讲不完。

（4）min³¹ łak³³ ljeu¹¹ łɯ²⁴khwa⁵⁵ tɕau³¹ hoi³¹mɯ³¹ hit⁵⁵tɕau²⁴.
　　　她　洗　完　　衣服　　就　　回家　　做饭
　　　她洗完衣服就回家做饭。
（5）ɕak⁵⁵ ʔi³³kiŋ⁵⁵ ʔu:n³⁵ łuk⁵⁵ la³³. 菜已经煮熟了。
　　　菜　已经　　煮　熟　啦
（6）ŋe⁵⁵ ku:k³³ wa:t³⁵ tak⁵⁵ ja³³. 锄头挖断了。
　　　词头　锄头　挖　断　了

（二）趋向补语

表示动作的方向或事物随动作而活动的方向，由趋向动词充当。例如：

（1）min³¹ kho⁵³ ʔdai²⁴ nam¹¹ ha⁵³ tu⁵⁵ lai⁵³ ʔɔk³³ma³¹ la³³.
　　　他　笑　得　水　眼睛　都　流　　出来　　了
　　　他笑得眼泪都流出来了。
（2）kam⁵³ thɛu³¹ thau³¹ nəŋ³³ ma³¹. 拿一条棍子来。
　　　拿　条　棍子　一　来
（3）kai⁵⁵łeŋ⁵³ len³³ ʔɔk³³pai⁵³ la³³. 公鸡跑出去了。
　　　鸡　公　跑　出去　了
（4）ła:i⁵³ka:i²⁴ pa²⁴ thuŋ²⁴ ɲiu³⁵ khɯn²⁴ma³¹. 大姐把桶提起来。
　　　大姐　把　桶　提　起来
（5）min³¹ khau²⁴ łɯ:n³¹ pai⁵³ ja³³. 他进屋里去。
　　　他　进　屋子　去　了
（6）tu⁵³ nu⁵³ tɕhoŋ³¹ łu¹¹ tho:ŋ⁵³tɕa:ŋ⁵³ tɕu:n³³ ʔɔk³³ma³¹.
　　　词头　老鼠　从　洞　中间　　钻　出来
　　　老鼠从洞里钻了出来。
（7）luk³³ʔɛŋ⁵³ mai³¹ khɯn²⁴ma³¹ ja³³. 小孩站起来了。
　　　小孩　站　起来　了

（三）程度补语

指用在形容词或动词后面用于补充说明性质或状态的程度的补语，一般由动词、形容词、程度副词等充当，有时中间需用结构助词ʔdai²⁴"得"来连。例如：

（1）ʔoŋ⁵³ kho⁵³ ʔdai²⁴ mi⁵⁵tɕak⁵⁵ ha:p³⁵ pa:k³³. 爷爷笑得合不拢嘴。
　　　爷爷　笑　得　不会　关　嘴巴
（2）kin⁵³ ʔdai²⁴ ʔim³³ khin²⁴ ja³³. 吃得饱极了。
　　　吃　得　饱　很　了
（3）tɕhi³³ min³¹ łɛ²⁴ ʔdai²⁴ ʔdai⁵³ʔba:u³³ khin²⁴ na³¹. 他的字写得好极了。
　　　字　他　写　得　漂亮　很　呐

(4) mau³¹ ma³¹ ʔdai²⁴ tha:i³³ kham³³ ja³³. 你来得太晚了。
　　 你　 来　 得　 太　 晚　 了

(5) thɛu³¹ lu³³ nai³⁵ tha:i³³ n̠a:k³³. 这条路太滑。
　　 条　 路　 这　 太　 滑

(6) ŋe⁵⁵ tɕha⁵³ nai³⁵ ɬuŋ⁵³ khin²⁴ la³¹. 这座山高极了。
　　 座　 山　 这　 高　 很　 呐

(7) ki²⁴ wan³¹ nai³⁵ ʔdɯ:t³³ la:i⁵³ na³³. 这几天热得很。
　　 几　 天　 这　 热　 多　 呢

（四）时间补语

用在动词后面表示动作、行为所花费的时间。一般由数量短语和时间名词来充当。例如：

（1）min³¹ tɕa:ŋ²⁴ pu:n³³ wan³¹ nə³³, ʔboŋ⁵³ khən³¹ tu⁵⁵ mi⁵⁵ɬu¹¹.
　　 他　 讲　 半　 天　 语气词　 大家　 都　 不　 懂
　　 他说了半天，大家还是不懂。

（2）ʔboŋ⁵³ ɬau³¹ thaŋ³⁵ ja³³ pu:n³³ ŋe⁵⁵ la:i⁵³ tɕoŋ⁵⁵ thau³¹.
　　 我们　 等　 了　 半　 个　 多　 钟头
　　 我们等了半个多小时。

（3）wan³¹ wa³¹ kəu⁵³ n̠om³³ wan³¹ ɬɯ⁵³ nəŋ³³. 昨天我看了一天书。
　　 昨天　 我　 看　 天　 书　 一

（五）方位处所补语

用于补充说明动作行为发生的方向及处所。多由介词短语和方位短语来充当。例如：

（1）mi³¹ tu⁵³ ma⁵³ nəŋ³³ nɔn³¹ n̠u⁵³ tha:ŋ³¹ tɕa:ŋ⁵³ nɯi⁵³.
　　 有　 词头　 狗　 一　 睡　 在　 路　 中间
　　 有一条狗躺在路中间。

（2）ɬɯ²⁴ khwa⁵⁵ tu⁵⁵ tha:k³³ n̠u³³ wa:i³¹ nok³³ ɬɯ:n³¹. 衣服都晒在房子外面。
　　 衣服　 都　 晒　 在　 外面　 房子

（3）khən³¹ tɯk⁵⁵ tɕha⁵³ kən⁵³ tɕok³³ khan³¹ tha³³ tɕha:i²⁴.
　　 人　 打鱼　 沿着　 河边　 走
　　 打鱼的人沿着河边走去。

（4）tɕha:i³³ n̠əŋ⁵⁵ pak⁵⁵ na²⁴ tɕha:i²⁴ ʔi³⁵ tik⁵⁵ tɕau³¹ thuŋ⁵³ la³³.
　　 再　 向　 前面　 走　 一些　 就　 到　 了
　　 再向前走一会就到了。

（5）kəu⁵³ n̠u³³ thiŋ³¹ tɕha⁵³ thɔ³¹ fun³¹. 我在山上砍柴。
　　 我　 在　 上　 山　 砍柴

（6） min³¹ naŋ³³ ȵu³³ phɯŋ³¹ thaːŋ³¹ wep³³ʔdɯːp³⁵. 他坐在路旁休息。
　　　他　　坐　　在　　边　　路　　休息

（7） kəu⁵³ ȵu³³ tɯːn³¹ min³¹ toi³³na²⁴. 我住在他家的对面。
　　　我　　住　家　他　　对面

（8） min³¹ thaːu²⁴ nam¹¹ khau²⁴ tɕaːŋ⁵³ tɕɔk³³. 她把水倒进杯子里。
　　　她　　倒　　水　　进　　里　　杯子

（六）可能补语

用于表示动作行为实现的可能性。常用ʔdai²⁴"得"来充当。例如：

（1） tɕoŋ²⁴ tɕɔk³³ nai³⁵ kin⁵³ mi⁵⁵ ʔdai²⁴. 那种菌子吃不得。
　　　种　　香菇　　这　　吃　　不　　得

（2） ŋe⁵⁵ theŋ³¹ tu⁵⁵ nai³⁵ khai⁵⁵ mi⁵⁵ ʔdai²⁴. 这扇门开不了。
　　　词头　　扇　　门　　这　　开　　不　　得

（3） ŋe⁵⁵ nam¹¹ min²⁴ kin⁵³ ʔdai²⁴. 那杯水能喝。
　　　杯　　水　　那　　喝　　得

（4） khaːu³³ mai¹¹ kaːi²⁴ nai³⁵, kəu⁵³ ʔbɐk³³ ʔdai²⁴ khɯn²⁴.
　　　根　　树　　大　　这　　我　　扛　　得　　上
　　　这根大木头，我一个人也扛得起。

（5） min³¹ haːp³⁵ ʔdai²⁴ ʔit⁵⁵ paːk³³ ȵi³³ tip⁵⁵ kən⁵³. 他挑得一百二十斤。
　　　他　　挑　　得　一　　百　　二　　十　　斤

第六章　壮语金龙岱话的句型

句子是语言使用的基本单位，结构类型多种多样。句子的结构类型通常称为模型（sentence pattern）或句型，[①]即按照句子的结构模式划分出来的句子类型[②]。根据句子的结构模式，可将句子分为简单句和复句两类句型。

第一节　简单句

相对复句而言，简单句是指只有一个中心，不能再分析成两个或两个以上分句、由词或短语结构构成的句子。根据句子主语和谓语部分是否完整，简单句可分为主谓句和非主谓句。

一　主谓句

主谓句也叫双部句，是指能分析出主语和谓语两个句法成分的单句。主谓句是能够反映一个语言基本结构特点的简单句，必须包含主语和谓语两大组成部分。根据谓语的性质和构成，主谓句可分为三种类型：动词性谓语句、形容词性谓语句和名词性谓语句。同时，比较句、判断句和话题句也属于主谓句。

（一）动词性谓语句

动词性谓语句是谓语为动词性成分的一种主谓句，由动词或动词性短语充当谓语，主要叙述人或事物的动作行为、心理活动、发展变化等。动词性谓语句是金龙岱话句式的主体，根据谓语的具体构成方式，主要有以下几种基本类型：

1. 动词谓语句

此类句子谓语大多是动词，在此处不带宾语，谓语部分由动词或动词短语构成，是一价动词。例如：

[①] 参见刘丹青编著《语法调查研究手册》，上海教育出版社2008年版，第1页。
[②] 参见邵敬敏主编《现代汉语通论》，上海教育出版社2001年版，第209页。

（1）min³¹ mi⁵⁵ pai⁵³. 他不去。
　　　他　不　去
（2）ʔboŋ⁵³łau³¹ pai⁵³ tɕai⁵³ mai¹¹. 我们去种树。
　　　我们　　去　种　树
（3）ha:i⁵⁵wan³¹ khɯn²⁴ma³¹ la³³. 太阳出来了。
　　　太阳　　　起来　　了
（4）jo:k³³ khai⁵³ la³³. 花开了。
　　　花　　开　　了
（5）mɯ³¹ kəu⁵³ tɕep⁵⁵ ja³³. 我的手痛。
　　　手　我　痛　语气词
（6）moi¹¹ khən³¹ tu⁵⁵ ma³¹ ja³³. 大家都来了。
　　　每　　人　都　来　了

2. 动宾谓语句

动宾谓语句是谓语动词必须带宾语的动词谓语句，这种结构具有强制性，否则句子不能成立。动宾谓语句的谓语核心与两个论元或三个论元直接关涉，为二价（bivalent）或三价（trivalent）动词。也就是说，依据谓语核心在句法结构中所携带的宾语数量，可以再将动宾谓语句分为单宾谓语句和双宾语句。

A. 单宾谓语句

（1）noŋ¹¹ʔba:u³³ tɕai⁵³ kɔ⁵³ mai¹¹tha:u³¹ nəŋ³³. 弟弟种了一株桃树。
　　　弟弟　　　种　棵　树　桃　　一
（2）min³¹ tɕap⁵⁵łap¹¹ łɯ:n³¹. 他收拾屋子。
　　　他　　收拾　　　屋子
（3）ʔboŋ⁵³łau³¹ ɕə:ŋ¹¹ tu⁵³ kai⁵⁵ łeŋ⁵³ nəŋ³³. 我们养了一只公鸡
　　　我们　　　养　只　鸡　公　一
（4）kəu⁵³ mi⁵⁵ kin⁵³ nɯ³³ mu⁵³. 我不吃猪肉。
　　　我　不　吃　肉　猪
（5）ʔboŋ⁵³maɯ³¹ ȵam²⁴ ɕa³¹ kɔn³⁵. 你们先喝茶。
　　　你们　　　　喝　　茶　先

B. 双宾语句

双宾语句的谓语核心是三价动词。这类句子动词后面先后带两个宾语成分，两个宾语的位置可以互换。一般来说，间接宾语（indirect object）在前，表"人"，直接宾语（direct object）在后，表"物"。双宾句的动词具有"给予""获得"等语义特征。例如：

（1）la:n⁵³ ki³³ ɕa³¹jip¹¹ ma³¹ huɯ²⁴ ʔoŋ⁵³. 孙子给爷爷寄回茶叶。
　　　孙子　寄　茶叶　来　给　爷爷
（2）kəu⁵³ kha:i⁵³ ʔbap⁵⁵ fe³³ huɯ²⁴ pa²⁴ ʔbɔŋ⁵³mauɯ³¹. 我卖玉米种子给你们。
　　　我　卖　玉米　种　给　把　你们
（3）kəu⁵³ huɯ²⁴ min³¹ tɕhɛk³³ łɯ⁵³ nəŋ³³ thɔk³³. 我给他一本书读。
　　　我　给　他　本　书　一　读
（4）min³¹ łɯ:ŋ²⁴ tɕa:ŋ²⁴ ɕau⁵⁵ mauɯ³¹ kin³¹ fi:k³⁵ nəŋ³³.
　　　她　想　讲　和　你　件　事情　一
　　　她想告诉你一件事情。
（5）huɯ²⁴ kəu⁵³ ʔi⁵⁵tik⁵⁵ nam¹¹ nə³³ kin⁵³. 给我一点水喝。
　　　给　我　一点儿　水　语气词　喝
（6）phi³³ła:u⁵³ nəm⁵³ huɯ²⁴ min³¹ ła:m⁵³ pa:k³³ mən⁵³. 姐姐借给她三百块钱。
　　　姐姐　借　给　她　三　百　块
（7）khən³¹ luk³³ha:k³³ min²⁴ łɯ:ŋ²⁴ ɕa:m⁵³ mauɯ³¹ ŋe⁵⁵ fi:k³⁵ nəŋ³³.
　　　个　学生　那　想　问　你　个　事情　一
　　　那个学生想问你一个问题。

3. 述补谓语句

这类句式谓语部分由述语和补语两部分构成。根据作用和意义的不同，还可以再分为带程度补语、趋向补语和结果补语的述补谓语句。例如：

A. 带程度补语（degree complement）的述补谓语句
（1）khən³¹thai³¹ ɕak⁵⁵ khin²⁴ lo⁵³. 壮族人勤快得很。
　　　人　岱　勤快　很　咯
（2）mauɯ³¹ huɯ²⁴ la:i⁵³ ja³³. 你给多了。
　　　你　给　多　了
（3）ŋe⁵⁵ thi³³fu:ŋ⁵³ nai³⁵ khɔ²⁴ ʔdai²⁴ khin²⁴ jo⁵³. 这个地方穷得不得了。
　　　个　地方　这　穷　得　很　了
（4）pi⁵³ nai³⁵ ɲa²⁴ ʔdɯ:t⁵⁵ la:i⁵³ ja³³. 今年夏天热死了。
　　　年　这　夏天　热　多　了
（5）ŋe⁵⁵ khən³¹ min³¹ wa:i³³ khin²⁴ ja³³. 那个人坏透了。
　　　个　人　那　坏　很　了
（6）kwai²⁴lin³¹ ke³³ po³³tɔŋ⁵³ pi²⁴ na:n³¹niŋ³¹ jin⁵³ khin²⁴ ja³³.
　　　桂林　的　冬天　比　南宁　冷　很　了
　　　桂林的冬天比南宁冷多了。

B. 带趋向补语（directional complement）的述补谓语句，补语主要由趋向动词来充任，用于补充说明动作行为的方向或趋势。例如：

（1）ʔbɔŋ⁵³ nok¹¹ ʔbin⁵³ pai⁵³ ʔbin⁵³ ma³¹ n̥u³³ thiŋ³¹ fa¹¹.
　　　群　鸟　飞　去　飞　来　在　上　天
　　　一群鸟在天空中飞来飞去。

（2）min³¹ hai²⁴ len³³ mɯ³¹ ɬɯːn³¹ la³³. 她哭着跑回家去了。
　　　她　哭　跑　回家　了

（3）nui¹¹ ʔbaɯ⁵³mai¹¹ nə³³ tok⁵⁵ noŋ³¹ma³¹ ɬa³¹ɬa³¹. 树叶纷纷落下来。
　　　些　树叶　语气词 落　下来　沙沙

（4）ʔbɔŋ⁵³ɬau³¹ khau²⁴ɬɯːn³¹ pai⁵³. 我们进屋去。
　　　我们　进　屋　去

（5）nɔŋ¹¹ʔbaːu³³ men³³ khɯn²⁴mai¹¹ ja³³. 弟弟爬到树上去了。
　　　弟弟　爬　上　树　了

（6）ʔbɔŋ⁵³khən³¹ teu²⁴ len³³ ʔɔk³³pai⁵³ ŋɔi¹¹. 人们纷纷地跑出去看。
　　　人们　纷纷　跑　出去　看

C. 带结果补语（resultative complement）的述补谓语句，补语由动词、性质形容词充当。补语助词ʔdai²⁴ "得"有时出现，有时不出现。例如：

（1）min³¹ pa²⁴ faːŋ³¹ pat⁵⁵ ʔdai²⁴ kaːn⁵³kaːn⁵³tɕhiŋ³³tɕhiŋ³³ ke³³.
　　　他　把　房子　扫　得　干　干　净　净　的
　　　他把房子打扫得干干净净的。

（2）ha⁵⁵wan³¹ tɕeu³³ ʔdai²⁴ naː³¹ tu⁵⁵ thɛk⁵⁵ ljeu¹¹ ja³³. 太阳晒得田都裂开了。
　　　太阳　晒　得　田　都　裂　完　了

（3）min³¹ tɕaːŋ²⁴ thɯŋ⁵³ khaːt⁵⁵tɕaɯ³³. 他说话说得累坏了。
　　　他　讲　到　断气

（4）wan³¹nai³⁵ min³¹ n̥am²⁴ laːi⁵³ ja³³. 他今天喝多了。
　　　今天　他　喝　多　了

（5）ɬɯːn³¹ pa³³taːi³¹ ʔi³³kiŋ⁵⁵ ɬau³³ ʔdai²⁴ ja³³. 伯父家的房子已经修好了。
　　　房子　伯父　已经　修　得　了

（6）ku³³kaːi³³ ŋaːi³¹ min³¹ lak³³ ja³¹. 东西让他偷走了。
　　　东西　被　他　偷　了

（7）ɕak⁵⁵ ʔi³³kiŋ⁵⁵ ɕat⁵⁵ ʔdai²⁴ la³³. 菜已经切好了。
　　　菜　已经　切　得　了

4. 主谓谓语句

主谓谓语句是指主谓短语充当谓语的句子。在这类句子中，谓语对主语进行了描写与说明。例如：

（1）min³¹ ka³³laŋ⁵³ ɬu⁵³ tu⁵⁵ n̥uːn³³ thok³³. 他什么书都愿意读。
　　　他　什么　书　都　愿　读

（2）ten³³ʔiŋ⁵³ nai³⁵ min³¹ ɲɔm⁵³ ɬi³³ phai³¹ la³³. 这个电影她看了四次了。
　　　电影　　这　　她　看　四　次　了

（3）ha²⁴ ŋe⁵⁵ phiŋ³¹kɔ⁵⁵ kəu⁵³ kin⁵³ ɬoŋ⁵⁵ ŋe⁵⁵ la³¹. 五个苹果我吃了两个。
　　　五个　　　苹果　　我　吃　二　个　了

（4）tu⁵³ pet⁵⁵ min²⁴ tsɯ:ŋ³³ɬa:m⁵³ kha²⁴ pai⁵³ la³³. 那只鸭张三杀了。
　　　只　鸭　那　　张三　　杀　去　了

（5）ŋe⁵⁵ tɕoŋ²⁴ tɕhɛ³³ nai³⁵ kəu⁵³ mi⁵⁵ han⁵³ kwa³³. 这种车子我没见过。
　　　词头　种　车　这　我　没　见　过

5. 连谓句

连谓句是一种由一个主语带有两个或两个以上在逻辑上紧密连接的谓语动词连用而构成的一种动词性谓语句，也可以说连谓句是由连动短语充当谓语的一种特殊句式。因此，连谓句也叫连动句。例如：

（1）min³¹ men³³ khɯn²⁴ mai¹¹ mɯ³¹ pet⁵⁵ ma:k³³tha:u³¹.
　　　他　爬　上　树　手　摘　果　桃
　　　他爬上树去摘桃子。

（2）min³¹ ɬak³³ ɬɯ²⁴khwa⁵⁵ ljeu¹¹ tɕau³¹ ha:p³⁵ nam¹¹ mɯ³¹ɬɯ:n³¹.
　　　他　洗　衣服　完　就　挑　水　回家
　　　她洗完衣服就挑水回家。

（3）ʔbɔŋ⁵³ɬau³¹ khau²⁴ ɬɯ:n³¹ pai⁵³ ɲɔm³³ ɬɯ⁵³. 我们进屋去看书。
　　　我们　　进　屋　去　看　书

（4）kəu⁵³ ʔau⁵³ pai⁵³ faɯ³³ ɬɯ²⁴ ma:k³³ ku:k³³ nəŋ³³.
　　　我　要　去　街道　买　把　锄头　一
　　　我要上街买一把锄头。

（5）min³¹ fən³³ʔda:ŋ⁵³ noŋ³¹ ɕɯ:ŋ³¹ len³³ ʔɔk³³ pai⁵³ ŋoi³¹ fa:t³³ɬeŋ⁵³ ja³³
　　　他　翻身　　下　床　跑　出　去　看　发生　了
ka³³ɬaŋ⁵³ fi:k³⁵.
什么　事情
他翻身下床跑出去看发生了什么事。

（6）min³¹ pai⁵³ faɯ³³ ɬɯ²⁴ pha:i²⁴ hoi³¹ma³¹ hit⁵⁵ ɬɯ²⁴khwa⁵⁵.
　　　她　去　街　买　布　回来　做　衣服
　　　她上街买布回来做衣服。

（7）phi⁵⁵ʔba:u³³ pai⁵³ thiŋ³¹tɕha⁵³ tuk⁵⁵ nok¹¹, nɔŋ¹¹ʔba:u³³ thɯŋ⁵³ ʔdaɯ³¹
　　　哥哥　　　去　山上　　打　鸟　　弟弟　　到　里
tha³³ wa:i²⁴ tɕa⁵³.
河　捞　鱼
哥哥上山打鸟，弟弟下河打鱼。

（8）kəu⁵³ pai⁵³ tɕɔi³³ ʔboŋ⁵³min³¹ tɕai³¹ ɕak⁵⁵. 我去帮他们种菜。
　　　我　去　帮助　　他们　　　种　菜

6. 兼语句

兼语句是由兼语短语来充当谓语的动词性谓语句。兼语句的谓语部分是由一个动宾短语和一个主谓短语套在一起构成的整体结构，前一个动宾短语的宾语兼作后一个主谓短语的主语。这是兼语句与连动句的区别性特征。兼语句中的动宾短语通常由具有[+要求]、[+指使]、[+命令]语义特征的动词充当，常见的有 jaːu³⁵ "叫"、thai⁵⁵ "替"、huɯ²⁴ "给"、ŋəŋ³³ "让"等。例如：

（1）min³¹ jaːu³⁵ kəu⁵³ mɯ³¹ɬɯːn³¹. 他叫我回家去。
　　　他　叫　我　　回家

（2）ɕiŋ³³ mauɯ³¹ thai⁵⁵ kəu⁵³ ɬɯ²⁴ ɬɔŋ⁵³ tɕhɛk³³ ɬɯ⁵³. 请你替我买两本书。
　　　请　你　　替　　我　买　二　　本　　书

（3）ʔdaɯ³¹ ʔbaːn²⁴ mi⁵⁵ huɯ²⁴ kəu⁵³ hu⁵³ɲi³⁵ ʔdai²⁴. 邻居不让我高兴。
　　　里　　村　　不　给　　我　　高兴　　得

（4）ʔboŋ⁵³ɬau³¹ ɕi³³nai³⁵ mi⁵⁵ɕai²⁴ jaːu³⁵ min³¹ khau²⁴ma³¹.
　　　我们　　　现在　　　别　　　叫　　他　　进来
　　我们现在别叫他进来。

（5）ho³¹ ʔu²⁴ min³¹ ŋəŋ³³ min³¹ tak⁵⁵ thui³⁵ tɕau²⁴liu⁵³ nəŋ³³ huɯ²⁴
　　　词头 妈妈 他　让　　他　盛　　碗　　稀饭　　一　给
　　nɔŋ¹¹ʔbaːu³³ kin⁵³.
　　弟弟　　　吃
　　他妈妈让他盛一碗粥给弟弟吃。

（6）phɔ³¹ nəŋ³³ mauɯ³¹ khwaːi³⁵ ʔi⁵⁵ nəŋ³³ mɯ³¹ɬɯːn³¹ kin⁵³tɕau²⁴.
　　　奶奶　让　　你　　　快　　些　一　　回家　　　　吃饭
　　奶奶叫你快点回去吃饭。

（二）形容词性谓语句

形容词性谓语句是指由形容词或形容词性短语来充当谓语的句子，主要表示对人、事物的性状加以描写，说明事物的变化，后面一般不带宾语。

1. 形容词谓语句

形容词谓语句是指由单个形容词或者形容词短语来充当谓语的句子。例如：

（1）thi²⁴wan³¹ nai³⁵ ʔdaːŋ³⁵ laːi⁵³. 这几天很冷。
　　　几　天　　这　　冷　　多

(2) khiŋ⁵³ thi³³fu:ŋ⁵³ nai³⁵ mi⁵⁵ phi:t³⁵. 本地姜不辣。
　　　姜　　地方　　这　 不　辣
(3) tu⁵³mu⁵³ nai³⁵ phi³¹ khin²⁴. 这头猪很肥。
　　　头　猪　这　　肥　 很
(4) mɯ³¹ ɕəŋ⁵⁵kɔ⁵⁵ thu³³la:i⁵³ ʔdai⁵³. 你的歌唱得这么好。
　　　你　 唱歌　　 这多　　好
(5) ŋe⁵⁵ tɕha⁵³ nai³⁵ ɬuŋ⁵³ khin²⁴. 这座山很高。
　　　座　 山　 这　 高　 很
(6) nui³¹ mai¹¹ min²⁴ ma³⁵ ʔdai²⁴ tu⁵⁵ la:i⁵³. 那些树长得很茂盛。
　　　些　 树　 那　 长　 得　 都　多
(7) ŋe⁵⁵ fuŋ³¹ nai³⁵ hau²⁴ kwa:ŋ³³. 这间房子很宽敞。
　　　间　 房子　 这　 好　 宽

2. 形补谓语句

形补谓语句是指由形补结构充任谓语的句子。根据补语的性质，可分成以下两种：

A. 带趋向补语的形补谓语句。例如：

(1) mɛ³³fa¹¹ ʔdɯ:t³³ khɯn²⁴ma³¹ ja³³. 天热起来了。
　　　天气　 热　　起来　　　 了
(2) thɔ⁵³ɕa:u¹¹ la:i⁵³ khɯn²⁴ la³¹. 野兔多起来了。
　　　野兔　 多　 起　 了
(3) moi¹¹khən³¹ tu⁵⁵ mi³¹ tɯn³³ma³¹ la³¹. 大家都富起来了。
　　　大家　 都　 富　　 起来　　了
(4) min³¹ ɬuŋ⁵³ khɯn²⁴ la:i⁵³la:i⁵³. 他高了很多。
　　　他　 高　 起　 多　 很
(5) kwa³³ toŋ⁵³tɕi³³ tha³¹wan³¹ pi:n³³ ɬi³¹ tha³³kham³³ pi:n³³ tin²⁴.
　　过　 冬至　 　白天　 　变　长　夜晚　　变　 短
冬至以后白天变长，夜晚变短。

B. 带程度补语的形补谓语句。例如：

(1) ŋe⁵⁵ nai³⁵ pi²⁴ ŋe⁵⁵ min²⁴ ʔdai⁵³. 这个比那个好。
　　　个　 这　 比　 个　 那　 好
(2) kəu⁵³ ɬuŋ⁵³ kwa³³ mɯ³¹ tɕhon³³ nəŋ³³. 我比你高一寸。
　　　我　 高　 过　 你　 寸　 一
(3) ŋe⁵⁵ tɕha⁵³ nai³⁵ ɬuŋ⁵³ khɯn²⁴ la³¹. 这座山高极了。
　　　座　 山　 这　 高　 很　 了

（4）thɛu³¹ kɔ⁵⁵ nai³⁵ hau³⁵ ʔdai⁵³thiŋ³³ ŋa³³. 这首歌好听极了。
　　　首　歌　这　好　好听　　啊
（5）ki²⁴ wan³¹ nai³⁵ ʔdɯt³³ khin²⁴ na³³. 这几天热得很。
　　　几　天　这　热　很　助词
（6）kwai³⁵lin³¹ ʔdai⁵³ ʔdai²⁴ khin²⁴ ja³¹. 桂林美得不得了。
　　　桂林　　美　得　很　呀

（三）名词性谓语句

名词性谓语句的谓语部分是由名词、名词短语、代词或数量短语等组成，其中主语用来表示确定的事物，谓语对主语进行说明、描写或判断。名词性谓语句的句法结构相对比较简单，不包括状语和补语部分。名词性谓语句可以分为名词谓语句、数量短语谓语句和代词谓语句三类。

1. 名词谓语句

指由名词或名词短语来充当谓语的名词性谓语句。例如：

（1）wan³¹wa³¹ wan³¹ li⁵⁵pa:i³⁵. 昨天星期天。
　　　昨天　　天　礼拜
（2）wan³¹nai³⁵ hok⁵⁵ ŋu:t³³ tɕhu⁵⁵ ʔit⁵⁵. 今天六月初一。
　　　今天　　六　月　初　一
（3）ŋe⁵⁵ nai³⁵ tshɯ³³ ka³³laŋ⁵³ jo:k³³? 这是什么花？
　　　词头　这　是　什么　花
（4）ŋe⁵⁵ wan³¹ thaɯ³¹ toŋ⁵³tɕi³³? 哪天冬至？
　　　词头　天　哪　冬至

2. 数量短语谓语句

数量短语谓语句是指由数量短语充任谓语的名词性谓语句。例如：

（1）moi¹¹ khən³¹ ha:p³⁵ nəŋ³³ hiŋ³¹li⁵³. 一人一担行李。
　　　每　人　担　一　行李
（2）thai³³ nəŋ³³ hok⁵⁵ kən⁵³. 一袋六斤。
　　　袋　一　六　斤
（3）ɬa:m⁵³ mən⁵³ ŋən³¹ kən⁵³ nəŋ³³. 三块钱一斤。
　　　三　块　钱　斤　一
（4）wan³¹ nəŋ³³ ɬa:m⁵³ tɔn³³ tɕau²⁴. 一天三顿饭。
　　　天　一　三　顿　饭
（5）ɬaŋ³¹ mu⁵³ nəŋ³³ ɬip⁵⁵ tu⁵³. 一窝十头猪。
　　　窝　猪　一　十　头
（6）ʔoŋ⁵³ tɕit⁵⁵ ɬip⁵⁵ pi⁵³ ja³³. 爷爷七十岁了。
　　　爷爷　七　十　岁　了

3. 代词谓语句

代词谓语句是指由代词充当谓语的名词性谓语句。例如：

（1）mau³¹ lau⁵⁵ khən³¹thau³¹? 你找谁？
　　　你　　找　　　谁

（2）ʔbau³¹ ɬu²⁴khwa⁵⁵ thau³¹ tshɯ³³ kəu⁵³ ke³³? 哪件衣服是我的？
　　　件　　　衣服　　　哪　　　是　我　的

（3）ŋe⁵⁵ min²⁴ tshɯ³³ ka³³laŋ⁵³? 那是什么？
　　　词头　那　是　　什么

（4）mau³¹ kho⁵³ khən³¹thau³¹? 你笑谁？
　　　你　　笑　　　谁

（5）ʔbɔŋ⁵³mau³¹ hit³³ɬau³¹? 你们怎么样？
　　　你们　　　　怎么样

二　非主谓句

非主谓句是指不包含主语或谓语的简单句，由单个词或主谓短语以外的其他短语构成，包括无主句、省略句和独词句。非主谓句分布在陈述句、感叹句、疑问句、祈使句等各句类中，通过上下文或者特定的语境，一般可以补出省略的主语或谓语来。也就是说，虽然不同时具备主语和谓语，但可以表达一个完整意思的句子。

（一）无主句

无主句是现代汉语语法的术语，是指没有主语的非主谓句。这种句子的作用在于描述动作、变化等情况，而不在于叙述"谁"或者"什么"进行这一动作或发生这个变化。也就是说，在无主句里，主语难以补出或者常常不需要补出。例如：

（1）noŋ³¹ phən⁵³ la³¹! 下雨啦！
　　　下　　雨　　啦

（2）ʔdai⁵³ la:i⁵³! 很好！
　　　好　　多

（3）ma:n³³ma:n³³ tɕa:ŋ²⁴. 慢慢说。
　　　慢慢　　　　说

（4）hoi³¹mɯ³¹ la³³! 回去啦！
　　　回去　　　啦

（5）mi⁵⁵ ʔdai²⁴! 不行！
　　　不　　得

（6）mi^{55}ɕai^{24} la:u^{53}! 别害怕！
　　　别　　怕
（7）mi^{55}ɕai^{24} ta:n^{53}ɬim^{53}. 别担心。
　　　别　　担心
（8）mi^{55}ɕai^{24} li^{11} min^{31}. 别理他。
　　　别　理　他

（二）省略句

　　省略句是指省略主语或谓语的一种非主谓句。省略在汉语语言中，尤其在对话中，是一种很普遍的现象。省略的主语或谓语可以根据上下文语境补出。例如：

（1）wan^{31}ɕuk^{33} pai^{53} faɯ^{33} pai^{53} mi^{55} pai^{53}? 明天赶集去不去？——去。
　　　明天　　去　街上　去　不　去
　　　——pai^{53}.
　　　　　去

（2）ɬak^{33} ʔdai^{24} ɬɯ^{24}khwa^{55} mi^{55}mi^{31}? 洗完衣服了吗？——洗完了。
　　　洗　　得　　衣服　　　没有
　　　——ɬak^{33} ʔdai^{24} ja^{33}.
　　　　　洗　　得　　了

（3）maɯ^{31} mi^{31} phi^{55}nɔŋ^{11} mi^{55}mi^{31}? 你有兄弟没有？——没有。
　　　你　　有　　兄弟　　　没有
　　　——mi^{55}mi^{31}.
　　　　　没有

（4）khən^{31} thaɯ^{31} ma^{31} ja^{33}? 谁来了？——我。
　　　谁　　　来　　　了
　　　——kəu^{53}.
　　　　　我

（5）maɯ^{31} kin^{53} kwa^{33} tɕau^{24} ja^{33}? 你吃过饭了吗？——吃了。
　　　你　　吃　过　饭　了
　　　——kin^{33} ja^{53}.
　　　　　吃　了

（6）maɯ^{31} ʔdi:p^{35} mi^{55} ʔdi:p^{35} min^{31}? 你爱不爱他？——爱。
　　　你　爱　不　爱　他
　　　——ʔdi:p^{35}.
　　　　　爱

（三）独词句

独词句是指由单个词或作用相当于单个词的以名词为中心词的偏正词组构成的句子。常用于特定语境中，能表达一个完整的意思，成为一个句子，一般都由名词、代词、叹词、形容词和动词等构成。

1. 名词性独词句

（1）mɛ^{33}fa^{11} ja^{33}！老天爷啊！
　　　老天爷 啊

（2）phi^{55}ʔbaːu^{33} ja^{33}！哥哥呀！
　　　　哥哥　　呀

（3）wan^{31}ɕuk^{33}. 明天。
　　　　明天

（4）khən^{31}thaɯ^{31}？谁？
　　　　　谁

2. 代词性独词句

（1）wi^{33} ka^{33}laŋ^{53}？为什么？
　　　为　 什么

（2）ki^{24} laːi^{53}？多少？
　　　几　多

（3）phe^{33}ɬaɯ^{31}？怎样？
　　　　怎样

（4）khe^{33}thaɯ^{31}？哪里？
　　　　哪里

3. 叹词性独词句

ai^{33}ja^{31}！哎呀！

4. 形容词性独词句

（1）ʔdai^{53}！好！
　　　　好

（2）tik^{55}tik^{55}tuk^{11}tuk^{11}. 滴滴答答。
　　　　滴滴答答

5. 动词性独词句

（1）ʔdai^{24}. 可以。
　　　　行

（2）ɬiu^{35}ɬim^{53}！小心！
　　　小　心

（3）hoi³¹ma³¹ ja³¹. 回来了。
　　　回来　　　了

（4）tɕan⁵³ mə³³? 真的吗？
　　　真　　　咩

第二节　复　句

　　复句是由两个或两个以上意义相关、结构上却互不作句子成分的分句结构组成的句子。如果某个句子成分直接由从属分句表示，那么这种句子则不是简单句而是复杂句。复杂句除紧缩复句外，前后分句之间通常有短暂的语音停顿，意义上前后分句有联系。分句之间一般情况下都有语音停顿，有时还需要用连词或有关联的副词来连接，有时用固定的结构来连接，有时只要靠语义关系连接就行。根据分句之间的语义关系，岱话复句可分为联合复句和偏正复句两大类。

　　一　联合复句

　　联合复句是指各个分句之间的关系是平等的，没有主从之分。包括并列、解说、承接、选择和递进几种。

　　（一）并列复句

　　并列复句由两个或两个以上的分句并列组合而成，前后的分句分别用来叙述或者描写相关的几件事情或同一个事物的几个方面，或说明相关的几种情况，它们之间没有主次之分。并列复句有时由分句直接组合而成，有时则需要借助关联词语组合。常用的关联词有：ȵɯ³³ "也"、ȵaŋ³¹ "还"、jau³¹ "又"、phɯŋ¹¹…phɯŋ¹¹… "一边……一边……"、jau³¹…jau³¹… "又……又……"、mi²³tshɯ³³…tɕau⁴¹… "不是……，就是……"、tshɯ³³…mi⁵⁵tshɯ³³… "是……，不是……"。

　　并列复句还可以分为两种：
　　一种是表示并存的情况。常用的关联词有 ȵɯ³³ "也"、ȵaŋ³¹ "还"、jau³¹ "又"、jau³¹…jau³¹… "又……又……"、phɯŋ¹¹…phɯŋ¹¹… "一边……一边……" 等。也可以不使用关联词。

　　A．使用关联词的情况。例如：

（1）khe³³nai³⁵ khən³¹ nəŋ³³ tu⁵⁵ mi⁵⁵mi³¹. 这里一个人也没有。
　　　这里　　人　　一　都　没有

（2）kəu⁵³ tshɯ³³ jo³¹ɬɯŋ⁵⁵, nɔŋ¹¹ʔba:u³³ ȵɯ³³ tshɯ³³ jo³¹ɬɯŋ⁵⁵.
　　　我　是　学生，　弟弟　　也　是　学生
　　我是学生，弟弟也是学生。

(3) ɬɔŋ⁵³ ʔbɯːn⁵³ kɔn³⁵ kəu⁵³ tu⁵⁵ mi⁵⁵ɬu¹¹na²⁴ min³¹.
　　二　　月　　　先　　我　都　不认识　　　他
　　两个月前我还不认识他。

(4) tɕəŋ⁵³ma³¹ ke³³ ɬiŋ³³ho³¹ ȵaŋ³¹ ʔdai⁵³ khin²⁴ nə³³.
　　　将来　　　的　生活　还　　好　很　语气词
　　将来的生活还会更好呢。

(5) ŋe⁵⁵ luk³³ɬaːu⁵³ khaː⁵³ jau³¹ɬi³¹ nɯu¹¹jau³¹khaːu⁵³ jau³¹ʔdai⁵³ɬaːu⁵³.
　　个　姑娘　　腿　又　长　肉　又　白　　又　好　姑娘
　　这个女孩腿长，皮肤又白，人又漂亮。

(6) ŋe⁵⁵ tɕha⁵³ min²⁴ jau³¹ ɬuŋ⁵³ jau³¹ kaːi²⁴. 那座山又高又大。
　　座　山　那　又　高　又　大

(7) min³¹ phɯŋ¹¹ tɕhaːi²⁴ phɯŋ¹¹ ɕəŋ⁵⁵. 他边走边唱。
　　他　边　　走　边　　唱

(8) min³¹ phɯŋ¹¹ tɕaːŋ²⁴ phɯŋ¹¹ kho⁵³. 他一边说，一边笑。
　　他　边　　讲　　边　　笑

B. 不使用关联词的情况。例如：

(1) me³³thau³⁵ hit⁵⁵tɕau²⁴ pho³¹thau³⁵ ʔdam⁵³na³¹. 妈妈做饭，爸爸种田。
　　妈妈　　做饭　　　爸爸　　　种　田

(2) maɯ³¹ pai⁵³ kɔn³⁵, kəu⁵³ tɕəu³¹ ma³¹. 你先去，我就来。
　　你　　去　　先　　我　　就　　来

(3) me³³thau³⁵ naŋ³³ nap¹¹ ɬu²⁴khwa⁵⁵ ȵu³³ pak³³tu⁵³, phi³³ɬaːu⁵³ ɬaːu³¹ɕak⁵⁵
　　妈妈　　　坐　　缝　　衣服　　　在　门口　　　姐姐　　　洗　菜
　　ȵu³³ ʔdaɯ³¹ tɕhi³¹fuːŋ³¹.
　　在　里　　厨房
　　妈妈在门口缝衣服，姐姐在厨房洗菜。

(4) kəu⁵³ laɯ⁵⁵ɕau¹¹ pai⁵³ tham³³ʔɔi²⁴, ŋaːi³¹ja³³ pai⁵³ waːt³³ man¹¹ʔbuŋ³⁵
　　我　　早上　　　去　　砍　甘蔗　　　下午　　去　　挖　　红薯
　　我早上去砍甘蔗，下午去挖红薯。

(5) wan³¹nai³⁵ ʔbɔŋ⁵³ɬau⁵³ pai⁵³ ŋɔi³¹ɬɯ⁵³, ʔbɔŋ⁵³maɯ³¹ pai⁵³ tuk⁵⁵khau³¹.
　　今天　　　我们　　　去　看书　　　你们　　　　去　打球
　　今天我们去看书，你们去打球。

(6) khe³³nai³⁵ mi³¹ theu³¹ khui³⁵ nəŋ³³, khe³³min²⁴ mi³¹ ŋe⁵⁵ tɕha⁵³ nəŋ³³.
　　这里　　有　条　　河　　一　　那里　　　有　座　山　　一
　　这里有一条河，那里有一座山。

另一种是表示对比或对立的情况。常用的关联词有 mi³³tshɯ³³…tɕau³¹…

"不是……就是……"、tshɯ³³…mi³³tshɯ³³…"是……不是……"、mi³¹…mi⁵⁵mi³¹…"有……没有……"。也可以不使用关联词。例如：

（1）ɬoŋ⁵³phi⁵⁵noŋ³¹ mi³³tshɯ³³ tam³³thɔk⁵⁵ tɕau³¹ thiu⁵³joːk³³.
　　　二　姐妹　　不 是　　织布　　就　绣花
　　姐妹俩不是织布就是绣花。

（2）min³¹ hau²⁴ ɕak⁵⁵phin³¹wan³¹ mi⁵⁵tshɯ³³ ŋoi³¹ɬɯ⁵³ tɕau³¹tshɯ³³ liːn³³ɕi³³.
　　　他　好　勤快　　整天　　　不是　看 书　　就 是　　练字
　　他很勤快，整天不是看书就是练字。

（3）ʔoŋ⁵³ mi⁵⁵ kuːk³³khai³³ tɕau³¹ tshɯ³³ thɔ³¹fun³¹. 爷爷不是种地就是砍柴。
　　　爷爷　不　　锄地　　就　是　　砍　柴

（4）kəu⁵³ tshɯ³³ kwaːŋ⁵⁵ɬi³³ khən³¹, mi³³tshɯ³³ kwəi³⁵tɕəu³³ khən³¹.
　　　我　是　　广西　　人　　不是　　贵州　　人
　　我是广西人，不是贵州人。

（5）min³¹ tshɯ³³ ɬai³³nuŋ³³, mi⁵⁵tshɯ³³ ɬai³³waŋ³¹. 他是小农，不是小王。
　　　他　是　　小农　　　不是　　　小王

（6）wan³¹ɕuk³³ ɬai³³wɔŋ³¹ ma³¹, ɬai³³li³¹ mi⁵⁵ ma³¹. 明天小王来，小李不来。
　　　明天　　小王　　来，小李　不　来

（7）ŋe⁵⁵ ɕa⁵⁵ nai³⁵ mi³¹ mai¹¹thaːu³¹, mi⁵⁵mi³¹ mai¹¹li³¹.
　　　个　山　这　有　树　桃　　　没有　树　梨
　　这座山上有桃树，没有梨树。

（8）kəu⁵³ mi³¹ ku³³ haːi³¹we⁵³, mi⁵⁵mi³¹ khwen³³.
　　　我　有　双　鞋　皮　　没有　裙子
　　我有一双皮鞋，没有裙子。

（9）khən³¹ nai³⁵ tshɯ³³ phi³³ɬaːu⁵³ kəu⁵³, khən³¹ min²⁴ mi⁵⁵ tshɯ³³ phi³³ɬaːu⁵³ kəu⁵³.
　　　人　这　是　　姐姐　　我　人　那　不　是
　　姐姐　我
　　这个人是我姐姐，那个人不是我姐姐。

（二）解说复句

解说复句是指分句之间有解释或说明、总分的关系。解说关系一般都不用关联词，当然，也有少数在后一分句单用"即、就是说"等关联词语。由后面的分句来解释前面的始发句。例如：

（1）ʔboŋ⁵³ɬau³¹ pai⁵³ tɕai⁵³mai¹¹, nɔŋ¹¹ʔbaːu³³ tɕai⁵³ kɔ⁵³mai¹¹thaːu³¹ nəŋ³³,
　　　我们　　去　种树　　　弟弟　　种　棵树　桃　一

　　　　kəu⁵³ tɕai⁵³ ɬoŋ⁵³ ko⁵³ mai¹¹li³¹.
　　　　我　　种　　二　　棵　　树梨
　　　　我们去种树，弟弟种了一株桃树，我种了两株梨树。

（2）ɬau³¹ ɕə:ŋ¹¹ ʔboŋ⁵³ ɕuk³³ɬɛŋ⁵³, mi³¹ tu⁵³ mu⁵³mɛ³³ nəŋ³³, ȵan³¹ mi³¹ tu⁵³
　　　我们　养　　群　　畜牲　　　有　头　母牛　　一　还有　头
　　　　ma¹¹ thɯk¹¹ nəŋ³³ ɕau⁵⁵ ɬoŋ⁵³ tu⁵³ ma⁵³mɛ³³.
　　　　马　公　　一　　和　　二　只　狗　母
　　　　我们养了群畜牲，有一头母牛，还有一头公马和两只母狗。

（3）min³¹ mi³¹ ɬoŋ⁵³ luk³³ʔba:u³³, luk³³ɕa:i³¹kop³³ tshɯ³³ tok¹¹lek⁵⁵,
　　　他　有　二　　儿子　　　　大儿子　　　是　　匠铁
　　　　luk³³ ha:ŋ⁵³ tshɯ³³ la:u¹¹ɬai⁵³.
　　　　儿子　末尾　是　　老师
　　　　他有两个儿子，大儿子是铁匠，小儿子是老师。

（4）ɬɯ:n³¹ min³¹ mi³¹ ɬoŋ⁵³ khən³¹ luk³³ʔdik⁵⁵, khən³¹ luk³³thui³³pho³³
　　　家　　他　　有　二　　人　　小孩，　　人　　男孩
　　　　nəŋ³³, khən³¹ luk³³thui³³mɛ³³ nəŋ³³.
　　　　一　　人　　女孩　　　　一
　　　　他家有两个小孩儿，一男一女。

（5）ɬɯ²⁴khwa⁵⁵ ɕiu⁵⁵tɕhi³⁵ tɕan⁵³ la:i⁵³, mi³¹ ʔdɛŋ⁵³ ke³³, mi³¹ lɯ:ŋ⁵³ ke³³,
　　　衣服　　　超市　　　真　多　　有　红　的　有　黄　的
　　　　mi³¹ jo:k³³ ke³³ tu⁵⁵ mi³¹.
　　　　有　花　的　都　有
　　　　超市的衣服真多，红的、黄的、花的都有。

（7）khe³³nai³⁵ mi³¹ ɬoŋ⁵³ tu⁵³ wa:i³¹, non³¹ ke³³ tu⁵⁵wa:i³¹ min²⁴ tshɯ³³
　　　这里　　　有　二　　头　牛　　躺　的　头　牛　　那　　是
　　　　wa:i³¹ thɯk¹¹, mai³¹ kin⁵³ ȵa²⁴ ke³³ tshɯ³³ wa:i³¹ ɬu⁵⁵.
　　　　牛　公　　站　吃　草　的　是　　牛　母
　　　　这里有两头牛，躺着的那头牛是公的，站着吃草的那头是母的。

　　（三）承接复句
　　承接复句是指前后分句按照一定的时间、空间顺序或逻辑事理上的顺序来表述出连续发生的动作或相关情况，各分句之间有先后相承的关系，不能任意颠倒。常用的关联词有：laŋ⁵³ma³¹ "后来"、tsa:i³³ "再"、ŋa:m⁵⁵ "才"、kon³⁵ "先"、ŋa:m⁵⁵…tɕau³¹… "刚……就……"。当然，也可以不使用关联词。

A. 使用关联词的情况。例如：

（1）mau³¹ tɕha:i²⁴ kɔn³⁵, kəu⁵³ ma³¹ laŋ⁵³. 你先走，我后来。
　　你　　走　　先　　我　来　后

（2）kəu⁵³ kin⁵³ŋai¹¹ ja³³ pai⁵³ ɬɯ:n³¹ ʔa⁵³ ljiu³³.
　　我　吃午饭　了　去　　家　姑姑　玩
　　吃完午饭以后，我要去姑姑家玩。

（3）kəu⁵³ ɕau⁵⁵ mɛ³³thau³⁵ ma³¹ thuŋ⁵³ ɬɯ:n³¹ ke³³ ɕi³¹hau³⁵, phɔ³³thau³⁵
　　我　和　　妈妈　　来　到　　家　的　时候　　　爸爸
　　ŋa:m⁵⁵ ʔɔk³³ tu⁵³.
　　刚　出　门
　　我跟妈妈到家时，爸爸才刚刚出门。

（4）mau³¹ ɕəŋ⁵⁵kɔ⁵⁵ thu³⁵la:i⁵³ ʔdai⁵³, tsa:i³³ ma³¹ thεu³¹ tik⁵⁵.
　　你　　唱歌　　这多　　好　　再　来　条　点儿
　　你的歌唱得这么好，再来一首。

（5）ɕak⁵⁵ ʔdai⁵³kin⁵³, mau³¹ tsa:i³³ kin⁵³ thui³³ tɕau²⁴ ʔdai²⁴ wai⁵⁵.
　　菜　好吃　　　你　再　吃　碗　饭　得　喂
　　菜好吃，你再吃一碗饭。

（6）kəu⁵³ ŋa:m³³ ʔau⁵³ pai⁵⁵ lau⁵⁵ min³¹, min³¹ kap⁵⁵kap⁵⁵mɔŋ³¹mɔŋ³¹
　　我　刚　　要　去　找　他　他　　急急忙忙
　　len³³ kwa³³ ma³¹.
　　跑　过　来
　　我刚要去找他，他就匆匆忙忙地跑了进来。

（7）kai⁵⁵ ŋa:m³³ khan⁵³ min³¹ tɕau³¹ tɯn³³ma³¹ na³¹.
　　鸡　刚　　叫　　他　就　起来　　啦
　　鸡一打鸣他就起来啦。

（8）ɕat⁵⁵ nɯ³³ kɔn³⁵, thaŋ³⁵ jap⁵⁵ tsa:i³³ ɕεu⁵³ ɕak⁵⁵.
　　切　肉　先　　等　会儿　再　　炒　菜
　　先把肉切了，待会儿再炒菜。

（9）min³¹ ɬak³³ ljeu¹¹ ɬɯ²⁴khwa⁵⁵ tɕau³¹ hoi³¹mɯ³¹ hit⁵³tɕau²⁴.
　　她　　洗　完　　衣服　　　就　　回家　　做饭
　　她洗完衣服就回家做饭。

B. 不使用关联词的情况。例如：

（1）len³¹tɕu³¹ ʔa:u³⁵je³¹ ki²⁴wan³¹, kəu⁵³ tu³³ khin²⁴ na³¹.
　　连续　　　熬夜　　　几　天　　　我　累　　很　啊
　　连续几天熬夜，我困死了。

（2）wan³¹thau³¹thau³¹ kəu⁵³ pai⁵³ tɕi³¹pa:n⁵³, tɕai⁵⁵hau³³ wan³¹ mau³¹ pai⁵³.
　　　天　头　头　我　去　值班　　最后　天　你　去
　　　头一天我去值班，最后一天你去。
（3）phə³³me⁵⁵ mi⁵⁵mi³¹ kin⁵³ mi⁵⁵mi³¹ nuŋ³³, ɕi³³nai³⁵ kin⁵³ ʔdai²⁴ ʔim³³
　　　从前　　没有　　吃　没有　　穿　现在　吃　得　饱
　　　nuŋ³³ ʔdai²⁴ thau³⁵.
　　　穿　得　暖和
　　　从前缺吃少穿，现在吃得饱穿得暖。

（四）选择复句

选择复句中的各分句表示两种或者几种情况能够供选择。常用的关联词语有：ɬɯ³¹wa³³…"或者……"、wə³¹tɕe²⁴ "或者"、ȵaŋ³¹ɬɯ³³/wə³¹ɬɯ³³ "还是"等。例如：

（1）tɕa⁵³ tɕəŋ⁵³ kin⁵³ ɬɯ³¹wa³³ tɕɯ³⁵ kin⁵³? 鱼是蒸着吃还是煮着吃？
　　　鱼　蒸　吃　或者　　　煮　吃
（2）kəu⁵³ ʔau⁵³ pai⁵³ na:n³¹niŋ³¹ ɬa:m⁵³wan³¹ wə³¹tɕe²⁴ ɬi⁵⁵wan³¹.
　　　我　要　去　南宁　　　三　天　　或者　　四　天
　　　我要去南宁三天或者四天。
（3）mau³¹ ʔau⁵³ ka:i²⁴ ke³³ ȵaŋ³¹ɬɯ³³ ʔau⁵³ ʔɛŋ⁵³ ke³³?
　　　你　要　大　的　还是　　要　小　的
　　　你要大的还是小的？
（4）mau³¹ nat⁵⁵ kin⁵³ ma:k³³man³¹ ȵaŋ³¹ɬɯ³³ ma:k³³tha:u³¹?
　　　你　喜欢　吃　果李　　　还是　　果桃
　　　你喜欢吃李子还是桃子？
（5）tɕhek³³ ɬɯ⁵³ nai³⁵ ɬɯ³³ mɯ³¹ ȵaŋ³¹ɬɯ³³ kəu⁵³ ke³³?
　　　本　书　这　是　你　还是　　我　的
　　　这本书是你的还是我的？
（6）mau³¹ tshɯ³³ pai⁵³ ŋoi³¹ ɬɯ⁵³ wə³¹ɬɯ³³ pai⁵³ ŋoi³¹ ten³⁵ʔiŋ⁵³?
　　　你　是　去　看　书　还是　　去　看　电影
　　　你是去看书还是看电影？
（7）mau³¹ pai⁵³ wə³¹ɬɯ³³ min³¹ pai⁵³? 你去还是他去呢？
　　　你　去　还是　　他　去

（五）递进复句

递进复句中后一分句要比前一分句表示的意义更进一层，可以程度不断加深，也可以用相反的顺序。常用的关联词有：wi:t³³…wi:t³³…"越……越……"、mi⁵⁵ta:n⁵³…ʔə³¹tɕhe⁵⁵… "不但……而且……"、khɯŋ³¹ "更"等。例如：

（1）min³¹ wiːt³³ łuːŋ²⁴ wiːt³³ ʔdai⁵³ kho⁵³. 她越想越好笑。
　　 她　 越　 想　 越　 好　笑

（2）wai³⁵pai⁵³ wiːt³³ ʔbin⁵³ wiːt³³ łuŋ⁵³. 飞机越飞越高。
　　 飞机　　 越　飞　 越　高

（3）min³¹ mi⁵⁵taːn⁵³ hit⁵⁵ khwaːi⁵⁵, ʔə³¹tɕhɛ⁵⁵ hit⁵⁵ ʔdai⁵³.
　　 他　不但　　做　快　　而且　做　好
　　 他不但做得快，而且做得好。

（4）kəu⁵³ pi²⁴ maɯ³¹ łuŋ⁵³, min³¹ pi²⁴ kəu⁵³ khɯŋ³³ łuŋ⁵³.
　　 我　 比　你　 高　　他　 比　我　 更　　高
　　 我比你高，他比我更高。

（5）ɕi³³nai³⁵ kin⁵³ ʔdai²⁴ ʔim³³ nuŋ³³ ʔdai²⁴ thau³⁵, tɕən⁵³ma³¹ ke³³
　　 现在　　 吃　 得　　 饱　 穿　　得　　暖和　　将来　　的
　　 łiŋ³³ho³¹ khɯŋ³¹ ʔdai⁵³ nə³³.
　　 生活　　更　　　好　　语气词
　　 现在吃得饱穿得暖，将来的生活还会更好呢。

二　偏正复句

偏正复句中的正句与偏句之间的关系是不平等的，有主次、轻重之分。正句处在主要地位，承担了复句的基本意思；偏句修饰或限制主句，处于从属地位，是辅助的、次要的。根据正句和偏句之间的这种关系，偏正复句又可以分为转折、条件、因果、假设和目的五种。

（一）转折关系

转折关系中的偏句叙述一个事实，而正句并不顺着这个事实得出某种应有的结论，而是说出一个相反或与事实不相适应的事实，也就是说，前后分句具有相反或相对的意义。表示转折关系的复句可以分为两种情况：

一种是表转折关系中的前后分句之间的转折意义很明显，语气较为强烈，使用关联词 tho³¹/taːn⁵³ "但是" 等。例如：

（1）min³¹ łai³³jen³¹ ʔduk³³ʔdaːŋ⁵³ łai³³, tho³¹ łɛŋ³¹ hau²⁴ kaːi²⁴.
　　 他　虽然　　　身体　　　　小　　但　力气　好　大
　　 他个子虽然小，但力气很大。

（2）łon⁵³ min³¹ ŋe⁵⁵ ɳa²⁴wu⁵⁵ nəŋ³³, tho³¹ min³¹ kən³³pən⁵⁵ mi⁵⁵ thin³³.
　　 劝　他　 个　 下午　　一　 但　他　　根本　　　不　听
　　 劝他一下午，但是他根本听不进。

（3）min³¹ hau²⁴ łuːŋ²⁴ taːi³³ pho³³me³³thau³⁵ pai⁵³ pə³¹kiŋ³³ phai³¹ nəŋ³³,
　　 他　好　 想　　带　　父母　　　　　　 去　 北京　　　次　　一

tho³¹ ɲaŋ³¹ mi⁵⁵mi³¹ pai⁵³ kwa³³.
但　还　没有　　去　过

他很想带父母去一次北京，但还没去过。

（4）thi³³ŋe⁵⁵ ma:k³³ka:m⁵³ nai³⁵ ka:i²⁴, tho³¹ mi⁵⁵ wa:n⁵³ la:i⁵³.
几　个　　树柑　　　这　大　但　不　甜　多

这几个橘子很大，但是不太甜。

（5）ʔbaɯ³¹ ɫɯ²⁴khwa⁵⁵ nai³⁵ mi⁵⁵ ʔdai⁵³ ɲɔm³³, tho³¹ kəu⁵³ nat⁵⁵ nuŋ³³.
件　　衣服　　　这　不　好看　　但　我　喜欢　穿

这件衣服不太好看，但是我喜欢穿。

（6）luk³³ʔdik⁵⁵ nai³⁵ ɫoŋ⁵³ pi⁵³ la:i⁵³ ja³³, ta:n⁵³ ɲaŋ³¹ kin⁵³nom³¹.
孩子　　　　这　二　岁　多　了　但　还　吃奶

这个孩子两岁多了，但是还吃奶。

另一种是有些转折句的前后分句之间的转折意义不太明显，语气不怎么强烈的，则用 jau³¹ "又" 或者靠前后分句的语义关系联系起来。也有不用关联词的现象。例如：

（1）ʔbau²⁴ tho:m³³ thu³¹, jau³¹ pai⁵³ lau⁵⁵ thu³¹. 戴着帽子找帽子。
头　戴　　帽子　又　去　找　帽子

（2）min³¹ tɕa:ŋ²⁴ pɯ:n³³wan³¹, ta:i³¹ka⁵³ ɲaŋ³¹ mi⁵⁵ɫɯ¹¹.
他　讲　　半天　　　大家　　　还　不懂

他讲了半天大家还不懂。

（3）tu⁵³khai⁵³, phɯ:ŋ³¹ ʔdau³¹ mi⁵⁵mi³¹ khən³¹. 门开着，里面没有人。
门　开　　边　　　里　没有　　人

（4）khən³¹ thui³³me³³ min²⁴ nen³¹ki²⁴ ɫai⁵⁵ɫai⁵⁵ ke³³, ka³³laŋ⁵³ min³¹
个　　女孩　　　那　年纪　　　小小　　的　什么　　她

tu⁵⁵ hit⁵⁵ ʔdai²⁴.
都　做　得

那个女孩年纪小小的，什么都能干。

（5）ha³³thai²⁴ ɲaŋ³¹ han⁵³ʔdit³³, ɕi³³nai³⁵ tɕau³¹ noŋ³¹phən⁵³ la³³.
刚才　　还　见　晴　　现在　　就　下雨　　了

刚才还出太阳，现在就下雨了。

（二）条件关系

条件复句中两个分句之间的关系是条件和结果的关系。从句（subordinate clause）提出一种真实的或者假设的条件，主句（main clause）说明在这种条件下必然产生的结果。根据关联词语的使用情况，条件复句可分为以下两种情况：

一种是从句是主句的必要条件。常用的关联词有：tɕi⁵⁵ʔau⁵³/ tɕi⁵⁵jau⁵⁵⋯ tɕau³¹⋯"只要⋯⋯就⋯⋯"、ʔau⁵³"要"。例如：

（1）tɕi⁵⁵ʔau⁵³ mauɯ³¹ mi⁵⁵laːu⁵³ ɬin⁵³hu²⁴, kəu⁵³ tɕau³¹ ɬon⁵³mauɯ³¹.
　　　只要　　你　　不怕　辛苦　我　　就　　教你
　　　只要你不怕辛苦，我就教你。

（2）tɕi⁵⁵ʔau⁵³ kuːk³³ ʔdai²⁴ tum⁵³, kam⁵³ tɕhaːn³⁵ kam⁵³ kuːk³³ tu⁵⁵ ʔdai²⁴.
　　　只要　　松　　得　　土　　拿　铲　　拿　锄头　都　得
　　　只要能刨土，拿铲子或锄头来都行。

（3）tɕi⁵⁵jau⁵⁵ ʔɔk³³ɬeŋ³¹ ɬon⁵³ ɬɯ⁵⁵, tɕau³¹ nəŋ³¹ ɬon⁵³ ʔdai⁵³.
　　　只要　　出　力　学　书　　就　能　学　好
　　　只要努力学习，就能学好。

（4）tɕi⁵⁵jau⁵⁵ ʔbəŋ⁵³ɬau³¹ ʔɔk³³ ɬeŋ³¹ hit⁵⁵ fiːk³⁵, kin⁵³ ti³³ nuŋ³³ ti³³ tu⁵⁵
　　　只要　　　我们　　　　出　力　　做　事情　吃　的　穿　的　都
　　　mi⁵⁵ tɕai³⁵ taːn⁵³ɬim⁵³.
　　　不　再　　担心
　　　只要我们努力工作，吃的穿的都不用愁。

另一种是从句用来表示对条件的排除，主句表示在任何条件下都会产生同样的结果。常用的关联词有：mi⁵⁵kun³³⋯tu⁵⁵/ȵɯ³³⋯ "不管⋯⋯都/也⋯⋯"、mi⁵⁵luːn³³ "无论，不论"。例如：

（1）mi⁵⁵kun³³ hit³³ɬaɯ³¹ hin³⁵, min³¹ tu⁵⁵ mi⁵⁵ thiŋ³³.
　　　不管　　怎么　　劝　　她　都　不　听
　　　不管怎么劝，她都不听。

（2）mi⁵⁵kun³³ khɔ²⁴ kiː²⁴ laːi⁵³, ɬau³¹ ȵɯ³³ ʔit⁵⁵thiŋ⁵³ hit⁵⁵ ʔdai⁵³ fiːk³⁵ nai³⁵.
　　　不管　　困难　几　多　　我们　也　一定　　做　好　事情　这
　　　不管有多大困难，我们也一定要把这个事情做好。

（3）mi⁵⁵luːn³³ mi³¹ tɕhɛ³³ mi⁵⁵mi³¹ tɕhɛ³³, kəu⁵³ ȵɯ³³ ʔau⁵³ pai⁵³.
　　　无论　　有　车　　没有　车　　我　也　要　去
　　　无论有没有车，我也要去。

（4）mi⁵⁵luːn³³ phən⁵³ nɔŋ³¹ laːi⁵³ nɔŋ³¹nɔːi¹¹, kəu⁵³ pit³³ɬi³³ pai⁵³ ŋɔi³¹ min³¹.
　　　不论　　雨　下　多　下　少　　　我　必须　　去　看　他
　　　无论雨下得大不大，我也必须去看他。

（三）因果关系

因果复句的主句和从句之间是原因和结果的关系。一般是从句在前，说明原因；主句在后，说明结果。因果复句分为推论性因果句和说明性因果句两种。

1. 推论性因果句

推论性因果句使用的关联词主要有 tɕan⁵³wa³¹…tɕau³¹… "既然……就……"。例如：

（1）tɕan⁵³wa³¹ kəu⁵³ ma³¹ ɲom³³ mau³¹ ja³³, tɕau³¹ mi⁵⁵ ʔdai²⁴ pai⁵³
　　　既然　　我　来　看　　你　了　就　不　得　去
ma²⁴tɕho:ŋ³¹.
马上
我既然来看你，就不会立刻走的。

（2）tɕan⁵³wa³¹ mau³¹ wa³³ ja³³ wan³¹wa³¹ ma³¹, tɕau³¹ ʔiŋ⁵³ka:i⁵³ ma³¹.
　　　既然　　你　说　了　昨天　　来　就　应该　　来
既然你说了昨天会来，就应该来。

（3）ʔboŋ⁵³min³¹ tɕan⁵³wa³¹ mi⁵⁵ ɬɯ:ŋ²⁴ pai⁵³, tɕau³¹ mi⁵⁵ɕai²⁴ pai⁵³ ja³³.
　　　他们　　　既然　　　不　想　　去　　就　　别　　去　了
既然他们不愿意去，那就别去了。

（4）tɕan⁵³wa³¹ min³¹ tɕa:ŋ²⁴ ʔdai²⁴ phi:n¹¹min²⁴ ʔdai⁵³, ʔboŋ⁵³ɬau³¹ tɕau³¹
　　　既然　　他　讲　　　得　　那么　　　好　　我们　　就
ɬin⁵⁵ min³¹ phai³¹ nəŋ³³.
信　他　　次　　一
既然他说得那么好，我们就信他这一次吧。

2. 说明性因果句

说明性因果句常使用的关联词主要有 jin⁵³wi³³…ɬo²⁴ji³³… "因为……所以……"、jin⁵³wi³³…phin³¹ɬɯ³¹… "因为……这样……" 等。例如：

（1）jin⁵³wi³³ lu³³ tha:i³³ khap¹¹, ɬo²⁴ji³³ tɕhɛ⁵³ kwa³³ pai⁵³ mi⁵⁵ ʔdai²⁴.
　　　因为　　路　太　窄小　所以　　车子　　过　去　不　　得
因为路太窄，所以车子过不去。

（2）jin⁵³wi³³ min³¹ ɕəŋ⁵⁵ ʔdai²⁴ ʔdai⁵³, ɬo²⁴ji³³ khən³¹ khən³¹ nat⁵⁵ thiŋ³³.
　　　因为　　他　唱　　得　　好　　所以　个　　个　　喜欢　听
因为他唱得好，所以人人喜欢听。

（3）jin⁵³wi³³kəu⁵³mi⁵⁵ʔdai²⁴waɯ³³, ɬo²⁴ji³³ɕi³³nai³⁵ŋa:m⁵⁵ɬɛ²⁴ ɬin⁵⁵ hɯ²⁴ mau³¹.
　　　因为　我没　得　功夫　　所以　现在　才　　写　信　给　你
因为我很忙，所以现在才给你写信。

（4）jin⁵³wi³³ ma:k³³tɕe³¹ ket³³ ʔdai²⁴ tha:i³³ la:i⁵³, phin³¹ɬɯ³¹ mi³¹ hau²⁴ la:i⁵³
　　　因为　　荔枝　　结　得　　太　多　　这样　　有　好　多
kha³³ mai¹¹ ŋa:i³¹ ʔa:t³⁵ tak⁵⁵ ja³³.
枝　　树　　被　　压　　断　了
因为荔枝结得太多，所以有些树枝都被压断了。

（5）jin⁵³wi³³ kəu⁵³ ʔbau³⁵ tɕep⁵⁵, phin³¹ɬɯ³¹ nu³³ kin⁵³ ja³¹.
　　　因为　我　头　疼　　这样　在　吃　药
　　因为我头疼，所以在吃药。

（6）jin⁵³wi³³ mɛ³³fa¹¹ ʔda:ŋ³⁵, phin³¹ɬɯ³¹ ʔau³³ nam¹¹ ʔdɯ:t⁵⁵ la:i⁵³.
　　　因为　天气　　冷　　　这样　要　水　热　多
　　因为天气冷，所以要多打些热水。

（四）假设关系

假设关系的两个分句中，从句（subordinate clause）提出一种假设性的条件，主句（main clause）说明在这种条件下会出现的结果。通常情况下，假设分句在前，结果分句在后，部分紧缩复句则用双重否定的形式来表示假设关系。常用的关联词有：ju³¹ko⁵⁵…tɕau³¹…"如果……就……"、ȵaŋ³¹"还"。

A. 使用关联词的情况。例如：

（1）ju³¹ko⁵⁵ ɬeu³¹ khan³¹tha³³ pai⁵³ tɕau³¹ khɯŋ³¹ kwai⁵³ ja³³.
　　　如果　跟　　河岸　　去　就　　更　远　了
　　如果沿着河边走就更绕了。

（2）wan³¹ɕuk³³ ju³¹ko⁵⁵ noŋ³¹phən⁵³, kəu⁵³ tɕau³¹ mi⁵⁵ pai⁵³.
　　　明天　　如果　　下　雨　　我　就　不　去
　　如果明天下雨，我就不去。

（3）ju³¹ko⁵⁵ min³¹ ʔdai²⁴ wa:ŋ³³, kəu⁵³ tɕau³¹ ɕiŋ³⁵ min³¹ ljiu³³ ma³¹.
　　　如果　他　得　空闲　　我　就　请　他　玩　来
　　如果他有空，就请他到我家来玩。

（4）ju³¹ko⁵⁵ wan³¹ɕuk³³ mi⁵⁵ noŋ³¹phən⁵³, ɬau³¹ tɕau³¹ pai⁵³ tɕai³¹ kui³⁵.
　　　如果　　明天　　不　　下雨　　　我们　就　去　种　香蕉
　　如果明天不下雨，我们就去种香蕉。

（5）ju³¹ko⁵⁵ mau³¹ nat⁵⁵, kəu⁵³ tɕau³¹ ɬɯ²⁴ ja³³.
　　　如果　你　喜欢　我　就　买　了
　　如果你喜欢的话，我就买了。

（6）ju³¹ko⁵⁵ mi⁵⁵mi³¹ min³¹, kin³¹fi:k³⁵ nai³⁵ hit⁵⁵ mi⁵⁵ ʔdai²⁴.
　　　如果　没有　　他　事情　这　做　不　得
　　要是没有他，这件事办不成。

B. 不使用关联词或者使用语气词 nə³³"呢"的情况。例如：

（1）thɯ⁵³na³¹ mi⁵⁵ ɬon⁵³ mi⁵⁵ɬu¹¹. 犁田不学不会。
　　　犁田　不　学　不会

（2）phən⁵³ ka:i²⁴ la:i⁵³ nə³³, mau³¹ wan³¹ ɕuk³³ tɕau³¹ mi⁵⁵ pai⁵³.
　　　雨　　大　　多　呢　　你　　明天　　就　　不　去
　　要是雨太大，你明天就不去了。

（3）łɯ:ŋ²⁴ mɯ³¹łɯ:n³¹ tɕau³¹ mɯ³¹ khwa:i³⁵ nə³³，ɬoŋ⁵³pak³³ te⁵³ʔdam⁵³,
　　　想　　回家　　　就　　回　快 语气词　不然　　天　黑
　　tɕau³¹ mi⁵⁵ ʔdai²⁴ tɕha:i²⁴ lə³³.
　　　就　　不　　得　　走　了
　　要回去就早点回去，不然太黑了，就不好走了。

（五）目的关系

前一分句是主句，提出一种动作行为；后一分句是从句，表明主句动作行为的目的。例如：

（1）ȵəŋ³³ ʔɔk³³ma³¹ ʔi³⁵tik⁵⁵, łau³¹ ʔau⁵³ kwa³³ pai⁵³.
　　　让　　出来　　　一点　　我们　要　过　去
　　让开一点，我们要过去。

（2）khwa:i³⁵ ha:p³⁵ tu⁵³, mi⁵⁵ hɯ²⁴ meŋ³¹fun³¹ ʔbin⁵³ khau²⁴ ma³¹.
　　　快　　　关　　门　不　给　　苍蝇　　　飞　　进　来
　　快关门，别让苍蝇飞进来。

（3）mau³¹ ma³¹ khwa:i³⁵ ʔi³⁵tik⁵⁵, mi⁵⁵ hɯ²⁴ kəu⁵³ thɯŋ³⁵ həŋ⁵³ la:i⁵³.
　　　你　来　快　　　一点　　　不　给　我　等　　很　多
　　你要早点来，免得我等你。

（4）ŋɔi³¹ ʔdai⁵³ ȵu³³, mi⁵⁵ hɯ²⁴ min³¹ lak¹¹ pai⁵³.
　　　看　好　着　　不　给　他　偷　去
　　好好看着，不要让他偷走了。

（5）kəu⁵³ ʔau⁵³ ɬon⁵³łɯ⁵³ ʔdai⁵³ ʔi³⁵ nəŋ³³, hɯ²⁴ pho³³mɛ³³thau³⁵
　　　我　要　读书　　　　好些　　一　给　　父母亲
　　pheŋ³³ łim⁵³.
　　　放心
　　我要好好读书，让爸妈放心。

三　多重复句

多重复句是一般复句的拓展形式，它在结构上不止一个结构层次，而是有两个或两个以上的层次，表示两种以上意思关系的复句。例如：

（1）ɬon⁵³ khən³¹ luk³³ min³¹, ka:i²⁴ ke³³ pai⁵³ ta:ŋ⁵³tiŋ⁵³, ʔɛŋ⁵³ ke³³ ȵaŋ³¹
　　　二　个　孩子　他　　大　的　去　当兵　　　小　的　还

thɔk³³ɬɯ⁵³.
　　读 书

他的两个孩子，大的当兵，小的在读书。

(2) ʔbau²⁴ min³¹ thom³³ tɕup⁵⁵, kha⁵³ min³¹ nuŋ³³ n̠u³³ haːi³¹ ɕaːu²⁴, kam⁵³
　　头　他　戴　斗笠　脚　他　穿　着　鞋子　草　拿
n̠u³³ maːk³³ ɕak⁵⁵ taːu⁵³ nəŋ³³ khɯn²⁴ pai⁵³ tɕha⁵³ ja³³.
着　把　菜　刀　一　上　去　上　了

他头上戴着斗笠，脚上穿着草鞋，手里拿着一把菜刀上山去了。

(3) hɯ²⁴ kəu⁵³ ha²⁴ ŋe⁵⁵, ʔau⁵³ kaːi²⁴ ke³³, mi⁵⁵ʔau⁵³ ɬai³³ ke³³.
　　给　我　五　个　要　大　的　不要　小　的

给我五个，要大的，不要小的。

四　紧缩复句

紧缩复句是由两三个分句紧缩而成，分句之间没有语音停顿的特殊复句，也就是说，有些词语被压缩掉了。它虽然属于复句范畴，但又不同于复句。有时使用关联词 tɕau³¹ "就"。例如：

(1) mi⁵⁵ thai⁵³ mi⁵⁵mi³¹ khau²⁴. 不犁田（就）没有米。
　　不　犁　不　有　米

(2) maɯ³¹ ɬɯːŋ²⁴ phe³³ɬaɯ³¹ tu⁵⁵ʔdai²⁴. 你想怎么样就怎么样。
　　你　想　怎样　都　得

(3) mi⁵⁵ ɬɔn⁵³ tɕau³¹ mi⁵⁵ ɬu¹¹na²⁴ tɕhi³³. 不学习就不识字。
　　不　学　就　不　认识　字

第七章　壮语金龙岱话的句式专题研究

句式是指一个句子必须按照一定的模式来组织，也就是说根据句子的局部特点划分出来的句子类型，展现句子在结构和语义表达方面的特点。本章专题研究的壮语金龙岱话的句式有被动句、判断句、比较句、存现与领有句等。（双宾语句、连谓句在第六章第一节简单句中的动词性谓语句已详细介绍。）

第一节　被动句

被动句的主语通常是谓语动词的受事，宾语才是施事。龙州金龙岱话被动句的受事标记存在与汉语"被"字句相当的现象，由介词 ŋa:i³¹ "被"或由 ŋa:i³¹ 组成的介词短语作状语，借用了汉语方言中的"挨"，放在谓语动词的前面表示被动意义，常见的句式为：受事+受事标记+施事+谓语动词。通常被动句用来陈述不好的事情，并且是叙述事件的"已然"性，句尾常用表完成体的助词"了"或表示经验体的助词"过"。

一　被动句的分类

根据句子中是否有受事者和施事者（actor/agent）的情况，被动句可以分为三种格式：

1. 有受事者和施事者的被动句

这是一种基本句式，使用频率最高。例如：

（1）tɕa⁵³ tu⁵⁵ ŋa:i³¹ tu⁵³ mεu¹¹ khɔp⁵⁵ pai⁵³ ja³³. 鱼儿被猫叼走了。
　　　鱼　都　被　词头猫　咬　去　了

（2）kəu⁵³ ŋa:i³¹ min³¹ ʔda³³ ja³³. 我被他骂了。
　　　我　　被　　他　骂　了

（3）tɕu²⁴ ŋa:i³¹ ŋu³¹ khu:p³⁵ kwa³³. 叔叔被蛇咬过。
　　　叔叔　被　　蛇　咬　　过

（4）phi⁵⁵ʔba:u³³ ŋa:i³¹ ta:u⁵³ khe³³ ja³³. 哥哥被刀割了。
　　　哥哥　　被　刀　割　了
（5）min³¹ ŋa:i³¹ tu⁵³ ma⁵³ khɔp⁵⁵ ʔa:k³³ nən³³. 他被狗咬了一口。
　　　他　被　词头　狗　咬　　口　一
（6）min³¹ ŋa:i³¹ phɛn⁵³ ʔdo:t³¹ ja³³. 他被黄蜂刺了。
　　　他　被　蜂　刺　了

2. 无施事者的被动句

（1）tu⁵³mu⁵³ ʔdam⁵³ min²⁴ ŋa:i³¹ ji:m⁵³ ja³³. 那头黑猪被阉了。
　　　头　猪　黑　那　被　阉　了
（2）ŋən³¹ min³¹ ŋa:i³¹ lak³³ pai⁵³ ja³³. 他的钱被偷走了。
　　　钱　他　被　偷　去　了
（3）tu⁵³nok¹¹ nai³⁵ ŋa:i³¹ tɕui³³ pai⁵³ ja³³. 这只鸟被放走了。
　　　词头　鸟　这　被　放　去　了
（4）kai⁵⁵ ɕau⁵⁵ pet⁵⁵ ŋa:i³¹ ha:p³⁵ ʔdai²⁴ len³³toŋ⁵³len³³ɬai⁵³.
　　　鸡　和　鸭　被　吓　得　跑　东　跑　西
　　　鸡和鸭被吓得东奔西跑。
（5）ɬu²⁴khwa⁵⁵ ŋa:i³¹ lam³¹ ʔdit⁵⁵ ja³³. 衣服被淋湿了。
　　　衣服　被　淋　湿　了
（6）ɬai³³hoŋ³¹ ŋa:i³¹ ka:u³⁵ hai²⁴ ja³³. 小红被逗哭了。
　　　小红　被　弄　哭　了

3. 受事者和施事者在特定的语境下可以省略

当双方在交谈过程中对所谈的内容很熟悉、受事者和施事者不言自明的情况下，受事者和施事者可以被省略。例如：

（1）ŋa:i³¹ ȵau³³ la³³. 被骗了。
　　　被　骗　了
（2）ŋa:i³¹ tup⁵⁵ wa:i³³ la³³. 被砸坏了。
　　　被　砸　坏　了

二　被动句转化为主动句

被动句变成主动句，根据前面对被动句的分类，也可分两种情况：

1. 介词后有宾句变换为主动句

这类句子由被动句变换为主动句，介词后的宾语前移到句首作主语，被动句原来的主语后移到动词后面作宾语，介词 ŋa:i³¹ 隐去，构成完整的主谓句。例如：

（1）tu⁵³ ŋu³¹ khu:p³⁵ tɕu²⁴ la³³. 蛇把叔叔咬了。
　　　词头　蛇　咬　叔叔　了
（2）kəu⁵³ ʔda³³ min³¹. 我骂了他。
　　　我　骂　他

2. 介词后无宾句变换为主动句

这类句子由被动句变换为主动句时，被动句原来的主语后移到动词后作宾语，介词 ŋa:i³¹ 隐去，构成非主谓句，缺省主语。例如：
（1）lak³³ pai⁵³ ŋən³¹ min³¹ ja³³. 偷走了他的钱。
　　　偷　去　钱　他　了
（2）tɕui³³ pai⁵³ tu⁵³ nok¹¹ nai³⁵ ja³³. 放走了这只鸟。
　　　放　去　只　鸟　这　了

第二节　判断句

判断句用于肯定或者否定人、事物的性质、状态或身份。通常包含一些关键字，有一定的格式，用判断动词 tshɯ³³ "是" 作谓语，对主语进行定义、归类或说明的一种句式。判断句的组成部分主要有前项（NP1）和后项（NP2），有的还包括判断动词 tshɯ³³ "是"、助词 ke³³ "的"。前项（NP1）和后项（NP2）均为体词性成分，主要包括名词、代词、名物化结构、数量短语和指量短语。NP1 和 NP2 所指对象在外延上往往具有对应与包含关系。

一　判断句的形式分类

金龙岱话判断句的典型标记是判断动词 tshɯ³³/ɬɯ³³ "是"。依据判断标记 tshɯ³³/ɬɯ³³ "是" 的有无，判断句大致可以分为有标记判断句和无标记判断句两类。

（一）有标记判断句

A. 金龙岱话中使用判断动词 tshɯ³³/ɬɯ³³ "是" 的判断句，其句法形式为：S→NP1+tshɯ³³/ɬɯ³³+NP2。例如：
（1）phɔ³³thau³⁵ tshɯ³³ ʔi⁵³ɬɛŋ⁵³, mi⁵⁵ tshɯ³³ noŋ³¹min³¹.
　　　父亲　　　是　　医生　　　不　是　　农民
　　　父亲是医生，不是农民。
（2）ŋe⁵⁵ khən³¹ nai³⁵ tshɯ³³ phi³³ɬa:u⁵³ kəu⁵³. 这个人是我姐姐。
　　　词头　人　这　是　姐姐　我
（3）min³¹ tɕak⁵⁵ tɕa:ŋ²⁴ ha:n²⁴ji⁵⁵, ʔiŋ⁵³ka:i³³ ɬɯ³³ ha:n²⁴ tɕu³¹ khən³¹.
　　　他　会　讲　汉语，　　应该　是　汉族　人
　　　他会说汉语，应该是汉族人。

（4）tshɯ³³ min³¹ thi:ŋ¹¹ khən³¹. 是他打的人。
　　　是　　他　　打　　人
（5）kəu⁵³ tshɯ³³ ŋe⁵⁵ ʔba:n²⁴ nai³⁵ ke³³ khən³¹. 我是这个村子的人。
　　　我　是　个　村　　　这　的　人

B. 判断动词 tshɯ³³/ɬɯ³³ "是" 与助词 ke³³ "的" 共现的判断句。例如：

（1）fu:ŋ⁵³ ɬin³³ nai³⁵ tshɯ³³ min³¹ ɬɛ²⁴ ke³³. 这封信是她写的。
　　　封　信　这　是　她　写　的
（2）tɕhek³³ ɬɯ⁵³ min²⁴ mi⁵⁵ tshɯ³³ mɯ³¹ ke³³. 那本书不是你的。
　　　本　书　那　不　是　你　的
（3）ʔbaɯ³¹ ɬɯ²⁴ khwa⁵⁵ thaɯ³¹ ɬɯ³³ kəu⁵³ ke³³? 哪件衣服是我的？
　　　件　衣服　　哪　是　我　的
（4）phək⁵⁵ ke³³ ɬɯ³³ ko⁵³ pha:i²⁴, lɯ:ŋ⁵⁵ ke³³ ɬɯ³³ ko⁵³ khau²⁴.
　　　白　的　是　棉花　　黄　的　是　稻谷
　　　白的是棉花，黄的是稻谷。
（5）min³¹ tɕa:ŋ²⁴ ke³³ moi¹¹ wa³³ tu⁵⁵ tshɯ³³ tɕan⁵³ wa³³.
　　　他　讲　的　每　话　都　是　真　话
　　　他说的句句都是实话。
（6）maɯ³¹ ɬɯ³³ khən³¹ ʔdai⁵³ nəŋ³³. 你是一个好人。
　　　你　是　人　好　一

（二）无标记判断句

这类判断句是指没有判断动词 tshɯ³³ "是" 的句子，属于名词性谓语句。其句法形式可以形式化为：S→NP1+NP2。例如：

（1）wan³¹nai³⁵ hok⁵⁵ ŋu:t³³ tɕhu⁵⁵ ha²⁴. 今天六月初五。
　　　今天　六　月　初　五
（2）hu³¹ khən³¹ min²⁴ ȵi³³ ɬip⁵⁵ pi⁵³. 那个人二十岁。
　　　量词　人　那　二　十　岁
（3）mi⁵⁵ lu:n³³ kin⁵³, muk⁵⁵ tɕit⁵⁵ puŋ⁵³. 别乱吃，肚子会疼。
　　　不　乱　吃　肚子　疼　烧
（4）wan³¹ɕuk³³ mɯ¹¹ha:ŋ³⁵. 明天街天。
　　　明天　赶集
（5）phi⁵⁵na:ŋ³¹ khən³¹ thai³¹. 嫂子壮族人。
　　　嫂子　人　岱

二　判断句的语义类型

判断句主要是反映客观的关系状态和主观的判断情态，在句子中主语和宾语之间有着密切的语义关系。可分为以下四类：

（一）表示同一关系

前项和后项所指对象为同一人物、事物或者物品等，它们一般可互换位置而语义不变。这是最常见的一种语义类型。例如：

（1）min^{31} tshɯ^{33} phi^{33}ɬa:u^{53} kəu^{53}. 她是我姐姐。
　　 她　 是　 姐姐　 我

（2）phɔ^{33}thau^{35} kəu^{53} tshɯ^{33} luŋ^{31} min^{31}. 我爸爸是他舅舅。
　　 爸爸　 我　 是　 舅舅　 他

（3）min^{31} tshɯ^{33} kəu^{53} ke^{33} la:u^{11}thuŋ^{31}. 他是我的朋友。
　　 他　 是　 我　 的　 老同

（4）wan^{31}nai^{35} tshɯ^{33} ɬa:m^{53} ŋɯ:t^{33} tɕhu^{53} ha^{24}. 今天是三月初五。
　　 今天　 是　 三　 月　 初　 五

（5）min^{31} ɬɯ^{33} kəu^{53} ke^{33} luk^{33}ɬa:i^{53}kop^{33}. 她是我的大女儿。
　　 她　 是　 我　 的　 大女儿

（6）khən^{31}nai^{35} ɬɯ^{33} luk^{33}ʔba:u^{33} tɕu^{24} wei^{31}. 这是韦叔叔的儿子
　　 人　 这是　 儿子　 叔叔　 韦

（7）ɬip^{55} ɕa:ŋ^{11} tshɯ^{33} ʔit^{55} kən^{53}. 一斤是十两。
　　 十　 两　 是　 一　 斤

（二）表示性状关系

前项均为定指，后项通常由形容词充当宾语，表示某种特征或者属性。例如：

（1）me^{33}lu^{31} mauɯ^{55} tshɯ^{33} ʔdai^{53} ɬa:u^{53}. 新娘是漂亮的姑娘。
　　 媳妇　 新　 是　 好　 姑娘

（2）tu^{53} wa:i^{31} mai^{31} min^{24} tshɯ^{33} wa:i^{31} mɛ^{33}. 站着的那头是母牛。
　　 头　 牛　 站　 那　 是　 牛　 母

（3）wan^{31}nai^{35} tsan^{53} tshɯ^{33} wan^{31} ʔdai^{53}. 今天真是个好日子。
　　 今天　 真　 是　 天　 好

（4）ki^{24} jo:k^{33} min^{24} ɬɯ^{33} tha:m^{33} lɯ:ŋ^{53} ke^{33}. 那些花是淡黄色的。
　　 几　 花　 那　 是　 淡　 黄色　 的

（三）表示定义关系

后项（类称）对前项（个体）加以界定。例如：

（1）min^{31} tshɯ^{33} ha:n^{24}tɕu^{31} khən^{31}. 他是汉族人。
　　 他　 是　 汉族　 人

（2）phi^{55}ʔba:u^{33} tshɯ^{33} tɕhi^{31}ɬɯ^{33}. 堂哥是厨师。
　　 堂哥　 是　 厨师

（3）ɕi³³nai³⁵ tshɯ³³ ɬi³¹phən⁵³. 现在是雨季。
　　　现在　　是　　雨季
（4）la:u¹¹ɬai⁵³ ʔbɔŋ⁵³ɬau³¹ ɬɯ³³ khən³¹ kwəi²⁴tɕəu³³. 我们的老师是贵州人。
　　　老师　　　我们　　是　人　　贵州
（5）min³¹ tshɯ³³ jo³¹ɬɯŋ⁵⁵. 他是学生。
　　　他　　是　　学生
（6）tu⁵³ ʔbin⁵³ min²⁴ tshɯ³³ nok¹¹ pet⁵⁵ka:k³¹. 飞的那只是鸽子。
　　　只　飞　　那　　是　词头　鸽子

（四）表示解释说明关系

宾语从某个方面对主语加以解释说明，主语和宾语不具有同一性，不能互换。例如：

（1）ŋe⁵⁵ ɬɯːn³¹ nai³⁵ tshɯ³³ ʔa⁵³ ke³³. 这套房子是姑姑的。
　　　套　房子　这　　是　姑姑　的
（2）pa:k³³thai⁵³ tshɯ³³ ʔau⁵³ lek⁵⁵ hit⁵⁵ ke³³. 犁头是用铁做的。
　　　犁头　　　是　要　铁　做　的
（3）ɬɯːn³¹ ha:k³³tha:ŋ³¹ ʔbɔŋ⁵³ɬau³¹ tu⁵⁵ ɬɯ³³ hit⁵⁵ mau⁵⁵ ke³³.
　　　房子　学校　　　我们　　都　是　做　新　的
　　　我们学校的房子是新盖的。
（4）ŋe⁵⁵ ɕoŋ³¹ nai³⁵ tshɯ³³ min³¹ ke³³. 这张桌子是他的。
　　　张　桌子　这　是　　他　的
（5）la:u¹¹ɲi³³ tshɯ³³ pi⁵³ kwa³³ ŋa:m⁵³ ɬɛŋ⁵³. 老二是去年生的。
　　　老二　　是　年　过　刚　生
（6）kəu⁵³ ɕau⁵⁵ min³¹ tu⁵⁵ ɬɯ³³ luŋ³¹tɕəu⁵³ khən³¹. 我和他都是龙州人。
　　　我　　和　　他　都　是　　龙州　　人

三　判断句的语用特征

金龙岱话的判断句倾向于使用"话题—述题"结构，具有明显的语用特征。也就是说，句中对前项（NP1）和后项（NP2）所表示的两个事物或概念的某种关系起到判断和肯定的作用。通常情况下，前后项之间有明显的语音停顿。例如：

（1）thi³³ than³³thiŋ³¹ tshɯ³³ ʔdit⁵⁵ ke³³. 地上是湿的。
　　　地　上面　　　是　湿　的
（2）ʔoŋ⁵³ kəu⁵³ tshɯ³³ tɯk⁵⁵ lek⁵⁵ ke³³. 我爷爷是打铁的。
　　　爷爷　我　　是　打　铁　的

(3) ŋe⁵⁵ ɬɯ:ŋ⁵³ tshɯ³³ kuŋ⁵³ ke³³. 箱子是空的。
　　个　箱子　是　空　的
(4) mɛ³³thau³⁵ kəu⁵³ ɬɯ³³ la:u¹¹ɬai⁵³. 我妈妈是老师。
　　妈妈　我　是　老师
(5) ɬa:m⁵³ hu³¹ khən³¹ min²⁴ ɬɯ³³ ʔba:n²⁴ ɬau³¹ ke³³. 那三个人是我们村的。
　　三　量词　人　那　是　村　我们　的
(6) pa³³laŋ⁵³ ɬɯ:n³¹ tshɯ³³ tɕu³⁵ kəu⁵³ ke³³. 后面的房子是我叔叔的。
　　后面　房子　是　叔叔　我　的
(7) ɬoŋ⁵³ ʔbɔŋ⁵³min³¹ tshɯ³³ thuŋ³¹jo³¹. 他们俩是同学。
　　二　他们　是　同学
(8) ŋe⁵⁵ min²⁴ ɬɯ³³ phɔ³³thau³⁵ kəu⁵³ ke³³ pa:n²⁴pi³¹. 那是我爸爸的朋友。
　　词头　那　是　爸爸　我　的　朋友

第三节　比较句

　　比较句是指含有比较词语或比较格式的句子，用来比较两个及两个以上不同的人或者事物在性状、程度上的差别，通常表示"超过""不及"或"等同"的语义范畴。"比较参项"指的是构成比较的主体、基准、比较结果（一般为表示性质属性的形容词）和比较标记四个部分。①壮语金龙岱话的比较结构形式简单，通常借用汉语借词 pi²⁴ "比"作状语来表示二者间的比较关系。壮语金龙岱话的比较句分为等比句、差比句和极比句三类。

　　比较句式通常有四个参数：比较主体（Subject）指被比较、被叙述的对象（简称"主体"，SJ）、比较基准（standard of comparison）指用以比较的标准（简称"基准"，ST）、比较标记（comparative marker）指表示比较关系的助词或介词（简称"标记"，M）和比较结果（comparative result）指比较的属性、性质或者程度（简称"结果"，R）。以差比句为例：

(1) ŋe⁵⁵nai³⁵ pi²⁴ ŋe⁵⁵min²⁴ ʔdai⁵³. 这个比那个好。
　　这个　比　那个　好
　（主体）（标记）（基准）（结果）
(2) kəu⁵³　pi²⁴　maɯ³¹　ɬuŋ⁵³. 我比你高。
　　我　　比　　你　　　高
　（主体）（标记）（基准）（结果）

---

① 李蓝：《现代汉语方言差比句的语序类型》，《方言》2003 年第 3 期。

一　差比句

差比句是一种语义句法结构，由相关的比较参项（comparative parameter）构成差比格式，其构成要素的语序与动宾语序、介词类型等密切相关。人类语言的差比句各有其特点，存在类型学的共性和个性。

从基本构成成分的语序来看，常见的语序包括"SJ + M + ST + R"和"SJ + R + M + ST"两种。从比较标记的使用情况来看，包括有标记型和无标记型两种，两种类型内部又可分为若干次类。

金龙岱话是壮族布岱支系[①]所讲的话，属于广西壮语南部方言左江土语，SVO 型语言，有较多的差比句。下面从结构成分、语序类型、各结构成分的隐现或移位三个方面来探讨金龙岱话的差比句。

（一）结构成分

金龙岱话的差比句主要包括四个要素，即：比较主体、比较基准、比较标记和比较结果。有时句中也包括比较点（Comparative point，P）、比较专项（Special comparative item，I）、比较本体（Comparative owner，O）、比较差值（Comparative differential value，D）。

1. 比较主体、比较基准和比较本体

比较主体是被比较、被表述的对象；比较基准是用以比较的标准。比较主体和比较基准是用来比较的两个不同对象，主要由名词、代词、指量短语、名物化结构或主谓短语等体词性成分来充当，在一定程度上会受到语义的限定。例如：

（1）ha:n^{33} ka:i^{24} kwa^{33} pet^{55}. 鹅比鸭大。（名词）
　　　鹅　　大　　过　　鸭

（2）min^{31} ɕi^{33}nai^{35} pi^{24} ʔan^{33}phai^{31} ʔdai^{53}ɬa:u^{33} la:i^{53}.
　　　她　　现在　　比　　过去　　漂亮　　多
　　　她现在比以前更漂亮。（代词）

（3）kɔ^{53} nai^{35} ɬuŋ^{53} kwa^{33} kɔ^{53} min^{24}. 这棵比那棵高。（指量短语）
　　　棵　　这　　高　　过　　棵　　那

（4）tɕa^{53} tha^{33} ʔdai^{53} kin^{53} kwa^{33} tɕa^{53} thom^{53}.
　　　鱼　　河　　好吃　　过　　鱼　　池塘
　　　河里的鱼比塘里的鱼好吃。（名物化结构）

[①] 广西壮族自治区民族事务委员会：《广西民族工作资料选集民族识别文件资料汇编》（1951—2001）（内部编印），2001 年，第 364 页。

（5）wa:i³¹ thuuk³³ thai⁵³ na³¹ pi²⁴ wa:i³¹ me³³ khwa:i³⁵.
　　牛　　公　　耕　田　比　牛　　母　快

公牛犁田比母牛快。（主谓短语）

如果比较主体和比较基准是针对同一个对象的不同方面进行比较，则这个同一对象就是"比较本体"。例句（2）是针对同一对象 min³¹（她）在不同时期（"现在""过去"）的外表进行比较。因此，min³¹（她）是比较本体，而 ɕi³³nai³⁵（现在）和 ʔan³³phai³¹（过去）分别是"比较主体"和"比较基准"。

2. 比较标记

比较标记是指用来介引比较参项的语法标记或虚词。金龙岱话主要有 pi²⁴、kwa³³、lap³¹ 和 hə:n⁵³ 四个比较标记。其中，pi²⁴ 借自汉语比较标记，表示"比"之意，为介词。kwa³³ 是中古汉语借词，本义为"过"，由动词虚化为比较标记。以中古汉语借词"过"作为比较标记，也是各处壮语的共同特征。吴福祥（2012）认为以 kwa³³ 为比较标记的相应的差比句语序"形容词—过—基准"，可以看作是汉语南方方言早期"A 过"式的拷贝。lap³¹ 是金龙岱话固有词，本义是"及，赶得上"，目前尚未完全独立成比较标记，通常和否定词 mi⁵⁵ 组合成 mi⁵⁵lap³¹"不及"的固定格式来表示比较。hə:n⁵³ 是越南语借词标记，越南语读作 hɤ:n⁵⁵，本义是"大于，超过，胜于"，表示超出某个数目或范围，虚化后成为比较助词，表示"于"之义。比较标记一般都要放在比较基准之前或比较结果之后。例如：

（1）kəu⁵³ pi²⁴ min³¹ ɬuŋ⁵³. 我比她高。
　　　我　比　她　高

（2）mau³¹tɕhau⁵³ thau³⁵ kwa³³ mau³¹tɕhən⁵³. 秋天比春天暖和。
　　　秋季　　　暖和　过　春季

（3）wan³¹nai³⁵ mi⁵⁵ lap³¹ wan³¹wa³¹ ʔda:ŋ²⁴. 今天不比昨天冷。
　　　今天　　　不　及　昨天　　冷

（4）tɕha⁵³ toŋ³³fu:ŋ³¹ ɬuŋ⁵³ hə:n⁵³ tɕha⁵³ ɬai³³fu:ŋ³³. 东边的山比西边的山高。
　　　山　东边　　　高　于　山　西边

3. 比较结果/比较差值

比较结果是比较的性质、属性或程度，通常由形容词性成分或动词性成分来充当。形容词性成分充当比较结果的，形容词可带度量成分把比较主体与比较基准之间的具体差距量化出来，也可被不定量词或副词来修饰。这种表示比较项之间差别的量度称为比较差值。例如：

（1）tɕhɯ:ŋ³¹kəu⁵³ mau³⁵ kwa³³ tɕhɯ:ŋ³¹ mau³¹. 我的床比你的床新。
　　　床　我　　新　过　床　　你

（2）ten³³ təŋ⁵³ pi²⁴ təŋ⁵³ n̪u³¹ ɬu:ŋ⁵³. 电灯比油灯亮。
　　　电　灯　比　灯　油　亮

（3）kəu⁵³ ɬuŋ⁵³ kwa³³ mauɯ³¹ tɕhon³³ nəŋ³³. 我比你高一寸。
　　　我　高　过　你　寸　一

（4）min³¹ pi²⁴ phɯ³³me⁵⁵ heu³⁵ la³³ ɬi³⁵ kən³³. 她比以前瘦了四斤。
　　　她　比　以前　瘦　了　四　斤

（5）tɕoŋ²⁴ lau²⁴ nai³⁵ pi²⁴ tɕoŋ²⁴ lau²⁴ min²⁴ tha:m³³ ʔi³⁵ tik⁵⁵.
　　　种　酒　这　比　种　酒　那　淡　一点
　　　这种酒比那种酒淡一点。

（6）mɯ²⁴ ʔdai⁵⁵ɬa:u⁵³ kwa³³ tuk³³kɔn³⁵ la:i⁵³ ja³³. 舅妈比以前漂亮多了。
　　　舅妈　漂亮　过　先前　多　了

动词性成分充当比较结果的情况，动词后面通常都带有补语。例如：

（1）min³¹ nam²⁴ pai⁵³ na:n³¹niŋ³¹ kwa³³ kəu⁵³. 她比我更想去南宁。
　　　她　想　去　南宁　过　我

（2）nɔŋ¹¹ɬa:u⁵³ pi²⁴ phi³³ɬa:u⁵³ nat⁵⁵ ɕəŋ⁵⁵kɔ⁵⁵. 妹妹比姐姐喜欢唱歌。
　　　妹妹　比　姐姐　喜欢　唱歌

4. 比较点或比较专项

比较点是指不同对象之间进行比较的具体内容，在句中的位置比较灵活，可居于句首，也可出现在比较主体和比较基准之间，还可置于比较基准之后。例如：

（1）nai³⁵ wa³³ ɕə:ŋ⁵⁵kɔ⁵⁵, ɬai³³li³¹ pi²⁴ ɬai³³nɔŋ³¹ ʔdai⁵³.
　　　这　说　唱歌　小李　比　小农　好
　　　要说唱歌方面，小李比小农好。

（2）kəu⁵³ pi⁵³khu:p³⁵ kɛ³³ kwa³³ mauɯ³¹. 我年纪比你大。
　　　我　年纪　老　过　你

比较点还包含若干不同方面的属性，如果是就某一方面的属性进行比较，则所比较的内容可以叫"比较专项"。例如：

（3）ʔdaŋ⁵³ ma⁵³ liŋ³¹ kwa³³ ʔdaŋ⁵³ mu⁵³. 狗鼻子比猪鼻子灵。
　　　鼻子　狗　灵　过　鼻子　猪

（4）kəu⁵³ ke³³ phjam³³ pi²⁴ min³¹ ɬi³¹. 我的头发比她的长。
　　　我　的　头发　比　她　长

例句（4）的比较点是 phjam³³ "头发"，但 phjam³³ 有若干属性，如长短、多少、疏密、黑白等，这里只是就长短进行比较，因此，比较专项就是"长度"，但在句中并没有显现。例句（3）的比较点是 ʔdaŋ⁵³（鼻子），ʔdaŋ⁵³（鼻子）也有若干属性，如长短、大小、灵钝等，句中显现出来的只是就"灵钝"进行比较，因此，比较专项就是"灵钝"。

（二）语序类型

金龙岱话差比句的语序类型包括肯定性差比句、否定性差比句和对比差比句语序，有时比较基准和比较标记可以省略。

1. 肯定性差比句的语序

A. SJ + M + ST + R

这类差比句在金龙岱话中比较常见。例如：

（1）ma⁵³ pi²⁴ mu⁵³ kaːn⁵⁵ɕiŋ³³. 狗比猪干净。
　　　狗　比　猪　　干净

（2）ŋe⁵⁵ nai³⁵ pi²⁴ ŋe⁵⁵ min²⁴ ʔdai⁵³. 这个比那个好。
　　　个　这　比　个　那　　好

B. SJ + R + M + ST

这种结构式的差比句在金龙岱话中也较多。

（1）ŋe⁵⁵ ʔɛŋ⁵³ waːn⁵³ kwa³³ ŋe⁵⁵ kaːi²⁴. 小的比大的甜。
　　　词头　小　甜　　过　词头　大

（2）tɕhek³³ ɬɯ⁵³ nai³⁵ ʔdai⁵³ɳɔm³³ kwa³³ tɕhek³³ ɬɯ⁵³ min²⁴.
　　　本　书　这　　好看　　过　本　书　那
　　这本书比那本书好看。

C. 壮语金龙岱话的比较标记并非本族语言所有，汉语里比较复杂的差比句，岱话中比较少用比较标记来表达，更多时候是采用无比较标记的表达形式。将比较主体和比较基准分别列在比较结果的两侧，语序为"SJ + R + ST（+数量词）"，例如：

（1）luk³³ɬaːu⁵³haːŋ⁵³ laŋ⁵³ luk³³ʔbaːu³³tau³¹ pɛt³³ pi⁵³.
　　　女儿　末　后　儿子　头　八　岁
　　小女儿比大儿子小八岁。

（2）phi³³ʔbaːu³³ kɔn³⁵ nɔŋ¹¹ʔbaːu³³ ɬaːm⁵³ pi⁵³. 哥哥比弟弟大三岁。
　　　哥哥　　先　弟弟　　三　岁

（3）phɔ³¹ maːk³³ nai³⁵ tɕa⁵³ ha²⁴ phai³¹ phɔ³¹ maːk³³ min²⁴.
　　　堆　果　这　加　五　次　堆　果　那
　　这堆果子比那堆多五倍。

D. 当比较基准所指的事物已见于上文语境、言谈情景或属于谈话双方的背景知识时，"SJ+R+M（kwa³³）"的"短差比式"比较常见。例如：

——hoŋ⁵⁵tɕiu⁵⁵ ʔdai⁵³ ɬɯ³¹wa³³ maːk³³kuːi²⁴ ʔdai⁵³? 香蕉和芭蕉哪个好？
　　香蕉　　好　还是　芭蕉　　好

——hoŋ⁵⁵tɕiu⁵⁵ ʔdai⁵³ kwa³³. 香蕉好过。（香蕉更好些。）
　　香蕉　　好　过

2. 否定性差比句的语序

否定性差比句的句法结构形式主要是在比较标记之前加否定词 mi⁵⁵"不"。

A. 以 pi²⁴"比"、kwa³³"过"、həːn⁵³"于"作为比较标记的否定式差比句，也可在形容词之前（即比较结果前）加否定副词 mi⁵⁵"不"。语序为：SJ+否定词+R+M+ST，否定的辖域仅限于比较结果。不过，这种否定对比表达方式在金龙岱话中使用较少。例如：

（1）təŋ⁵³ ȵu³¹ mi⁵⁵ ɬuːŋ³³ kwa³³ ten³³ təŋ⁵³. 电灯没有油灯亮。
　　　灯　油　不　亮　过　电　灯

（2）ʔbaɯ³¹ khwan³¹ nai³⁵ mi⁵⁵ ɬi³¹ həːn⁵³ ʔbaɯ³¹ khwan³¹ min²⁴.
　　　件　　裙子　这　不　长　于　件　　裙子　　那
这条裙子没有那条长。

（3）tu⁵³ pet⁵⁵ mi⁵⁵ kaːi²⁴ kwa³³ tu⁵³ haːn³³. 鸭大不过鹅。
　　　词头　鸭　不　大　过　词头　鹅

（4）maɯ³¹ pi²⁴ khən³¹thaɯ³¹ tu⁵⁵ mi⁵⁵ jai³¹. 你比谁都不差。
　　　你　比　谁　　都　不　差

B. 以 pi²⁴"比"作为比较标记，语序一般为：SJ+否定词+M+ST+R，构成 mi⁵⁵pi²⁴"不比"句。这是金龙岱话中常用的否定对比句式。例如：

（1）kəu⁵³ mi⁵⁵ pi²⁴ min³¹ kin⁵³ ʔdai²⁴ laːi⁵³. 我不比他吃得多。
　　　我　不　比　他　吃　得　多

（2）kəu⁵³ mi⁵⁵ nam²⁴ pi²⁴ min³¹ phi³¹. 我不想比她胖。
　　　我　不　想　比　她　胖

（3）ʔbɔŋ⁵³maɯ³¹ mi⁵⁵ ʔdai²⁴ pi²⁴ khjəu³³ jai³¹. 你们不能比别人差。
　　　你们　　　不　得　比　别人　差

（4）kəu⁵³ mi⁵⁵ʔdai²⁴ pi²⁴ min³¹ len³³ ʔdai²⁴ maːn³³. 我不可以比她跑得慢。
　　　我　不得　比　她　跑　得　慢

从以上例句中可以看出，金龙岱话否定性差比句中的"不比"通常是一种缩略形式，其真正含义是"不会比、没有比、不能比、不想比、不可以比"等，因此，有时"不比"也以这些形式出现。

当然，thuŋ³¹、huːt³⁵不能用于肯定式差比句中，因为用于肯定式句中只能体现共性，不能体现差异，就变成等比句了。例如：

（1）ɬai³³lji²⁴ huːt³⁵ pho³³thau³⁵ phiːn¹¹min²⁴ ɕoŋ³³miŋ³¹.
　　　小李　　像　　爸爸　　那样　　聪明
小李像爸爸那样聪明。

（2） tu^{53} pet^{55} ɕau^{55} tu^{53} kai^{55} thuŋ^{31} kan^{33} ʔe^{53} ɕai^{33}.
　　　词头　鸭　和　词头　鸡　同　样　下　蛋
　　　鸭和鸡一样会下蛋。

3. 对比差比句的语序

此类差比句通过肯定与否定或对比来表示差比，格式为"SJ+R，ST+R（+否定词）或 SJ+R（+否定词），ST+R"。例如：

（1） wa:i^{31} ka:n^{53}tɕhiŋ^{33}, mu^{53} mi^{55} ka:n^{53}tɕiŋ^{33}. 牛干净，猪不干净。
　　　牛　干净　　　　猪　不　干净

（2） hit^{55} phin^{11}nai^{35} mi^{55}ʔdai^{24}, hit^{55} phin^{11}min^{24} tɕɔi^{33}ʔdai^{24}.
　　　做　这样　　不得　做　那样　才得
　　　这样做不好，那样做才好。

（3） ʔbaɯ^{31} khwan^{31} min^{24} ʔdai^{53}ŋɔi^{31}, ʔbaɯ^{31} nai^{35} mi^{53} ʔdai^{53}ɬa:u^{33}.
　　　件　裙子　那　好看　　件　这　不　漂亮
　　　那条裙子漂亮，这条不漂亮。

（三）各结构成分的隐现或移位

金龙岱话完整的差比句通常包含比较主体、比较基准、比较标记和比较结果四个要素，在一定的语境下，有些参项可以不出现。一般来说，壮语金龙岱话的比较主体和比较基准必须出现在句中，但在一定条件下各结构成分可以缺省或移位，也就是说，各结构成分的比较项可以隐含、省略或移位。

1. 比较主体的隐含

当针对同一对象在不同时间的不同方面进行比较时，比较主体可以隐含。例如：

（1） min^{31} ʔdai^{53}ɬa:u^{33} kwa^{33} ʔan^{33}phai^{31} la:i^{53} lo^{53}. 她比过去漂亮多了。
　　　她　漂亮　　　过　过去　　多　了

（2） min^{31} pi^{24} wan^{31}wa^{31} tin^{35} ʔdai^{24} khɯŋ^{31} ɕau^{11}. 他比昨天起得更早。
　　　他　比　昨天　　起　得　更　早

（3） min^{31} pi^{24} ȵu^{33} jo^{31}thaŋ^{31} heɯ^{53} la^{33} ɬi^{35} kən^{53}. 她比在学校瘦了四斤。
　　　她　比　在　学校　　瘦　了　四　斤

例句（1）（2）中所指的时间是说话人当前所处的时间，隐含的比较主体分别是"现在"和"今天"，属于"适时隐含"；例句（3）中所指的地点是说话人当前所处的地点，隐含的比较主体是与"在学校"相对的地点，比如"在家"，属于"现地隐含"。可见，比较主体的隐含有适时隐含和现地隐含两种类型。

2. 比较点／比较专项的隐含

比较点/比较专项隐含的差比句，通常由名词或者名词短语充当比较对象（比较主体和比较基准），性质形容词来充当比较结果，并且比较对象和比较结果之间存在语义匹配关系。例如：

（1）luk^{33}ʔba:u^{33} pi^{24} phɔ^{33}thau^{35} ɬuŋ^{53}. 儿子比爸爸高。
　　　 儿子　　比　 父亲　 高
（2）ŋe^{55} khu:i^{35} nai^{35} pi^{24} ŋe^{55} khu:i^{35} min^{24} kwa:ŋ^{35}. 这条河比那条宽。
　　　 条　河　 这　比　条　河　那　宽
（3）min^{31} ke^{33} phjam^{33} pi^{24} kəu^{53} ke^{33} ʔdam^{53}. 她的头发比我的黑。
　　　 她　的　头发　 比　我　的　黑

例句（1）（2）中隐含的比较点分别是"身高"和"面积"，例句（3）中隐含的比较专项是"头发"的"颜色"属性。可见，隐含的比较点或比较专项通常是比较对象某一方面的属性。

如果比较对象的属性不能在语义上与比较结果形成匹配关系，则不能隐含比较点。例如：

ɬeŋ^{31} min^{31} ka:i^{24} kwa^{33} mau^{31}. 他力气比你大。
力气 他　　大　 过　你

上句中的比较结果"大"所指的范围比较广，可以指年龄、脾气、职务等，为避免引起歧义，因而不能隐含比较专项"力气"。

3. 比较基准的省略

一般情况下，要构成比较句，作为比较参照对象的比较基准必须出现在句中。这里所说的"比较基准省略"，确切地说应该是指省略比较基准中某些与比较主体相同的成分。主要包括以下四种情况：

A. 名词短语的中心语省略。例如：

（1）ʔoi^{24}　pi^{53}nai^{35} pi^{24} pi^{53}kwa^{33} ʔdai^{53}. 今年的甘蔗比去年的好。
　　　 甘蔗　今年　 比　去年　　 好
（2）ma:k^{33}tɕi:u^{33} ʔdeŋ^{53} phi:t^{35} kwa^{33} ma:k^{33}tɕi:u^{33} kheu^{53}. 红的辣椒比青的辣。
　　　 辣椒　　 红　　 辣　 过　　 辣椒　　 绿
（3）tɕha^{53} toŋ^{53}fu:ŋ^{53} pi^{24} tɕha^{53} ɬai^{33}fu:ŋ^{53} ɬuŋ^{53}. 东边的山比西边的高。
　　　 山　 东方　　 比　山　 西方　　 高
（4）ɬɯ:n^{31} pa^{24}ta:i^{31} tu^{53} mu^{53} ʔdam^{53} nai^{35} pi^{24} tu^{53} min^{24} phi^{31}.
　　　 家　 伯母　　 头　猪　 黑　　 这　比　头　那　肥
　　　 伯母家的这头黑猪比那头肥。

B. 主谓短语的谓语省略。例如：

（1）kəu^{53} tɕha:i^{24}lu^{33} pi^{24} phi^{33}ʔba:u^{33} khwa:i^{35}. 我走路比哥哥快。
　　　 我　 走路　　 比　哥哥　　　 快

（2）wa:i³¹ thuuk³³ thai⁵³na³¹ khwa:i³⁵ kwa³³ wa:i³¹ mɛ³³. 公牛犁田比母牛快。
　　　牛　　公　　耕田　　快　过　牛　母
（3）phi³³ɬa:u⁵³ thɔk³³ɬɯ⁵³ pi²⁴ kəu⁵³ la:i⁵³. 姐姐读书比我多。
　　　姐姐　　　读书　　比　我　多

C. 主谓短语的主语省略。例如：

（1）ʔoŋ⁵³ ȵam²⁴ tɕau²⁴liu⁵³ pi²⁴ kin⁵³tɕau²⁴ la:i⁵³. 爷爷喝粥比吃饭多。
　　　爷爷　喝　　粥　　　比　吃饭　　　多
（2）phɔ³³thau³⁵ ȵam²⁴lau²⁴ pi²⁴ kin⁵³tɕau²⁴ la:i⁵³. 爸爸喝酒比吃饭多。
　　　爸爸　　　喝酒　　　比　吃饭　　　多

D. 用表示少量的量词ʔi³⁵tik⁵⁵ "一点儿"、表示"稍微"的 la:i⁵³、表示"比较、相对"的 ha²⁴la:i⁵³、表示"更"的 khɯŋ³³修饰比较结果来表示比较。语序分两种情况："SJ+R+ʔi³⁵tik⁵⁵"，"SJ+la:i⁵³/ ha²⁴la:i⁵³+R"。例如：

（1）ʔoŋ⁵³ ke³³ ʔda:ŋ⁵³ ʔdai⁵³ ʔi³⁵ tik⁵⁵ la³³. 爷爷的身体好一点了。
　　　爷爷　的　身体　　好　一点　　　　了
（2）ku³³ka:i³³ ʔba:n²⁴ kəu⁵³ la:i⁵³ ʔdai⁵³. 庄稼我们家乡的更好。
　　　庄稼　　　村　　我　　多　　好
（3）ɬɯ⁵³ kəu⁵³ nai³⁵ ha²⁴ la:i⁵³. 我这里的书比较多。
　　　书　我　　这　比较　　多
（4）ŋe⁵⁵ ɕoŋ³¹ min²⁴ khɯŋ³³ ka:i²⁴. 那张桌子更大。
　　　张　桌子　那　更　　　大

4. 比较基准的移位

在金龙岱话差比句中，因有比较标记的彰显作用，比较基准在句中比较灵活，可以移位。例如：

（1）她比我大。
min³¹ pi²⁴ kəu⁵³ kɛ³⁵.
 她　比　我　老
min³¹ kɛ³⁵ kwa³⁵ kəu⁵³.
 她　老　过　我
kəu⁵³ ʔɛŋ⁵³ hə:n⁵³ min³¹.
 我　　小　于　　她
（2）哥哥比弟弟大三岁。
phi³³ʔba:u³³ pi²⁴ nɔŋ¹¹ʔba:u³³ kɛ³³ ɬa:m³³ pi⁵³.
 哥哥　　　　比　弟弟　　　　老　三　　岁
phi³³ʔba:u³³ kɛ³³ kwa³³ nɔŋ¹¹ʔba:u³³ ɬa:m³³ pi⁵³.
 哥哥　　　　老　过　　弟弟　　　　　三　　岁

noŋ¹¹ʔbaːu³³ ʔɔn³³ həːn⁵³ phi³³ʔbaːu³³ ɬaːm³³ pi⁵³.
弟弟　　嫩　　于　　哥哥　　　三　　岁

二　等比句

等比句也被称为平比句，是指在比较过程中，人或事物在性质、属性等方面具有的"相等或相同"的属性。金龙岱话中的等比多用框式介词 ɕau⁵⁵⋯thuŋ³¹ kan³³⋯ "和……同样……"、huːt³⁵⋯thuŋ³¹kan³³⋯ "像……一样……"、thuŋ³¹kan³³ "同样、一样"来表达，比较基准在两个介词之间。例如：

lau²⁴taːi³¹ ɕau⁵⁵ lau²⁴ɲi³³ thuŋ³¹kan³³ ɬuŋ⁵³. 老大和老二一样高。
老大　　和老二　　同样　　高

或使用 thuŋ³¹kan³³ "相同"来表达事物和性质或程度一样。
ki²⁴ theu³¹ ɕuːk³³ ljeu¹¹ thuŋ³¹kan³³ ɬi³¹. 几条绳子都一样长。
几　条　绳子　全　同样　长

（一）结构形式

1. 主体+等比标记 1+基准+等比标记 2+结果

（1）ŋe⁵⁵ nai³⁵ ɕau⁵⁵ ŋe⁵⁵ min²⁴ thuŋ³¹kan³³ ʔdai⁵³. 这个和那个一样好。
　　　个　这　和　个　那　　同样　　好

（2）maɯ³¹ ɕau⁵⁵ nɔŋ¹¹ɬaːu⁵⁵ kəu⁵³ thuŋ³¹kan³³ ɬuŋ⁵³. 你跟我妹妹一样高。
　　　你　和　妹妹　我　同样　　高

（3）phi⁵⁵ʔbaːu³³ kəu⁵³ ɕau⁵⁵ min³¹ thuŋ³¹kan³³ ɕak⁵⁵. 我哥哥跟他一样勤快。
　　　哥哥　我　和　他　同样　　勤快

（4）tuk³³kɔn³⁵ ɕau⁵⁵ ɕi³³nai³⁵ thuŋ³¹kan³³ khɔ²⁴. 以前和现在一样穷。
　　　以前　和　现在　同样　　穷

（5）luŋ³¹tɕu⁵³ mi³¹ kui³⁵lin³¹ phiːn¹¹min²⁴ ʔdaŋ³⁵. 龙州有桂林那样冷。
　　　龙州　有　桂林　那样　　冷

2. 主体+huːt³⁵ "像"+基准+比较结果

（1）min³¹ huːt³⁵ luk³³ ʔɛŋ⁵³ thuŋ³¹kan³³ huː⁵³ɲi³⁵. 他像小孩一样高兴。
　　　他　像　孩子　小　同样　　高兴

（2）ʔa⁵³lu³¹ huːt³⁵ mɛ³³thau³⁵ phiːn¹¹min²⁴ ʔdiːp⁵⁵ kəu⁵³.
　　　婶婶　像　妈妈　　那样　爱　我
婶婶像妈妈一样爱我。

（3）ɬai³³li³¹ huːt³⁵ phɔ³³thau³⁵ phiːn¹¹min²⁴ ɕoŋ³³min³¹. 小李像爸爸那样聪明。
　　　小李　像　爸爸　那样　　聪明

（二）结构成分

1. 比较主体和比较基准

可由名词、代词、名物化结构、指量短语和主谓短语等体词性成分来充任，谓词性成分充任比较主体和比较基准的，要先经过名物化。例如：

（1）tu⁵³ pet⁵⁵ ɕau⁵⁵ tu⁵³ kai⁵⁵ thuŋ³¹kan³³ ʔe⁵³ ɬai³³. 鸭和鸡一样会下蛋。
　　　词头　鸭　和　词头　鸡　　同样　　下　蛋

（2）ŋe⁵⁵ nai³⁵ ɕau⁵⁵ ŋe⁵⁵ min²⁴ thuŋ³¹kan³³ ka:i²⁴. 这个和那个一样大。
　　　个　这　和　个　那　　同样　　大

（3）khən³¹ɕi³⁵tɕɛn³¹ ɕau⁵⁵ khən³¹ hu³³nan³³ thuŋ³¹kan³³ nat⁵⁵ kin⁵³ phi:t³⁵.
　　　人　　四川　　和　人　　湖南　　同样　　喜欢　吃　辣
　　四川人和湖南人一样喜欢吃辣。

（4）tɕhɛk³³ ɬɯ⁵³ nai³⁵ nəŋ³³ ɕau⁵⁵ tɕhɛk³³ ɬɯ⁵³ min²⁴ nəŋ³³ thuŋ³¹kan³³
　　　本　　书　这　一　和　本　书　那　一　　同样
　　ʔdai⁵³ ŋoi³¹.
　　　好　看
　　这一本书和那一本书一样好看。

（5）mau³¹ hit⁵⁵ ɕau⁵⁵ kəu⁵³ hit⁵⁵ thuŋ³¹kan³³. 你做和我做一样。
　　　你　做　和　我　做　　同样

（6）mau³¹ ɬɯ²⁴ ti³³ ɕau⁵⁵ kəu⁵³ ɬɯ²⁴ ti³³ thuŋ³¹kan³³ hiu³³.
　　　你　买　的　和　我　买　的　　同样　　漂亮
　　你买的跟我买的一样漂亮。

2. 比较结果

主要由动词或形容词来充任。例如：

（1）luk³³ʔba:u³³ min³¹ hu:t³⁵ ʔɛŋ⁵³ min³¹ ɬi³¹hau³⁵ thuŋ³¹kan³³ khwa:ŋ³¹.
　　　儿子　　他　像　小　他　时候　　同样　　调皮
　　他的儿子像他小时候一样顽皮。

（2）tɕoŋ²⁴ lau²⁴ nai³⁵ ɕau⁵⁵ tɕoŋ²⁴ lau²⁴ min²⁴ thuŋ³¹kan³³ ʔdai⁵³ ȵam²⁴.
　　　种　酒　这　和　种　酒　那　　同样　　好　喝
　　这种酒跟那种酒一样好喝。

（3）mu⁵³ ʔboŋ⁵³mau³¹ ɕau⁵⁵ ʔboŋ⁵³ɬau³¹ ke³³ thuŋ³¹kan³³ la:i⁵³.
　　　猪　你们　　和　我们　的　　同样　　多
　　你们的猪和我们的一样多。

（4）min³¹ ɕau⁵⁵ mau³¹ thuŋ³¹kan³³ ɬuŋ⁵³. 他和你一样高。
　　　他　和　你　　一样　　高

（5）ki²⁴ tʰeu³¹ çɯːk³³ ljeu¹¹ tʰuŋ³¹kan³³ ɬi³¹. 几条绳子都一样长。
　　　几　条　绳子　全　同样　长

3. 比较标记

金龙岱话中等比句的比较标记多用比况助词 tʰuŋ³¹kan³³ "同样"、huːt³⁵…tʰuŋ³¹kan³³ "像……一样"、huːt³⁵ "像"，例如：

（1）tu⁵³ waːi³¹ nai³⁵ çau⁵⁵ tu⁵³ waːi³¹ min²⁴ tʰuŋ³¹kan³³ kaːi²⁴.
　　　头　牛　这　和　头　牛　那　同样　大
　　　这头牛和那头一样强壮。

（2）pʰi³³ʔbaːu³³ çau⁵⁵ nɔŋ¹¹ʔbaːu³³ tʰuŋ³¹kan³³ hɛu³³. 哥哥和弟弟一样瘦。
　　　哥哥　和　弟弟　同样　瘦

（3）nɔŋ¹¹ɬaːu⁵³ huːt³⁵ mɛ³³tʰau³⁵ tʰuŋ³¹kan³³ çak⁵⁵. 妹妹像妈妈一样勤快。
　　　妹妹　像　妈妈　一样　勤快

比较标记有两个特点：一是强制共现性，即比较标记是句法成立的必要条件，是强制性共现的；二是位置的不可移动性，即比较标记通常都要放在比较基准的后面。例如：

（1）min³¹ çau⁵⁵ kəu⁵³ tʰuŋ³¹kan³³ kin⁵³tçau²⁴ kʰam³³. 他跟我一样晚吃饭。
　　　他　和　我　同样　吃饭　晚

（2）wan³¹nai³⁵ çau⁵⁵ wan³¹wa³¹ tʰuŋ³¹kan³³ ʔdɯːt³³. 今天和昨天一样热。
　　　今天　和　昨天　同样　热

（3）tçoŋ²⁴ lau²⁴ nai³⁵ çau⁵⁵ tçoŋ²⁴ lau²⁴ min²⁴ tʰuŋ³¹kan³³ ʔdai⁵³ ȵam²⁴.
　　　种　酒　这　和　种　酒　那　同样　好　喝
　　　这种酒跟那种酒一样好喝。

4. 比较标记的缺省

等比句中有些句子的比较主体和比较参照采用整体形式，具有周指性，比较标记一般可省去，如果缺省的标记必须带同现标记的，则同现标记 tu⁵⁵ "都"不能省略。例如：

（1）ʔbɔŋ⁵³ ʔbɛ²⁴ nai³⁵ tu⁵³ tu⁵³ tu⁵⁵ pʰi³¹. 这一群羊只只都很肥。
　　　群　羊　这　只　只　都　肥

（2）tʰeu³¹ tʰeu³¹ çɯːk³³ tu⁵⁵ tʰuŋ³¹kan³³ ɬi³¹. 条条绳子都一样长。
　　　条　条　绳子　都　同样　长

（3）ʔoŋ⁵³ çau⁵⁵ pʰɔ³³tʰau³⁵ tu⁵⁵ nat⁵⁵ ȵak³³tça³¹. 爷爷和爸爸都喜欢钓鱼。
　　　爷爷　和　爸爸　都　喜欢　钓鱼

（三）否定形式

在比较结果前加否定副词 mi⁵⁵ "不"，否定的辖域不是比较的结果，是比较标记的后半部分。例如：

（1） min³¹ mi⁵⁵thuŋ³¹ kəu⁵³ hu⁵³n̠i²⁴ phi:n¹¹nai³⁵. 他没有我这么开心。
　　　他　　不同　　我　高兴　这么

（2） kəu⁵³ ŋɔi³¹ ten³³ʔiŋ⁵³ mi⁵⁵lap³¹ phi⁵⁵ʔba:u³³ la:i⁵³. 我看电影不如哥哥多。
　　　我　看　　电影　　　不如　　哥哥　　多

（3） nɔŋ¹¹ɬa:u⁵³ mi⁵⁵thuŋ³¹ phi³³ɬa:u⁵³ tho³⁵la:i⁵³ kha¹¹thiŋ³³.
　　　妹妹　　　不同　　　姐姐　　　这么　　　乖
　　　妹妹没有姐姐这么乖。

（4） phɔ³³ke³³ ɕi³³nai³⁵ mi⁵⁵pi²⁴ tuk³³kɔn³⁵ phi³¹. 大伯现在不比以前胖。
　　　大伯　　现在　　　不比　　以前　　　胖

（5） maɯ³¹ mi⁵⁵pi²⁴ ɬai³³fa:ŋ³³ mi³¹ ŋən³¹. 你不比小芳有钱。
　　　你　　不比　　小芳　　　有　钱

三　极比句

表示人或事物的性状特征达到了最高的程度。这种类型的句子一般都限定了要比较的范围，在句子中通常有一个表示处所或范围的介词或名词性短语。在特定的上下文中，比较范围和事项可以省掉。金龙岱话里的极比句一般用 tsui⁵⁵ "最"这个词，也可以在性状词后用 thai³³ʔit⁵⁵（汉语借词"第一"的译音）表示程度。例如：

（1） ʔbɔŋ⁵³ɬau³¹ ɬa:m⁵³ khən³¹ thuŋ³³tɕa:ŋ⁵³ min³¹ tsui⁵⁵ ɬuŋ⁵³.
　　　我们　　　三　人　　中间　　　　他　　最　高
　　　我们三个人中他最高。

（2） kəu⁵³ tsui⁵⁵ la:u⁵⁵ka:i²⁴ kəu⁵³ ɕi³³ki²⁴. 我了解我自己。
　　　我　　最　　了解　　　我　　自己

（3） tsui⁵⁵ ʔdai⁵³ ke³³ tshɯ³³ khən³¹thaɯ³¹? 最好的是谁？
　　　最　　好　　的　　是　　　谁

（4） maɯ³¹ thuŋ⁵³ thi:ŋ⁵³ha:k³³ tshu³³ tsui⁵⁵ kham³³ ke³³. 你是最晚到教室的。
　　　你　　到　　教室　　　　是　　最　　晚　　　的

（5） ɬai³³waŋ³³ n̠u³³ pan³³ kha:u²⁴ ʔdai²⁴ fan⁵³ thai³³ ʔit⁵⁵.
　　　小王　　在　　班　　考　　　得　　分　　第　　一
　　　小王在班上考了最高分。

（6） kɔ⁵³ mai¹¹ nai³⁵ ket³³ ma:k³³ tsui⁵⁵ la:i⁵³. 这棵树结的果最多。
　　　棵　树　这　　结　果　　最　　多

（7） min³¹ tsui⁵⁵ ʔa:i²⁴ n̠am²⁴ lau²⁴. 他最喜欢喝酒。
　　　他　　最　　喜欢　　喝　酒

(8) ɬa:m⁵³ phi³³nɔŋ¹¹ min³¹ tsui⁵⁵ li³³ha:i³³. 三姐妹她最厉害。
　　 三　　姐妹　　她　最　厉害

第四节　存现与领有句

一　存现句

存现句，一般认为是表示某处或某时存在、出现或消失某人或物的一种句式，其基本格式是"某处（某时）存在着（出现了/消失了）某人某物"（邢福义，1991）。存现句（existential）是表示人、事物存在、出现或消失的动词性谓语句。在存现句中，处在句首的是表方所的名词性成分，谓语动词一般具有[+存在][+产生][+消失]语义特征，这种句式包括三个语义成分："处所成分""存在主体"和"存在动词"。壮语金龙岱话存现句的谓语动词通常具有存在、产生、消失的语义特征，主要包括 mi³¹ "有"、ɲu³³ "在"、khwen⁵⁵/ti:u³³ "挂，吊"、pheŋ³³ "放"、ma³¹ "来"、pai⁵³ "去"、hoi³¹/mɯ³¹ "回"、pa:i²⁴ "摆"、noŋ³¹ "下"等。例如：

(1) tɕa:ŋ⁵³ tha³³ fu³¹ ɲu³³ ŋe⁵⁵ lɯ³¹ nəŋ³³. 河里漂着一艘船。（存在）
　　 间　河　漂　着　艘　船　一
(2) pa:n³³na²⁴ mi³¹ ki²⁴ho³¹ khən³¹ ma³¹. 前面来了几个人。（出现）
　　 前面　　有　几　量词　人　来
(3) wan³¹wa³¹ tɕha:i²⁴ ja³³ ɬa:m⁵³ khən³¹ ta²⁴jo³¹ɬuŋ⁵³.
　　 昨天　　走　了　三　　个　　大学生
　　 昨天走了三个大学生。（消失）

根据上述例句中的动词种类，可分为两种：一种是以例（1）为代表，句中动词表示"存在意义"，整个句子具有"存在"意义的"存在句"。另一种是以例（2）（3）为代表，句中的动词表示"出现""消失"意义，而整句则表示"隐现"意义的"隐现句"。可见，存现句包括存在句和隐现句两类。

（一）存在句

存在句是用来表示某处存在某人或某物的句子。基本结构是：某处+存在动词+某人或某物，存在动词可以是 mi³¹ "有"、ɲu³³ "在"、khwen⁵⁵ "挂、吊"，也可以是其他动词，但是这些动词通常可用 mi³¹ "有" 来替换。

1. 某处存在着某人或某物

A. 基本语序为"处所词+存现动词+存在主体"。这是金龙岱话中最常见的存在句句型。例如：

（1）mai¹¹ than³³thiŋ³¹ mi³¹ ha²⁴ tu⁵³ nok¹¹. 树上有五只鸟。
　　　树　上面　　有　五　只　鸟

（2）ɕiŋ³¹ than³³thiŋ³¹ khwen⁵⁵ ȵu³³ fu⁵⁵ wa²⁴ nəŋ³³. 墙上挂着一幅画。
　　　墙　上面　　挂　着　幅　画　一

（3）ʔdaɯ³¹ fa:ŋ³¹ tem³⁵ ŋe⁵⁵ thɛn³³ nəŋ³³. 房间里点了一盏灯。
　　　里　房间　点　盏　灯　一

（4）ljeu¹¹ ɕɔŋ³¹ pa:i²⁴ tim⁵³ ɬɯ⁵³ ja³³. 桌子上摆满了书。
　　　全　桌子　摆满　书　了

（5）tɕa:ŋ³¹ ɬɯ:n³¹ pheŋ³³ ŋe⁵⁵ ɬai³¹ ɕo:ŋ³¹ nəŋ³³. 屋子里放着一张小方桌。
　　　间　屋子　放　张　小　桌子　一

B. 存在句的变式："存现动词+处所词"或者"存在主体+存现动词"。在会话双方都知情的情况下，存现主体或处所词可略去一个。例如：

（1）mi³¹ ŋɯ:m³¹ mai¹¹ nəŋ³³. 有一个树洞。
　　　有　洞　树　一

（2）tɕa³³ tɕhɛ⁵³ nəŋ³³ len³³ ȵu³³. 跑着一辆车。
　　　辆　车　一　跑　着

C. 在金龙岱话存现句中，有时为了凸显存在主体，还可将存在主体移动至处所词之前。例如：

（1）tɕa:ŋ⁵³ ɬɯ:n³¹ ȵu³³ ja³³ ɬɔŋ⁵³ho³¹khən³¹. 屋里住着两个人。
　　　间　屋子　住　了　二　个　人

（2）ɬɔŋ⁵³ho³¹khən³¹ ȵu³³ tɕa:ŋ⁵³ ɬɯ:n³¹ min²⁴. 两个人在屋里住着。
　　　二　个　人　住　间　屋子（方助）

上述例句（1）是基本句式，说明某处存在某物。例句（2）是变式，把存在主体 ɬɔŋ⁵³ho³¹khən³¹ "两个人"置于句首，起强调作用。

2. 某人或某物在某处

基式是"存在主体+存现动词+处所词"。存现句的三段都显现在句中，表示某人或物存在某处。例如：

（1）ɬa:m⁵³ tu⁵³ ma⁵³ ʔeŋ⁵³ naŋ³³ ȵu³³ pak³¹tu⁵³. 三只小狗在门口坐着。
　　　三　只　狗　小　坐　在　门口

（2）ɬɯ²⁴khwa⁵⁵ pheŋ³³ ȵu³³ wa:i³¹nok³³ ɬɯ:n³¹. 衣服放在房子外面。
　　　衣服　放　在　外面　房子

（3）ten²⁴na:u⁵⁵ maɯ³¹ ȵu³³ thin³¹ ɕo:ŋ³¹. 你的电脑在桌子上。
　　　电脑　你　在　上　桌子

金龙岱话的"有"存在句，有加或不加 ȵu³³ "着"两种形式，但两种形式使用的语境不同。一般是根据存在物是否可见选择是否需要加 ȵu³³ "着"。若交际双方都看得见存在物，则用 "mi³¹+ȵu³³+存在物" 结构，并且不要求其后出现另一分句，即存在句可以单句形式出现。若交际双方看不见存在物，则用 "mi³¹+存在物" 结构。例如：

（1）thi³³ me⁵⁵ tɕha:p³⁵ mi³¹ ka:i³³ phai²⁴ nəŋ³³. 地上插着一块牌子。
　　　 地　上　 插　　有　 块　 牌　 一
（2）khan³¹tha³³ mi³¹ hau³⁵la:i⁵³ mai¹¹. 河边有许多树。
　　　 河边　　　有　 好多　　 树
（3）ŋe⁵⁵ hin⁵³ thiŋ³¹ kha:p³³ mi³¹ ŋe⁵⁵ tɕhi³³. 石头上刻有字。
　　　 词头 石头 上　 刻　 有　 个　 字
（4）mɛ³³thau³⁵ ʔum²⁴ luk³³ʔɛŋ⁵³ ȵu³³ phau³¹. 妈妈怀里抱着孩子。
　　　 妈妈　　 抱　 孩子　　　 在　 怀里
（5）ho³¹ tɕu²⁴ mi³¹ ŋən³¹. 叔叔有钱。
　　　 量词 叔叔 有　 钱

存在句还能用于表示有生命的个体或者无生命的个体出现/消失于某处。谓语核心之后通常要加上"强制性共现"的 ja³³ "了"或 ke³³ "的"。例如：

（1）kha:i⁵³ ɬi³³kwa³³ ke³³ ma³¹thuŋ⁵³ ʔba:n²⁴ ɬau³¹ ja³³.
　　　 卖　 西瓜　　 的　 来到　　　 村　 我们 了
　　　 卖西瓜的到我们村来了。
（2）thui²⁴ ɕau⁵⁵ thu⁵⁵ tu⁵⁵ mi³¹ ja³³. 碗和筷子都有了。
　　　 碗　 和　 筷子　 都　 有　 了
（3）thɛu³¹ lu³³ min²⁴ than³³thiŋ³¹ tu⁵⁵ tshɯ³³ lai³¹ ja³³. 那条路上全是泥。
　　　 条　 路　 那　 上面　　　 都　 是　 泥　语气词
（4）thu:ŋ²⁴ mai¹¹ tɕa:ŋ⁵³ tim⁵³ nam¹¹ ja³³. 木桶里装满了水。
　　　 桶　　 木　 装　　 满　 水　 了

（二）隐现句

隐现句是用来表示某时、某地出现或消失了某人、某物的句子。常由 ma³¹ "来"、pai⁵³ "去"、mɯ³¹ "回"等动词或动补短语来充当谓语，典型的句法结构是：隐现物+动词+处所名词。例如：

（1）ʔboŋ⁵³ nok¹¹ ʔbin⁵³ pai⁵³ ʔbin⁵³ ma³¹ thiŋ³¹fa¹¹.
　　　 群　 鸟　 飞　 去　 飞　 来　 上天
　　　 一群鸟在天空中飞来飞去。
（2）tɕa⁵³ ŋa:i³¹ tu⁵³ mɛu¹¹ khu:p³⁵ pai⁵³ ja³³. 鱼儿被猫叼走了。
　　　 鱼　 被　 词头 猫　 咬　 去　 了

二 领有句

领有句是指表达领有结构关系的句子。金龙岱话典型领有句的结构形式是 mi^{31} "有"字句，其中领有者充当句子的主语，被领有者充当 mi^{31} "有"的宾语。例如：

（1） mɯ^{31} mi^{31} phɔ^{33} mi^{55}mi^{31}？你有丈夫没有？
　　　你　有　丈夫　没有

（2） tɕha^{53} than^{33}thiŋ^{31} mi^{31} ɬaɯ^{33} mai^{11} li^{31} nəŋ^{33}. 山上有一片梨树。
　　　山　上面　有　片　树　梨　一

（3） min^{31} mi^{31} ʔbaɯ^{31} ʔdai^{55}ɬaːu^{53} ke^{33} khwan^{11} ʔdɛŋ^{53} nəŋ^{33}.
　　　她　有　件　漂亮　的　裙子　红　一
　　　她有一条漂亮的红裙子。

（4） kəu^{53} mi^{31} khu^{35} haːi^{31} naŋ^{53}. 我有一双皮鞋。
　　　我　有　双　鞋　皮

（5） laːu^{11}kɛ^{33}ɬɯːn^{31} min^{31} mi^{31}ɬaːm^{53}khən^{31} luk^{33}laːn^{53}. 她老人家有三个孙子。
　　　老人家　　她　有　三　个　孙子

第八章　壮语金龙岱话的句类

句类是指句子的语气。根据句子的语气，可将金龙岱话的句类分为陈述句、疑问句、祈使句和感叹句四种。根据语气来分类，属于语用层面的划分。

第一节　陈述句

陈述句是指用于陈述一个客观事实、说明情况或者表达说话人的看法、观点的句子，书写时句末用句号，朗读时用降调，包括肯定句和否定句两种。最常用在陈述句中的语气助词为 tshɯ^{33}/ɬɯ^{33} "是"。

金龙岱话的陈述句还可用于表判断、评述和叙述。

一　表判断的陈述句

表判断的陈述句中一般会用判断动词 tshɯ^{33}/ɬɯ^{33} "是"。

（1）khən^{31}nai^{35} tshɯ^{33} phi^{33}ɬa:u^{53} kəu^{53}. 这个人是我姐姐。
　　　人　这　是　姐姐　我
（2）noŋ^{11}ɬa:u^{53} tshɯ^{33} jo^{31}ɬuɯŋ^{55}. 妹妹是学生。
　　　妹妹　　是　　学生
（3）min^{31} tshɯ^{33} ha:n^{35}tɕu^{31}khən^{31}. 他是汉族人。
　　　他　是　　汉族人
（4）ɬip^{55} ha^{24} ɬɯ^{33} ha^{24} ke^{33} ɬa:m^{53}pui^{33}. 十五是五的三倍。
　　　十　五　是　五　的　三倍

二　表评述的陈述句

（1）min^{31} tɕa:ŋ^{24} ke^{33} wa^{33} hau^{35} toi^{33}. 他说的话很对。
　　　他　讲　的　话　好　对
（2）maɯ^{31} ɕəŋ^{55}kɔ^{55} ki^{24}la:i^{53} ʔdai^{53}. 你的歌唱得很好。
　　　你　唱歌　几多　好

（3）tɕhi³³ min³¹ ɬɛ²⁴ ʔdai²⁴ ʔdai⁵³ʔba:u³³ khin²⁴ na³¹. 他的字写得好极了。
　　　字　他　写　得　漂亮　　很　呐

（4）tɕoŋ³³ tɕɔk³³ nai³⁵ kin⁵³ mi⁵⁵ ʔdai²⁴. 这种菌子吃不得。
　　　种　香菇　这　吃　不　得

（5）ɬai⁵⁵fu³³ kat⁵⁵ tɕhom⁵³ nai³⁵ kat⁵⁵ na:n³¹ ɲɔm³³ la:i⁵³.
　　　师傅　剪　头发　这　剪　难　看　多
　　　这个师傅剪头发很难看。

三　表叙述的陈述句

（1）min³¹ mi³¹tɕhaŋ³¹ naŋ³³ kwa³³ fi³³ki³³. 她没坐过飞机。
　　　她　不曾　　坐　过　飞机

（2）min³¹ men³³ khɯn²⁴ mai¹¹ mɯ³¹ pet⁵⁵ ma:k³³ tha:u³¹.
　　　他　爬　上　树　手　摘　果　桃。
　　　他爬上树去摘桃子。

（3）ʔdaɯ⁵³ ɬɯ:n³¹ lau²⁴ mi⁵⁵mi³¹ ja³³. 家里酒没有了。
　　　里　家　酒　没有　了

（4）min³¹ mi³¹ phi³¹ɬa:u⁵³ nəŋ³³ ɕau⁵⁵ nɔŋ¹¹ʔba:u³³ nəŋ³³.
　　　他　有　姐姐　一　和　弟弟　一
　　　他有一个姐姐和一个弟弟。

第二节　疑问句

疑问句（Interrogative Sentence）是指使用疑问词、疑问语调和语气词等手段来提出问题、询问情况。

一　疑问句的形式分类

根据疑问语气所凭借的方式，壮语金龙岱话的疑问句可分为三类：

（一）句末使用疑问语气助词或改用高升疑问语调来表达疑问语气

（1）tshɯ³³ maɯ³¹ pa²⁴ ɬɯ²⁴khwa³³ ɬak³³ ja³³ ma⁵⁵? 是你把衣服洗了吗？
　　　是　你　把　衣服　　洗　了　语气词

（2）maɯ³¹ ɲɯ³³ tshɯ³³ la:u¹¹ɬai⁵³? 你也是老师？
　　　你　也　是　老师

（3）maɯ³¹ nat⁵⁵ kin⁵³ ma:k³³ man³¹? 你喜欢吃李子？
　　　你　喜欢　吃　果　李

（4）tɕhɛk³³ ɬɯ⁵³ nai³⁵ ɬɯ³³ maɯ³¹ ke³³? 这本书是你的？
　　　本　书　这　是　你　的

（5）min³¹ mi⁵⁵ tɕak⁵⁵ ɕəŋ⁵⁵kɔ⁵⁵? 他不会唱歌？
　　　他　不　懂　唱歌

（6）maɯ³¹ ȵɯ³³ pai⁵³? 你也去？
　　　你　也　去

（7）maɯ³¹ jin³⁵wai³¹ joŋ³¹ji³³ ja³¹? 你以为容易呀？
　　　你　以为　容易　呀

（二）使用疑问代词来表达疑问语气

（1）khən³¹thaɯ³¹ kha:i⁵³ jen⁵³ hɯ²⁴ pa²⁴ ʔbɔŋ⁵³maɯ³¹? 谁卖给你们烟？
　　　　谁　卖　烟　给　把　你们

（2）hit³³ɬaɯ³¹ mi⁵⁵ thɯ⁵³ kɯ:ŋ³⁵ nə³³? 怎么不带伞呢？
　　　怎么　不　带　雨伞　语气词

（3）maɯ³¹ mi³¹ ki²⁴ la:i⁵³ maɯ²⁴ na³¹? 你有多少亩田？
　　　你　有　几　多　亩　田

（4）maɯ³¹ lu:n³³ tɕa:ŋ²⁴ ka³³laŋ⁵³? 你胡说什么？
　　　你　乱　讲　什么

（5）ɬɔn⁵³ ʔdai²⁴ phe³³ɬaɯ³¹ ja³³? 学得怎么样？
　　　学　得　怎么样　了

（6）pa³³ maɯ³¹ ȵu³³ khe³³tɕaɯ³¹ khə:n³⁵pa:n³³? 你爸爸在哪里工作？
　　　爸爸　你　在　哪里　工作

（7）kin⁵³ phi:n¹¹min²⁴ la:i⁵³ lau²⁴ hit⁵⁵ka³³laŋ⁵³? 喝那么多酒做什么？
　　　喝　那么　多　酒　做什么

（8）wan³¹nai³⁵ tshɯ³³ ki²⁴ ŋɯ:t³¹ ki²⁴ ha:u³⁵? 今天是几月几日？
　　　今天　是　几　月　几　号

（三）兼用疑问代词和语气助词来表达疑问语气

（1）wi³³ka³³laŋ⁵³ wa:i³¹ ni⁵³ ljeu¹¹ ja³³? 为什么牛都跑了？
　　　为什么　牛　逃　全　语气词

（2）min³¹ kin⁵³ ki²⁴la:i⁵³ ŋe⁵⁵ mo:k³³ la³³? 他吃了多少个粽子了？
　　　他　吃　几多　个　粽子　了

（3）ɕak³³phek³³ ki²⁴la:i⁵³ ŋən³¹ moi¹¹kən⁵³ nə³³? 白菜多少钱一斤呢？
　　　白菜　几多　钱　每斤　呢

（4）khən³¹thaɯ³¹ tshɯ³³ la:u¹¹ɬai⁵³ ja³³? 谁是老师呀？
　　　谁　是　老师　呀

（5）ʔbɔŋ⁵³min³¹ hit⁵⁵ɬaŋ⁵³ khau²⁴khau²⁴ʔɔk³³ʔɔk³³ nə³³?
　　　他们　　做什么　　　进进出出　　　　呢
　　他们进进出出的做什么呢？
（6）mauɯ³¹ wi³³ka³³laŋ⁵³ tɕoŋ³³tshɯ³³ mai³¹ n̺u³³ khe³³min²⁴ a³¹?
　　　你　　为什么　　　总是　　　站　在　那里　啊
　　你为什么老站在那里啊？
（7）wan³¹wa³¹ mauɯ³¹ wi³³ka³³laŋ⁵³ mi⁵⁵ ma³¹ ɬuːn³¹ kəu⁵³ nə³³?
　　　昨天　　你　　为什么　　　不　来　家　我　呢
　　为什么你昨天没来我家呢？

二　疑问句的语义分类

根据疑问句所表达的疑问语义内涵，可分为以下几类：

（一）是非疑问句

是非疑问句（又叫用"吗"的疑问句）通常不用疑问代词，是要求听话人根据所提出的问题作出肯定或否定回答的疑问句，句末语气一般用升调。是非疑问句常见的句式是 VP-neg 形式，[①]也就是在句末加上语气副词 mi⁵⁵ "不"、ma⁵⁵ "吗"、me⁵⁵ "吗"、po³³ "吗" 来表示。例如：

（1）mauɯ³¹ tshɯ³³ luk³³ɕaːi³¹kok³³ tshɯ³³ ma⁵⁵? 你是长子，是吗？
　　　你　　是　　大儿子　　　　是　　语气词
（2）mauɯ³¹ ma³¹ n̺ɔm³³ kəu⁵³ ma⁵⁵? 你来看我吗？
　　　你　　来　看　　我　　语气词
（3）tshɯ³³ mauɯ³¹ pa²⁴ ɬuɯ²⁴khwa²⁴ ɬak³³ ja³³ ma⁵⁵? 是你把衣服洗了吗？
　　　是　　你　　把　　衣服　　　　洗　　了　语气词
（4）mauɯ³¹ thuk⁵⁵puk⁵⁵ po⁵⁵li⁵⁵ mi⁵⁵ pak⁵⁵ ŋa⁵⁵? 你砸碎玻璃不赔吗？
　　　你　　砸破　　　玻璃　　不　赔　语气词
（5）kəu⁵³ n̺ɔm³³n̺ɔm³³ ɬɯ⁵⁵ mauɯ³¹ ʔdai²⁴ mi⁵⁵? 我看看你的书好吗？
　　　我　　看看　　　　书　　你　　得　　不
（6）mauɯ³¹ kaːm³⁵ pai⁵³ mi⁵⁵? 你敢不敢去？
　　　你　　敢　　去　不
（7）mauɯ³¹ ɬuːŋ²⁴ n̺ɔm³³n̺ɔm³³ me⁵⁵? 你想看看吗？
　　　你　　想　　看看　　　　吗
（8）mauɯ³¹ men³³ ʔdai²⁴ khɯn²⁴ kɔ⁵³ mai¹¹ min²⁴ me⁵⁵? 你能爬上那棵树吗？
　　　你　　爬　　得　　上　　棵　　树　　那　　吗
　　你能爬上那棵树吗？

[①] 吴福祥：《南方语言正反问句的来源》，《民族语文》2008 年第 1 期。

（9）maɯ³¹ tɕan⁵³ pai⁵³ luŋ³¹tɕu⁵³ po³³? 你真的会去龙州吗？
　　　 你　 真　 去　 龙州　 啵

（二）选择疑问句

选择疑问句是指提出两种或几种看法，希望听话人选择其中一种来回答，这种疑问句通常有两个或两个以上的分句，用副词 ȵaŋ³¹tshɯ³³/ɬɯ³³ "还是"、wə³¹tshɯ³³ "或是"、wə³¹tɕe²⁴ "或者"引出下一个可供选择的分句。例如：

（1）tɕa⁵³ tɕən⁵³ kin⁵³ ȵaŋ³¹tshɯ³³ tɕu³⁵ kin⁵³? 鱼是蒸着吃还是煮着吃？
　　　 鱼　 蒸　 吃　 还是　 煮　 吃

（2）maɯ³¹ tshɯ³³ kin⁵³tɕau²⁴ ȵaŋ³¹ɬɯ³³ mjen³³θeu³¹? 你吃米饭还是面条？
　　　 你　 是　 吃饭　　　 还是　　 面条

（3）tɕhɛk³³ ɬɯ⁵³ nai³⁵ ɬɯ³³ mɯ³¹ ke³³ ȵaŋ³¹ɬɯ³³ kəu⁵³ ke³³?
　　　 本　　 书　 这　 是　 你　 的　 还是　　 我　 的
这本书是你的还是我的？

（4）tshɯ³³ fi¹¹hau³³ nə³¹ ȵaŋ³¹tshɯ³³ mɛŋ³¹thɯŋ⁵³? 是蝴蝶呢，还是蜜蜂？
　　　 是　 蝴蝶　 呢　 还是　　　 蜜蜂

（5）maɯ³¹ pai⁵³ wə³¹tshɯ³³ min³¹ pai⁵³? 你去还是他去呢？
　　　 你　 去　 或是　　 他　 去

（6）maɯ³¹ pai⁵³ wə³¹tshɯ³³ mi⁵⁵ pai⁵³? 你去还是不去？
　　　 你　 去　 或是　　 不　 去

（7）maɯ³¹ ʔau⁵³ kaːi²⁴ ke³³ wə³¹tɕe²⁴ ʔau⁵³ ʔɛŋ⁵³ ke³³?
　　　 你　 要　 大　 的　 或者　　 要　 小　 的
你要大的还是小的？

（8）maɯ³¹ tshɯ³³ pai⁵³ ŋɔi³¹ɬɯ⁵³ wə³¹tɕe²⁴ pai⁵³ ŋɔi³¹ ten³⁵ʔiŋ⁵³?
　　　 你　 是　 去　 看书　　 或者　　 去　 看　 电影
你是去看书还是看电影？

（三）正反疑问句

正反疑问句要把可能的事情用肯定否定并列的形式（A-not-A）[①]说出来，让人选择其中一项作出答复。否定词用 mi⁵⁵ "不"。正反疑问句和选择疑问句的区别：选择疑问句有时用两个分句的形式来表示，有两个并列谓语；而正反疑问句一般不使用两个或两个以上的分句，它的谓语部分比较紧凑，形成肯定加否定的固定格式。例如：

[①] 吴福祥：《南方语言正反问句的来源》，《民族语文》2008 年第 1 期。

（1）thɛu³¹ tha³³ nai³⁵ ʔdɯk⁵⁵ mi⁵⁵ ʔdɯk⁵⁵? 这条河深不深？
　　　条　河　这　深　不　深

（2）wan³¹ ɕuk³³ pai⁵³ fau³³ pai⁵³ mi⁵⁵ pai⁵³? 明天赶集去不去？
　　　明天　去　街上　去　不　去

（3）mau³¹ tɕak⁵⁵ mi⁵⁵ tɕak⁵⁵ ja³³? 你知不知道呀？
　　　你　懂　不　懂　语气词

（4）mau³¹ pai⁵³ mi⁵⁵ pai⁵³ ha:p³⁵nam¹¹? 你去不去挑水？
　　　你　去　不　去　挑　水

（5）mau³¹ ʔdi:p³⁵ mi⁵⁵ ʔdi:p³⁵ min³¹? 你爱不爱他？
　　　你　爱　不　爱　他

（6）min³¹ ma³¹ mi⁵⁵ ma³¹? 他来不来？
　　　他　来　不　来

（7）min³¹ ȵam¹¹ mi⁵⁵ ȵam¹¹ kəu⁵³ nə³³? 他喜不喜欢我呢？
　　　他　喜欢　不　喜欢　我　呢

（8）min³¹ tshɯ³³ mi⁵⁵ tshɯ³³ khən³¹ tai³¹ na³¹? 她是不是壮族人呀？
　　　她　是　不　是　人　傣　呐

（四）特指疑问句

特指疑问句是指用疑问代词代替未知部分来指明疑问点的疑问句，又叫含疑问代词的疑问句，通常使用疑问代词对地点、时间、程度、数量、人物、原因、方式等进行提问，句尾一般使用升调。常用的疑问代词有 ka³³laŋ⁵³ "什么"、wi³³ka³³laŋ⁵³ "为什么"、ki²⁴la:i⁵³ "多少"、khən³¹thau³¹ "谁"、ka³³lau⁵³ɬi³¹hau³⁵ "什么时候"、khe³³thau³¹ "哪里"、phe³³ɬau³¹ "怎样"、hit³³ɬau³¹ "怎么"等。例如：

（1）mau³¹ pa²⁴ ka:ŋ³³pit³¹ pheŋ³³ ȵu³³ khe³³thau³¹ ja³³? （问地点）
　　　你　把　钢笔　放　在　哪里　了
　　你把钢笔放到哪里了？

（2）min³¹ ka³³lau⁵³ɬi³¹hau³⁵ ke³¹hun³³? （问时间）
　　　他　什么时候　结婚
　　他什么时候结婚？

（3）nɔŋ¹¹ɬa:u⁵³ ȵi³³ȵen³¹ ɬon⁵³ ʔdai²⁴ phe³³ɬau³¹ ja³³? （问情状、程度）
　　　妹妹　二胡　学　得　怎样　了
　　妹妹二胡学得怎么样了？

（4）ma:k³³ lji:n³¹ min²⁴ ki²⁴la:i⁵³ ŋən³¹? （问数量）
　　　把　镰刀　那　几多　钱
　　那把镰刀多少钱？

（5）ŋe⁵⁵ tɕoŋ²⁴ jo:k³³ nai³⁵ ja:u³⁵ ka³³laŋ⁵³ miŋ³¹tɕi¹¹? （问物）
　　　词头　种　花　这　叫　什么　名字
　　　这种花叫什么名字？
（6）mɛ³³thau³⁵ wi³³ka³³laŋ⁵³ fa:t³³ɬiŋ²⁴ phi:n¹¹nai³⁵? （问原因）
　　　妈妈　　为什么　　生气　　这样
　　　为什么妈妈这么生气？
（7）khən³¹thaɯ³¹ ke³³ pa:n²⁴pi³¹ ma³¹ ja³³?（问人）
　　　谁　的　朋友　来　了
　　　谁的朋友来了？
（8）lau²⁴ ɬɯ³³ hit³³ɬauɯ³¹ fa:t³³ ʔɔk³³ma³¹ ke³³?（问方式）
　　　酒　是　怎么　酿　　出来　的
　　　酒是怎么酿成的？

三　疑问句的非疑问用法

美国语言哲学家塞尔（John R.Searle）给间接言语行为下了这样一个定义："通过实施另一个行事行为而间接实施的一个行事行为。" 他指出，表达意义最简单的情况是"字面意义"="话语意义"。但是，我们在表达时更常见的是"字面意义"与"话语意义"不一致，间接言语行为中二者就是这种关系。（Searle，1979）金龙岱话的疑问句是用来表示疑问或询问的语用功能，目的是通过对方的回答来获取某种信息，但很多情况下，疑问句在使用过程中会发生形式或功能意义的偏离。例如：

1. 表示寒暄或打招呼

这类疑问句的表达不是为寻求问题的答案，只是一种人际交往的需要。

（1）ɬak³³ ɬɯ²⁴khwa³³ ŋa³¹? 在洗衣服啊？（表示寒暄，非询问）
　　　洗　衣服　语气助词
（2）pai⁵³ ɬai³³na³¹ hit⁵⁵koŋ⁵³ ja³¹? 去地里干活呀？（表示打招呼，非询问）
　　　去　地里　做工　语气助词

2. 表示委婉地劝说或指责

（1）khən³¹thaɯ³¹ kha¹¹ maɯ³¹ hit⁵⁵ phi:n¹¹min²⁴ tshɯ³³ toi³³ ke³³?
　　　谁　告诉　你　做　那样　是　对　的
　　　谁告诉你那样做是对的？（言外之意：没有人说这样做是对的。）
（2）maɯ³¹ mi⁵⁵ ʔɔk³³ɬeŋ³¹ thɔk³³ɬɯ⁵³, toi³³ʔdai²⁴ŋu⁵³ pho³³mɛ³³thau³⁵
　　　你　不　出力　读书　对得住　父母
　　　ɬin⁵³hu²⁴ hit⁵⁵koŋ⁵³ po³³?
　　　辛苦　做工　啵
　　　你不努力读书，对得起辛苦工作的父母吗？（言外之意：对不起父母。）

3. 表明自己的观点

mɯɯ³¹ hit³³ɬaɯ³¹ ȵaŋ³¹ mi⁵⁵ pai⁵³ ha:k³³tha:ŋ³¹ nə³³?
　你　　 怎么　 还　不　去　 学校　　 呢

你怎么还没去学校呢？（言外之意：你应该去学校了。）

4. 提出建议

（1）mei³³fa¹¹ phi:n¹¹nai³⁵ ʔdai⁵³, wi³³ka³³laŋ⁵³ mi⁵⁵ ʔɔk³³pai⁵³ ljiu³³?
　　　天气　　 这么　　 好　　 为什么　 不　 出去　 玩

天气这么好，为什么不出去玩？（言外之意：建议趁天气好应该多出去活动）

（2）luk³³ʔdik⁵⁵ phi:n¹¹nai³⁵ kha¹¹thiŋ⁵³, mɯɯ³¹ hit³³ɬaɯ³¹ ʔdai²⁴ thiŋ³³ min³¹?
　　　小孩　　　 这么　　 可爱　　 你　　怎么　　 可以　打　他

小孩这么可爱，你怎么舍得打他？（言外之意：建议不要打小孩）

5. 表示惊讶或喜悦

（1）nɔŋ¹¹ʔba:u³³ kha:u²⁴ʔdai²⁴ ta²⁴jo³¹ la³³, khən³¹thaɯ³¹ mi⁵⁵ hu⁵³ȵi²⁴ ŋa³³?
　　　弟弟　　 考得　　 大学　了　 谁　　 不　 高兴　 啊

弟弟考上大学了，谁不高兴啊？（言外之意：弟弟考上大学，大家都很开心。）

（2）phɔ³³me³³thau³⁵ hoi³¹ma³¹ ja³³, hit³³ɬaɯ³¹ mi⁵⁵ʔdai⁵³ nə³³?
　　　爸妈　　　 回来　 了　 怎么　　 不好　 呢

爸妈回来了，怎么可能不好呢？（言外之意：爸妈回来了，很好）

第三节　祈使句

祈使句（Imperative Sentence）一般都是比较短的简单句，是通过使用虚词或句末加语气助词来表示请求、命令、劝告、警告、禁止等的句子。根据不同的划分标准，壮语金龙岱话的祈使句可分为不同的类型。根据祈使句否定词的有无，分为表肯定的祈使句和表否定的祈使句两种；根据祈使句表达的语义区别，可分为"请求或建议"类、"命令或敦促"类和"禁止或劝阻"类三种。

一　祈使句的形式分类

（一）肯定性祈使句

肯定性祈使句用于命令、请求别人做某事。例如：

（1）mɯɯ³¹ pai⁵³ khwa:i³⁵ pa³¹, kəu⁵³ mi⁵⁵ pai⁵³ ja³³！你快去吧，我不去了！
　　　你　 去　 快　 吧 我　 不　 去　 了

（2）ʔau⁵³ maɯ³¹ ke³³ ten²⁴na:u⁵⁵ nəm⁵³ hɯ²⁴ kəu⁵³ n̠uŋ³³ phai³³ nəŋ³³！
　　　要　你　的　电脑　借　给　我　用　次　一
　　　把你的电脑借给我用一会吧！

（二）否定性祈使句

否定性祈使句通常是用于表达禁止、劝阻别人做某事，句中一般用否定副词来表示否定，它位于谓语动词的前面。例如：

（1）maɯ³¹ mi⁵⁵ ha:u³⁵ la:i⁵³！你别吵闹！
　　　你　不　喊　多
（2）mi⁵⁵ɕai³⁵ n̠u³³ pa³³laŋ⁵³ tɕa:ŋ²⁴ la:i⁵³khən³¹ wa:i³⁵wa³³！
　　　别　在　背后　讲　别人　坏话
　　　不要在背后说别人坏话！
（3）maɯ³¹ mi⁵⁵ɕai³⁵ n̠uŋ³³ ta:u⁵³！你别用刀！
　　　你　别　用　刀

二　祈使句的语义类型

（一）表示请求或建议类

表示请求、建议的祈使句一般在句末使用语气词来表达商量、建议、恳请等语气，语气比较平和。例如：

（1）ka:n³³ ɕi³¹ken³³，ɫau³¹ kin⁵³ khwa:i³⁵ nə³³. 赶时间，咱们快吃吧。
　　　赶　时间　咱们　吃　快　语气词
（2）noŋ³¹phən⁵³ ɫa³¹ɫa³¹，khwa:i³⁵ ɫau⁵⁵ ɫɯ²⁴khwa³³ lo⁵³.
　　　下　雨　沙沙　快　收　衣服　语气词
　　　下雨了，快收衣服吧。
（3）kam⁵³ ku³³ka:i³³ na:i³⁵ pai⁵³ pa³¹. 把这些东西拿走吧。
　　　拿　东西　这　走　语气词
（4）ki³³ʔdai²⁴ kin⁵³ n̠a²⁴ a³¹. 记得吃药啊。
　　　记得　吃　药　语气词

（二）表示命令或敦促类

表示命令和敦促的祈使句一般都用带急降短促语调的简短句子来表示，具有强制性，要求对方必须服从，言辞肯定，态度严肃。也可以用一些语气词来表示。例如：

（1）maɯ³¹ pai⁵³ khwa:i³⁵ tik⁵⁵ a³¹！你快点走啊！
　　　你　走　快　点　语气词
（2）kam⁵³ ʔau⁵³！拿着！
　　　拿　要

（3）nəŋ³³ kəu⁵³ pai⁵³！让我去！
　　　让　我　去

（4）naŋ³³ noŋ³¹, mi⁵⁵ ʔdai²⁴ mai³¹！坐下，不能站！
　　　坐　下　不　能　站

（三）表示劝阻或禁止类

表示劝阻和禁止的祈使句通常会明确表示禁止对方做什么事情，语气比较强硬，态度坚决。一般使用否定副词 mi⁵⁵ "不"、mi⁵⁵ʔdai²⁴ "不能"、mi⁵⁵ɕai²⁴ "别、甭、不用" 等。

（1）mau³¹ mi⁵⁵ɕai²⁴ pai⁵³！你别去！
　　　你　　别　　去

（2）mi⁵⁵ɕai²⁴ nuɯŋ⁵³！不要动！
　　　别　　　动

（3）mi⁵⁵ɕai²⁴ ta:i³³ noŋ¹¹ ɬa:u⁵³ pai⁵³ khan³¹tha³³ ljiu³³！别带妹妹去河边玩！
　　　别　带　妹妹　去　边河　玩

（4）mi⁵⁵ ʔdai²⁴ pheŋ³³ fai³¹ puŋ⁵³ tɕha⁵³！不能放火烧山！
　　　不　得　放　火　烧　山

第四节　感叹句

感叹句（Exclamatory Sentence）带有浓厚的感情，主要是通过语调或者叹词来表达喜爱、厌恶、惊讶、招呼等各种情感，有多种表现形式，有时一个单词、短语或一个词组也可成为感叹句。感叹句和叹词不同，一般来说，感叹句中不一定有叹词，但有叹词的句子一定是感叹句。根据叹词的存在情况，感叹句可分为叹词隐含句和叹词同现句；根据感叹句的语义特点，可将其大致分为表示"喜爱"类感叹句、表示"厌恶"类感叹句、表示"惊讶"类感叹句和表"招呼"类感叹句四种。

一　感叹句的形式分类

（一）叹词隐含句

叹词隐含句的句首一般不使用叹词，句尾通常有语气词。例如：

（1）fa¹¹ la:m³¹ la:i⁵³, tɕan⁵³ tshɯ³³ ʔdai⁵³！天空很蓝，真是美！
　　　天　蓝　多　真　是　美

（2）tu⁵³ mu⁵³ nai³⁵ phi³¹ khin²⁴ ha³³！这头猪好肥啊！
　　　头　猪　这　肥　很　啊

（3）wa:i³¹ thuk³³ thai⁵³ thi³³ tɕan⁵³ khwa:i³⁵! 公牛耕地真快啊！
　　　牛　公　耕　地　真　　快

（二）叹词同现句

句首一般会有表达情感的叹词，句尾一般有语气词与之呼应。例如：

（1）ai³³ja³¹! tɕa⁵³ ŋa:i¹ tu⁵³mɛu¹¹ khu:p³⁵ pai⁵³ ja³¹! 哎呀！鱼被猫叼走啦！
　　　叹词　鱼　被　词头　猫　咬　去　语气词

（2）ai³³ja³¹! ka:i²⁴ phin³¹nai³⁵ ha³³! 哎呀！这么大！
　　　叹词　　大　　这么　　语气词

（3）a³³ja³¹! tɕhi⁵³ kəu⁵³ mi⁵⁵ han⁵³ la³³. 啊呀！我的笛子不见了。
　　　叹词　笛子　我　不　见　语气词

二　感叹句的语义分类

从表达的语义角度，可将感叹句可分为四类：

（一）表示"喜爱、兴奋"类感叹句

（1）jo³¹! ʔbau³¹khwan³¹ min²⁴ tɕan⁵³ ʔdai⁵⁵ɬa:u⁵³! 哟！那条裙子真漂亮！
　　　叹词　件　　裙子　那　真　　漂亮

（2）a³³ja³¹! theu³¹ tɕa⁵³ nai³⁵ ka:i²⁴ la:i⁵³! 啊呀！好大的鱼！
　　　叹词　　条　鱼　这　大　　多

（二）表示"厌恶、痛苦"类感叹句

（1）hɯ³⁵! mau³¹ tɕak⁵⁵ ka³³laŋ⁵³! 哼！你懂什么！
　　　叹词　你　懂　　什么

（2）ai³³jo³¹! kəu⁵³ muk⁵⁵ tɕep⁵⁵ ha:i⁵³ la³³! 哎哟！我肚子疼死了！
　　　叹词　　我　肚子　疼　死　了

（三）表示"惊讶、叹息"类感叹句

（1）ja³¹! ȵi³³ȵen³¹ kəu⁵³ tok⁵⁵ la³³! 妈呀！我的二胡丢了！
　　　叹词　二胡　　我　丢　语气词

（2）jo³¹! tɕhi³³ min³¹ ɬɛ²⁴ ʔdai²⁴ ʔdai⁵³ʔba:u⁵³ khin²⁴ na³¹!
　　　叹词　字　他　写　得　　漂亮　　很　呐
　　　哟！他的字写得好极了！

（四）表示"招呼、应答"类感叹句

hei⁵⁵, mau³¹ ȵam³³ kha⁵³ kəu⁵³ la³³! 嘿！你踩我的脚了。
叹词　　你　　踩　　脚　我　了

附　　录

附录一　语法例句

一　名词单独说或充当句子成分时的用法

1. mai¹¹ than³³thiŋ³¹ mi³¹ ɬaːm⁵⁵ tu⁵³ nok¹¹. 树上有三只鸟。
   树　　上面　　有　　三　只　鸟

2. ŋe⁵⁵ tɕha⁵³ min²⁴ ɬuŋ⁵³ khin²⁴. 那座山很高。
   座　山　那　高　很

3. kam⁵³ thɛu³¹ thau³¹ nəŋ³³ ma³¹. 拿一条棍子来。
   拿　条　棍子　一　来

4. kəu⁵³ ʔau⁵³ pai⁵³ ɬɯ²⁴ nɯ³³ ɕau⁵⁵ ɕak⁵⁵khɛu⁵³. 我要去买肉和青菜。
   我　要　去　买　肉　和　青菜

5. min³¹ kha⁵³ mɯn³¹. 他脚麻。
   他　脚　麻

6. kəu⁵³ mi⁵⁵kin⁵³ nɯ³³ mu⁵³. 我不吃猪肉。
   我　不吃　肉　猪

7. thui²⁴ ɕau⁵⁵ thu⁵⁵ tu⁵⁵ mi³¹ ja³³. 碗和筷子都有了。
   碗　和　筷子　都　有　了

二　名词的复数

8. ʔbɔŋ⁵³ nok¹¹ ʔbin⁵³ pai⁵³ ʔbin⁵³ ma³¹ ɲɯ³³ thiŋ³¹fa¹¹.
   群　鸟　飞　去　飞　来　在　上天
   一群鸟在天空中飞来飞去。

9. ʔbɔŋ⁵³khən³¹ teu²⁴ len³³ ʔɔk³³pai⁵³ ŋoi¹¹. 人们纷纷地跑出去看。
   人们　纷纷　跑　出去　看

10. ʔbɔŋ⁵³ luk³³ʔdik⁵⁵ hu⁵³hu⁵³ɲi³⁵ɲi³⁵ te³³ ma³¹ja³³. 孩子们高高兴兴地来了。
    群　孩子　高高兴兴　地　来　了

11. ɬa:m⁵³ hu³¹ khən³¹ min²⁴ ɬɯ³³ ʔba:m²⁴ ɬau³¹ ke³³. 那三个人是我们村的。
　　 三　 量词 人　 那　 是　 村　 我们 的

12. ŋe⁵⁵ tɕha⁵³ nai³⁵ jau³¹ ɬuŋ⁵³ jau³¹ ka:i²⁴. 这座山又高又大。
　　 座　 山 这 又　 高　 又　 大

三　名词的重叠

13. wan³¹wan³¹ noŋ³¹ phən⁵³. 天天下雨。
　　 天　 天　 下　 雨

14. lau²⁴ lau²⁴ nɯ³³ nɯ³³ tim⁵³ ɕɔŋ³¹. 酒酒肉肉摆满一桌。
　　 酒　 酒　 肉　 肉　 满　 桌

15. mu⁵³ mu⁵³ ʔbɛ²⁴ ʔbɛ²⁴ tu⁵⁵ mi³¹. 猪、羊都有。
　　 猪　 猪　 羊　 羊　 都　 有

四　表示人的称谓和职业的名称的用法

16. phɔ³³thau³⁵ tshɯ³³ tɕa:ŋ⁵³ lek⁵⁵, mɛ³³thau³⁵ tshɯ³³ noŋ³¹min³¹.
　　 父亲　　 是　 匠　　 铁　 母亲　　 是　 农民
　　父亲是铁匠，母亲是农民。

17. ʔi⁵³ɬeŋ⁵³ hɯ²⁴ min³¹ ŋoi³¹ phiŋ³³. 医生给他看病。
　　 医生　　 给　 他　 看　 病

18. la:u¹¹ɬai⁵³ ʔbɔŋ⁵³ɬau³¹ tshɯ³³ khən³¹ kwa:ŋ⁵⁵ɬi³³. 我们的老师是广西人。
　　 老师　　 我们　　 是　 人　 广西

19. ɕi³³nai³⁵, khən³¹ʔbɔt³³ khən³¹wan¹¹ khən³¹nuk⁵⁵ tu⁵⁵ khau²⁴ʔdai²⁴
　　 现在　　 瞎子　　 哑巴　　 聋子　　 都 进　 得
　　 ha:k³³tha:ŋ³¹ thɔk³³ɬɯ⁵³ ja³³.
　　 学校　　 读 书 了
　　现在，盲人和聋哑人也能进学校读书了。

20. kha:i⁵³ ɬi³³kwa³³ ti³³ ma³¹ thɯŋ⁵³ ʔba:n²⁴ ɬau³¹ ja³³.
　　 卖　 西瓜　　 的 来　 到　　 村　 我们 了
　　卖西瓜的到我们村来了。

五　人和动物的性别雌雄表示法

21. ʔbɔŋ⁵³ɬau³¹ ɕə:ŋ¹¹ tu⁵³ kai⁵⁵ ɬeŋ⁵³ nəŋ³³ ɬɔŋ⁵³ tu⁵³ kai⁵⁵ mɛ³³.
　　 我们　　 养　 只 鸡　 公　 一　 二　 只 鸡　 母
　　我们养了一只公鸡，两只母鸡。

22. wa:i^{31}thɯk^{33} thai^{53} na^{31} pi^{24} wa:i^{31} me^{33} khwa:i^{35}.
    牛公　耕　田　比　牛　母　快
    公牛犁田比母牛快。
23. min^{31} mi^{31} phi^{31}ɬa:u^{53} nəŋ^{33} ɕau^{55} noŋ^{11}ʔba:u^{33} nəŋ^{33}.
    他　有　姐姐　一　和　弟弟　一
    他有一个姐姐和一个弟弟。
24. ɬɯ:n^{31} ɬau^{31} kai^{55}khau^{31} ʔe^{53} ɕai^{33} ja^{33}. 我们家的母鸡下蛋了。
    家　我们　母鸡　下　蛋　了

六　名词修饰方位词

25. ha:i^{31} maɯ^{31} ȵu^{33} ʔdaɯ^{35} tɕhɯːŋ^{31}. 你的鞋子在床底下。
    鞋子　你　在　底下　床
26. pa^{33}na^{24} ɬɯ:n^{31} mi^{31} theu^{31} khui^{35} nəŋ^{33}, pa^{33}laŋ^{53} mi^{31} ŋe^{55} tɕha^{53} nəŋ^{33}.
    前面　房子　有　条　河　一　后面　有　座　山　一
    房子前面有一条河，后面有一座山。
27. noŋ^{11}ɬa:u^{53} ȵu^{33} ʔdaɯ^{35} lau^{31} thaŋ^{24} maɯ^{31}. 妹妹在楼下等你。
    妹妹　在　下　楼　等　你
28. thiŋ^{31} ɕoŋ^{31} mi^{31} tɕhɛk^{33} ɬɯ^{53} nəŋ^{33}. 桌子上有一本书。
    上　桌子　有　本　书　一
29. tɕa:ŋ^{53} ɬɯ:n^{31} thoŋ^{33}tɕa:ŋ^{53} mi^{31} khən^{31} tɕa:ŋ^{24}kɔ^{24}. 屋子里有人说话。
    间　房子　中间　有　人　讲话

七　方位词修饰名词或量词

30. pa^{33}na^{24} ɬɯ:n^{31} tshɯ^{33} pa^{33}ta:i^{31} kəu^{53} ke^{33}, pa^{33}laŋ^{53} ɬɯ:n^{31} tshɯ^{33} tɕu^{35}
    前面　房子　是　伯父　我　的　后面　房子　是　叔叔
    kəu^{53} ke^{33}.
    我　的
    前面的房子是我伯父的，后面的房子是我叔叔的。
31. ɬɯ^{24}khwa^{55} ʔdɯp^{55}ʔdaɯ^{31} ɬi^{31}, ɬɯ^{24}khwa^{55} wa:i^{33}nɔk^{33} tin^{24}.
    衣服　里面　长　衣服　外面　短
    里面的衣服长，外面的衣服短。
32. than^{33}thiŋ^{31} min^{24} ɬoŋ^{53} thi^{33} tɕai^{31} thu^{33}tum^{31}, than^{33}taɯ^{24} na:i^{35} ɬoŋ^{53}
    上面　那　二　地　种　花生　下面　这　二
    thi^{33} tɕai^{31} ʔbap^{55}.
    地　种　玉米
    上面那两块地种花生，下面这两块地种玉米。

33. tɕha⁵³ toŋ³³ fu:ŋ³³ ɬuŋ⁵³ hə:n⁵³ tɕha⁵³ ɬai³³fu:ŋ³³. 东边的山比西边的山高。
    山　东边　高　于　山　西边

八　时间词的用法

34. ki²⁴ wan³¹ nai³⁵ ʔda:ŋ³⁵ la:i⁵³. 这几天很冷。
    几　天　这　冷　多

35. ɕi³³nai³⁵ tshɯ³³ ɬi³¹phən⁵³. 现在是雨季。
    现在　是　雨季

36. wan³¹nai³⁵ hok⁵⁵ ŋu:t³³ tɕhu⁵⁵ pɛt³³. 今天六月初八。
    天这　六　月　初　八

37. ɬoŋ⁵³ ʔbɯ:n³¹ kɔn³⁵ kəu⁵³ tu⁵⁵ mi⁵⁵ ɬu¹¹na²⁴ min³¹.
    二　月　前　我　都　不　认识　他
    两个月前我还不认识他。

38. wan³¹nai³⁵ ŋa:i³¹ja³³ kəu⁵³ pai⁵³ lau⁵⁵ maɯ³¹. 今天下午我去找你。
    天　这　下午　我　去　找　你

39. ɬɯ:n³¹ ʔboŋ⁵³ɬau³¹ pi⁵³pi⁵³ tu⁵⁵ tɕai⁵³ ʔɔi²⁴. 我们家每年都种甘蔗。
    家　我们　年年　都　种　甘蔗

九　名词修饰名词

40. ɬɯ:n³¹ na³³ lan³¹ min²⁴ tɕa³¹ thɔ³³la³³tɕi³³ tɕan⁵³ ʔdai⁵³.
    家　姨　兰　那　车　拖拉机　真　好
    兰姨家的那台拖拉机真好。

41. ɬɯ:n³¹ tshən³³tɕi³³ɬu³³ ke³³ wa:i³¹ wan³¹wa³¹ ɬɛŋ⁵³ wa:i³¹ ʔɛŋ⁵³ ja³¹.
    家　村支书　的　牛　昨天　生　牛　小　了
    村支书家的牛昨天下小牛了。

42. ɬɯ:n³¹ pa³³ta:i³¹ ʔi³³kin⁵⁵ ɬau³³ ʔdai²⁴ ja³³. 伯父家的房子已经修好了。
    房子　伯父　已经　修　得　了

43. tɕa⁵³ tha³³ ʔdai⁵³ kin⁵³ kwa³³ tɕa⁵³ thom⁵³.
    鱼　河　好　吃　过　鱼　池塘
    河里的鱼比塘里的鱼好吃。

44. ʔboŋ⁵³ɬau³¹ ke³³ la:u¹¹ɬai⁵³ tshɯ³³ khən³¹ hu³³nan³¹.
    我们　的　老师　是　人　湖南
    我们的老师是湖南人。

十 人称代词的用法

45. ʔbɔŋ⁵³ɬau³¹ ɬa:m⁵³ khən³¹ thuŋ³³tɕa:ŋ⁵³ min³¹ tɕui⁵⁵ ɬuŋ⁵³.
    我们   三   人   中间   他 最 高
    我们三个人中他最高。

46. kəu⁵³ tshɯ³³ jo³¹ɬuŋ⁵⁵, mau³¹ tshɯ³³ la:u¹¹ɬai⁵³, min³¹ tshɯ³³ ʔi⁵³ɬɛŋ⁵³.
    我 是 学生, 你 是 老师   他 是 医生
    我是学生，你是老师，他是医生。

47. ʔbɔŋ⁵³min³¹ tɕha:i²⁴ ʔdai²⁴ tɯ²⁴ la:i⁵³ ja³³. 他们走得很累了。
        他们   走 得 累 多 了

48. phɔ³³thau³⁵ kəu⁵³ tshɯ³³ min³¹ luŋ³¹. 我爸爸是他舅舅。
    爸爸   我 是 他 舅舅

49. kəu⁵³ ke³³ phi³³ɬa:u⁵³ ʔau⁵³ nɔn³¹ʔdak⁵⁵ ja³¹. 我的姐姐睡觉了。
    我 的 姐姐   要   睡觉 了

50. kəu⁵³ te³³ thui²⁴ pi²⁴ mau³¹ te³³ ka:i²⁴. 我的碗比你的大。
    我 的 碗 比 你 的 大

51. ha:i³¹ mau³¹ n̠u³³ ʔdau³⁵ tɕhɯ:ŋ³¹. 你的鞋子在床底下。
    鞋子 你 在 底下 床

十一 "别人""人家""大家"的表达方式

52. khən³¹ta:i⁵³ ke³³ ku³³ka:i³³ mi⁵⁵ʔau⁵³ kam⁵³, ta:i³¹ka⁵⁵ ke³³ ku³³ka:i³³
        别人   的 东西   不要 拿   大家   的 东西
    ʔau⁵³ ŋɔi³¹ ʔdai²⁴.
     要 看 得
    别人的东西不要拿，大家的东西要看好。

53. la:i⁵³khən³¹ ma³¹ ɕau⁵⁵ kəu⁵³ tim²⁴. 大家跟着我数。
    大家   来 跟 我 数

54. luk³³ khən³¹hau⁵⁵ ɕoŋ⁵³min³¹ khin²⁴. 人家的孩子很聪明。
    小孩 人家   聪明 很

十二 疑问代词"谁""什么""哪""为什么""怎样""多少"等的表达

55. ɬɯ⁵³ khən³¹thau³¹ tok⁵⁵ khe³³nai³⁵ ja³³? 谁的书丢在这里了？
    书 谁   丢 这里 了

56. ŋe⁵⁵nai³⁵ tshɯ³³ ka³³laŋ⁵³ nɯ³³? 这是什么肉？
    词头 这 是 什么 肉

57. ʔbɔŋ⁵³maɯ³¹ ȵu³³ khe³³thaɯ³¹? 你们住在哪里？
　　 你们　　住　　哪里

58. wi³³ka³³laŋ⁵³ wa:i³¹ len³³ ljeu¹¹ ja³³? 为什么牛都跑了？
　　 为什么　　牛　跑　全　语气词

59. min³¹ kin⁵³ ki²⁴la:i⁵³ ŋe⁵⁵ mo:k³³ la³³? 他吃了多少个粽子了？
　　 他　吃　几多　个　粽子　了

60. tɔn⁵³ ʔdai²⁴ phe³³ɬaɯ³¹ ja³³? 学得怎么样了？
　　 学　得　怎么样　了

十三　指示代词的用法

61. kəu⁵³ ȵu³³ nai³⁵, min³¹ ȵu³³ min²⁴. 我在这，他在那。
　　 我　在　这　他　在　那

62. khe³³nai³⁵ tshɯ³³ na³¹, khe³³min²⁴ mi³¹ theu³¹khui³⁵ nəŋ³³, khe³³the⁵³ mi³¹
　　 这里　　是　田　那里　　有　条　河　一　那里　　有
　　 ŋe⁵⁵ tɕha⁵³ nəŋ³³.
　　 座　山　一
　　 这里是田，那里（较远处）有一条河，那里（更远处）有一座山。

63. min³¹ tshɯ³³ tɕoŋ³³khɔn³¹ phi:n¹¹min²⁴. 他竟然是那样的人。
　　 他　是　种　人　那样

64. ŋe⁵⁵ fi:k³⁵ nai³⁵ hit⁵⁵ phi:n¹¹nai³⁵ tɕoi³³tɕuŋ⁵⁵. 这件事情要这样做才对。
　　 件　事情　这　做　这样　　才　对

65. kəu⁵³ wa³³ mɯ³¹nai³⁵ fa:n³⁵tha:ŋ³¹mi⁵⁵mi³¹ ki²⁴la:i⁵³ khɔn³¹ne⁵⁵.
　　 我　说　这时　　饭堂　　没有　　几多　人　呢
　　 我还以为这个时候食堂没多少人呢。

66. phi:n¹¹min²⁴ la:i⁵³ hoŋ⁵⁵tɕiu⁵⁵. 那么多香蕉。
　　 那么　　　多　香蕉

十四　相当于汉语"每"的词的用法

67. ʔbɔŋ⁵³ɬau³¹ moi¹¹ wan³¹ kin⁵³ ɬa:m⁵³ tɔn³³ tɕau²⁴. 我们每天吃三顿饭。
　　 我们　　每　天　吃　三　顿　饭

68. moi¹¹ khən³¹ thai⁵³ tɔŋ⁵³ thai³³ ma:k³³tɕe³¹. 每个人拿两袋荔枝。
　　 每　人　拿　二　袋　荔枝

69. moi¹¹ khən³¹ thai³¹ tu⁵⁵ tɕak⁵⁵ ɕəŋ⁵⁵ko⁵⁵. 每个壮族人都会唱歌。
　　 每　人　傣　都　会　唱歌

十五　数词的用法（含基数词、序数词、倍数、半数、概数、约数、分数等）

70. la:i⁵³ khən³¹ ma³¹ ɕau⁵⁵ kəu⁵³ tim²⁴: ʔit⁵⁵, n̠i³³, ɬa:m⁵³, ɬi³⁵⋯n̠i³³ɬip⁵⁵.
    多　人　来　和　我　数　一　二　三　四　二十
    大家来跟着我数：一、二、三、四……二十。

71. wan³¹ thau³¹thau³¹ kəu⁵³ pai⁵³ tɕi³¹pa:n⁵³, tɕai³³ha:ŋ⁵³ wan³¹ mau³¹ pai⁵³.
    天　头　头　我　去　值班　，最　末尾　天　你　去
    头一天我去值班，最后一天你去。

72. phi⁵⁵ʔba:u³³ thau³¹ kəu⁵³ ɕau⁵⁵ nɔŋ¹¹ʔba:u³³la³³ pai⁵³ ɬɯ:n³¹ pa²⁴ ja³³.
    哥哥　头　我　和　弟弟　幺　去　家　姑姑　了
    我大哥和幺弟到姑姑家去了。

73. pi⁵³ ʔit⁵⁵kau³⁵ha²⁴kau³⁵ ʔbɯ:n³¹ ɬa:m⁵³wan³¹n̠i³³ɬip⁵⁵ 1959年3月20日
    年　一　九　五　九　月　三　日　二十

74. ɬip⁵⁵ha²⁴ ɬɯ³³ ha²⁴ ke³³ ɬa:m⁵³pui³³. 十五是五的三倍。
    十　五　是　五　的　三倍

75. phɔ³¹ ma:k³³ nai³⁵ pi²⁴ phɔ³¹ ma:k³³ min²⁴ la:i⁵³ ɬi⁵⁵ pui³³.
    堆　果子　这　比　堆　果子　那　多　四　倍
    这堆果子比那堆多四倍。

76. ha²⁴ tshɯ³³ ɬip⁵⁵ ke³³ ʔit⁵⁵ pu:n³³. 五是十的一半。
    五　是　十　的　一　半

77. thɔ³³ la:i⁵³ ma:k³³kui³⁵, hit³³ɬau³¹ ŋa:m³³ ɬɔŋ⁵⁵ ŋe⁵⁵ pu:n³³ ja³³?
    这么　多　香蕉　　怎么　只　两　个　半　了
    这么多香蕉，怎么只剩两个半了？

78. khən³¹min²⁴ n̠ɔm³³ khin²⁴ma³¹ ɬa:m⁵³ ɬip⁵⁵ pi⁵³ khin²⁴nɔŋ³¹.
    人　那　看　起来　三　十　岁　上　下
    那个人看起来三十岁上下。

79. maɯ³¹ ʔau⁵³ ɬi³⁵ fan⁵³ tɕi³³ ɬa:m⁵³, kəu⁵³ ʔau⁵³ ɬi³⁵ fan⁵³ tɕi³³ ʔit⁵⁵.
    你　要　四　分　之　三　我　要　四　分　之　一
    你要四分之三，我要四分之一。

十六　量词的用法

80. nok¹¹ nui³¹ min²⁴ tu⁵⁵ ʔbin⁵³ pai⁵³ la³³. 那些鸟都飞走了。
    鸟　些　那　都　飞　走　了

81. ha:p³⁵nai³⁵ nau³⁵, ha:p³⁵min²⁴ nak⁵⁵. 这担轻，那担重。
    担　这　轻　　担　那　重

82. tu⁵³nai³⁵ ʔdai⁵³, tu⁵³min²⁴ mi⁵⁵ʔdai⁵³. 这只好，那只不好。
    只　这　好　　只　那　　不　好

83. kəu⁵³ pi⁵³ nai³⁵ pai⁵³ pə³¹kin³³ phai³¹ nəŋ³³. 我今年去了一趟北京。
    我　年　这　去　北京　　　趟　　一

84. min³¹ tup⁵⁵ ɬoŋ⁵³ pa:t³⁵ mɯ³¹. 她拍了两下手。
    她　拍　二　下　手

85. ʔbɔŋ⁵³ ʔbɛ²⁴ nai³⁵ tu⁵³ tu⁵⁵ phi³¹. 这一群羊只只都很肥。
    群　羊　这　只　只　都　肥

十七　动词的重叠

86. min³¹ khun²⁴khun²⁴noŋ³¹noŋ³¹ tɯ³⁵ khin²⁴ na³¹. 他上上下下，累坏了。
    他　上　上　下　下　累　很　呐

87. maɯ³¹ tɕhim³¹tɕhim³¹ ŋe⁵⁵ ɕak⁵⁵ nai³⁵. 你尝尝这个菜。
    你　尝尝　　个　菜　这

88. khau³¹khau³¹ maɯ³¹，pa:ŋ³³pa:ŋ³³ kəu⁵³. 求求你，帮帮我。
    求求　　你　　帮帮　　我

89. kin⁵³ɳa³³kin⁵³ɳa³³ tɕau³¹ phei³¹kwɛ:n³³ la³³. 吃着吃着就习惯了。
    吃着吃着　　就　习惯　　了

90. min³¹ ɬɛ²⁴ tɕo³¹ne³¹ ji⁵⁵ja:u⁵⁵ja:u⁵⁵. 他写作业马马虎虎。
    他　写　作业　马马虎虎

十八　动词体的用法（包括完成体、反复体、持续体、起始体、将行体、进行体、经验体七种）

91. min³¹ ki⁵⁵ ma³¹ ɬa:m⁵³ tɕhek³³ ɬɯ⁵³ ʔi³³kin⁵⁵ ɳɔm³³ ljeu¹¹ ja³³.
    他　寄　来　三　本　书　已经　看　完　了
    他寄来的三本书已经看完啦。

92. mai³¹ʔdai⁵³，mi⁵⁵ɕai²⁴ tɕoŋ³³ tshɯ³³ nɯɯ⁵³ma³¹nɯɯ⁵³pai⁵³.
    站好　　　别　总是　动　来　动　去
    站好，别总是动来动去的。

93. nɔŋ¹¹ɬa:u⁵³ thiŋ³³ ɳɯ³³ kɔ⁵⁵ ɬɛ²⁴ tɕo³¹ ne³¹. 妹妹听着歌写作业。
    妹妹　　听　着　歌　写　作业

94. ʔbɔŋ⁵³ɬau³¹ kha:i⁵⁵ɕi⁵⁵ ɬɔn⁵³ ha:n³⁵ji⁵⁵ za³³. 我们开始学汉语吧。
    我们　　开始　　学　汉语　　吧

95. kəu⁵³ ʔau⁵³ pai⁵³ ŋɔi³¹ ɕəŋ³¹ ten³³ʔiŋ⁵³ nəŋ³³. 我要去看一场电影。
    我　要　去　看　场　电影　　一

96. wa:i³³nɔk³³ tɕiŋ³⁵ tɕa:i²⁴ noŋ³¹ phən⁵³. 外面正在下雨。
    外面   正 在 下 雨
97. ʔoŋ⁵³ kəu⁵³ pai⁵³ kwa³³ pə³¹kin³³. 我爷爷去过北京。
    爷爷 我 去 过 北京

十九 动词后面表示行为状态的附加音节

98. tu⁵³ kop⁵⁵ thɛːu³¹ ʔit⁵⁵puk¹¹ʔit⁵⁵puk¹¹. 青蛙一蹦一蹦地跳。
    词头 青蛙 跳 一蹦一蹦的样子
99. khi³¹ ʔdɛŋ⁵³ ʔbin⁵³ fa:p³³fa:p³³. 红旗哗啦啦地飘着。
    旗 红 飘 后附音节
100. ma³¹ hau³³ wap³³wap³³. 狗汪汪地叫。
    狗 叫 后附音节
101. mɛ³³phɔ³¹ naŋ³³ ɲu³³ ku⁵³ ȵa:ŋ³³ȵa:ŋ³³. 奶奶笑眯眯地坐着。
    奶奶 坐 着 笑 后附音节
102. min³¹ ɬɛ²⁴tɕo³¹ne³¹ ji⁵⁵ji⁵⁵ja:u⁵⁵ja:u⁵⁵. 他写作业马马虎虎。
    他 写作业 马马虎虎的样子

二十 动词带宾语的用法以及和补语的语序

103. min³¹ thom³³ ha:i⁵³ ja³³ ɬoŋ⁵³ tu⁵³ ɬɯ⁵³. 他打死了两只老虎。
    他 打 死 了 二 只 老虎
104. ɕak⁵⁵ ʔi³³kin⁵⁵ ʔu:n³³ ɬuk⁵⁵ la³³. 菜已经煮熟了。
    菜 已经 煮 熟 了
105. kam⁵³ thɛu³¹ thau³¹ nəŋ³³ ma³¹. 拿一条棍子来。
    拿 条 棍子 一 来
106. kəu⁵³ ɲu³³ thiŋ³¹ tɕha⁵³ thɔ³¹fun³¹. 我在山上砍柴。
    我 在 上 山 砍柴
107. min³¹ ha:p³⁵ ʔdai²⁴ ʔit⁵⁵ pa:k³³ ȵi³³ ɬip⁵⁵ kən⁵³. 他挑得一百二十斤。
    他 挑 得 一 百 二 十 斤

二十一 相互行动的表示法

108. ʔboŋ⁵³ɬau³¹ thɔ³¹kan³³ tɕa:ŋ²⁴kɔ²⁴. 我们一起聊天。
    我们   互相   聊天
109. ʔboŋ⁵³mau³¹ ɲu³³ ha:k³³tha:ŋ³¹ thɔ³¹ han⁵³na²⁴. 你们到学校见面。
    群 你 在 学校 相互 见面
110. ʔboŋ⁵³min³¹ ɬoŋ⁵³ khən³¹ thɔ³¹ ʔdi:p³⁵ khin²⁴. 他们两个很相爱。
    你们 二 人 相互 爱 很

111. ʔboŋ⁵³ɬau³¹ ta:i³¹ka:i³¹ ʔau⁵³ thɔ³¹ tɕoi³³. 我们大家要互相帮助。
　　　我们　　大家　　要　相互　帮助

112. ʔboŋ⁵³ɬau³¹ ɬɔŋ⁵³khən³¹ thɔ³¹ toi³⁵, ʔdai²⁴ mi⁵⁵ʔdai²⁴?
　　　我们　　二人　　相互　交换　得　不　得
　　咱们俩换，行不行？

二十二　形容词的重叠

113. min³¹ mi³¹ toi³³ ha⁵³ nəŋ³³ ka:i²⁴ ka:i²⁴ ke³³. 她有一双大眼睛。
　　　她　有　双　眼睛　一　　大　　大　的

114. theu³¹ lu³³ nai³⁵ khwaŋ¹¹khwaŋ¹¹khwe³¹khwe³¹ ke³³ mi⁵⁵ ʔdai²⁴ tɕa:i²⁴.
　　　条　路　这　　弯弯曲曲　　　　　　的　不　得　走
　　这条路弯弯曲曲的不好走。

115. phi¹¹la:n⁵³ɬa:u⁵³ phi³¹phi³¹phək⁵⁵phək⁵⁵. 小侄女白白胖胖的。
　　　小侄女　　　白　白　胖　胖

二十三　形容词的附加音节

116. pi⁵³nai³⁵ ke³³ ku³³tɕa³⁵ ma²⁴ ʔdai²⁴ kheu⁵³jup³³jup³³ ke³³.
　　　今年　的　禾苗　　长　得　绿　　后附音节　的
　　今年的禾苗长得绿油油的。

117. ki²⁴ ŋe⁵⁵ mak⁵⁵man³³ nai³⁵ ɬom³⁵tɯ³¹tɯ³¹ ti³³. 这些李子酸溜溜的。
　　　几　个　李子　　　这　酸　　后附音节　的

118. ŋe⁵⁵ thi³³fu:ŋ⁵³ nai³⁵ khiu⁵³hoŋ³³hoŋ³³. 这个地方臭哄哄的。
　　　个　地方　　　这　臭　后附音节

119. ʔbau³¹ ɬɯ²⁴ nai³⁵ ʔdit⁵⁵ɬup¹¹ɬup¹¹. 这件衣服湿漉漉的。
　　　件　衣服　这　湿　后附音节

二十四　形容词比较级和最高级的表达方式

120. min³¹ ɕi³³nai³⁵ pi²⁴ ʔan³³phai³¹ ʔdai⁵³ɬa:u³³ la:i⁵³.
　　　她　现在　比　过去　漂亮　多
　　她现在比以前更漂亮。

121. kəu⁵³ ɬuŋ⁵³ kwa³³ maɯ³¹ tɕhon³³ nəŋ³³. 我比你高一寸。
　　　我　高　过　你　寸　一

122. min³¹ pi²⁴ phɯ³³me⁵⁵ hɛu²⁴ la³³ ɬi³⁵ kən³³. 她比以前瘦了四斤。
　　　她　比　以前　瘦　了　四　斤

123. ŋe⁵⁵ tɕha⁵³ nai³⁵ łuŋ⁵³ khin²⁴ la³¹. 这座山高极了。
     座　 山　 这　 高　 很　 了
124. ʔbɔŋ⁵³łau³¹ ła:m⁵³ khən³¹ thuŋ³³tɕa:ŋ⁵³ min³¹ tsui⁵⁵ łuŋ⁵³.
     我们　　 三　 人　　 中间　　　他　 最　 高
     我们三个人中他最高。
125. kəu⁵³ tsui⁵⁵ la:u⁵⁵ka:i²⁴ kəu⁵³ ɕi³³ki²⁴. 我最了解我自己。
     我　 最　 了解　　 我　 自己

二十五　常见介词的用法

126. khən³¹ tɯk⁵⁵tɕha⁵³ kən⁵³tɕok³³ khan³¹tha³³ tɕha:i²⁴.
     人　 打鱼　　　 跟着　　　 河边　　 走
     打鱼的人沿着河边走去。
127. tɕha:i³³ nəŋ⁵⁵ pak⁵⁵na²⁴ tɕha:i²⁴ ʔi³⁵tik⁵⁵ tɕau³¹ thɯŋ⁵³ la³³.
     再　 向　 前面　　 走　 一些　　 就　 到　 了
     再向前走一会就到了。
128. min³¹ ŋa:i³¹ phɛn⁵³ ʔdo:t³¹ ja³³. 他被黄蜂刺了。
     他　 被　 蜂　 刺　 了
129. mɛu³¹ ɕau⁵⁵ ma⁵³ thɔ³³khan¹¹. 猫跟狗打架。
     猫　 和　 狗　 打架
130. pa:k³³thai⁵³ tshɯ³³ ʔau⁵³ lek⁵⁵ hit⁵⁵ ke³³. 犁头是用铁做的。
     犁头　　 是　 要　 铁　 做　 的
131. kam⁵³ hɯ²⁴ kəu⁵³ ŋoi³¹ŋoi³¹. 拿来给我看看。
     拿　 来　 我　 看看
132. pi⁵³ nəŋ³³ pi²⁴ pi⁵³ nəŋ³³ ʔdai⁵³. 一年比一年好。
     年　 一　 比　 年　 一　 好
133. wan³¹nai³⁵ min³¹ ɳu³³ khe³³nai³⁵ ɳu³³ kham³³ nəŋ³³.
     今天　　 他　 在　 里这　　 住　 晚　 一
     今天他在这住一晚上。

二十六　常见助词的用法

134. ʔbɔŋ⁵³łau³¹ ke³³ la:u¹¹łai⁵³ tshɯ³³ khən³¹ hu³³nan³¹.
     我们　　 的　 老师　　 是　 人　 湖南
     我们的老师是湖南人。
135. ŋe⁵⁵nai³⁵ tshɯ³³ maɯ³¹ke⁵³, ŋe⁵⁵ min²⁴ tshɯ³³ kəu⁵³ke³³.
     个这　　 是　 你的　　 个那　 是　 我的
     这是你的，那是我的。

136. nɔŋ¹¹ ɬa:u⁵³ kho⁵³ thɯŋ⁵³ mai³¹ mi⁵⁵ tɯn³³ ma³¹. 妹妹笑得站不起来。
　　　妹妹　　笑　　到　　　站　　不　起来

137. ja³¹, ŋe⁵⁵ nai³⁵ tɕan³⁵ ʔdai⁵³ ɬa:u⁵³ lo³¹! 呀，这里真漂亮！
　　　呀　词头　这　真　　　漂亮　　语气词

138. mau³¹ wan³¹ ɕuk³³ tɕa:i³³ ma³¹ na¹¹! 你明天再来吧！
　　　你　　　明天　　　　再　来　语气词

139. mi³¹ tu⁵³ mɛu¹¹ nəŋ³³ fum³¹ ɲu³³ taŋ³³ than³³ thiŋ³¹. 有只猫趴在凳子上。
　　　有　只　猫　　一　　趴　　在　凳子　上面

二十七　常见连词的用法

140. kəu⁵³ ɕau⁵⁵ min³¹ tu⁵⁵ tshɯ³³ ta³⁵ jo³¹ ɬɯŋ⁵³. 我和他都是大学生。
　　　我　　和　　他　都　是　　大学生

141. wa:i³¹ phɯŋ¹¹ tɕha:i²⁴ phɯŋ¹¹ kin⁵³ n̩a²⁴. 牛一边走一边吃草。
　　　牛　　　边　　走　　边　　吃　草

142. min³¹ mi⁵⁵ tshɯ³³ ɬai³³ nun³¹, ʔɯ³¹ tshɯ³³ ɬai³³ waŋ³¹.
　　　他　不　是　　小　农　　而是　　　小　王
　他不是小农，而是小王。

143. mau³¹ pai⁵³ ɬɯ³¹ wa³³ min³¹ pai⁵³? 你去还是他去？
　　　你　　去　　或者　　他　　去

144. mau³¹ ʔau⁵³ ka:i²⁴ ke³¹ naŋ³¹ tshɯ³³ ʔau⁵³ ʔɛŋ⁵³ ke³¹? 你要大的还是小的？
　　　你　　要　　大　的　　还是　　　要　小　的

145. ɬɔŋ⁵³ phi⁵⁵ nɔŋ³¹ mi³³ tshɯ³³ tam³³ thɔk⁵⁵ tɕau³¹ thiu⁵³ jo:k³³.
　　　二　　姐妹　　　不　是　　织　布　　就　　花
　姐妹俩不是织布就是绣花。

146. tɕi⁵⁵ jau⁵⁵ ʔɔk³³ ɬɛŋ³¹ ɬɔn⁵³ ɬɯ⁵⁵, tɕau³¹ nəŋ³¹ ɬɔn⁵³ ʔdai⁵³.
　　　只要　　出　力　学　书　　　就　　能　　学　好
　只要努力学习，就能学好。

147. mi⁵⁵ kun³³ hit³³ ɬau³¹ hin³⁵, min³¹ tu⁵⁵ mi⁵⁵ thiŋ³³.
　　　不管　　怎么　　劝　　她　都　　不　听
　不管怎么劝，她都不听。

二十八　连动句

148. min³¹ men³³ khɯn²⁴ mai¹¹ mɯ³¹ pet⁵⁵ ma:k³³ tha:u³¹. 他爬上树去摘桃子。
　　　他　爬　　上　　树　手　摘　　果　桃

149. min³¹ ɬak³³ ɬɯ²⁴khwa⁵⁵ ljeu¹¹ tɕau³¹ ha:p³⁵ nam¹¹ mɯ³¹ɬɯ:n³¹.
　　　他　洗　　衣服　　　完　　就　挑　水　　回家
　　她洗完衣服就挑水回家。

150. ʔboŋ⁵³ɬau³¹ khau²⁴ ɬɯ:n³¹ pai⁵³ ȵɔm³³ ɬɯ⁵³. 我们进屋去看书。
　　　我们　　　进　　屋　　去　看　书

151. kəu⁵³ ʔau⁵³ pai⁵³faɯ³³ ɬɯ²⁴ ma:k³³ ku:k³³ nəŋ³³. 我要上街买一把锄头。
　　　我　要　去　街道　　买　把　锄头　一

二十九　双宾语句

152. kəu⁵³ kha:i⁵³ ʔbap⁵⁵fe³³ hɯ²⁴ pa²⁴ ʔboŋ⁵³maɯ³¹. 我卖玉米种子给你们。
　　　我　卖　玉米种　　给　把　你们

153. kəu⁵³ hɯ²⁴ min³¹ tɕhɛk³³ ɬɯ⁵³ nəŋ³³ thɔk³³. 我给他一本书读。
　　　我　给　他　本　　书　一　读

154. min³¹ɬɯ:ŋ²⁴ tɕa:ŋ²⁴ ɕau⁵⁵ maɯ³¹kin³¹ fi:k³⁵ nəŋ³³. 她想告诉你一件事情。
　　　她　　想　讲　和　你　　件　事情　一

155. phi³³ɬa:u³¹ nəm⁵³ hɯ²⁴ min³¹ ɬa:m⁵³pa:k³³mən⁵³. 姐姐借给他三百块钱。
　　　姐姐　　借　给　她　三　百　块

156. khən³¹ luk³³ha:k³³ min²⁴ ɬɯ:ŋ²⁴ ɕa:m⁵³ maɯ³¹ ŋe⁵⁵ fi:k³⁵ nəŋ³³.
　　　个　学生　　那　想　　问　你　个　事情　一
　　那个学生想问你一个问题。

三十　解说复句

157. ʔboŋ⁵³ɬau³¹ pai⁵³ tɕai⁵³mai¹¹, nɔŋ¹¹ʔba:u³³ tɕai⁵³ kɔ⁵³mai¹¹tha:u³¹ nəŋ³³,
　　　我们　　　去　种树　　　弟弟　　种　棵树　桃　一
　　kəu⁵³ tɕai⁵³ ɬoŋ⁵³ kɔ⁵³ mai¹¹li³¹.
　　我　种　两　棵　树梨
　　我们去种树，弟弟种了一株桃树，我种了两株梨树。

158. khe³³nai³⁵ mi³¹ ɬoŋ⁵³ tu⁵³ wa:i³¹, nɔn³¹ ke³³ tu⁵³ wa:i³¹ min²⁴ tshɯ³³
　　　里　这　有　二　头　牛　　躺　的　头　牛　那　是
　　wa:i³¹thuɯk¹¹, mai³¹ kin⁵³ ȵa²⁴ ke³³ tshɯ³³ wa:i³¹ ɬɯ⁵⁵.
　　牛公　　　　站　吃　草　的　是　牛　母
　　这里有两头牛，躺着的那头牛是公的，站着吃草的那头是母的。

附录二 壮语金龙岱话词汇表

#	词	音	#	词	音
1	太阳	ha:i⁵⁵wan³¹	39	水坑儿	khum⁵³
2	月亮	ha:i⁵⁵fa¹¹	40	洪水	nam¹¹loŋ³¹
3	星星	ʔda:u⁵³ʔdi³³	41	淹	thom²⁴
4	云	pha²⁴wa¹¹	42	河岸	khan³¹tha³³
5	风	lum³¹	43	坝	pha:i⁵⁵nam¹¹
6	台风	lum³¹kha:i²⁴	44	地震	thi⁵⁵tsan⁵⁵
7	闪电	fa¹¹ɲep³³	45	窟窿	ɬu³¹khum²⁴
8	雷	fa¹¹khik⁵⁵	46	缝儿	phe:k³⁵
9	雨	phən⁵³	47	石头	hin⁵³
10	下雨	noŋ³¹phən⁵³	48	土	tom³¹
11	淋	lam³¹	49	泥	lai³¹
12	晒	tha:k⁵⁵	50	水泥	ɕui²⁴nai³¹
13	雪	ɬit⁵⁵	51	沙子	ɬai³¹
14	冰	piŋ⁵⁵	52	砖	tɕen⁵³
15	冰雹	ma:k³³	53	瓦	wa¹¹
16	霜	mu:i⁵³	54	煤	mui³¹
17	雾	mok⁵⁵	55	煤油	fo²⁴ɲau³¹
18	露	na:i³¹	56	炭	tha:n³³
19	虹	ʔu¹¹wa⁵³	57	灰	thau²⁴
20	日食	ha⁵³wan³¹kin⁵³nam¹¹	58	灰尘	mun⁵⁵
21	月食	ha:i⁵³fa¹¹kin⁵⁵nam¹¹	59	火	fai³¹
22	天气	mei³³fa¹¹	60	烟	ja:i³¹
23	晴	ʔdi:t³³	61	失火	fai³¹mai²⁴
24	阴	kham⁵³	62	水	nam¹¹
25	旱	leŋ¹¹	63	凉水	nam¹¹kat⁵⁵
26	涝	thum²⁴	64	热水	nam¹¹ʔdɯ:t³³
27	天亮	ɬɯ:ŋ³³	65	开水	nam¹¹put¹¹
28	水田	na³¹	66	磁铁	ɬu³¹thi:t³⁵
29	旱地	ɬai²⁴	67	时候	ɬi³¹hau³⁵
30	田埂	khan³¹na³¹	68	什么时候	ka³³lau⁵³ɬi³¹hau³⁵
31	路	tha:ŋ³¹	69	现在	ɕi³³nai³⁵
32	山	tɕha⁵³	70	以前	phu³³me⁵⁵
33	山谷	lu:k³³	71	以后	ʔi⁵⁵hau²⁴
34	江	tha³³	72	一辈子	tha:i²⁴kɯn³¹nəŋ³³
35	溪	muŋ³³	73	今年	pi⁵³nai³⁵
36	水沟儿	mɯ⁵³ʔeŋ³¹	74	明年	pi⁵³na²⁴
37	湖	ɬaŋ³¹	75	后年	pi⁵³haŋ⁵³
38	池塘	thom⁵³	76	去年	pi⁵³kwa³³

续表

77	前年	pi⁵³tsaːi⁵³		117	上面	thaŋ³³thiŋ³¹
78	往年	pi⁵³kɔn³⁵		118	下面	thaŋ³³ʔdaɯ²⁴
79	年初	pi⁵³kup³³		119	左边	phəŋ¹¹ɬaːi¹¹
80	年底	pi⁵³haːŋ⁵³		120	右边	phəŋ¹¹thaː⁵³
81	今天	wan³¹nai³⁵		121	中间	thoŋ³³tsaːŋ⁵³
82	明天	wan³¹ɕuk³³		122	前面	paːn³³na²⁴
83	后天	wan³¹lɯ³¹		123	后面	paːn³³laŋ⁵³
84	大后天	wan³¹ɬɯ⁵³		124	末尾	haːŋ⁵³
85	昨天	wan³¹wa³¹		125	对面	toi³¹na²⁴
86	前天	wan³¹ɬun³¹		126	面前	paːn³³na²⁴
87	大前天	wan³¹kɔn³⁵		127	背后	fa³¹laŋ⁵³
88	整天	phin³¹wan³¹		128	里面	ʔdɯp⁵⁵ʔdaɯ³¹
89	每天	moi¹¹wan³¹		129	外面	waːi³³nɔk³³
90	早晨	laɯ⁵⁵ɕau¹¹		130	旁边	phɯŋ³¹ɕaːŋ²⁴
91	上午	laɯ⁵⁵ɕau¹¹		131	上	thiŋ³¹
92	中午	ɬi³¹ŋaːi³¹		132	下	ʔdaɯ²⁴
93	下午	ŋaːi³¹ja³³		133	边儿	ɬiŋ³¹
94	傍晚	waːi³³kham²⁴		134	角儿	kok³³
95	白天	tha³¹wan³¹		135	上去	khun²⁴pai⁵³
96	夜晚	tha³³kham³³		136	下来	noŋ³¹ma³¹
97	半夜	tsaːŋ⁵³khɯn³¹		137	进去	khau²⁴pai⁵³
98	正月	ʔbɯːn³¹tɕiːŋ⁵³		138	出来	ʔɔk³³ma³¹
99	大年初一	tɕhu⁵³ʔit⁵⁵		139	出去	ʔɔk³³pai⁵³
100	元宵节	ɕi¹¹ʔdap⁵⁵		140	回来	hoi³¹ma³¹
101	清明	tɕiŋ⁵³miŋ³¹		141	起来	khun²⁴ma³¹
102	端午	ha²⁴ŋut³³tɕhu⁵⁵ha²⁴		142	树	mai¹¹
103	七月十五	tɕit⁵⁵ŋut³³ɬip⁵⁵ha²⁴		143	木头	khun⁵⁵mai¹¹
104	中秋	pɛt³³ŋut³³ɬip⁵⁵ha²⁴		144	松树	mai¹¹ɬoŋ⁵³
105	冬至	toŋ⁵³tɕi³³		145	柏树	mai¹¹phaːk⁵⁵
106	腊月	ʔbɯːn³¹laːp³³		146	杉树	mai¹¹ɕaːm⁵⁵
107	除夕	kham²⁴ʔdap⁵⁵		147	柳树	mai¹¹jaːŋ³¹ljəu⁵⁵
108	历书	ɬɯ⁵⁵lik³³		148	竹子	mai¹¹pu³³
109	阴历	noŋ³¹lik³³		149	笋	mai²⁴
110	阳历	ɬan⁵⁵lik³³		150	叶子	ʔbaɯ⁵³
111	星期天	li⁵⁵paːi²⁴		151	花	joːk³³
112	地方	thi³³fuːŋ⁵³		152	花蕾	joːk³³phəŋ⁵³
113	什么地方	khi³³ʔdaɯ³¹		153	梅花	joːk³³mui³¹
114	家里	ʔdaɯ³¹ɬɯːn³¹		154	牡丹	mu³¹taːn⁵³
115	城里	ʔdaɯ³¹fuː²⁴		155	荷花	joːk³³ŋau¹¹
				156	草	ɲa²⁴
116	乡下	ʔdaɯ³¹ʔbaːn²⁴		157	藤	khau⁵³

续表

158	刺	na:m^{53}	199	芹菜	ɕak^{55}kan^{31}
159	水果	ma:k^{33}	200	莴笋	po^{33}ɬan^{24}
160	苹果	phiŋ^{31}ko^{55}	201	韭菜	ɕak^{55}kɛp^{33}
161	桃子	ma:k^{33}tha:u^{31}	202	香菜	jim^{31}ɬi^{53}
162	梨	ma:k^{33}li^{31}	203	葱	tɕhoŋ^{53}
163	李子	ma:k^{33}man^{11}	204	蒜	ɬun^{53}
164	杏	(无)	205	姜	khiŋ^{53}
165	橘子	ma:k^{33}ka:m^{53}	206	洋葱	joŋ^{11}tɕhoŋ^{53}
166	柚子	ma:k^{33}pha:u^{31}	207	辣椒	ma:k^{33}tɕi:u^{33}
167	柿子	ma:k^{33}tɕi^{24}	208	茄子	ma:k^{33}kɯ^{53}
168	石榴	tɕhik^{33}lau^{31}	209	西红柿	kam^{55}kat^{55}
169	枣	ma:k^{33}tɕa:u^{24}	210	萝卜	la:u^{33}fak^{11}
170	栗子	pa:n^{24}lat^{33}	211	胡萝卜	hoŋ^{11}lo^{11}pak^{11}
171	核桃	ma:k^{33}phaŋ^{53}	212	黄瓜	pheŋ^{53}
172	银杏	ma:k^{33}phɯk^{55}	213	丝瓜	kwe^{53}
173	甘蔗	ʔoi^{24}	214	南瓜	kwa^{53}ʔdɛŋ^{53}
174	木耳	hu^{53}liŋ^{31}	215	荸荠	ma^{24}thai^{31}
175	蘑菇	tɕop^{33}	216	红薯	man^{31}ʔbuŋ^{24}
176	香菇	tɕop^{33}	217	马铃薯	ma^{55}liŋ^{31}ɕi^{31}
177	稻子	ku^{53}khau^{24}	218	芋头	phɯ:k^{35}
178	稻谷	khau^{24}ka:k^{33}	219	山药	man^{11}tɕha^{53}
179	稻草	fa:ŋ^{31}	220	藕	ŋau^{11}
180	大麦	mek^{33}ka:ŋ^{24}	221	老虎	ɬɯ^{53}
181	小麦	mek^{33}kwa:ŋ^{24}	222	猴子	liŋ^{31}
182	麦秸	fa:ŋ^{31}mek^{33}	223	蛇	ŋu^{31}
183	谷子	khau^{24}ka:k^{33}	224	老鼠	nu^{53}
184	高粱	khau^{24}meŋ^{33}	225	蝙蝠	tɕik^{33}kha:k^{33}
185	玉米	ʔbap^{55}	226	鸟儿	nok^{11}
186	棉花	pha:i^{24}	227	麻雀	nok^{11}tɕo:k^{35}
187	油菜	jau^{31}ɕoi^{24}	228	喜鹊	nok^{11}ho^{53}
188	芝麻	ŋa^{31}	229	乌鸦	ka^{53}
189	向日葵	ha^{55}wan^{31}	230	鸽子	nok^{11}ku^{53}
190	蚕豆	(无)	231	翅膀	pik^{55}
191	豌豆	thu^{33}ŋa^{31}la:n^{55}	232	爪子	tsa:i^{33}
192	花生	thu^{33}tum^{31}	233	尾巴	ha:ŋ^{53}
193	黄豆	thu^{33}tɕhaŋ^{24}	234	窝	ɬaŋ^{31}
194	绿豆	thu^{33}kheu^{53}	235	虫子	non^{53}
195	豇豆	tau^{31}kok^{33}	236	蝴蝶	fi^{11}hau^{24}
196	大白菜	ɕak^{55}pa:u^{33}	237	蜻蜓	fi^{11}
197	包心菜	joŋ^{31}pa:u^{55}	238	蜜蜂	meŋ^{31}thuŋ^{53}
198	菠菜	po^{55}tɕhoi^{33}	239	蜂蜜	thuŋ^{53}meŋ^{31}

续表

240	知了	weŋ^{24}weŋ^{24}		281	兔子	thɔ^{53}
241	蚂蚁	mət^{11}		282	鸡	kai^{55}
242	蚯蚓	ʔdɯːn^{31}		283	公鸡	kai^{55}ɬɛŋ^{53}
243	蚕	mɔn^{11}		284	母鸡	kai^{55}khauː^{31}
244	蜘蛛	kap^{11}tɕhaːu^{53}		285	叫	khan^{53}
245	蚊子	ȵuŋ^{31}		286	下	ʔe^{53}
246	苍蝇	meŋ^{31}fun^{31}		287	孵	fak^{11}
247	跳蚤	maːt^{35}		288	鸭	pet^{55}
248	虱子	thau^{53}		289	鹅	haːn^{33}
249	鱼	tɕa^{53}		290	阉（～公的猪）	jiːm^{53}
250	鲤鱼	tɕa^{53}nai^{11}		291	阉（～母的猪）	jiːm^{53}
251	鳙鱼	taːi^{33}thau^{31}i^{31}		292	阉（～鸡）	jiːm^{53}
252	鲫鱼	tɕa^{53}təu^{24}tɕhen^{31}		293	喂	khun^{53}
253	甲鱼	pha^{53}		294	杀猪	kha^{24}mu^{53}
254	鳞	kep^{55}		295	杀	kha^{24}
255	虾	kuŋ^{24}		296	村庄	ʔbaːn^{24}
256	螃蟹	pu^{53}		297	胡同	ɬoŋ^{33}ɬɯːn^{31}
257	青蛙	kop^{55}		298	街道	fau^{33}
258	癞蛤蟆	phaŋ^{11}phu^{33}		299	盖房子	ɕap^{11}ɬɯːn^{31}
259	马	ma^{11}		300	房子	ɬɯːn^{31}
260	驴	lɯ^{31}		301	屋子	ɬɯːn^{31}
261	骡	lo^{31}		302	卧室	thi^{33}nɔn^{31}
262	牛	waːi^{31}		303	茅屋	ɬɯːn^{31}kha^{11}
263	公牛	waːi^{31}thɯk^{33}		304	厨房	tɕhi^{31}fuːŋ^{31}
264	母牛	waːi^{31}mɛ^{33}		305	灶	tɕaːu^{33}
265	放牛	lin^{31}waːi^{31}		306	锅	mo^{24}hɛːk^{35}
266	羊	ʔbɛ^{24}		307	饭锅	mo^{24}tɕaːu^{24}
267	猪	mu^{53}		308	菜锅	hɛːk^{35}
268	种猪	mu^{53}laːŋ^{31}		309	厕所	khum^{53}khi^{24}
269	公猪	mu^{53}thɯk^{33}		310	檩	ŋəːm^{31}khaːŋ^{33}
270	母猪	mu^{53}mɛ^{33}		311	柱子	kuk^{33}ɬiu^{53}
271	猪崽	mu^{53}ɛŋ^{31}		312	大门	tu^{53}kaːi^{24}
272	猪圈	khok^{33}mu^{53}		313	门槛儿	khaːn^{33}tu^{53}
273	养猪	ɕəːŋ^{11}mu^{53}		314	窗	taːŋ^{33}
274	猫	mɛu^{31}		315	梯子	ʔdai^{53}
275	公猫	mɛu^{31}thɯk^{33}		316	扫帚	ȵu^{11}pat^{55}
276	母猫	mɛu^{31}mɛ^{33}		317	扫地	pat^{55}thi^{33}
277	狗	ma^{53}		318	垃圾	laːp^{11}ɬaːp^{33}
278	公狗	ma^{53}thɯk^{33}		319	家具	ka^{55}ki^{31}
279	母狗	ma^{53}mɛ^{33}		320	东西	ko^{33}kaːi^{33}
280	叫	hau^{53}		321	炕	thi^{33}nɔn^{31}

续表

322	床	tɕhɯːŋ³¹		363	衣服	ɬɯ²⁴khwa⁵⁵
323	枕头	mon⁵⁵thu⁵³		364	穿	nuŋ³³
324	被子	fa¹¹		365	脱	ke²⁴
325	棉絮	lun¹¹fa¹¹		366	系	khaːt³³
326	床单	ɕoːŋ³¹taːn³³		367	衬衫	ɬɯ²⁴pan³¹
327	褥子	lun¹¹fa¹¹		368	背心	pui³¹ɬam²⁴
328	席子	fup⁵⁵		369	毛衣	ɬɯ²⁴laːŋ⁵⁵
329	蚊帐	ɬɯːt³⁵		370	棉衣	ɬɯ²⁴put⁵⁵
330	桌子	ɕɔŋ³¹		371	袖子	khen⁵³ɬɯ²⁴
331	柜子	khɯi³³		372	口袋	piu⁵⁵toi²⁴
332	抽屉	thoː³³thuŋ²⁴		373	裤子	khwa³³
333	案子	ɕoːŋ³¹than³¹		374	短裤	khwa³³tɯt⁵⁵
334	椅子	toŋ²⁴ʔi³⁵		375	裤腿	kha⁵³khwa³³
335	凳子	taŋ³³		376	帽子	thu³¹
336	马桶	ma²⁴thuŋ⁵⁵		377	鞋子	haːi³¹
337	菜刀	taːu⁵³		378	袜子	faːt³³
338	瓢	phɛu³¹		379	围巾	wai³¹ku³¹
339	缸	kaːŋ⁵³		380	围裙	wai³¹khwan³¹
340	坛子	phiːt³⁵		381	尿布	ȵeu³³phjin³³
341	瓶子	tsan³³		382	扣子	pat³³
342	盖子	pha⁵³		383	扣	ɕap¹¹
343	碗	thui²⁴		384	戒指	tɕok³³mɯ³¹
344	筷子	thu⁵⁵		385	手镯	khim³¹mɯ³¹
345	汤匙	theu³¹keŋ⁵³		386	理发	fi⁵⁵ʔbau²⁴
346	柴火	fuːn³¹		387	梳头	wi⁵⁵ʔbau²⁴
347	火柴	laːi¹¹ho⁵⁵		388	米饭	tɕaːu²⁴khau²⁴
348	锁	ɬa²⁴		389	稀饭	tɕaːu²⁴liu⁵³
349	钥匙	lin³¹ɬa²⁴		390	面粉	mjen³³fan²⁴
350	暖水瓶	non⁵⁵hu³¹		391	面条	mjen³³theu³¹
351	脸盆	ʔaːŋ³³		392	面儿	mjen³³
352	洗脸水	nam¹¹ɬaːi¹¹na²⁴		393	馒头	maːn¹¹thau¹¹
353	毛巾	khən⁵³na²⁴		394	包子	mjiːn³³paːu⁵⁵
354	手绢	khən⁵³mɯ³¹		395	饺子	kaːu²⁴tsɿ²⁴
355	肥皂	kaːn²⁴		396	馄饨	man¹¹than⁵⁵
356	梳子	wi⁵³		397	馅儿	ȵon³¹
357	缝衣针	khim⁵³		398	油条	jau³¹thiu³¹
358	剪子	kɛu²⁴		399	豆浆	tau³¹tɕoŋ³¹
359	蜡烛	laːp³³		400	豆腐脑	tau³³fu³³fa⁵⁵
360	手电筒	ten³¹thuŋ³¹		401	元宵	phoːŋ³³puŋ³¹
361	雨伞	kɯːŋ²⁴		402	粽子	moːk³³
362	自行车	taːn³³tɕhe³³		403	年糕	ɬaːk⁵⁵kaːu³³

续表

404	点心	ɕi³¹pen²⁴		445	斟	tha:u²⁴
405	菜	ɕak⁵⁵		446	渴	ka:n⁵³
406	干菜	ɕak⁵⁵ŋɔŋ³¹		447	饿	ja:k³³
407	豆腐	tha:u³³fu³³		448	噎	kha³¹
408	猪血	lɯ:t³³mu⁵³		449	头	ʔbau²⁴
409	猪蹄	kha⁵⁵mu⁵³		450	头发	ʔbau²⁴ɕhom⁵³/phjam³³
410	猪舌头	lin³¹mu⁵³		451	辫子	kha:t³³ɕhom⁵³
411	猪肝	tap³³mu⁵³		452	旋	khwan⁵³
412	下水	ɬai²⁴thoŋ¹¹		453	额头	na²⁴ɕa:k⁵⁵
413	鸡蛋	ɬai⁵⁵kai³⁵		454	相貌	ɬɯ:ŋ⁵³
414	松花蛋	phji³¹ta:n³¹		455	脸	na²⁴
415	猪油	la:u¹¹mu⁵³		456	眼睛	ha⁵³
416	香油	la:u¹¹hɔm⁵³		457	眼珠	ɲon¹¹ha⁵³
417	酱油	tɕhi³¹jau³¹		458	眼泪	nam¹¹ha⁵³
418	盐	kə⁵³		459	眉毛	khun⁵⁵ɕau¹¹
419	醋	mi²⁴		460	耳朵	hu⁵³
420	香烟	jin⁵³		461	鼻子	ʔdaŋ⁵³
421	旱烟	jin⁵³khem⁵³		462	鼻涕	muk³³
422	白酒	lau²⁴kha:u⁵³		463	擤	fuɯ²⁴
423	黄酒	lau²⁴kɯŋ⁵³		464	嘴巴	pa:k³³
424	江米酒	lau²⁴wa:n⁵³		465	嘴唇	phi²⁴pa:k³³
425	茶叶	pauɯ⁵³ɕa²⁴		466	口水	la:i³¹
426	沏	tsam³³		467	舌头	lin¹¹
427	冰棍儿	ɬit⁵⁵thiu³¹		468	牙齿	kheu²⁴
428	做饭	phit⁵⁵tɕa:u²⁴		469	下巴	kha:ŋ³¹
429	炒菜	ɕɛu²⁴ɕak⁵⁵		470	胡子	mum³³
430	煮	ʔu:n²⁴		471	脖子	khu³¹
431	煎	tɕe:n⁵³		472	喉咙	ɬu³¹kho³¹
432	炸	tɕa:u³³		473	肩膀	ʔba³³
433	蒸	tsɯŋ⁵³		474	胳膊	khen⁵³
434	揉	khan¹¹		475	手	mɯ³¹
435	擀	ɲan²⁴		476	左手	mɯ³¹ɬa:i²⁴
436	吃早饭	kin⁵³leŋ³¹		477	右手	mɯ³¹ɬa²⁴
437	吃午饭	kin⁵³ŋai¹¹		478	拳头	kam⁵³khwin³¹
438	吃晚饭	kin⁵³tɕhau³¹		479	手指	nip³³mɯ³¹
439	吃	kin⁵³		480	大拇指	nip³³mɯ³¹me³³
440	喝~酒	ɲam²⁴		481	食指	nip³³mɯ³¹pho⁵³
441	喝~茶	ɲam²⁴		482	中指	nip³³mɯ³¹toŋ³³tɕa:ŋ⁵³
442	抽	ɕup⁵⁵		483	无名指	nip³³mɯ³¹ɬi⁵³
443	盛	tak³³		484	小拇指	nip³³mɯ³¹hoi²⁴
444	夹	hi:p³⁵		485	指甲	kep⁵⁵mɯ³¹

续表

486	腿	$ko^{53}pa:\eta^{33}$		525	吃药	$kin^{53}na^{24}$
487	脚	kha^{53}		526	汤药	$nam^{11}na^{24}$
488	膝盖	$thu^{55}khau^{24}$		527	病轻了	$phin^{33}nau^{35}$
489	背	$\text{ʔ}ba^{33}la\eta^{53}$		528	说媒	$wa^{33}lu^{31}$
490	肚子	mup^{55}		529	媒人	$mui^{31}pho^{31}$
491	肚脐	$\text{ʔ}duk^{55}\text{ʔ}di^{24}$		530	相亲	$\eta oi^{31}kan^{55}$
492	乳房	nom^{31}		531	订婚	$no\eta^{31}lau^{24}pi\eta^{31}$
493	屁股	$tup^{55}khi^{24}$		532	嫁妆	$\textsf{ɬ}ɯt^{55}fa^{11}$
494	肛门	$\textsf{ɬ}u^{31}khi^{24}$		533	结婚	$ke^{31}hun^{33}$
495	阴茎	wai^{31}		534	娶妻子	$\text{ʔ}au^{55}me^{33}$
496	女阴	hi^{53}		535	出嫁	$\text{ʔ}ɔk^{33}tɕa^{33}$
497	龟	$\text{ʔ}e^{24}$		536	拜堂	$lai^{11}ta:\eta^{55}$
498	精液	$nam^{11}wai^{31}$		537	新郎	$khɯi^{53}$
499	来月经	$ma^{11}\text{ʔ}de\eta^{53}$		538	新娘子	$mɛ^{33}lu^{31}maɯ^{55}$
500	拉屎	$\text{ʔ}e^{53}khi^{24}$		539	孕妇	$mɛ^{33}ma:t^{35}$
501	撒尿	$\text{ʔ}e^{53}neu^{33}$		540	怀孕	$ma:t^{35}$
502	放屁	$\text{ʔ}e^{53}tɯt^{55}$		541	害喜	$thoi^{24}$
503	相当于"他妈的"的口头禅	$\textsf{ɬ}iu^{53}mɛ^{33}mɯ^{31}$		542	分娩	$\textsf{ɬ}e\eta^{53}luk^{33}$
504	病了	$phin^{31}pi\eta^{33}$		543	流产	$lu:t^{33}$
505	着凉	$jin^{53}khai^{24}$		544	双胞胎	$pha^{55}phe^{53}$
506	咳嗽	$\text{ʔ}ai^{53}$		545	坐月子	$ju^{33}\text{ʔ}bɯ:n^{31}$
507	发烧	$fa:t^{35}\text{ʔ}dɯ:t^{33}$		546	吃奶	$kin^{53}nom^{31}$
508	发抖	$\textsf{ɬ}an^{53}$		547	断奶	$kek^{33}nom^{31}$
509	肚子疼	$muk^{35}tɕep^{55}$		548	满月	$tau^{53}\text{ʔ}bɯ:n^{31}$
510	拉肚子	$khi^{24}\textsf{ɬ}e^{33}$		549	生日	$ɕa:\eta^{55}jat^{11}$
511	患疟疾	$pe^{11}fat^{35}$		550	做寿	$hit^{55}khwan^{53}$
512	中暑	$ma:u^{33}\text{ʔ}de:t^{33}$		551	死~统称	$ha:i^{53}$
513	肿	$khaɯ^{33}$		552	死~婉称	$kwa^{33}\textsf{ɬ}i^{53}$
514	化脓	$\text{ʔ}o:k^{33}no:k^{55}$		553	自杀	$ha^{24}kha^{24}$
515	疤	$thiu^{24}$		554	咽气	$khai^{24}$
516	癣	$na:n^{53}$		555	入殓	$khau^{24}phak^{55}$
517	痣	mai^{31}		556	棺材	$ku^{55}mai^{11}$
518	疙瘩	$\text{ʔ}daɯ^{31}$		557	出殡	$thon^{11}phi^{53}$
519	狐臭	$khiu^{53}\textsf{ɬ}ak^{11}\textsf{ɬ}i:k^{35}$		558	灵位	$ɕo\eta^{11}phjen^{53}$
520	看病	$\eta ɔi^{31}phi\eta^{33}$		559	坟墓	$pɔ^{33}fan^{31}$
521	诊脉	$pa^{24}mak^{11}$		560	上坟	$pa:i^{33}ɕa^{33}$
522	针灸	$tɕam^{55}khau^{24}$		561	纸钱	$tɕe^{24}tɕhen^{31}$
523	打针	$ta^{24}tɕam^{55}$		562	老天爷	$me^{33}fa^{11}$
524	打吊针	$tiu^{33}tɕam^{55}$		563	菩萨	$phu^{31}\textsf{ɬ}a^{31}$

续表

编号	词	音	编号	词	音
564	观音	kuːn^{55}jam^{55}	604	哑巴	khən^{31}wan^{11}
565	灶神	(无)	605	驼子	khən^{31}kho^{31}
566	寺庙	tau^{24}thi^{33}	606	瘸子	khən^{31}khwɛ^{31}
567	祠堂	ɕu^{31}	607	疯子	khən^{31}ʔbaːk^{35}
568	和尚	ho^{31}ɕaːŋ^{24}	608	傻子	khən^{31}tan^{53}
569	尼姑	ni^{31}ku^{33}	609	笨蛋	khən^{31}ŋoŋ^{55}
570	道士	phu^{11}thaːu^{11}	610	爷爷	ʔoŋ^{53}
571	算命	phu^{11}ɬiːn^{53}	611	奶奶	phɔ^{31}
572	运气	wan^{31}hi^{33}	612	外祖父	ta^{33}
573	保佑	paːu^{55}jəu^{24}	613	外祖母	taːi^{33}
574	人	khən^{31}	614	父母	phɔ^{33}mɛ^{33}thau^{24}
575	男人	thui^{33}phɔ^{33}	615	父亲	phɔ^{33}thau^{24}
576	女人	thui^{33}mɛ^{33}	616	母亲	mɛ^{33}thau^{24}
577	单身汉	koŋ^{55}kwan^{24}	617	爸爸	pa^{24}
578	老姑娘	mɛ^{33}ɬaːu^{53}kɛ^{33}	618	妈妈	ʔu^{24}
579	婴儿	luk^{33}ʔdik^{55}	619	继父	pa^{33}laŋ^{53}
580	小孩	luk^{33}ʔɛŋ^{53}	620	继母	ʔu^{24}laŋ^{53}
581	男孩	luk^{33}thui^{33}phɔ^{33}	621	岳父	ta^{33}
582	女孩	luk^{33}thui^{33}mɛ^{33}	622	岳母	taːi^{33}
583	老人	khən^{31}kɛ^{24}	623	公公	ʔoŋ^{53}
584	亲戚	phi^{55}noŋ^{11}	624	婆婆	mɛ^{33}
585	朋友	laːu^{11}thuŋ^{31}	625	伯父	kɛ^{33}
586	邻居	khok^{33}ɬɯːn^{31}	626	伯母	pa^{24}
587	客人	khən^{31}kheːk^{35}	627	叔父	tɕu^{24}
588	农民	noŋ^{31}min^{31}	628	排行最小的叔父	tɕu^{24}met^{55}
589	商人	khən^{31}ɬeŋ^{53}ji^{33}	629	叔母	ʔa^{53}lu^{31}
590	手艺人	ɬai^{55}fu^{33}	630	姑	pa^{24}
591	泥水匠	ɬai^{55}fu^{33}ɕap^{11}ɬɯːn^{31}	631	姑父	kɛ^{33}
592	木匠	muk^{11}koŋ^{55}	632	舅舅	luŋ^{31}
593	裁缝	ɬai^{55}fu^{33}tɕhe^{53}tɕhɯ^{24}	633	舅妈	mɯ^{24}
594	理发师	ɬai^{55}fu^{33}kaːt^{33}tɕhom^{53}	634	姨	pa^{24}
595	厨师	tɕhi^{31}ɬɯ^{33}	635	姨父	luŋ^{31}
596	师傅	ɬai^{55}fu^{33}	636	弟兄	phi^{55}noŋ^{11}
597	徒弟	luk^{33}thɯ^{24}	637	姊妹	noŋ^{11}ɬaːu^{31}
598	乞丐	kau^{24}wa^{33}	638	哥哥	phi^{33}ʔbaːu^{33}
599	妓女	kai^{55}phɔ^{31}	639	嫂子	phi^{55}naːŋ^{31}
600	流氓	lau^{31}moŋ^{31}	640	弟弟	noŋ^{11}ʔbaːu^{33}
601	贼	lak^{33}	641	弟媳	noŋ^{11}nu^{31}
602	瞎子	khən^{31}ʔbɔt^{33}	642	姐姐	phi^{33}ɬaːu^{53}
603	聋子	khən^{31}nuk^{55}	643	姐夫	phi^{33}khɯi^{53}

续表

编号	词	音标	编号	词	音标
644	妹妹	nɔŋ^{11}ɬa:u^{53}	684	走江湖	ka:ŋ^{33}hu^{31}lau^{24}
645	妹夫	nɔŋ^{11}khɯi^{53}	685	打工	hi:t^{35}khoi^{24}
646	堂兄弟	phi^{55}nɔŋ^{11}	686	斧子	fu^{24}
647	表兄弟	phi^{55}nɔŋ^{11}	687	钳子	khi:m^{31}
648	妯娌	pa^{24}ʔa^{33}lu^{31}	688	螺丝刀	lo^{31}ɬɯ^{33}phai^{53}
649	连襟	phi^{33}khɯi^{53}nɔŋ^{11}khɯi^{53}	689	锤子	ɕui^{31}
650	儿子	luk^{33}ʔba:u^{33}	690	钉子	teŋ^{53}
651	儿媳妇	me^{33}lu^{31}	691	绳子	ɕɯ:k^{33}
652	女儿	luk^{11}ɬa:u^{53}	692	棍子	ʔdam^{53}ʔdu^{33}
653	女婿	khɯi^{53}	693	做买卖	kha:i^{53}ɬɯ^{24}
654	孙子	la:n^{53}	694	商店	tɕhoŋ^{33}phu^{24}
655	重孙子	li:ŋ^{24}	695	饭馆	fa:n^{31}ten^{33}
656	侄子	la:n^{53}ʔba:u^{33}	696	旅馆	li^{55}ɕe^{24}
657	外甥	la:n^{53}ʔba:u^{33}	697	贵	phɛ:ŋ^{31}
658	外孙	la:n^{53}	698	便宜	tɕhe:n^{33}
659	夫妻	phɔ^{33}me^{33}	699	合算	ŋa:m^{33}ʔdai^{53}
660	丈夫	phɔ^{33}	700	折扣	ʔeu^{24}thon^{33}
661	妻子	me^{33}	701	亏本	ɕi:t^{35}
662	名字	miŋ^{31}	702	钱	ŋən^{31}
663	绰号	fa^{33}miŋ^{31}	703	零钱	thai^{33}tɕai^{24}
664	干活儿	hi:t^{35}koŋ^{53}	704	硬币	ɕen^{31}khem^{33}
665	事情	fi:k^{35}	705	本钱	ŋən^{31}kuk^{55}
666	插秧	ʔdam^{53}na^{31}	706	工钱	ŋən^{31}koŋ^{53}
667	割稻	ɬat^{33}khau^{24}	707	路费	tɕhen^{31}tɕhe^{53}
668	种菜	tɕai^{31}ɕak^{55}	708	花	nɯŋ^{33}
669	犁	thai^{53}	709	赚	lau^{24}
670	锄头	ku:k^{33}	710	挣	ʔdai^{24}
671	镰刀	lji:n^{31}	711	欠	thiu^{24}
672	把儿	ʔda:m^{24}	712	算盘	tɕi^{55}ɬon^{24}
673	扁担	kha:n^{31}	713	秤～统称	ɕaŋ^{33}
674	箩筐	kui^{53}	714	称用秤秤～	ɕaŋ^{33}
675	筛子	tɕhən^{53}	715	赶集	mɯ^{11}ha:ŋ^{24}
676	簸箕～农具，有梁的	tɕha:n^{24}ki^{53}	716	集市	fau^{53}
677	簸箕～簸米用	ʔdoŋ^{24}	717	庙会	noŋ^{31}thon^{33}
678	独轮车	tɕhe^{55}lən^{31}ʔdɛu^{35}	718	学校	jo^{31}tha:ŋ^{31}
679	轮子	lən^{31}	719	教室	thi:ŋ^{53}ha:k^{33}
680	碓	ɬa:k^{55}	720	上学	khən^{24}ha:k^{33}
681	臼	tɕhok^{33}	721	放学	noŋ^{31}ha:k^{33}
682	磨	ɕai^{55}	722	考试	kha:u^{24}ɕi^{33}
683	年成	ɕau^{55}ɕiŋ^{31}	723	书包	thai^{33}ɬɯ^{53}

续表

724	本子	tɕhɛk³³		764	嚼	kheu¹¹
725	铅笔	jen³¹pit³¹		765	咽	nən³³
726	钢笔	ka:ŋ²⁴pit³¹		766	舔	li³¹
727	圆珠笔	jen³¹tsʅ²⁴pit³¹		767	含	ʔom⁵³
728	毛笔	ma:u³¹pit³¹		768	亲嘴	tɕup⁵⁵pa:k³³
729	墨	mək³³		769	吮吸	ʔdət⁵⁵
730	砚台	mək³³thoi³¹		770	吐（上声）	thiu²⁴
731	信	ɬin⁵⁵		771	吐（去声）	thoi³³
732	连环画	thu³¹wa²⁴		772	打喷嚏	ɬan⁵³
733	捉迷藏	lap¹¹len¹¹		773	拿	kam⁵³
734	跳绳	the:u³¹ɕək³³		774	给	hu²⁴
735	毽子	jin³³		775	摸	lum³³
736	风筝	fi¹¹lum³¹		776	伸	ȵa:k³³
737	舞狮	mu²⁴ɬai⁵³tɕi²⁴		777	挠	ɕon²⁴
738	鞭炮	pha:u²⁴		778	掐	neu²⁴
739	唱歌	ɕən⁵⁵kɔ⁵⁵		779	拧~螺丝	na:u²⁴
740	演戏	jem²⁴hi³³		780	拧~毛巾	pan²⁴
741	锣鼓	toŋ²⁴tɕha²⁴		781	捻	ȵan²⁴
742	二胡	ȵi³³ȵen³¹		782	掰	ʔbak⁵⁵
743	笛子	tɕhi⁵³		783	剥	ʔbi⁵³
744	划拳	tɕha:i⁵³ma¹¹		784	撕	ɕik³³
745	下棋	tək⁵⁵khi¹¹		785	折	ʔeu²⁴
746	打扑克	tək⁵⁵phe⁵³		786	拔	luk⁵⁵
747	打麻将	tək⁵⁵ma¹¹tɕhop⁵⁵		787	摘	ʔbit⁵⁵
748	变魔术	ɕa²⁴pa²⁴hi⁵³		788	站	mai³¹
749	讲故事	tɕa:ŋ²⁴ku²⁴hin³³		789	倚	ʔa:i³¹
750	猜谜语	ka:m⁵³ke²⁴		790	蹲	mau²⁴
751	玩儿	ljiu³³		791	坐	naŋ³³
752	串门儿	pai⁵³ljiu³³		792	跳	the:u³¹
753	走亲戚	pai⁵³phi³³noŋ¹¹		793	迈	kha:m²⁴
754	看	ȵɔm³³		794	踩	ȵam³³
755	听	thiŋ³³		795	翘	ka:k³³
756	闻	ʔdɯm⁵³		796	弯	khu³¹
757	吸	ʔdət⁵⁵		797	挺	ʔen²⁴
758	睁	khiŋ⁵³		798	趴	fum³³
759	闭	lap³³		799	爬	fa:n³³
760	眨	ȵa:p³³		800	走	tɕha:i²⁴
761	张	ʔa²⁴		801	跑	len³³
762	闭	hap⁵⁵		802	逃	ni⁵³
763	咬	khu:p³⁵		803	追	tɕui⁵³

续表

804	抓	khap^{33}		844	撬	keu^{31}
805	抱	ʔum^{24}		845	挑	luːk^{33}
806	背	ti^{53}		846	收拾	tɕap^{55}ɬap^{11}
807	挽	fu^{31}		847	挽	pin^{24}
808	推	ʔoŋ^{24}		848	涮	ɬaːu^{31}
809	摔	luːm^{33}		849	洗	ɬaːu^{31}
810	撞	tɕoŋ^{53}		850	捞	waːi^{24}
811	挡	lom^{55}		851	拴	khaːt^{35}
812	躲	ʔdo^{24}		852	捆	khaːt^{35}
813	藏	ɲo^{31}		853	解	ke^{24}
814	放	pheŋ^{33}		854	挪	kɯːt^{55}
815	摞	ɕak^{33}		855	端	ɲau^{24}
816	埋	phaŋ^{53}		856	摔	phət^{35}
817	盖	khup^{33}		857	掺	ɕam^{53}
818	压	ʔaːt^{35}		858	烧	puŋ^{53}
819	摁	ɲan^{24}		859	拆	luːt^{33}
820	捅	thoŋ^{24}		860	转	pan^{33}
821	插	ɕaːp^{35}		861	捶	thuːp^{33}
822	戳	thoŋ^{24}		862	打	thiŋ^{33}
823	砍	waːk^{35}		863	打架	thɔ^{33}thiŋ^{33}
824	剁	maːk^{33}		864	休息	wep^{33}
825	削	phaːn^{53}		865	打哈欠	haːu^{53}lum^{31}
826	裂	pheːk^{35}		866	打瞌睡	mau^{31}nɔn^{31}
827	皱	ɲau^{33}		867	睡	nɔn^{31}
828	腐烂	nən^{33}		868	打呼噜	tɕɔn^{53}
829	擦	maːt^{33}		869	做梦	phan^{55}nan^{53}
830	倒	thaːu^{24}		870	起床	tɯn^{33}
831	扔～丢弃	tiu^{53}		871	刷牙	ɕaːt^{35}kheu^{24}
832	扔～投掷	phət^{35}		872	洗澡	ɬaːu^{11}ʔdaːŋ^{31}
833	掉	tok^{55}		873	想～思索	ɬɯŋ^{24}
834	滴	tik^{55}		874	想～想念	nam^{24}
835	丢	tok^{55}		875	打算	ta^{24}ɬɯn^{55}
836	找	lau^{55}		876	记得	ki^{33}ʔdai^{24}
837	捡	ʔip^{55}		877	忘记	lum^{31}
838	提	ɲau^{24}		878	怕	laːu^{53}
839	挑	haːp^{35}		879	相信	ɬin^{55}
840	扛	ʔbeːk^{35}		880	发愁	jau^{31}
841	抬	haːm^{53}		881	小心	ɬiu^{24}ɬim^{53}
842	举	ɲaːk^{33}		882	喜欢	nat^{55}
843	撑	khaːŋ^{53}		883	讨厌	nau^{55}

续表

884	舒服	ɕi⁵⁵fu¹¹		924	吵架	thɔ¹¹ʔda³³
885	难受	na:n³¹ȵu³³		925	骗	ȵau³³
886	难过	khum⁵³khu²⁴		926	哄	pui³³
887	高兴	hu⁵³ȵi²⁴		927	撒谎	ȵau³³
888	生气	fa:t³³ɬiŋ²⁴		928	吹牛	hit⁵⁵ȵau²⁴
889	责怪	kwa:i³³		929	拍马屁	pui³³khən³¹
890	后悔	hau²⁴hwai⁵³		930	开玩笑	tɕa:ŋ²⁴ji³³ja:u³³
891	忌妒	ʔdiu²⁴		931	告诉	kha¹¹
892	害羞	ȵen²⁴		932	谢谢	to³³tɕe³¹
893	丢脸	tiu⁵³na²⁴		933	对不起	toi³³mi⁵⁵ju³³
894	欺负	khi⁵⁵fu³³		934	再见	tsa:i²⁴ken²⁴
895	装	tɕa²⁴tɕa:ŋ⁵³		935	大	ka:i²⁴
896	疼	ʔdi:p³⁵		936	小	ɬai³³
897	要	ʔau⁵³		937	粗	tɕhu⁵³
898	有	mi³¹		938	细	ɬai⁵⁵
899	没有	mi⁵⁵mi³¹		939	长	ɬi³¹
900	是	tshɯ³³		940	短	tin²⁴
901	不是	mi⁵⁵tshɯ³³		941	长	ɬi³¹
902	在	ȵu³³		942	短	tin²⁴
903	不在	mi⁵⁵ȵu³³		943	宽	kwa:ŋ³⁵
904	知道	ɬu¹¹na²⁴		944	宽敞	kwa:ŋ³⁵
905	不知道	mi⁵⁵ɬu¹¹na²⁴		945	窄	khap¹¹
906	懂	ɬu¹¹/tɕak⁵⁵/thjen⁵³		946	飞机飞得～	ɬuŋ⁵³
907	不懂	mi⁵⁵ɬu¹¹/mi⁵⁵tɕak⁵⁵/mi⁵⁵thjen⁵³		947	低	tam³³
908	会	ɬu¹¹/tɕak⁵⁵/thjen⁵³		948	他比我～	ɬuŋ⁵³
909	不会	mi⁵⁵ɬu¹¹/mi⁵⁵tɕak⁵⁵/mi⁵⁵thjen⁵³		949	矮	tam³³
910	认识	ɬu¹¹na²⁴		950	远	kwai⁵³
911	不认识	mi⁵⁵ɬu¹¹na²⁴		951	近	ɕaɯ²⁴
912	行	ʔdai²⁴		952	深	ʔduk⁵⁵
913	不行	mi⁵⁵ʔdai²⁴		953	浅	tɕhen²⁴
914	肯	ȵan³³		954	清	ɬaɯ⁵³
915	应该	ʔiŋ⁵³ka:i⁵³		955	浑	wam³¹
916	可以	ʔdai²⁴		956	圆	mən³¹
917	说	tɕa:ŋ²⁴		957	扁	fɛp⁵⁵
918	话	wa³³		958	方	fu:ŋ⁵³
919	聊天儿	khiŋ⁵⁵kai³¹		959	尖	ɬi:n²⁴
920	叫	ja:u³⁵		960	平	phiŋ⁵³
921	吆喝	ɬon³³		961	肥～肉	phi³¹
922	哭	hai²⁴		962	瘦～肉	tɕiŋ⁵³
923	骂	ʔda³³		963	肥形容猪等动物	phi³¹

续表

964	胖	ka:i^{24}		1004	早	ɕa:u^{11}
965	瘦~形容人、动物	hɛu^{33}		1005	晚（来~了）	kham^{33}
966	黑雪的颜色	ʔdam^{53}		1006	晚（天色~）	kham^{33}
967	白~黑板的颜色	kha:u^{53}		1007	松	ʔbuŋ^{53}
968	红	ʔdɛŋ^{53}		1008	紧	man^{55}
969	黄	lɯ:ŋ^{53}		1009	容易	joŋ^{31}n̠i^{33}
970	蓝	la:m^{31}		1010	难	kho^{24}
971	绿	khɛu^{53}		1011	新	mɯ^{35}
972	紫	tɕi^{24}		1012	旧	kau^{33}
973	灰	mo:k^{33}		1013	老	kɛ^{33}
974	多	la:i^{53}		1014	年轻	ʔɔn^{33}
975	少	nɔ:i^{11}		1015	软	ʔɔn^{33}
976	重	nak^{55}		1016	硬	khɛ:ŋ^{33}
977	轻	naɯ^{35}		1017	烂	n̠ən^{33}
978	直	tɕik^{11}		1018	糊	mai^{24}
979	陡	liŋ^{53}		1019	结实	ɕat^{33}
980	弯	khut^{33}		1020	破	kho:t^{33}
981	歪	tɕhe^{31}		1021	富	mi^{31}
982	厚	na^{53}		1022	穷	kho^{24}
983	薄	ʔba:ŋ^{53}		1023	忙	kən^{24}
984	稠	khut^{11}		1024	闲	wa:ŋ^{55}
985	稀	liu^{53}		1025	累	tɯ^{24}
986	密	mat^{11}		1026	疼	tɕep^{55}
987	稀	ʔba:ŋ^{53}		1027	痒	tan^{24}
988	亮	ɬɯ:ŋ^{33}		1028	热闹	na:u^{11}n̠it^{33}
989	黑指光线，完全看不见	ʔdam^{53}		1029	熟悉	ɬuk^{33}
990	热~天气	ʔdɯ:t^{33}		1030	陌生	mi^{55}ɬuk^{33}
991	暖和	thau^{35}		1031	味道	mi^{33}ta:u^{33}
992	凉	lɯ:ŋ^{31}		1032	气味	hi^{55}mi^{33}
993	冷	ʔda:ŋ^{24}		1033	咸	khem^{31}
994	热~水	ʔdɯ:t^{33}		1034	淡	tha:m^{33}
995	凉	lɯ:ŋ^{31}		1035	酸	ɬom^{24}
996	干	kha:ɯ^{24}		1036	甜	wa:n^{53}
997	湿	ʔdit^{55}		1037	苦	khom^{53}
998	干净	ɬau^{53}		1038	辣	phi:t^{35}
999	脏	we^{24}		1039	鲜	ʔdai^{53}
1000	快~锋利	khum^{31}		1040	香	hom^{53}
1001	钝	lu^{55}		1041	臭	khiu^{53}
1002	快~速度	khwa:i^{35}		1042	馊	ʔbɯ:t^{33}
1003	慢	ma:n^{33}		1043	腥	ɬiŋ^{53}

续表

1044	好	ʔdai⁵³		1084	个把	pa:k³⁵
1045	坏	wa:i³³		1085	个	ŋe⁵⁵
1046	差	jai³¹		1086	匹	tu⁵³
1047	对	tɕuŋ⁵⁵		1087	头（一～件）	tu⁵³
1048	错	wa:ŋ¹¹		1088	头（一～猪）	tu⁵³
1049	漂亮	ʔdai⁵³ɬa:u⁵³		1089	只（一～狗）	tu⁵³
1050	丑	jai³¹		1090	只（一～鸡）	tu⁵³
1051	勤快	ɕak⁵⁵		1091	只（一～蚊子）	tu⁵³
1052	懒	la:n²⁴		1092	条（一～鱼）	tʰeu³¹
1053	乖	kha¹¹tiŋ³³		1093	条（一～蛇）	tʰeu³¹
1054	顽皮	khwa:ŋ³¹		1094	张（一～嘴）	ŋe⁵⁵
1055	老实	la:u¹¹ɬat¹¹		1095	张（一～桌子）	ŋe⁵⁵
1056	傻	ʔdan⁵³		1096	床	pʰen²⁴
1057	笨	ŋu:ŋ⁵⁵		1097	领	pʰen²⁴
1058	大方	ta:i³¹foŋ⁵⁵		1098	双	khu²⁴
1059	小气	mat⁵⁵tɕhi²⁴		1099	把（～刀）	ma:k³³
1060	直爽	tɕik¹¹ɕo:ŋ²⁴		1100	把（～锁）	ŋe⁵⁵
1061	犟	khwa:ŋ³¹		1101	根	tʰeu³¹
1062	一	nən³³/ʔit⁵⁵		1102	支	ma:k³³
1063	二	ɬɔŋ⁵³/ȵi³³		1103	副	hu³³
1064	三	ɬa:m⁵³		1104	面	ŋe⁵⁵
1065	四	ɬi³⁵		1105	块	kha:u³³
1066	五	ha²⁴		1106	辆	tɕa³³
1067	六	hok⁵⁵		1107	座（～房子）	ŋe⁵⁵
1068	七	tɕit⁵⁵		1108	座（～桥）	ŋe⁵⁵
1069	八	pet³³		1109	条（～河）	tʰeu³¹
1070	九	kau²⁴		1110	条（～路）	tʰeu³¹
1071	十	ɬip⁵⁵		1111	棵	kɔ⁵³
1072	二十	ȵi³³ɬip⁵⁵		1112	朵	pʰoŋ³¹
1073	三十	ɬa:m⁵⁵ɬip⁵⁵		1113	颗	mui⁵⁵
1074	一百	pa:k³³nəŋ³³		1114	粒	mui⁵⁵
1075	一千	tɕhin⁵³nəŋ³³		1115	顿	tɔn³³
1076	一万	fa:n³³nəŋ³³		1116	剂	fu³³
1077	一百零五	pa:k³³liŋ³¹ha²⁴		1117	股	fu³¹
1078	一百五十	pa:k³³ha²⁴		1118	行	ha:ŋ³¹
1079	第一	tʰai³³ʔit⁵⁵		1119	块	mən⁵³
1080	二两	ɬɔŋ⁵³ɕa:ŋ¹¹		1120	毛	kɔk³³
1081	几个	ki²⁴ŋe⁵⁵		1121	件	kin³¹
1082	俩	ɬɔŋ⁵³		1122	点儿	tik⁵⁵
1083	仨	ɬa:m⁵³		1123	些	ʔi⁵⁵

续表

1124	下	pa:t^{35}	1164	最	tsui^{55}
1125	会儿	jap^{55}	1165	都	tu^{55}
1126	顿	phai^{31}	1166	一共	khuŋ^{33}
1127	阵	ɕa^{55}	1167	一起	thɔ^{31}kan^{33}
1128	趟	phai^{31}	1168	只	ŋa:m^{55}
1129	我	kəu^{53}/khoi^{24}	1169	刚（～好）	ŋa:m^{55}
1130	你	mɯ^{31}	1170	刚（～到）	ŋa:m^{55}
1131	您	mɯ^{31}	1171	才	ŋa:m^{55}
1132	他	min^{31}	1172	就	tɕau^{31}
1133	我们	ʔboŋ^{53}ɬau^{31}	1173	经常	kiŋ^{53}ɕɯ:ŋ^{31}
1134	咱们	ɬau^{31}/phɯ^{55}	1174	又	jau^{31}
1135	你们	ʔboŋ^{53}mɯ^{31}	1175	还	ȵaŋ^{31}
1136	他们	ʔboŋ^{53}min^{31}	1176	再	tsa:i^{33}
1137	大家	ta:i^{31}ka^{53}	1177	也	ȵɯ^{33}
1138	自己	ɕi^{33}ki^{24}	1178	反正	fa:n^{55}tɕiŋ^{24}
1139	别人	khən31ta:i^{53}	1179	没有	mi^{55}mi^{31}
1140	我爸	pa^{33}kəu^{53}	1180	不	mi^{55}
1141	你爸	pa^{33}mɯ^{31}	1181	别	mi^{55}ɕai^{24}
1142	他爸	pa^{33}min^{31}	1182	甭	mi^{55}ɕai^{24}
1143	这个	ŋe^{55}nai^{35}	1183	快	khwa:i^{24}
1144	那个	ŋe^{55}min^{24}	1184	差点儿	ʔi^{35}tik^{55}
1145	哪个	ŋe^{55}thɯ^{31}	1185	宁可	niŋ^{31}jen^{24}
1146	谁	khən^{31}thɯ^{31}	1186	故意	tɕen^{55}mon^{31}
1147	这里	khe^{33}nai^{35}	1187	随便	ɬai31pje:n^{24}
1148	那里	khe^{33}min^{24}	1188	白~跑一趟	pak^{55}
1149	哪里	khe^{33}thɯ^{31}	1189	肯定	khən^{55}tiŋ^{24}
1150	这样	phi:n^{11}nai^{35}	1190	可能	kho^{55}nəŋ^{31}
1151	那样	phi:n^{11}min^{24}	1191	一边	phɯŋ^{11}
1152	怎样	phe^{33}ɬau^{31}	1192	和我~他都姓王	ɕau^{55}
1153	这么	phi:n^{11}nai^{35}	1193	和我～她一起出去	ɕau^{55}
1154	怎么	hit^{55}ɬau^{31}	1194	对	toi^{33}
1155	什么是~字	ka^{33}laŋ^{53}	1195	往	ȵɯŋ^{55}
1156	什么你我～	ka^{33}laŋ^{53}	1196	向	ȵɯŋ^{55}
1157	为什么	wi^{33}ka^{33}laŋ^{53}	1197	按	ŋa:n^{24}
1158	干什么	hit^{55}ka^{33}laŋ^{53}	1198	替	thai^{33}
1159	多少	ki^{24}la:i^{53}	1199	如果	ju31ko^{55}
1160	很	la:i^{53}	1200	不管	mi^{55}kun^{24}
1161	非常	la:i^{53}la:i^{53}	1201	天	fa^{11}
1162	更	khɯŋ^{31}	1202	天河	me^{33}fa^{11}
1163	太	tha:i^{33}	1203	天上	nə^{55}fa^{11}

续表

1204	霹雷	fa^{11}khip^{55}		1244	鹅卵石	hin^{53}tɕhai^{33}pit^{33}
1205	彗星	ʔda:u^{53}ʔdi^{33}n̥u^{31}wat^{55}		1245	泥巴	lai^{31}
1206	北斗星	ʔda:u^{53}ʔdi^{33}pai^{24}tau^{31}		1246	土	tom^{53}
1207	流星	ʔda:u^{53}ʔdi^{33}top^{55}		1247	石灰	fon^{55}
1208	乌云	pha^{24}ʔdam^{53}		1248	金子	kim^{53}
1209	狂风	lum^{31}la:i^{55}		1249	铁	lɛk^{55}
1210	旋风	lum^{31}phat^{11}		1250	铜	thuŋ^{31}
1211	暴风雨	lum^{31}pha:t^{35}lum^{31}pheŋ^{55}		1251	钢	kɔŋ^{33}
1212	毛毛雨	phən^{53}muɯt^{33}muɯt^{33}		1252	锡	ɬe:k^{33}
1213	阵雨	phən^{53}ɕa^{33}		1253	硝	ɬim^{31}
1214	打雷	fa^{11}ʔdaŋ^{53}		1254	汞	ɕui^{24}ŋan^{31}
1215	瘴气	mok^{33}ʔdam^{53}		1255	硫黄	lau^{11}wɔŋ^{31}
1216	打闪	fa^{11}n̥ep^{33}		1256	铅	jen^{31}
1217	刮	kwa:t^{33}		1257	光	ɬu:ŋ^{33}
1218	结冰	kip^{33}piŋ^{55}		1258	火焰	n̥o:t^{33}fai^{31}
1219	日晕	ha^{55}wan^{31}tam^{31}		1259	火花	jo:k^{33}fai^{31}
1220	月晕	ha:i^{53}fa^{11}tam^{31}		1260	火种	pho^{31}fai^{31}
1221	涨	thɔ:m^{24}		1261	溶洞	ɬu:ŋ^{31}ŋɯ:m^{31}
1222	消退	thoi^{55}		1262	阴河	tha^{33}ʔam^{33}
1223	地	thi^{33}		1263	煤烟子	pha:u^{55}khiŋ^{24}
1224	荒地	wa:ŋ^{55}thi^{33}		1264	锅煤烟	mi^{24}hɛ:k^{55}
1225	平坝子	thi^{33}pa^{24}		1265	浪	pɔ^{33}la:ŋ^{24}
1226	平地	thi^{33}phjeŋ^{53}		1266	漩涡	ŋam^{31}to^{31}khau^{24}
1227	岭	keŋ^{53}		1267	瀑布	nam^{11}tup^{55}ɕa^{53}
1228	山坳	pha:i^{11}		1268	泉	ʔbɔ^{33}
1229	山顶	n̥o:t^{33}tɕha^{53}		1269	蒸汽	tɕiŋ^{55}hi^{33}
1230	山洞	ŋɯ:m^{31}		1270	污垢	nai^{33}
1231	山峰	ʔba^{11}tɕha^{53}		1271	锯花	(无)
1232	山脚	kok^{33}tɕha^{53}		1272	锯末	muɯn^{33}mai^{11}
1233	山坡	phu^{31}		1273	陷阱	tiu^{11}khum^{53}
1234	山下	tauɯ^{24}tɕha^{53}		1274	锈	nen^{24}
1235	山腰	pun^{11}tɕha^{53}		1275	渣滓	nə^{24}
1236	岑	phu^{31}		1276	痕迹	han^{31}tɕik^{55}
1237	潭	lau^{53}		1277	时间	ɕi^{31}ken^{55}
1238	海	ha:i^{24}		1278	从前	ho^{33}kɔn^{55}
1239	悬崖	ʔda:n^{33}		1279	原来	jen^{31}ma^{31}
1240	悬岩	(无)		1280	将来	tɕɔŋ^{53}ma^{31}
1241	洲	tha^{33}tha:i^{31}		1281	最后	ta^{24}laŋ^{53}
1242	沙滩	khɔn^{31}tha^{33}		1282	后来	laŋ^{53}ma^{31}
1243	渡口	tu^{24}khau^{55}		1283	古代	phuɯ^{33}ke^{33}

续表

编号	词	音标	编号	词	音标
1284	平时	phi:ŋ³¹ɕi³¹	1324	黎明	kai³³khan⁵³
1285	子	nu⁵³	1325	今晚	kham³³nai³⁵
1286	丑	wa:i³¹	1326	明晚	kham³³tɕhuk⁵⁵
1287	寅	ɬɯ⁵³	1327	昨晚	kham³³wa³¹
1288	卯	tho⁵⁵	1328	一昼夜	khən³¹wan³¹nəŋ³³
1289	辰	lu:ŋ³¹	1329	两天以后	kwa³³ɬoŋ⁵³wan³¹
1290	巳	ŋu³¹	1330	三年以前	ɬa:m⁵⁵pi³¹tuk³³kɔn³⁵
1291	午	ma¹¹	1331	工夫	wa:ŋ³³
1292	未	ʔbɛ²⁴	1332	过	kwa³³
1293	申	liŋ³¹	1333	重阳	kau²⁴ŋut³³tɕhu⁵³kau²⁴
1294	酉	kai⁵⁵	1334	中元	tɕit⁵⁵ŋut³³ɬip⁵⁵ɬi⁵⁵
1295	戌	ma⁵³	1335	方向	n̥ɯŋ³³
1296	亥	mu⁵³	1336	东	toŋ³³
1297	春	tɕhən⁵³	1337	东方	toŋ⁵³fu:ŋ⁵³
1298	夏	n̥a²⁴	1338	西	ɬai⁵³
1299	秋	tɕhau⁵³	1339	西方	ɬai⁵³fu:ŋ⁵³
1300	冬	toŋ⁵³	1340	南	na:m³¹
1301	一月	ʔbɯ:n³¹ʔit⁵⁵	1341	南方	na:m³¹fu:ŋ⁵³
1302	二月	ʔbɯ:n³¹n̥i³³	1342	北	pak³³
1303	三月	ʔbɯ:n³¹ɬa:m⁵³	1343	北方	pak³³fu:ŋ⁵³
1304	四月	ʔbɯ:n³¹ɬi⁵⁵	1344	当中	tho:ŋ³³tɕa:ŋ⁵³
1305	五月	ʔbɯ:n³¹ha²⁴	1345	中间	tho:ŋ³³tɕa:ŋ⁵³
1306	六月	ʔbɯ:n³¹hok⁵⁵	1346	房子后	pak³³laŋ⁵³ɬɯ:n³¹
1307	七月	ʔbɯ:n³¹tɕit⁵⁵	1347	房子前	pak³³na²⁴ɬɯ:n³¹
1308	八月	ʔbɯ:n³¹pɛt³³	1348	房子外边	pak³³nɔk³³ɬɯ:n³¹
1309	十月	ʔbɯ:n³¹ɬip⁵⁵	1349	门口	pak³³tu⁵³
1310	十一月	ʔbɯ:n³¹ɬip³⁵ʔit⁵⁵	1350	周围	tɕau³³wai³¹
1311	十二月	ʔbɯ:n³¹la:p³⁵	1351	附近	ɕa:ŋ²⁴ɬɯ:n³¹
1312	月初	thu⁵⁵ʔbɯ:n³¹	1352	隔壁	ka:k³³li³¹
1313	月底	haŋ⁵⁵ʔbɯ:n³¹	1353	树林里	ʔdau⁵³ʔdoŋ⁵³mai¹¹
1314	月中	tɕa:ŋ³¹ʔbɯ:n³¹	1354	河边	khan31tha³³
1315	初一	tɕhu⁵³ʔit⁵⁵	1355	角落	kɔk³³lo:k³³
1316	初二	tɕhu⁵³n̥i³³	1356	墙上	thi:ŋ31tɕhi:ŋ³¹
1317	初三	tɕhu⁵³ɬa:m⁵³	1357	桶底	khi31thu:ŋ²⁴
1318	初四	tɕhu⁵³ɬi⁵⁵	1358	正面	tɕiŋ²⁴men²⁴
1319	初五	tɕhu⁵³ha²⁴	1359	背面	pak³³laŋ⁵³
1320	初十	tɕhu⁵³ɬip⁵⁵	1360	半路	pu:ŋ³³lo³³
1321	十一	ɬip⁵⁵ʔit⁵⁵	1361	树干	khu:ŋ³³mai¹¹
1322	十五	ɬip⁵⁵ha²⁴	1362	树根	kup⁵⁵mai¹¹
1323	三十	ɬa:m⁵⁵ɬip⁵⁵	1363	树墩	tən³³mai¹¹

续表

编号	词	音	编号	词	音
1364	树皮	puːk³³mai¹¹	1404	椰子	je²⁴tɕai²⁴
1365	树梢	khiŋ³³kha³³	1405	菠萝	ti³¹po³³lo³¹
1366	树叶	ʔbaɯ⁵³mai¹¹	1406	菠萝蜜	maːk³³naːm⁵³
1367	树枝	kha³³mai¹¹	1407	荔枝	maːk³³tɕe³¹
1368	树林	ʔdoŋ²⁴mai¹¹	1408	草莓	tɕha.u²⁴mui³¹
1369	梨树	mai¹¹li³¹	1409	葡萄	maːk³³ʔiːt⁵⁵
1370	李树	mai¹¹man¹¹	1410	枇杷	maːk³³phi³¹pha³¹
1371	桃树	mai¹¹tha.u³¹	1411	西瓜	ɬi³³kwa³³
1372	枣树	mai¹¹tɕa.u²⁴	1412	橙子	maːk³³kaːm⁵³
1373	漆树	mai¹¹tɕit⁵⁵	1413	黄泡	maːk³³thuŋ³¹
1374	青杠树	(无)	1414	核	mui³³
1375	桐子树	mai¹¹thuŋ³¹ȵu³¹	1415	仁儿	mui³³tɕai²⁴
1376	大叶榕	mai¹¹luŋ³¹kaːi²⁴	1416	子棉	mui³³phaːi²⁴
1377	小叶榕	mai¹¹luŋ³¹ʔɛŋ⁵³	1417	浮萍	fau³¹phiŋ³¹
1378	茶子树	mai¹¹ɕa²⁴	1418	芦苇	khuŋ³³wai³¹
1379	枫树	mai¹¹ɕau⁵³	1419	黄麻	waːŋ³¹ma³¹
1380	竹节	mai¹¹pu²⁴	1420	苎麻	(无)
1381	竹林	pho³³mai¹¹pu²⁴	1421	青苔	thau³¹khai³¹
1382	竹膜	mai¹¹pu²⁴tɕe²⁴	1422	菖蒲	(无)
1383	笋壳	pəːk³³mai²⁴	1423	水稻	ko⁵³khau²⁴
1384	毛竹	po³³tɕuk⁵⁵	1424	旱稻	khau²⁴ɬai³¹
1385	楠竹	(无)	1425	早稻	tɕa.u⁵⁵tɕa.u²⁴
1386	花瓣	kip⁵⁵joːk³³	1426	晚稻	waːn⁵⁵tɕa.u²⁴
1387	花蒂	joːk³³tai⁵³	1427	粳稻	khau²⁴tɕiŋ⁵⁵
1388	金银花	kam⁵⁵ŋan³¹fa⁵⁵	1428	糯稻	khau²⁴no⁵⁵
1389	茅草	kha³¹	1429	籼稻	khau²⁴tɕam⁵³
1390	艾草	ȵa²⁴ŋaːi³³	1430	穗儿	ɬuːŋ³¹
1391	车前草	ȵa²⁴tɕhen31tɕhɛ⁵³	1431	米	mai²⁴
1392	巴芒草	ȵa²⁴ʔɛŋ⁵³	1432	粳米	khau²⁴tɕiŋ⁵⁵
1393	狗尾草	ȵa²⁴haŋ⁵³ma⁵³	1433	糙米	khau²⁴tɕha.u⁵⁵
1394	蓝靛草	ɕoːm²⁴	1434	细糠	ɬan³¹
1395	鱼腥草	ji³¹ɬiŋ⁵³tɕhau²⁴	1435	粗糠	kep³³
1396	蕨草	ȵa²⁴kut⁵⁵	1436	米糠	khau²⁴kep³³
1397	茴香	(无)	1437	秕子	khau²⁴phaːu³¹
1398	八角	mak⁵⁵tɕaːk³³	1438	稗子	wan⁵³
1399	莲子	lin³¹tsŋ²⁴	1439	稻糯草芯	khau²⁴nu⁵³tɕan³¹
1400	薄荷	po³¹ho³¹	1440	荞麦	mɛk³³kwa⁵³
1401	香蕉	hoŋ⁵⁵tɕiu⁵⁵	1441	麦子	mɛk³³kaːŋ³¹
1402	芭蕉	maːk³³khui²⁴	1442	玉米秸	kan²⁴ʔbap⁵⁵
1403	杨梅	jɔŋ³¹mui³¹	1443	玉米芯	luːn³¹wap⁵⁵

续表

1444	苧麻	kim³³ma³¹	1473	烟叶	ʔbaɯ⁵³jin⁵³
1445	蓖麻	phi³³ma³¹	1474	野兽	je⁵⁵ɕau²⁴
1446	豆子	thu³³	1475	象	tɕha:ŋ¹¹
1447	豆夹	thu³³phak⁵⁵	1476	狮子	ɬɯ⁵⁵tɕi²⁴
1448	豆秸	kan²⁴thu³³	1477	豹子	phje:u²⁴
1449	豆芽	tau³³ŋa³¹	1478	熊	mi⁵³
1450	豆芽菜	ɕak⁵⁵tau³³ŋa³¹	1479	狗熊	ma⁵⁵mi⁵³
1451	扁豆	thu³³pha:t⁵⁵	1480	麂	na:n¹¹
1452	黑豆	thu³³ʔdam⁵³	1481	鹿	lu³¹
1453	青菜	ɕak⁵⁵khɤu⁵³	1482	豪猪	tɕi⁵⁵tɕai²⁴li³¹
1454	芥菜	ɕak⁵⁵ka:t³⁵	1483	狼	la:ŋ³¹
1455	白菜	ɕak⁵⁵phek³³	1484	狐狸	hu³¹li³¹
1456	苋菜	ɕak⁵⁵ɬu:m³¹	1485	黄鼠狼	ma⁵³ɬuŋ⁵³
1457	茼蒿菜	tɕhun³¹ha:u⁵³	1486	松鼠	tɕon²⁴
1458	空心菜	ʔbu:ŋ²⁴mu³³	1487	水獭	nak³³
1459	黄花菜	wo:ŋ³¹wa³³tɕha:i²⁴	1488	穿山甲	li:n³³
1460	蒜薹	ŋe³¹ɬu:n⁵⁵	1489	刺猬	tho:n³¹
1461	瓜	kwa⁵³	1490	壁虎	lak³³ɬɯ:n³¹
1462	瓜蔓儿	kwa⁵³miu⁵⁵	1491	野猪	mu⁵³ɕa:u¹¹
1463	瓜皮	ʔbɯk³³kwa⁵³	1492	野鸡	kai⁵⁵thɯ:n⁵³
1464	瓜子	kwa⁵³mui⁵⁵	1493	野鸭	pet⁵⁵ʔdoŋ⁵³
1465	瓜瓢	ȵon³¹kwa⁵³	1494	野猫	mɛu¹¹tɕha⁵³
1466	葫芦	fu³¹lu³¹	1495	水蛇	ŋu³¹khau²⁴
1467	冬瓜	fak¹¹	1496	草蛇	ŋu³¹khwi:t³⁵
1468	苦瓜	ma:k³³khai⁵⁵	1497	四脚蛇	pen³³tɕik⁵⁵luŋ³¹
1469	红薯秧	kan²⁴man³¹ʔbuŋ²⁴	1498	蟒蛇	tu⁵³tha:ŋ³³
1470	花椒	jo:k³³ma:k³³tɕiu⁵³	1499	老鹰	lam³³
1471	桑树	mai¹¹mon¹¹	1500	猫头鹰	ɬau³³
1472	桑叶	ʔbaɯ⁵³mon¹¹			

附录三 长篇语料

1. 歌谣

$$\text{ɕəŋ}^{55}\ \text{thjen}^{33}\ \text{jau}^{31}$$
唱 天 瑶

li²⁴ kjaːŋ³³ tu³³ na²⁴ luːn⁵⁵ kwa³³ma³¹
　丽江　门　脸　流　过来
kɔ⁵⁵ tok⁵⁵ tha³³ ɬi³¹ mi⁵⁵ kjaːŋ³³ɬa³³
　歌　落　河　长　不　中间
ɬaːn³³kɔ⁵⁵ tɕe³¹ ȵu³³ kjaːŋ³³ nam¹¹ tha³³
　山歌　泡　在　中间　水　河
haːp³⁵ ma³¹ tsɯ²⁴ khau²⁴ ɕau⁵⁵ phaːu³⁵ tɕa³¹
　挑　来　煮　饭　和　泡　茶
naŋ³¹ ʔɛŋ³³ ɬeŋ⁵³ ɬi³⁵ phɔ³¹ tɕha⁵³ tɕuːŋ¹¹
　从　小　生　长　坡　山　壮
ɬaːn³³kɔ⁵⁵ tshɯ³³ taːi³³ ɬon⁵³ ʔɔk³⁵ma³¹
　山　歌　是　外婆　教　出来
taŋ³¹tsau³¹ ɕəŋ⁵⁵ thɯŋ⁵³ pha³⁵wa¹¹ ɬaːn³³
　清早　唱　到　云雾　散
kham³³ ɕəŋ⁵⁵ thɯŋ⁵³ ʔdaːu⁵³ʔdi³³ tok⁵⁵tɕha⁵³
　夜　唱　到　星星　落　山

译文：

唱 天 瑶

　　门前一条丽江河，
　　江水多长歌几多；
　　山歌泡在河水里，
　　挑来煮饭泡茶喝；
　　从小长在壮山坡，
　　外婆教我唱山歌；
　　清早唱得云雾散，
　　夜晚唱得星星落。

2. 故事

mai^{33}ȵi^{31}ɕən^{33} ke^{33} lai^{31}jau^{31}

美女村 的 由来

ʔan^{33}phai^{31} mi^{31} ŋe^{55} tɕa^{33}thiŋ^{31} nəŋ^{33}，phɔ^{33}mɛ^{33} ɬɛŋ^{53} ʔɔk^{33}ma^{31} khən^{31}

过去 有 个 家庭 一 夫妻 生 出来 个

ɬɔŋ^{53}pa:u^{33}tha:i^{33} nəŋ^{33}. phi:n^{11}min^{24} ɬəŋ^{33}ho^{31} kwa:n^{33}hi^{35} mi^{55}mi^{31} tɕa:u^{24} mi^{55}

二胞胎 一 那时 生活 艰苦 没有 饭 不

mi^{31} ɕak^{55} kin^{53}.ɬɛŋ^{53} ʔɔk^{33}ma^{31} ke^{33} ɬɔŋ^{53}pa:u^{33}tha:i^{33} jau^{31} ʔdam^{53} jau^{31} hɛu^{24}

有 菜 吃 生 出来 的 二胞胎 又 黑 又 瘦

phi:n^{11}min^{24} jau^{31} phin^{31}piŋ^{33}.phɔ^{33}mɛ^{33} kiŋ^{53}kwa^{33} ɬɯ:ŋ^{53}ləŋ^{31}，mi^{55}mi^{31} pa:n^{33}

那时 又 生 病 夫妻 经过 商量 没有 办

fa:t^{33} lo^{33}. tɕau^{31} ɬoŋ^{55} pai^{53} phi^{55}nɔŋ^{11} ɕə:ŋ^{11} khən^{31} lo^{33}. ɬɔŋ^{53} khən^{31} ɕə:ŋ^{11}

法 了 就 送 去 兄弟 养 人 了 二 人 养

fu^{24}ta:n^{33} tha:i^{24} nak^{55} la:i^{53} lo^{33}. phi:n^{31}nai^{35} nə^{55} min^{31} jau^{31} ɬoŋ^{55} pai^{53} hɯ^{24}

负担 太 重 多 了 这时 呢 他 又 送 去 给

ʔba:n^{24}ɕi^{33} ke^{33} phi^{55}nɔŋ^{11} khən^{31} nəŋ^{33} ɕə:ŋ^{11}. ʔba:n^{24}ɕi^{33} ke^{33} phɔ^{33}mɛ^{33}

板池 的 兄弟 人 一 养 板池 的 夫妻

phi:n^{11}min^{24} ke^{33} ɬiŋ^{33}ho^{31} thja:u^{31}ken^{24} jau^{31} fei^{33}ɕa:ŋ^{31} khu^{24}. kin^{53} ke^{33} tshɯ^{33}

那时 的 生活 条件 也 非常 苦 吃 的 是

man^{11}ʔbuŋ^{35} ʔbap^{55} ɕak^{55}khɛu^{53}. ʔba:n^{24} ȵu^{33} ke^{33} min^{31} ŋe^{55} thja:u^{31}ken^{24} tu^{33}

红薯 玉米 青菜 村 住 的 他 个 条件 都

pi^{24} ʔba:n^{24}ɕi^{33} ʔau^{53}ʔdai^{53}. kwa^{33} ɬip^{55}pi^{53} ja^{33} ʔi^{55}hau^{35}. ŋe^{55} ɬoŋ^{55} pai^{53}

比 板池 要好 过 十年 语气词 以后 个 送 去

ʔba:n^{24}ɕi^{33} tɕe^{33} luk^{33} ɬa:u^{53} nai^{35} tɕen^{33}tɕen^{33} ke^{33} ma^{24} taŋ^{53}ma^{31} lo^{33}. kha^{53}

板池 这 子 姑娘 这 渐渐 地 长 上来 语气词 腿

jau^{31} ɬi^{31} na^{24} jau^{31} mən^{31} nɯ^{33} jau^{31} kha:u^{35} jau^{31} ʔdai^{53}ɬa:u^{53}. ŋe^{55} khən^{31}

又 长 脸 又 圆 肉 又 白 又 漂亮 个 人

ȵu^{33} phɯŋ^{31}ɕa:ŋ^{24} phɔ^{33}mɛ^{33}thau^{24} kɛ^{33} nə^{33}. ɕam^{35} wa^{33}，pa^{33}，wi^{33}laŋ^{53}

在 旁边 父母 老 呢 问 话 爸 为什么

phi^{31}ɬa:u^{53} thu^{31} ʔdai^{53}ɬa:u^{53}，kəu^{53} hit^{55}ɬaɯ^{31} phi:n^{11} ʔdam^{53}ʔdam^{53} nə^{33}. pa^{33}

姐姐 那么 漂亮 我 怎么 成 黑黑 呢 爸

min^{31} wa^{33}，ɕam^{35} mɛ^{33}thau^{35} maɯ^{31} tshɯ^{33}mi^{55}tshɯ^{33} ɕau^{55} phi^{31}ɬa:u^{53} maɯ^{31}

她 话 问 妈妈 你 是不是 和 姐姐 你

thɔ³¹kan³³ ɬɛŋ⁵³ ʔok³³ma³¹ nə¹¹.ma³³ min³¹ wa³³, ha³³ɬɯ³¹, maɯ³¹ tɕa:ŋ²⁴ ʔdan⁵³
一起 生 出来 语气词 妈 她 话 啊哟 你 讲 笨

phi:n¹¹nai³⁵, ɬoŋ⁵³pa:u³¹tha:i³¹ mi⁵⁵ ɬɛŋ⁵³ ʔok³³ma³¹ thɔ³¹kan³³, jau³¹ ɬɛŋ⁵³ nɯ³³
这样 二胞胎 不 生 出来 一起 又 生 在

khe³³thaɯ³¹? min³¹ tɕham⁵³ wa³³, wi³³ka⁵³laŋ⁵³ ɬɛŋ⁵³ phi³¹ɬa:u⁵³ kəu⁵³ thu³³la:i⁵³
哪里 她 问 话 为什么 生 姐姐 我 这多

ʔdai⁵³ɬa:u⁵³，kəu⁵³ jai³¹ ja³¹? jo³¹, kəu⁵³ mi⁵⁵thjen⁵³ lo³³, kwa³³ ɬoŋ⁵³ wan³¹
漂亮 我 差 呀 哟 我 不知道 语气词 过 二 天

kəu⁵³ pai⁵³ ɕau⁵⁵ phu³³tɕu²⁴ tɕham⁵³tɕham⁵³ ŋoi³³ŋoi³¹ pe¹¹. ljeu¹¹ŋa³³ min³¹
我 去 和 父叔 问问 看看 吧 完了 她

tɕau³¹ phɔ³³mɛ³³thaɯ²⁴ ta:i²⁴ ɕe³¹hɔ³¹ ɬa:u⁵³ kwa³³ ʔba:n²⁴ɕi³³ ma³¹. tɕham⁵³ ʔa¹¹
就 父母 带 这个 姑娘 过 板 池 来 问 了

ɕi³¹ nai³⁵ ʔboŋ⁵³maɯ³¹ ke³³ ɬiŋ³³hɔ³¹ mi⁵⁵ tha:i³³ ʔdai²⁴. ta:n³¹ ʔboŋ⁵³maɯ³¹
时 这 你们 的 生活 不 太 得 但是 你们

ɕə:ŋ¹¹ ʔok³³ma³¹ ke³³ luk³³ɬa:u⁵³ wi³³laŋ⁵³ thu¹¹la:i⁵³ ʔdai⁵³ɬa:u⁵³ nə³³? jau³¹
养 出来 的 女孩子 为什么 那么 漂亮 呢 又

phək⁵⁵ jau³¹ ɬuŋ⁵³ jau³¹ ʔdai⁵³ɬa:u⁵³, ʔboŋ⁵³maɯ³¹ ta:u³¹tai³⁵ kin⁵³ ka³³laŋ⁵³.
白 又 高 又 漂亮 你们 到底 吃 什么

phi⁵⁵noŋ¹¹ kin⁵³ thɔ³¹kan³³ mi⁵⁵tshɯ³³ kin⁵³tɕau²⁴ kin⁵³ tɕau²⁴ʔbap⁵⁵ kin⁵³
兄弟 吃 一起 不是 吃米饭 吃 玉米饭 吃

man³¹mai³¹ ʔa³³? thɔ³³ kəu⁵³ mi⁵⁵ kin⁵³ ka:i³³ɕoi²⁴ pɯ³³, kəu⁵³ pai⁵³ kin⁵³
木薯 啊 但 我 不 喝 开水 哟 我 去 喝

ni⁵³ʔbo⁵⁵ ŋe³³ ʔbo⁵⁵. phi:n³¹nai³⁵ min³¹ wa³³ jo³³, kəu⁵³ kin⁵³ ku³³ka:i³³ kəu⁵³
泉水 个 泉 这样 她 话 哟 我 吃 东西 我

tu⁵⁵ tɕi²⁴ji²⁴ wei²⁴ɬəŋ³³. khən³¹ tu⁵⁵ mi⁵⁵ thu³¹ ʔdai⁵³ɬa:u⁵³ nə³³. min³¹ wa³³ mi⁵⁵
都 注意 卫生 人 都 不 那么 漂亮 语气词 她 话 不

ʔdai²⁴, ŋe⁵⁵ nai³⁵ khən¹¹tiŋ⁵⁵ mi³¹ wən²⁴thi³¹. kin⁵³kwa³³ pai⁵³ fa:ŋ⁵⁵ phi³³noŋ¹¹,
得 个 这 肯定 有 问题 经过 去 访 兄弟

ɕa:m⁵³ phi³³noŋ¹¹ ɕa:m³⁵ ʔdaɯ²⁴ ɕa:m⁵³ thiŋ³¹ ɕa:m⁵³ ɬa:i¹¹ ɕa:m⁵³ tha⁵³. thiŋ⁵³
问 兄弟 问 下 问 上 问 左 问 右 听

ʔdai²⁴ tɕa:ŋ²⁴ tɕhɯ³³ phi:n³¹nai³⁵. ŋe⁵⁵ ʔbo⁵⁵ nam¹¹ nə³³ kin⁵³ noŋ³¹pai⁵³ ke³³
得 讲 是 这样 个 泉水 呢 吃 下去 的

khən³¹. ʔdaɯ³¹ʔba:n²⁴ luk³³ʔba:u⁵³ kin⁵³ ke³³ fai³³ɕa:ŋ³¹ ɕoŋ³³min³¹ jau³¹
人 村里 男孩 吃 得 非常 聪明 又

ʔdai⁵³ʔba:u³³, luk³³ɬa:u⁵³ kin⁵³ ʔdai²⁴ jau³¹ ʔdai⁵³ɬa:u⁵³ jau³¹ kha:u⁵³phɯ:k⁵⁵. ŋe⁵
　　帅气　　女孩　　吃　得　又　漂亮　又　白扑扑　个
ʔbo⁵⁵nam¹¹ nai³⁵ tɕhɯ³³ mi⁵⁵ ken²⁴ta:n⁵³ ja³³. phi:n³¹nai³⁵ pho³³ wa³³ jo³³, kəu⁵³
　　泉水　　这　是　不　简单　呀　　这样　　夫　话　哟　我
ȵu³³ hen²⁴ɕiŋ³¹ tu⁵⁵ thjen⁵³ hau²⁴ la:i⁵³ ku³³ka:i³³. kəu⁵³ kam⁵³ ŋe⁵⁵ nam¹¹ nai³⁵
　　在　县城　都　知道　好多　东西　　我　拿　个　水　这
pai⁵³ hwa²⁴ȵem²⁴ ha²⁴ ɕi³¹ ʔdai²⁴. wi³³laŋ⁵³ phi⁵³ɬa:u⁵³ ɬeŋ⁵³ ʔok³³ma³¹
　　去　化验　看　才　得　　为什么　姐姐　生　出来
tho³¹kan³³ tho³³la:i³³ ʔdai⁵³ɬa:u⁵³ nə³³. phi:n³¹nai³³ nə³³ ʔau⁵³ ɬoŋ⁵³ ʔbuk³³ nam¹¹
　　一起　　那　多　漂亮　呢　　这样　呢　要　二　瓶　水
pai⁵³ hwa²⁴ȵem²⁴. ʔoi³¹jo³¹, hwa²⁴ȵem²⁴ ʔok³³ma³¹, ŋe⁵⁵ khən³¹ kiŋ⁵³tha:t³³ la³¹.
　　去　化验　　哎呀　　化验　　出来　　个　人　惊讶 语气词
ŋe⁵⁵ nam¹¹ ȵau³³ ha:n³¹ mi³¹ then⁵³jen³¹ ke³³ khoi³³, jau³¹ ʔdai⁵³kin⁵³ jau³¹
　　个　水　又　含有　　天然　的　钙　又　好吃　又
ka:n⁵³ɕiŋ²⁴ jau³¹wa:n³⁵, toi³³ jən³¹ti⁵⁵ mi³¹ wəi³³lja:ŋ²⁴ jen³¹ɬu²⁴, ŋe⁵⁵ nai³⁵ ʔdai⁵³
　　干净　又　甜　　对　人体　有　微量　　元素　，个　这　好
lo³³. phi:n³¹nai³⁵ min³¹ tɕa:ŋ²⁴, ʔo³³, kəu⁵³ pai⁵³ hɯ²⁴ ʔau⁵³ ki²⁴ɬu³¹ʔbu²⁴mən³¹
　　哦　这样　　他　讲　　哦　我　去　给　要　技术部门
ken⁵⁵ɕa³¹ ȵem³³ ŋe⁵⁵ nam¹¹ nai³⁵ phe³³ɬaɯ³¹. tik⁵⁵khok¹¹ ȵem³³ ʔok³³ma³¹ ke³³
　　检查　　验　个　水　这　怎么样　　的确　　验　出来　的
nam¹¹ fu³¹ho³¹ kin⁵³nam¹¹ ke³³ piu⁵³tɕan²⁴. wa:t³³ nəŋ³³ ja³³jo³³ ke³³ nam¹¹.
　　水　符合　吃水　的　标准　　下　一　呀哟　的　水
tu⁵⁵ mi⁵⁵ ɕɯ³³ɬin⁵⁵ phi:n³¹nai³⁵ li²⁴ha:i³⁵ nə³³, phi:n³¹nai³⁵ ɕa:i⁵⁵ pai⁵³ tja:u³⁵ɕa³¹
　　都　不　相信　　这样　　厉害　呢　　这样　　再　去　调查
khən³¹ke³³, ɕa:m⁵³ khən³¹ke³³, ɕa:m⁵³ ʔba:n²⁴ ʔdaɯ²⁴ thiŋ³¹, ŋe⁵⁵ ʔbo⁵⁵ nai⁵ mi⁵⁵
　　老人　问　　老人　　问　村　下　上　个　泉水　这　不
ken²⁴ta:n⁵³ na³¹. ʔbo⁵⁵ nə³³ ɬi³¹ʔdaŋ⁵³ noŋ³¹ ʔok³³ma³¹ ke³³ nam¹¹ jau³¹ thau³⁵
　　简单　呐　　泉　呢　冬天　下　　出来　　的　水　又　暖
ɬi³¹ʔdɯ:t³⁵ lai³¹ ʔok³³ma³¹ ke³³ nam¹¹ jau³¹ɕam¹¹. khən³¹ kiŋ⁵³ khən³¹ ɕoŋ²⁴
　　夏天　　流　出来　　的　水　又　冷　　人　吃　人　聪
miŋ³¹, khən³¹ kiŋ⁵³ khən³¹ ʔdai⁵³ɬa:u⁵³. ŋe⁵⁵ pho³³mɛ³³ ke³³ tu⁵⁵ wa³³, mi³¹
　　明　　人　吃　人　漂亮　　个　父母　老人　都　话　有
ŋe⁵⁵ mai³³ȵi³³tɕhen³¹, ŋe⁵⁵ nai³⁵ mi⁵⁵ joŋ³¹ji³³ ja³³. ɬo²⁴ji²⁴, ɕi³³nai³⁵ ke³³
　　个　美女泉　　个　这　不　容易　啊　　所以　　现在　的

miŋ³¹tɕi¹¹ ləu³¹tɕhen³¹ ʔɔk³³ma³¹ ʔan³³phai³¹ ɫɯ³³ tɕa:ŋ²⁴ ɫɯ³³ toi³³ ke³³.
名字　　流传　　　出来　　以前　是　讲　　是　对　的
ɕi³³nai¹¹ ki²⁴ɕu³¹ noŋ³¹pai⁵³ tɕau³¹ ɫɯ³³ mai³³n̩i³³tɕhen³¹. ɫo²⁴ji²⁴, ʔba:n²⁴ɕi²⁴
现在　继续　　　下去　　　就　是　美女泉　　　　所以　板池
ʔan³³phai³¹ kau⁵⁵ ke³³ ləu³¹ noŋ³¹ma⁵³ ke³³ ʔba:n²⁴ miŋ³¹ tɕau³¹ɫɯ³³
以前　　旧　的　流　下来　　的　村　　名　　就是
mai³³n̩i³³ɕən³³. mai³³n̩i³³ɕən³³ mi³¹ ŋe⁵⁵ mai³³n̩i³³tɕhen³¹ nəŋ³³. khən³¹kɛ³³ kin⁵³
美女村　　　　美女村　　　有个　美女泉　　　一　　老人　吃
ke³³ khən³¹kɛ³³ tɕha:n³¹ləu. ɫo²⁴ji²⁴ ŋe⁵⁵ ʔba:n²⁴min³¹ mi³¹ pɛt³³kau²⁴ɫip⁵⁵ pi⁵³
的　老人　　长寿　　　所以　个　村民　　　有　八　九　十　岁
ke³³ khən³¹ tu⁵⁵ mi³¹ ɫip⁵⁵ki²⁴n̩i³³ɫip⁵⁵khən³¹. kin⁵³ ʔdai²⁴ fai³³ɕa:ŋ³¹ tɕha:ŋ³¹ləu²⁴,
的　人　都　有　十几　二十　人　　吃　得　非常　长寿
kin⁵³ ʔdai²⁴ fai³³ɕa:ŋ³¹ wəi²⁴ɫəŋ³³. ŋe⁵⁵ ʔbo⁵⁵ nə³³ kin⁵³ ʔdai²⁴ jau³¹ wa:n⁵³
吃　得　非常　卫生　个　泉　呢　吃　得　又　甜
jau³¹ ɫu:ŋ²⁴hau²⁴. ɫo²⁴ji²⁴ hau⁵³ miŋ²⁴miŋ³¹ wa³³ ŋe⁵⁵ mai³³n̩i³³tɕhen³¹, ŋe⁵⁵
又　爽口　　　所以　别人　命名　　话　个　美女泉　　　　个
ʔba:n²⁴nai³⁵ jau³⁵ mai³³n̩i³³ɕən³³。
村　　　　叫　　美女村

译文：

美女村的由来

  有一个家庭，夫妻俩生出一对双胞胎。那时候的生活很苦，没有饭吃，生出来的双胞胎又黑又瘦又有病。夫妻经过商量，没有办法，就想送一个给邻村兄弟养，因为养两个孩子负担太重了。于是，他们就把一个小孩送去给板池屯的兄弟养。板池屯的夫妻那时的生活条件也非常艰苦，吃的是红薯、玉米、青菜。他们所住的村的条件比板池屯还好。过了十年以后，送去板池屯的这个女孩渐渐长大了，腿长，圆脸，皮肤又白，人又漂亮。
  这个在父母身边长大的姑娘呢就问："爸爸，为什么姐姐那么漂亮，我却这么黑乎乎呢？"她爸说："你去问下你妈妈，那时候你和姐姐是不是一起生出来的？"她妈妈说："啊？你讲这么笨的话，双胞胎不一起生出来又哪里生出来的呢？""那为什么姐姐那么漂亮，我却这么丑呢？"她又问。她妈妈回答："哟，我不知道，有时间我们去问问叔叔。"之后父母带这个女孩来到板池屯，问："现在你们的生活不怎么好，为什么你们养出来的女孩那么漂亮呢？女孩又白又高又漂亮，你们到底吃什么？你们还不是和兄弟一样吃米饭、玉米饭、木薯？"（板池屯的女孩说）"但我不吃开水，我是吃那个泉的泉水。"于是她说："我吃东西也注意卫生，为什么我又没长那么漂亮？唉，这里肯定有问题。"经过走访兄弟、问兄弟，问前后左右。听说是这样的，吃过这个泉水的人，村里男的吃了又聪明又帅，女孩吃了又白又漂亮，这个泉水不简单。于是，那个男的说："我在县城都知道很多事情。我拿泉水去化验一下才行。""姐姐和我一起出生，为什么她这么漂亮呢？"于是就拿两瓶水去化验，哎呀，化验结果出来了，大家都很惊讶。这个水好哦，含有天然的钙，又好吃又干净又甜，还含有人体需要微量元素。

于是，他说："我拿水再去给技术部门检验一下看是怎么回事呢。"的确，验出来的水符合吃水的标准。这下子，水的确标准啊，不相信这么厉害，再去调查全村里的老人，都说：这个泉水不简单啊。

冬天流出来的泉水暖，夏天流出来的泉水凉。女孩吃了又聪明又漂亮，过去人们都说：美女村有美女泉，这个不容易啊。这个美名流传出来是对的，就是现在的美女泉。所以，板池屯以前旧的名字就叫美女村。美女村有个美女泉，老人吃了就长寿。

所以，村里八九十岁的村民都有十几二十人，吃了泉水人长寿，泉水非常卫生。这个泉水吃得又甜又爽口。所以，别人（给这个泉）命名为美女泉，这个村叫美女村。

参考文献

一 中文著作

班弨：《壮语描写词汇学》，民族出版社2010年版。
班弨：《壮语描写词汇学》，民族出版社2010年版。
戴庆厦、顾阳主编：《现代语言理论与中国少数民族语言研究》，民族出版社2003年版。
戴庆厦：《语言和民族》，中央民族大学出版社1994年版。
康忠德：《居都仡佬语参考语法》，中国社会科学出版社2011年版。
李方桂：《龙州土语》，清华大学出版社2005年版。
李锦芳等：《西南地区濒危语言调查研究》，中央民族大学出版社2006年版。
李英哲等：《实用汉语参考语法》，北京语言学院出版社1990年版。
李云兵：《中国南方民族语言语序类型研究》，北京大学出版社2003年版。
刘丹青：《语序类型学与介词理论》，商务印书馆2003年版。
吕叔湘等：《语法研究入门》，商务印书馆2003年版。
吕文卢、邓严万：《越南岱侬泰族简介》（越文），河内社会科学出版社1968年版。
马庆株编：《二十世纪现代汉语语法论文精选》，商务印书馆2005年版。
马学良主编：《藏语概论》，民族出版社2003年版。
倪大白：《侗台语概论》，中央民族学院出版社1990年版。
孙艳：《汉藏语四音格词研究》，民族出版社2005年版。
覃国生：《壮语方言概论》，广西民族出版社1996年版。
覃国生主编：《壮语概论》，广西民族出版社1988年版。
覃晓航：《壮语词汇学》（英文版），民族出版社2004年版。
覃晓航：《壮语特殊语法现象研究》，民族出版社1995年版。
韦景云、何霜、罗永现：《燕齐壮语参考语法》，中国社会科学出版社2011年版。
韦茂繁：《下坳壮语参考语法》，民族出版社2013年版。
韦庆稳：《壮语语法研究》，广西民族出版社1985年版。

韦树关、颜海云、黎莎:《国外壮侗语族语言词汇集》,世界图书出版公司 2019 年版。
俞如珍、金顺德编著:《当代西方语法理论》,上海外语教育出版社 1994 年版。
张元生、覃晓航:《现代壮汉语比较语法》,中央民族学院出版社 1993 年版。
张增业:《壮—汉语比较简论》,广西民族出版社 1998 年版。
[日] 桥本万太郎:《语言地理类型学》,余志鸿译,北京大学出版社 1985 年版。

二 期刊论文

戴庆厦:《跨境语言研究的历史和现状》,《语言文字应用》2014 年第 5 期。
戴庆厦:《论跨境语言研究的理论与方法》,《云南师范大学学报》2009 年第 5 期。
范宏贵:《中越两国的跨境民族概述》,《民族研究》1999 年第 6 期。
范宏贵:《壮族在东南亚最亲密的兄弟——越南的岱、侬、拉基、布标、山斋族》,《广西民族学院学报》(哲学社会科学版) 2005 年第 1 期。
李春风:《我国跨境语言研究三十年》,《当代语言学》2016 年第 2 期。
李锦芳:《论中越跨境语言》,《百色学院学报》2013 年第 4 期。
李锦芳:《壮语与越南侬语语法比较初识》,《贵州民族研究》1993 年第 10 期。
李蓝:《现代汉语方言差比句的语序类型》,《方言》2003 年第 3 期。
彭茹:《越南高平侬语和广西靖西壮语的初步比较》,《河池学院学报》2014 年第 8 期。
王文光:《越南岱侬、侬族源流考》,《思想战线》1992 年第 6 期。
韦树关:《越南中越跨境壮侗语族语言的变异》,《广西民族学院学报》(哲学社会科学版) 1999 年第 2 期。
韦树关:《壮语与越南岱侬族语词汇差异的成因》,《广西民族学院学报》(哲学社会科学版) 2000 年第 3 期。
吴福祥:《南方语言正反问句的来源》,《民族语文》2008 年第 1 期。
张有隽:《中越边境边民的族群结构——以龙州金龙峒壮族边民群体为例》,《广西民族学院学报》(哲学社会科学版) 1999 年第 7 期。
张元稳:《广西龙州县金龙布岱人的多元认同及变迁》,《铜仁学院学报》2007 年第 9 期。

三 学位论文

邓凤民:《汉藏语差比句研究》,博士学位论文,中央民族大学,2010 年。
李教昌:《怒江傈僳语参考语法》,博士学位论文,上海师范大学,2018 年。

刘立峰：《凌云壮语参考语法》，博士学位论文，上海师范大学，2020 年。
刘玉兰：《泰国勉语参考语法》，博士学位论文，中央民族大学，2012 年。
卢越胜：《中越边境地区岱、壮、侬族历史社会文化比较研究》，博士学位论文，华东师范大学，2014 年。
欧阳武：《越南岱侬语与中国壮语南部方言语音比较研究》，硕士学位论文，广西民族大学，2014 年。
潘武俊英：《越南语参考语法——基于系统功能观》，博士学位论文，中央民族大学，2009 年。
吴小奕：《跨境壮语研究》，博士学位论文，华中科技大学，2005 年。
余成林：《汉藏语系语言的存在句》，博士学位论文，中央民族大学，2011 年。
张尹琼：《疑问代词的非疑问用法》，博士学位论文，复旦大学，2005 年。
赵氏娇蓉：《越南岱—侬语汉语借词音韵研究》，硕士学位论文，广西民族大学，2007 年。

四　外文资料

［越］Hoàng Văn Ma、Lục Văn Pảo、Hoàng Chí：Từ điển Tày NựngViệt，NXb khoa học xó hội Hà Nội，1974.

［越］Triều An & Vương Toàn，Từ điển Tày Việt，Nhàxuấtbản văn hóa ʔdân tộc，2016.

Alexandra Y. Aikhenvald：Classifiers—A Typology of Noun Categorization devices，New York：Oxford University Press，2003.

Iwasaki：A Reference Grammar of Thai，Cambridge University Press，2004.

R. M. W. Dixon and Alexandra Y. Aikhenvald：Adjective Classes，New York：Oxford University Press，2004.

后　　记

　　本书是在我博士毕业论文的基础上修改完善而成的。首先，向我的博士导师韦树关教授、蒙元耀研究员致以衷心的感谢和崇高的敬意，在论文的定题、撰写、修改直到定稿的整个过程中，韦树关和蒙元耀两位老师一直悉心指导并给予我极大的关怀。而博士论文的完稿，更是离不开韦树关老师的精心指导。韦老师他那严谨的治学态度、兢兢业业的工作作风给我留下了深刻的印象，这些高尚的品格是我一生受用无穷的宝贵精神财富，并将成为我终生奋发向上的不竭动力。

　　其次，要感谢我读硕士时的导师韦茂繁教授。古语有云："饮其流者怀其源，学其成时念吾师。"虽然自己离学有所成还有很长一段距离，但我真心要感谢韦茂繁教授，是他把我带进了少数民族语言研究的殿堂。他把我从一个未曾接触过少数民族语言的汉族学生，培养成为基本掌握了民族语言调查研究的能力、对少数民族语言研究充满热爱的博士研究生，可见多么地不容易啊。韦老师不仅教我怎样做学问，还教我如何为人处世。他用自己的人格魅力深深地影响了我，使我受益匪浅，终生难忘！

　　感谢广西民族大学文学院康忠德教授。康老师既是我读硕士、博士时的老师，也是我读硕士时的同门师兄。他赠送了很多民族语言研究方面的宝贵书籍给我，并在我博士毕业论文选题时提供了思路。可以说，没有他的帮助，我的博士毕业论文创作过程不会开展得如此顺利。

　　感谢我的博士论文答辩专家韦名应教授、杨绪明教授、肖瑜教授、黄平文教授、张景霓教授给我提出的宝贵意见和修改建议，使得我的书稿能不断完善。

　　最后，本书最终得以顺利完成，也与广西民族大学文学院老师们的帮助分不开。

　　在龙州实地调研过程中，我认识了很多龙州"黑衣壮"的朋友（"黑衣壮"是壮族里崇尚黑色的一个支系，即以黑为美。他们自己种植棉花并织成布匹，把布匹染成蓝黑色，再裁成各种服饰），他们的热情好客、善良淳朴让我感动。感谢金龙镇发音人农财华、李绍伟、农群在我收集壮语金龙岱话语料时给予我的热情帮助。李绍伟出生于"天琴世家",为龙州天琴第十代传人,曾受邀赴北京、沈阳、香港等地进行文化交流。2009 年,李绍伟获评广西第二批自治区级非物质文化遗产天琴艺术保护项目代表性传承人。感谢发音人农财华的妻子农秀京女士,为使我们营养充足,在调研过程中保持体力,近六十岁的老人每天亲自下厨、变着花样给我们做壮家特色菜。几位发音人除了配合提供语料,在吃饭聊天过程中还耐心解答我的各种提问。比如:介绍"美女村"的由来、外嫁女集体回娘家活动、关于侬峒节起源的几种民间传说、天琴与侬峒节的关联等。没有他们的帮助,我的书稿写作不可能如此顺利。同时,我与卢奋长、何忠霖、甘彤、蒙玉秀、黄宇霈、李珩同学一起田野调查的时光也是开心并难忘的。

我还想把这份感谢献给我的家人。几年来,他们一直在精神上给予我安慰和鼓励,在物质上给予我支持,这些坚定了我追求理想的信念,没有他们的大力支持就不会有我今天的成绩。

感谢中国社会科学出版社的郭如玥编辑,为本书的出版事宜付出的艰苦劳动。

此外,在写作书稿过程中,我参考了诸多专家和学者们的研究成果,在此一并谢过。因调研材料和笔者水平有限,本书还存在很多不足之处,诚挚欢迎大家批评指正!

李胜兰
2022 年 1 月 10 日